प्राकृतिक उर्जा की और
मोदी सरकार
के अग्रणी कदम

प्राकृतिक उर्जा की और मोदी सरकार के अग्रणी कदम

रिंकु कश्यप

First published in India in 2018 by
Krishna Publisher

ISBN: 978-93-87485-02-0

Krishna Publisher
RTB 157, Royal Tower Shipra Sun City,
Indirapuram, Ghaziabad 201014
krishnapublisher@gmail.com

Laser Typesetting
JEE-VEE Graphics, Delhi

Printed and Bound in
Delhi

Price: ₹ 995/-

प्रस्तावना

वर्तमान युग में कोई ऐसा क्षेत्र नहीं है जहाँ ऊर्जा का उपभोग न किया जाता हो। घरेलू, औद्योगिक तथा व्यावसायिक क्षेत्रों से संबंधित कार्यों में मनुष्य की आर्थिक संवृद्धि और विकास से ऊर्जा का हमेशा ही गहरा संबंध रहा है। तीव्र आर्थिक संवृद्धि पर आधारित विकास की मौजूदा रणनीतियों में ऊर्जा के उपयोग को आर्थिक विकास का सूचक माना जाता है लेकिन यह सूचक ऊर्जा के अत्यधिक उपयोग से समाज पर पड़ने वाले प्रतिकूल एवं दीर्घकालिक प्रभावों पर ध्यान नहीं देता।

तेज चलने वाली पवन में गति के कारण गतिज ऊर्जा होती है। पवन को गति प्रदान करने वाला भी सूर्य ही है। इस पवन ऊर्जा को पवन चक्कियों द्वारा प्रयोग में लाया जाता है। पवन के दबाव से पवन चक्की के बड़े-बड़े पंख घूमते हैं। पंखे के इस घुमाव द्वारा कई उपकरण चलते हैं, जैसे जल पम्पिंग सैट, आटा चक्की और विद्युत उत्पादन यन्त्र। बहुत-सी पवन चक्कियाँ यदि एक स्थान पर लगी हों, तो उसे पवन फार्म कहा जाता है। इनसे किसी उपयोगी ग्रिड को ऊर्जा प्रदान होती है जिससे अच्छी मात्रा में बिजली पैदा हो सकती है।

ऊर्जा का यह एक असीम, सस्ता एवं आदर्श स्रोत है। यह पृथ्वी के सकल ऊर्जा सन्तुलन में परिवर्तन नहीं करता और ऊर्जा का प्रदूषण-मुक्त स्रोत है। यह दोनों ही प्रकार के ऊर्जा स्रोतों का एक सशक्त विकल्प है। पृथ्वी पर आने वाली

सौर ऊर्जा इतनी विशाल है कि इसके मात्र 5% उपयोग से सन् 2050 के लिए विश्व की प्रक्षिप्त ऊर्जा की पूर्ति की जा सकती है। अतः सौर ऊर्जा को प्राप्त करने तथा संगृहीत करने के लिए उपयुक्त तकनीक या प्रौद्योगिकी की आवश्यकता है।

प्रस्तुत पुस्तक को ज्ञानवर्द्धक बनाने का हरसम्भव प्रयास किया गया है। पुस्तक की भाषा सरल व सुबोध रखी गई है। पुस्तक की रचना में विभिन्न लिखित व अलिखित स्रोतों से मदद ली गई है जिनके लेखकों व प्रकाशकों के हम आभारी हैं। हम आशा करते हैं कि पाठक इस पुस्तक का अध्ययन कर लाभ प्राप्त करेंगे।

विषयानुक्रम

1

विषय बोध

वर्तमान युग में कोई ऐसा क्षेत्र नहीं है जहाँ ऊर्जा का उपभोग न किया जाता हो। घरेलू, औद्योगिक तथा व्यावसायिक क्षेत्रों से संबंधित कार्यों में मनुष्य की आर्थिक संवृद्धि और विकास से ऊर्जा का हमेशा ही गहरा संबंध रहा है। तीव्र आर्थिक संवृद्धि पर आधारित विकास की मौजूदा रणनीतियों में ऊर्जा के उपयोग को आर्थिक विकास का सूचक माना जाता है लेकिन यह सूचक ऊर्जा के अत्यधिक उपयोग से समाज पर पड़ने वाले प्रतिकूल एवं दीर्घकालिक प्रभावों पर ध्यान नहीं देता। एक भारतीय की अपेक्षा एक अमेरिकी व्यक्ति ऊर्जा का उपभोग भारत से 24 गुना अधिक करता है। यह सर्वेक्षण 1998 विश्व संसाधन संस्थान द्वारा किया गया था।

1950 और 1990 अर्थात् 40 वर्षों के बीच विश्व की ऊर्जा की आवश्यकता पहले की अपेक्षा वर्तमान समय में चार गुना अधिक हो गयी। विश्व में ऊर्जा का कुल उपभोग सन् 2000 में 900.6 करोड़ टन तेल के बराबर था जो औसतन डेढ़ टन प्रति व्यक्ति है। विद्युत ऊर्जा उपभोग के क्षेत्र में एशिया प्रशांत क्षेत्र काफी आगे निकल चुका है और आशा की जाती है कि यह क्षेत्र 2020 तक उत्तरी अमेरिका से करीब 40 प्रतिशत अधिक ऊर्जा का उपभोग कर सकेगा। लगभग 200 वर्षों से कोयला ऊर्जा का प्रमुख स्रोत रहा है और उसने उन्नीसवीं सदी में औद्योगिक क्रांति को आगे बढ़ाया। बीसवीं सदी के अंत तक विश्व के व्यावसायिक ऊर्जा उपभोग में

तेल का भाग 39% था। उसके बाद कोयले (24%) और प्राकृतिक गैस (24%) का स्थान आता है। शेष में परमाणु ऊर्जा (7%) और जलविद्युत/नवीकरणीय स्रोत (7%) शामिल थे। कोयला पहले प्रथम स्थान पर था। बाद में उसका स्थान तेल ने ले लिया।

भारत के व्यावसायिक ऊर्जा स्रोतों में कोयला जो 2001 में कुल उपभोग का 55 प्रतिशत था ऊर्जा का प्रमुख स्रोत है। उसके बाद तेल (31%), प्राकृतिक गैस (8%), जलविद्युत (5%) और परमाणु ऊर्जा (1%) आते हैं।

भारत में ऊर्जा की प्राथमिक आपूर्ति में जैवभार (मुख्यतः लकड़ी और गोबर) का भाग लगभग 40 प्रतिशत था। कोयला विद्युत उत्पादन के लिए आज भी प्रमुख स्रोत है लेकिन 1970 और 1980 के दशकों से नाभिकीय ऊर्जा का अधिकाधिक प्रयोग होने लगा। 1980 और 1990 के दशक से प्राकृतिक गैस का उपयोग तेज ी से बढ़ा है। समय के साथ लोगों की आवश्यकताओं में भी परिवर्तन आने लगा है।

भारत में गैर-परंपरागत ऊर्जा स्रोत जैसे-सौर ऊर्जा, पवन ऊर्जा, जल ऊर्जा तथा जैव ईंधन हैं। पुनरोपयोगी ऊर्जा स्रोतों का महत्त्व हमारे देश में 1970 के दशक की शुरुआत में समझा गया। भारत अब पुनरोपयोगी ऊर्जा के बड़े कार्यक्रम चलाने वाले देशों में से एक है। अनेक पुनरोपयोगी ऊर्जा प्रणालियाँ और उपकरण अब व्यावसायिक रूप से उपलब्ध हैं। इनमें बायो-गैस, बायोमास, सौर ऊर्जा, पवन ऊर्जा, लघु पनबिजली और अन्य उभरती प्रौद्योगिकी से सम्बन्धित कार्यक्रम शामिल हैं। गैर-परंपरागत ऊर्जा स्रोत मंत्रालय नई पुनरोपयोगी ऊर्जा प्रणालियों तथा युक्तियों से संबद्ध सभी मामलों के लिए भारत सरकार की केंद्रीय एजेंसी है। भारत पुनरोपयोगी ऊर्जा के क्षेत्र में हर प्रकार की प्रौद्योगिकी से जुड़ा है, जिसमें लकड़ी से जलने वाले उन्नत चूल्हे, बायो-गैस संयंत्र, बायोमास गैसीफायर्स, सौर ताप एवं फोटोवोल्टीय प्रणालियाँ, पवन चक्कियाँ, बायोमास आधारित सह उत्पादन, छोटी व लघु पनबिजली प्रणालियाँ, शहरी, नगरीय एवं औद्योगिक कचरे से प्राप्त ऊर्जा, भूतापीय ऊर्जा, हाइड्रोजन ऊर्जा, विद्युत वाहन तथा जैव ईंधन शामिल हैं।

इन सभी से ऊर्जा की पूर्ति किसी न किसी रूप में होती है। ऊर्जा के पुनरोपयोगी उपकरणों एवं उनकी प्रणालियों की बिक्री को बढ़ावा देने तथा ऐसी प्रणालियों और प्रविधियों की मरम्मत एवं रख-रखाव के उद्देश्य से 140 प्रमुख नगरों एवं कस्बों में अक्षय ऊर्जा संबंधी प्रतिष्ठान खोले गए हैं। इनमें से प्रत्येक क्षेत्र में संसाधन आंकलन, अनुसंधान तथा विकास, प्रौद्योगिकी विकास एवं प्रदर्शन के कार्यक्रम चलाए जा रहे हैं। देश में उपलब्ध सौर, पवन, बायोमास और लघु जल-विद्युत जैसे ऊर्जा के नवीकरणीय स्रोतों का लाभ उठाने की दिशा में अच्छी प्रगति

हुई है। इसने नवीकरणीय स्रोतों से अगस्त, 2008 तक 12800 मेगावाट की विद्युत क्षमता ग्रिड को उपलब्ध करायी है। यह मुख्य रूप से पवन, लघु पन बिजली और जैव-ऊर्जा स्रोतों से प्राप्त हुई है। यह देश में ऊर्जा की कुल संस्थापित क्षमता का 8 प्रतिशत है। इसके अलावा 10 लाख से ज्यादा प्रकाश प्रणालियाँ, ऊर्जा से पानी गरम करने वाली प्रणालियों का 10 लाख वर्ग मीटर कलेक्टर क्षेत्र, 40 लाख बायो-गैस संयंत्र, नवीकरणीय ऊर्जा प्रणालियाँ तथा उपकरण देश भर में गाँवों, कस्बों तथा शहरों में लगाए गए हैं जिनसे ऊर्जा की पूर्ति होती है। ऊर्जा के विभिन्न स्रोतों से मनुष्य की आवश्यकताओं की पूर्ति हो रही है।

वर्तमान युग में जिस गति से तेल की आवश्यकता बढ़ रही है उससे भी कहीं ज्यादा कच्चे तेल के दामों में वृद्धि हो रही है। इसकी आवश्यकता को देखते हुए भारत में ही नहीं बल्कि पूरे विश्व में गैरपरम्परागत ऊर्जा स्रोत के विकास की आवश्यकता है। प्रधानमंत्री ने 30 जून, 2008 को पर्यावरण परिवर्तन पर राष्ट्रीय कार्य योजना (एनएपीसीसी) शुरू की। योजना में आठ मिशन शामिल किए गए हैं, जिसमें से एक राष्ट्रीय सौर मिशन है। कार्य योजना में नवीकरणीय ऊर्जा के अन्य स्रोतों को प्रोत्साहन देने की बात की गई है। विशिष्ट कार्य बिंदुओं में विस्तार को प्रोत्साहन, नवीकरण ऊर्जा प्रौद्योगिकियों में बुनियादी अनुसंधान, बायोमास का व्यावसायिक प्रसार व विकास की रुकावटों को हटाना, जल विद्युत, सौर तथा पवन प्रौद्योगिकियाँ, लघु पवन इलेक्टि ्क जेनरेटरों के निर्माण और विकास को प्रोत्साहन तथा राष्ट्रीय विद्युत प्रणाली में नवीकरण ऊर्जा स्रोतों को शामिल करने के लिए नियंत्रक शुल्क व्यवस्था में वृद्धि शामिल है। इन कार्य क्षेत्रों का विकास करके इसकी स्थिति को प्रभावी बनाया जा सकता है। इससे पहले 27 जून, 2008 को प्रधानमंत्री ने ऊर्जा समन्वय समिति की बैठक की अध्यक्षता की थी। वर्तमान में कुल विद्युत उत्पादन में नवीकरणीय ऊर्जा स्रोतों की भागीदारी 8 प्रतिशत है। इसमें निर्णय किया गया कि एमएनआरई एक विस्तृत कार्य योजना बनाएगी, जिसमें राज्य संबंधी मुद्दे और ध्यान देने वाले सौर ऊर्जा जैसे विषयों पर विशेष बल देते हुए नवीकरणीय ऊर्जा में पारिणामिक उत्पादन आधारित अप-स्केलिंग, प्रणालियों यथा प्रयोगकर्ता आदि पर ध्यान तथा उनसे निपटने के लिए रणनीतियाँ और नवीकरणीय ऊर्जा स्रोतों से होने वाले उत्पादन के प्रतिशत को बढ़ाने जैसे मुद्दों को शामिल किया जाएगा।

पिछले दो दशकों में विभिन्न भागीदारों, जैसे राज्यों की नोडल एजेंसियों, राज्य बिजली बोर्ड, एनजीओ और उद्योगों आदि ने नवीकरणीय ऊर्जा परियोजनाओं की योजना बनाने तथा उनके कार्यान्वयन में पर्याप्त अनुभव अर्जित किया है लेकिन

आम आदमी को उचित दामों पर नवीकरणीय ऊर्जा उपलब्ध कराने के लिए अभी बहुत कुछ करना बाकी है। ऐसे में यह जरूरी हो जाता है कि जीवाश्म ईंधन पर लोगों की निर्भरता कम करने तथा उन्हें नवीकरणीय ऊर्जा की क्षमता एवं विभिन्न प्रणालियों तथा उपकरणों की उपलब्धता के बारे में जागरूक बनाने के लिए और कदम उठाए जाएँ। अंतर्राष्ट्रीय सौर ऊर्जा सोसाइटी द्वारा 'नवीकरणीय ऊर्जा भविष्य की ओर संक्रमण' विषय पर जारी श्वेत पत्र में कहा गया है : ''नवीकरणीय ऊर्जा की दिशा में संक्रमण एक शहर के बाद दूसरे शहर, एक क्षेत्र के बाद दूसरे क्षेत्र तथा देश के बाद दूसरे देश में होगा।

ऊर्जा के गैर-परम्परागत उपकरणों के विनिर्माण एवं आपूर्ति के लिए देश में ही विनिर्माण के आधारभूत संरचना का क्षेत्र उभरा है। इसमें सार्वजनिक और निजी दोनों ही क्षेत्रों में लघु एवं मँझोले/बड़े उद्योग शामिल हैं। कुछ विकासशील देशों को बायो-गैस संयंत्रों के निर्माण के लिए तकनीकी मार्गदर्शन और सहायता उपलब्ध कराई गई है। निर्यात किए जाने वाले उत्पादों में मुख्य रूप से सौर फोटोवोल्टीय मॉड्यूल्स और उसकी प्रणालियाँ सम्मिलित हैं। हमारे देश में निर्मित पवन टर्बाइनों को पूर्वी यूरोप, आस्ट्रेलिया और अमेरिका को निर्यात किए गए हैं। स्विट्ज रलैंड की एक कम्पनी ने छोटे-छोटे गैसीफायरों के निर्माण के लिए भारतीय डिजाइन का उपयोग किया है। भारत में विभिन्न तकनीकों के माध्यम से इन माड्यूलों को दूसरे देश को निर्यात किया जाता है।

पवन ऊर्जा

तेज चलने वाली पवन में गति के कारण गतिज ऊर्जा (Kinetic Energy) होती है। पवन को गति प्रदान करने वाला भी सूर्य ही है। इस पवन ऊर्जा को पवन चक्कियों द्वारा प्रयोग में लाया जाता है। पवन के दबाव से पवन चक्की के बड़े-बड़े पंख घूमते हैं। पंखे के इस घुमाव द्वारा कई उपकरण चलते हैं, जैसे जल पम्पिंग सैट, आटा चक्की और विद्युत उत्पादन यन्त्र। बहुत-सी पवन चक्कियाँ यदि एक स्थान पर लगी हों, तो उसे पवन फार्म (Wind Farm) कहा जाता है। इनसे किसी उपयोगी ग्रिड को ऊर्जा प्रदान की जाती है जिससे अच्छी मात्रा में बिजली पैदा हो सकती है। पवन फार्मों के लिए समुद्री तटीय इलाके, खुली चरागाहें अथवा पहाड़ी क्षेत्र खासकर दर्रे और टीले बहुत उपयुक्त रहते हैं जहाँ पवन की गति तेज और निरन्तर होती है। एक पवन विद्युत यन्त्र को चलाने के लिए पवन की गति कम-से-कम 15 किलो-मीटर प्रति घंटा होनी चाहिए।

हमारे देश में पवन ऊर्जा की क्षमता लगभग 20,000 मेगावाट आँकी गई है, जबकि अब तक हम इस ऊर्जा से केवल 1020 मेगावाट बिजली ही पैदा कर रहे हैं। हमारे देश का सबसे बड़ा पवन फार्म तमिलनाडु में कन्याकुमारी के निकट है जिससे 380 मेगावाट बिजली पैदा की जाती है।

पवन ऊर्जा बहुत लाभदायक है क्योंकि इससे कोई वायु प्रदूषण नहीं होता। शुरुआती व्यय, जो पवन फार्म लगाने में लगता है, के बाद पवन ऊर्जा बहुत ही सस्ती होती है। ऐसा विश्वास है कि इस शताब्दी के मध्य तक 10% से अधिक बिजली का उत्पादन पवन ऊर्जा से ही प्राप्त होगा।

पवन ऊर्जा को यान्त्रिक और विद्युत ऊर्जाओं में परिवर्तित किया जा सकता है, जिसका उपयोग जल की पम्पिंग के लिए किया जा रहा है। भारत में इससे 20,000 मेगावाट विद्युत पैदा की जा सकती है। यह दूर स्थित क्षेत्रों में अत्यन्त उपयोगी है। यह फॉसिल ईंधन बचाने में सहायता करती है, निश्चित स्थान पर ऊर्जा की थोड़ी मात्रा, जो प्रदूषण और पर्यावरणीय पतन से मुक्त होती है, प्रदान करती है। DNES (Department of Non-Conventional Energy Source) ने 924 वायु पम्प लगभग 20 M की पम्पनधारिता के पूरे देश में लगाये हैं।

सौर ऊर्जा

सूर्य ऊर्जा का एक असीम, सस्ता एवं आदर्श स्रोत है। यह पृथ्वी के सकल ऊर्जा सन्तुलन में परिवर्तन नहीं करता और ऊर्जा का प्रदूषण-मुक्त स्रोत है। यह दोनों ही प्रकार के ऊर्जा स्रोतों का एक सशक्त विकल्प है। पृथ्वी पर आने वाली सौर ऊर्जा इतनी विशाल है कि इसके मात्र 5% उपयोग से सन् 2050 के लिए विश्व की प्रक्षिप्त ऊर्जा की पूर्ति की जा सकती है। अतः सौर ऊर्जा को प्राप्त करने तथा संगृहीत करने के लिए उपयुक्त तकनीक/प्रौद्योगिकी की आवश्यकता है। उसकी वर्तमान तकनीक बहुत महँगी है। अतः विश्व स्तर पर स्वीकार्य नहीं है।

पारम्परिक तौर पर हम सौर-ऊर्जा का इस्तेमाल कपड़े सुखाने, धान एवं अनाज सुखाने, खाद्य पदार्थों को सुरक्षित रखने तथा समुद्री पानी से नमक प्राप्त करने के लिए करते आए हैं। अब हमारे पास सौर ऊर्जा को उपयोग में लाने की बहुत-सी विधियाँ उपलब्ध हैं।

सौर सेल यह सौर ऊर्जा को सीधे तौर से सेलों द्वारा विद्युत में बदल देते हैं। सौर सेलों को फोटो-वोल्टिक सेल भी कहते हैं। सौर सेल अर्धचालक पदार्थों जैसे सिलिकन एवं गैलियम, की पतली परतों से बने होते हैं। जब सौर किरणें इन पर

पड़ती हैं तो एक विद्युत दाब बन जाता है, जिससे बिजली उत्पन्न होती है। सिलिकन सिलिका अथवा रेत से प्राप्त किया जा सकता है जो पर्याप्त मात्रा में उपलब्ध और सस्ती है। गैलियम अर्सिनाईड, कैडमियम सल्फाईड अथवा बोरोन के इस्तेमाल से सौर सेलों की क्षमता को अधिक बढ़ाया जा सकता है।

बहुत से सौर सेलों को मिलाकर सौर पैनल बनाया जाता है। एक सौर पैनल पर्याप्त मात्रा में सौर ऊर्जा संचय कर सकता है, तथा इससे पैदा होने वाली बिजली गलियों में प्रकाश करने एवं सिंचाई के पम्प चलाने के लिए पर्याप्त हो सकती है।

सौर ऊर्जा संचय यन्त्रों द्वारा बहुत से प्राकृतिक पदार्थ यथा पत्थर, ईंटें, काँच इत्यादि दिन में ऊष्मा को सोख लेते हैं तथा रात में इसे बाहर छोड़ते हैं। क्रियाशील सौर ऊर्जा एकत्रित करने वाले यन्त्रों में ताप को सोखने वाले किसी माध्यम (जैसे वायु अथवा पानी) को पम्प करके एक छोटे ताप संचित करने वाले यन्त्र तक ले जाते हैं, जो प्रायः किसी इमारत की छत पर रखा होता है। सौर जल-हीटर एवं सौर कूकर ताप संचित करने वाले यन्त्रों के उदाहरण हैं।

सौर सेलों का इस्तेमाल कैल्कुलेटरों, इलेक्ट्रॉनिक घड़ियों, गलियों की बत्तियों, ट्रैफिक सिग्नलों एवं जल पम्प सैटों में किया जाने लगा है। कृत्रिम उपग्रहों में भी विद्युत उत्पन्न करने के लिए सौर सेल ही काम में लाए जाते हैं। रेडियो एवं टेलिविजन चलाने के लिए भी यह इस्तेमाल होते हैं। सौर सेलों का इस्तेमाल प्रायः दूर-दराज के स्थानों में होता है जहाँ परम्परागत बिजली उपलब्ध नहीं हो पाती।

पहला सौर जल तापक (Heater) सन् 1982 में हरियाणा में हरियाणा ब्रेवरीज लिमिटेड, मुरथल पर संस्थापित किया गया था। यह 15000 लीटर जल प्रतिदिन 65ºC के औसत तापमान पर गर्म करने की क्षमता रखता है। पहला सौर विलवणीकरण यन्त्र (Solar desalination plant) हरियाणा पर्यटक कॉम्प्लेक्स, डुबचिक पर संस्थापित किया गया है जो प्रतिदिन 2000 लीटर पेयजल पर अभिक्रिया करेगा। पहला बहुउद्देश्यीय सौर शुष्क कम गोदाक (dryercum water warehouse), गन्नोर (हरियाणा) में निर्मित किया गया है जो मिर्चियों, आलू के चिप्स आदि सुखाने के लिए उपयोगी है।

भूतापीय ऊर्जा

पृथ्वी के अन्दर की जिस ऊष्मा का उपयोग शक्ति उत्पादन के लिए किया जाता है, भूतापीय ऊर्जा कहलाती है। ज्वालामुखी के क्षेत्रों में, जहाँ उष्णोत्स होते हैं, वहाँ इसकी सम्भावना ज्यादा होती है।

इस ऊष्मा का प्रयोग विद्युत उत्पादन में किया जा सकता है। भूवैज्ञानिकों के अनुसार पृथ्वी के केन्द्र में पदार्थ पिघली अवस्था में होते हैं जिसमें बहुत मात्रा में ऊर्जा होती है जिसका तापमान 4400°C होता है। यद्यपि पृथ्वी के अन्दर अत्यधिक मात्रा में ऊर्जा है, परन्तु कुछ ही स्थानों पर इसे काम में लिया जाता है। ये स्थान गर्म क्षेत्र (Hot Spot) कहलाते हैं। भारत में शीत संग्रहण इकाई (Cold Storage Units) और 5 मेगावाट शक्ति संयंत्र हिमाचल प्रदेश में स्थापित किया गया है। पुगा (लद्दाख) भूतापीय क्षेत्र शक्ति उत्पादन के लिए उपयुक्त है।

महासागरीय ताप ऊर्जा

समुद्र की ऊपरी सतह तथा गहराई में जो ताप का अन्तर होता है, उसी से ताप ऊर्जा पैदा होती है। इस ऊर्जा के उत्पादन के लिए समुद्रीय सतह एवं गहराई में ताप का अन्तर 20°C के करीब होना चाहिए। समुद्र की ऊपरी सतह के ताप से अमोनिया जैसे द्रव्य को उबाला जाता है तथा इसके वाष्प ही से बिजली पैदा करने वाले टर्बाइन चलाए जाते हैं। फिर धरातल के ठंडे पानी से इन वाष्पों को पुनः द्रव्य में परिवर्तित कर दिया जाता है। इस प्रकार यह क्रिया 24 घंटे चलती रहती है।

जैव भार ऊर्जा

जैव भार वह कुल पदार्थ है जो पौधों एवं प्राणियों द्वारा उत्पन्न होता है। इसमें लकड़ी, फसलों के अवशेष, गोबर खाद, मल, कृषि अवशेष आदि होते हैं। जैव भार ऊर्जा निम्नलिखित प्रकार की होती है।

कृषि सम्बन्धी एवं शहरी अवशेष जैव भार फसलों के अवशेष, छिलका, खोई (गन्ने का अवशेष), नारियल के रेशे, मूँगफली के छिलके, कपास की डंडियाँ आदि ऐसे कृषि अवशेष हैं जिनको जलाकर ऊर्जा प्राप्त की जाती है। पशुओं का गोबर, मछलियों एवं मुर्गियों का अपशिष्ट तथा मानव मल आदि भी, जैव भार ऊर्जा के उदाहरण हैं। ब्राजील में 30% बिजली का उत्पादन गन्ने के छिलके को जलाकर किया जाता है। भारत के गाँवों में गोबर के उपले जलाकर ऊर्जा पैदा की जाती है। गाँव की 80% ताप ऊर्जा की माँग को कृषि अवशेष लकड़ी एवं गोबर के उपलों से पूरा किया जाता है।

ग्रामीण इलाकों में जैव भार के इन अवशेषों को खुले चूल्हों में जलाया जाता है जिनसे धुआँ पैदा होता है। अब लम्बी चिमनी वाले चूल्हे बनाए गए हैं जो अधिक उपयोगी एवं धुआँरहित होते हैं।

पौधों एवं प्राणियों के अवशेषों को जलाने से वायु प्रदूषण होता है। इससे बहुत सी राख भी बाकी बची रह जाती है। गोबर जलाने से बहुत से पोषक तत्त्व जैसे नाइट्रोजन एवं फास्फोरस भी नष्ट हो जाते हैं। इसलिए अधिक लाभदायक यह है कि इस जैवभार को जैविक गैस (Bio Gas) अथवा जैविक ईंधन (Bio Fuel) में परिवर्तित कर लिया जाए।

वनस्पति प्रकाश संश्लेषण द्वारा हरे पौधे सौर ऊर्जा को सोख कर उसे जैव भार ऊर्जा में परिवर्तित करते रहते हैं। तेज बढ़ने वाले पेड़-पौधे, जैसे सेमल, पोपलर तथा सुबबूल, झाड़ीनुमा घास, गन्ने जैसी फसलें अथवा ज्वार, चुकन्दर, जलीय पौधे जैसे जल सम्बुल तथा समुद्री अपतृण कार्बोहाइड्रेट से भरे आलू एवं अनाज ऊर्जा देने वाली वनस्पतियाँ हैं। इनसे या तो सीधे जलाकर ऊर्जा प्राप्त की जा सकती है अथवा इनको संशोधित करके जलने वाली गैसें अथवा दूसरे ईंधन बनाए जा सकते हैं।

पैट्रो फसलें कुछ पौधों में दूध होता है, जैसे यूफोर्बिया, कैक्टस, जैट्रोफा अथवा खजूर आदि जो हाइड्रोकार्बन से भरपूर होते हैं। इनसे एक तेल जैसा पदार्थ प्राप्त किया जाता है। इस तेल-पदार्थ को डीजल इंजनों में सीधे जलाया जा सकता है अथवा अधिक साफ करके गैसोलिन बनाया जा सकता है। ऐसे सभी पौधों को पैट्रो फसलें कहा जाता है।

जल ऊर्जा

नदी में बहने वाले पानी को बाँध-निर्माण से एक बड़े तालाब में इकट्ठा कर लिया जाता है तथा इसे ऊँचाई से नीचे गिराया जाता है। बाँध के निचले भाग में लगे टरबाईनों के पंखे इस तेज पानी के बहाव से गति में आते हैं।

यही टरबाईन फिर विद्युत उत्पादकों को बिजली उत्पन्न करने के लिए चलाती है। हम छोटे एवं लघु जल विद्युत संयंत्र भी बना सकते हैं। पहाड़ी क्षेत्रों की नदियों पर ऐसे संयंत्रों का निर्माण करके छोटे स्तर पर बिजली पैदा की जा सकती है। छोटे संयंत्रों के लिए भी पानी कम-से-कम 10 मीटर की ऊँचाई से गिरना चाहिए। भारत में, अनुमान है कि लगभग 4×10^{11} किलोवाट प्रतिघंटा जल विद्युत उत्पन्न करने की क्षमता है। अभी तक हमने इस क्षमता का केवल 11% ही उत्पादन किया है।

जल ऊर्जा से प्रदूषण नहीं होता है। यह ऊर्जा पुनर्स्थापित होने वाली है तथा आम तौर पर जल ऊर्जा परियोजनाएँ बहुआयामी होती हैं जिनका लाभ बाढ़ों की रोकथाम के लिए, सिंचाई के लिए एवं जल परिवहन के लिए भी होता है। परन्तु बहुत बड़े बाँधों के अनेक पर्यावरणीय प्रभाव भी हैं।

जल विद्युत शक्ति वर्तमान ऊर्जा स्रोतों में सबसे मुख्य है। यह ऊर्जा का अजस्त्र स्रोत है तथा नव्यकरणीय ऊर्जा के अंतर्गत आता है। जब तक सूर्य व चन्द्रमा मौजूद रहेंगे पृथ्वी पर वर्षा होती रहेगी तथा जल विद्युत शक्ति का उत्पादन होता रहेगा। जल विद्युत शक्ति के उत्पादन के लिये आवश्यक है कि वर्ष भर वर्षा हो ताकि नदियों में पर्याप्त जल प्रवाह होता रहे। नदी मार्ग में जलप्रपात होने पर बाँध बनाने की आवश्यकता नहीं पड़ती है। जल विद्युत शक्ति उत्पादन केंद्रों के पास ही माँग क्षेत्र भी होने चाहिएँ। लेकिन उक्त सभी आदर्श दशाओं का मिलना असंभव है। मात्र कांगो बेसिन में जल विद्युत शक्ति उत्पादन की अनुकल दशायें मिलती हैं। लेकिन कम आबादी व औद्योगीकरण के अभाव में यहाँ जल विद्युत शक्ति की माँग काफी कम है।

जिन देशों में अनुकूल भौगोलिक दशायें नहीं पाई जाती हैं लेकिन आबादी ज्यादा होती है तथा औद्योगिक विकास की अन्य अनुकूल दशायें विद्यमान होती हैं तो पर्वतीय भागों में नदियों पर बड़े-बड़े बाँध बनाकर जलाशय बनाये जाते हैं तथा जल विद्युत शक्ति पैदा करके माँग क्षेत्रों तक विद्युत तारों के द्वारा पहुँचाया जाता है लेकिन बड़े बाँधों और जलाशयों के निर्माण से निम्नलिखित परिस्थितिकीय समस्याएँ पैदा हो रही हैं

1. बाँधों और विशाल जलाशयों का निर्माण अत्यधिक व्यय साध्य है। भारत में सन् 1980 तक 105 अरब रुपये बाँधों के निर्माण पर खर्च किये जा चुके हैं। सरदार सरोवर बाँध के निर्माण हेतु विश्व बैंक ने 63 अरब रुपयों का ऋण प्रदान किया है। इस तरह जो देश ऋण जाल में फँसे जा रहे हैं उससे उसका निकलना कठिन हो जा रहा है तथा ऋणदाता देश द्वारा विभिन्न रूपों में दोहन किया जा रहा है।
2. बाँधों और जलाशयों के निर्माण से बहुत बड़ी आबादी को हटना पड़ता है। अतः उन्हें पुनः बसाना एक कठिन समस्या है। उदाहरण के तौर पर नर्मदा सागर व सरदार सरोवर बाँध व जलाशयों के निर्माण से दो लाख लोगों के विस्थापित होने की संभावना है।

3. बाँध और जलाशय वाले क्षेत्रों में दबाव के कारण भूकम्प आने की सम्भावना होती है। कोयना भूकम्प व टिहरी भूकम्प इसके उदाहरण हैं।
4. बड़े बाँधों और जलाशयों के निर्माण से विशद वन क्षेत्रों को साफ करना पड़ता है, जिससे अनेकों पारिस्थितिकीय समस्याएँ उठ खड़ी हो रही हैं।
5. बड़े बाँधों और जलाशयों के निर्माण से विशद क्षेत्र जलमग्न हो जाता है। जैसे सरदार सरोवर बाँध से 40 हजार हेक्टेयर भूमि के जलमग्न होने की संभावना है।
6. जल विद्युत उत्पादन केंद्रों से माँग क्षेत्रों तक विद्युत पहुँचाने में दूरी के अनुरूप विद्युत ह्रास होता है।
7. जलाशयों में जल जमाव से अनेकों बीमारियों के होने की संभावना होती है।

उपरोक्त तथ्यों से स्पष्ट है कि जल विद्युत उत्पादन से जितना लाभ नहीं है उससे कहीं अधिक पर्यावरणीय हानि हो रही है। इसलिए इन बड़ी परियोजनाओं का सर्वत्र विरोध किया जा रहा है। यही कारण है कि आज बड़ी जल विद्युत परियोजनाओं के स्थान पर लघु बाँध व जलाशय बनाने पर बल दिया जा रहा है। चीन छोटे बाँधों व जलाशयों का निर्माण कर विद्युत उत्पादन कर रहा है। भारत में भी पारिस्थितिकीय संरक्षण को ध्यान में रखते हुए छोटे बाँधों व जलाशयों का निर्माण कर जल विद्युत शक्ति का उत्पादन करना चाहिए।

ज्वारीय ऊर्जा

ज्वार की प्रक्रिया में आने वाले उछाल व गिरावट से ज्वारीय ऊर्जा का उपयोग किया जाता है। छोटे ज्वारीय शक्ति संयंत्र चीन व रूस में बनाए गये। ज्वारीय शक्ति का प्रयोग विशेषकर विद्युत उत्पादन में किया जाता है। भारत में ज्वारीय शक्ति के उपयोग के लिए संयंत्र कच्छ की खाड़ी, सुन्दर वन में स्थापित किये गये हैं।

विश्व में बहुत कम स्थान हैं जहाँ ज्वारीय ऊर्जा उत्पन्न की जाती है। कनाडा के फंडी खाड़ी में आने वाले ज्वार-भाटा की लहरें, जो 17-18 मीटर ऊँची होती हैं, से 5000 मेगावाट बिजली पैदा की जाती है। फ्राँस में लारेंस के स्थान पर पहली आधुनिक ज्वारीय शक्ति उत्पन्न की जा सकती है।

जैविक गैस

जैविक गैस मीथेन, कार्बन डाईऑक्साइड, हाइड्रोजन एवं हाइड्रोजन सल्फाईड का मिश्रण होती है जिसमें सर्वाधिक मात्रा में मीथेन होती है। यह गैस प्राणि

अपशिष्टों (कभी-कभी वनस्पति अवशेषों) के ऑक्सीजन रहित (Anaerobic) विघटन से उत्पन्न की जाती है। इस क्रिया में पानी भी इस्तेमाल होता है। ऑक्सीजन रहित विघटन बैक्टीरिया द्वारा होता है।

जैविक गैस प्रदूषण न फैलाने वाली, साफ एवं कम खर्चे वाली गैस है जो ग्रामीण क्षेत्रों में लाभदायक है जहाँ बहुत-सा पशु एवं वनस्पति अपशिष्ट उपलब्ध होता है। भारत विश्व का सर्वाधिक पशु वाला देश है। इसलिए भारत में जैविक गैस की उत्पत्ति की क्षमता बहुत अधिक है। केवल पशु गोबर से हम प्रतिवर्ष 22,500 मेगा घन मीटर जैविक गैस पैदा कर सकते हैं। एक सामान्य परिवार की जरूरत 60 घन फुट के एक गोबर गैस प्लांट से पूरी हो सकती है।

जैविक गैस (Biogas) के प्रमुख फायदे हैं यह साफ, प्रदूषण रहित एवं सस्ती है। प्लांट से गैस सीधी सप्लाई होती है तथा इसे संचित करने की समस्या नहीं होती। गोबर गैस प्लांट से बचने वाले कचरे (Sludge) में सभी पोषक तत्त्व होते हैं तथा यह एक बहुत अच्छी खाद बनाता है। पशु अवशेषों के बन्द एवं ऑक्सीजन रहित विघटन में स्वास्थ्य समस्या भी उत्पन्न नहीं होती जो गोबर के खुले इस्तेमाल में रोग फैलाने वाले कीटाणुओं एवं जीवों के कारण हो सकती है।

हमारे देश में दो प्रकार के जैविक गैस प्लांट इस्तेमाल किए जाते हैं स्थाई गुम्बद वाला जैविक गैस प्लांट एवं तैरते टैंक वाले जैविक गैस प्लांट।

1. तैरते टैंक वाले जैविक गैस प्लांट इसका डाइजेस्टर टैंक भूमिगत होता है और गैस अपशिष्ट के ऊपर जमा होती रहती है। गैस बर्तन ऊपर-नीचे हो सकता है तथा इससे गैस की पाईप निकलती है जो एक वाल्व द्वारा नियन्त्रित होती है। डाइजेस्टर टैंक दो भागों में बंटा होता है। एक भाग में पाईप द्वारा गोबर, पानी इत्यादि का मिश्रण टैंक के अन्दर आता है। दूसरे भाग से यही कचरा विघटन के पश्चात् निकलता रहता है।

कई बार जंग लगने से स्टील का गैस बर्तन लीक करने लगता है तथा गैस बाहर निकलने लगती है। इसलिए इस टैंक को बार-बार पेंट करते रहना पड़ता है। इससे इसकी सुरक्षा तो होती है परन्तु यह कार्य महँगा पड़ता है।

2. स्थाई गुम्बद वाला जैविक गैस प्लांट इसकी संरचना भी तैरते टैंक वाले जैविक गैस प्लांट जैसी ही होती है। फर्क केवल यह होता है कि स्टील के गैस बर्तन के स्थान पर ईंटों तथा सीमेन्ट से बना एक स्थाई गुम्बद होता है। डाईजेस्टर टैंक में विभाजन के स्थान पर एक ही चैम्बर होता है। गोबर एवं जल को डालने और विघटित कचरे को निकालने के लिए अलग से व्यवस्था होती है। हमारा गैर-पारम्परिक

ऊर्जा स्रोतों का मन्त्रालय बायोगैस प्रोग्राम को बढ़ावा दे रहा है। ग्रामीण क्षेत्रों में KVIC जनता मॉडल, दीनबन्धु मॉडल, प्रगति मॉडल, गणेश मॉडल आदि बायो-गैस के मॉडल प्रचलित हैं, पर अभी भी बायोगैस (गोबर-गैस) को अधिक लोकप्रिय बनाने की आवश्यकता है।

जैविक ईंधन

जैविक ईंधन का किण्वीकरण (Fermentation) करके एथनोल (Ethanol) एवं मिथेनोल (Methanol) नामक एल्कोहल बनाए जा सकते हैं। कार्बोहाइड्रेट युक्त गन्ना ऐथेनोल उत्पन्न करने के लिए उपयोग में लाया जा सकता है। ऐल्कोहल स्वच्छ ईंधन है तथा इससे प्रदूषण भी नहीं होता। परन्तु, पेट्रोल की तुलना में इसकी कैलोरी क्षमता कम होती है तथा ताप कम निकलता है।[11]

गैसोहोल ब्राजील तथा जिम्बाब्वे में यह ईंधन कारों एवं बसों को चलाने के काम आता है। भारत में भी गैसोहोल का इस्तेमाल कुछ स्थानों पर करने की योजना बनाई जा रही है। गैसोहोल ऐथेनोल एवं गैसोलिन अथवा पेट्रोल का मिश्रण होता है।

मैथेनोल यह भी लाभदायक है क्योंकि यह पेट्रोल, डीजल से कम ताप पर ज्वलनशील है। इसके उपयोग से भारी-भरकम रेडियेटर के स्थान पर कारों में हल्के रेडियेटर काम कर सकते हैं। मैथेनोल भी एक साफ तथा प्रदूषण रहित ईंधन है। मैथेनोल पेड़ों की लकड़ी से तथा ऐथेनोल अनाज वाले अथवा शक्कर वाले पौधों से प्राप्त की जा सकती है।

हाईड्रोजन का ईंधन के तौर पर उपयोग हाइड्रोजन ईंधन का मुख्य स्रोत है। यह वायु में ज्वलनशील है तथा इस क्रिया में ऑक्सीजन से मिलकर पानी (H_2O) बनाती है। इससे 150 किलो जूल प्रति ग्राम ऊर्जा निकलती है। अपनी सर्वाधिक कैलोरी क्षमता के कारण हाईड्रोजन एक बहुत अच्छा ईंधन साबित हो सकता है। इसके अतिरिक्त, यह ईंधन प्रदूषण पैदा नहीं करता तथा इसे आसानी से उत्पन्न किया जा सकता है। हाईड्रोजन को पानी के ऊष्मीय विघटन, प्रकाशीय अपघटन अथवा विद्युत उपघटन से उत्पन्न किया जा सकता है। परन्तु हाईड्रोजन अति ज्वलनशील है तथा विस्फोटक है। इसीलिए इसके ईंधन के तौर पर उपयोग में सावधानी जरूरी है। इसे संचित करना तथा लाना-ले जाना भी कठिन है। बहुत हल्की होने से इसको बड़ी मात्रा में जमा रखना होता है।

आजकल द्रव्य की अवस्था में हाईड्रोजन अन्तरिक्ष यानों में इस्तेमाल की जाती है।

पुनर्स्थापित न किए जाने वाले ऊर्जा स्रोतों में जीवाश्म ईंधन जैसे कोयला, पेट्रोलियम, प्राकृतिक गैस एवं आणविक ईंधन आते हैं।

कोयला कार्बनिक युग में, कोई 255-350 लाख वर्ष पूर्व भूमि की गर्म तथा आर्द्र तहों में कोयले की उत्पत्ति हुई थी। नदियों के तटों वाले तथा दलदलों में स्थित प्राचीन पेड़ जब मर कर भूमि में दब गए थे तो ऊष्मा एवं दबाव के कारण ये लाखों वर्षों के अन्तराल में पीट एवं कोयले में परिवर्तित हो गए। मुख्यतः कोयला तीन प्रकार का होता है ऐन्थ्रासाइट (सख्त कोयला), बिटुमिनस (नर्म कोयला) तथा लिग्नाइट (भूरा कोयला)। ऐंथ्रासाइट कोयले में सबसे अधिक 90% कार्बन होता है तथा इसकी कैलोरिक क्षमता भी अधिक (8700 कि. कैलोरी प्रति कि.ग्राम) होती है। बिटुमिनस, लिग्नाईट एवं पीट में क्रमशः 80, 70 एवं 60% कार्बन होता है। विश्व में कोयला सबसे अधिक पाया जाने वाला जीवाश्म ईंधन है। सम्प्रति इसका उपयोग भी बहुत अधिक हो रहा है। यदि इसी रफ्तार से कोयले का इस्तेमाल होता रहा तो कोयले के भंडार अगले 200 वर्षों तक चल सकते हैं तथा यदि इस दर में 2% प्रति वर्ष की वृद्धि होती है तो ये केवल 65 वर्षों में समाप्त हो सकते हैं।

भारत के पास विश्व का 5% कोयला है। भारतीय कोयला ऊष्मा उत्पन्न करने के लिहाज से बहुत अच्छा नहीं है। भारत में मुख्य कोयला क्षेत्र रानीगंज, झरिया, बोकारो, सिंगरौली, ताखर, चन्द्रवर्धा तथा गोदावरी तट के क्षेत्र हैं। भारत में झारखंड, आडिशा, पश्चिमी बंगाल, मध्य प्रदेश, आन्ध्रप्रदेश तथा महाराष्ट्र कोयला राज्य हैं।

जब कोयला जलाया जाता है तो कार्बन-डाइऑक्साइड उत्पन्न होती है जो एक ग्रीन-हाऊस गैस है और जिसकी भूमंडलीय तापमान-वृद्धि में मुख्य भूमिका है। कोयले के दहन से सल्फर डाई-ऑक्साइड एवं नाइट्रोजन के ऑक्साइड उत्पन्न होते हैं।

कोयला जो कभी व्यर्थ का पत्थर समझा जाता था वह अब काला सोना समझा जाने लगा है। विश्व में लगभग 4 अरब मैट्रिक टन कोयले का उत्पादन प्रति वर्ष होता है तथा सभी स्रोतों से प्राप्त ऊर्जा का 45 प्रतिशत अकेले कोयले से प्राप्त होता है। कोयले के कारण ही सन् 1860 में औद्योगीकरण की शुरुआत हुई। वर्तमान में औद्योगिक नगरीय व कृषि विकास कोयले पर आधारित है। यह सदा से ऊर्जा प्राप्ति का प्रमुख स्रोत रहा है। कुल ऊर्जा का कोयले से सन् 1900 में 98%, सन् 1925 में 66%, सन् 1948 में 60%, सन् 1975 में 50% तथा वर्तमान में 45% प्राप्त हो रहा है। लेकिन इतने महत्त्वपूर्ण कोयले का संचित विश्व भण्डार अति सीमित है। एक बार समाप्त हो जाने पर कोयले का निर्माण असंभव है क्योंकि इसका

निर्माण लाखों वर्षों में प्राकृतिक प्रक्रियाओं के कारण हो पाता है। अतः कोयला अनव्य ऊर्जा का स्रोत है। जिस मात्रा में कोयले का उत्पादन हो रहा है पुनः उसकी आपूर्ति निकट भविष्य में हो पाना संभव नहीं है। अगर कोयला खपत की वर्तमान दर जारी रही तो 300 वर्षों तक ही इसकी आपूर्ति संभव हो सकेगी। भारत में कोयले की वर्तमान खपत दर कायम रहने पर 150 वर्षों तक ही इसकी आपूर्ति हो सकेगी।

कोयला एवं पारिस्थितिकीय समस्याएँ

1. कोयला अनव्य ऊर्जा स्रोत है। अतः निकट भविष्य में इसका पुनर्जनन संभव नहीं है।
2. कोयले की धूम्र से वनस्पतियों को हानि पहुँचती है।
3. वर्तमान में कोयला खुली खदानों से निकाला जा रहा है। अतः ऊपर ही चट्टानों को हटाकर अन्यत्र संगृहीत किया जा रहा है जो कठिन व व्यय-साध्य कार्य है। जैसे एक टन कोयला निकालने में पाँच टन मलबा निकलता है। भारत में 23 करोड़ टन कोयला निकाले जाने की संभावना है। फलतः 115 घन मीटर मलबा प्रति वर्ष निकलेगा। जिसको रखने के लिये प्रतिवर्ष पर्याप्त स्थान की आवश्यकता पड़ेगी। इस तरह जहाँ मलबे का ढेर इकट्ठा किया जा रहा है वहाँ नीचे की भूमि बेकार होती जा रही है। नदी में पहुँचकर मलबा तल को उथला बना रहा है और जल को प्रदूषित कर रहा है। कभी-कभी इस ढेर के खनिज, राख, और धूल उड़कर कहीं और निक्षेपित हो रहे हैं जिससे वहाँ की मिट्टी की उत्पादकता समाप्त हो रही हैं, जिससे खाद्यान्न उत्पादन प्रभावित हो रहा है।
4. कोयला दहन द्वारा ताप विद्युत शक्ति उत्पन्न करने में पर्याप्त जल की खपत होती है। जब तप्त जल ताप विद्युत गृहों से छोड़ा जाता है तो वह तप्त जल नदी-नालों में पहुँचकर जल को प्रदूषित करता है जिससे जलीय जीव-जन्तु मर जाते हैं।
5. वजन में कोयला भारी होता है। अतः खपत वाले क्षेत्रों तक इसे पहुँचाने में परिवहन व्यय अधिक पड़ता है।
6. कोयले को जलाने से कार्बन डाईऑक्साइड की अत्यधिक मात्रा वायुमंडल में पहुँचकर वायु प्रदूषण के साथ-साथ हरित गृह प्रभाव (Green House Effects) पैदा कर रही है, जिससे पारिस्थितिकी तंत्र के असंतुलित होने का खतरा बढ़ता जा रहा है और मानव जीवन में संकट उत्पन्न होता जा रहा है।

7. कोयले में मिश्रित एसिड वायुमंडल में पहुँचकर वर्ष के साथ अम्ल वर्षा करता है जिससे पर्यावरणीय समस्याएँ पैदा हो रही हैं।

उपरोक्त विवरण से स्पष्ट है कि कोयला अनव्य ऊर्जा स्रोत है और इसके उपयोग से पारिस्थितिकीय समस्याएँ पैदा हो रही हैं जो मानव हेतु शुभ लक्षण नहीं है।

पेट्रोलियम यह विश्व अर्थव्यवस्था का आधार है। विश्व के 13 देश ऐसे हैं जिनके पास पेट्रोलियम भंडारों का 67% भाग है। ये देश मिलकर OPEC (Organization of Petroleum Exporting Countries) नाम का संघ बनाते हैं। तेल के भंडार का एक-चौथाई भाग सऊदी अरब में स्थित है।

अगर पेट्रोलियम का उपयोग इसी दर से होता रहा तो विश्व के तेल भंडार केवल 40 वर्षों में समाप्त हो सकते हैं। परन्तु कुछ आशावादी लोगों का विचार है कि विश्व में और भी तेल के भंडार हैं जो अभी तक खोजे नहीं जा सके हैं। फिर भी यह भंडार 40 वर्ष तक ही चल सकते हैं। कच्चा पेट्रोलियम ऐल्केन हाइड्रोकार्बनों का एक जटिल मिश्रण होता है। इसलिए इसे प्रभाजी आसवन (fractional distillation) द्वारा शुद्ध किया जाता है। इस विधि से अलग-अलग तापमान पर इसके संघटक अलग हो जाते हैं। इससे हमें बहुत से पदार्थ प्राप्त होते हैं, जैसे पेट्रोलियम गैस, मिट्टी का तेल, पेट्रोल, डीजल, चिकनाई का तेल, पैराफिन मोम, ऐस्फाल्ट एवं प्लास्टिक आदि।

कोयले की तुलना में पेट्रोलियम एक साफ ईंधन है। यह पूरी तरह ज्वलनशील है और कोई अवशेष नहीं छोड़ता। इसका परिवहन आसान है तथा इस्तेमाल करना भी। इसीलिए जीवाश्म ईंधनों में पेट्रोलियम को प्राथमिकता दी जाती है।

पेट्रोलियम और पारिस्थितिकीय समस्याएँ

1. पेट्रोलियम उत्पादन में ओपेक देशों द्वारा कमी और उसका दाम बढ़ाये जाने की घोषणा के कारण विकासशील व अविकसित देशों के अर्थतंत्र पर कुप्रभाव पड़ रहा है। खनिज तेल आयातक देश अपनी आवश्यकताओं की पूर्ति हेतु विदेशी कर्ज लेकर महँगी दर पर खनिज तेल खरीद रहे हैं और दूसरी तरफ कर्ज की अदायगी हेतु अपने कच्चे मालों को सस्ती दरों पर निर्यात कर रहे हैं, जिससे विकसित व विकासशील देशों के बीच आर्थिक खाई चौड़ी होती जा रही है और विश्व अर्थतंत्र में असंतुलन उत्पन्न होता जा रहा है।
2. खनिज तेल व प्राकृतिक गैस कभी-कभी कुओं में आग लग जाती है अथवा

अपने आप आग लग जाती है जिससे वायुमंडल प्रदूषित हो जाता है तथा यह प्रदूषण सीमावर्ती अन्य देशों को भी दुष्प्रभावित करता है। खाड़ी युद्ध के अंतर्गत कुवैत के खनिज तेल कूपों में आग लगा दी गई जिसका धूम्र वायुमंडल में पहुँच गया जिससे पश्चिमी भारत तक वायु प्रदूषण का खतरा बढ़ गया है।

3. कहीं-कहीं समुद्री तल से खनिज तेल निकाला जाता है। ऐसे स्थानों में विस्फोट होने पर खनिज तेल की परत समुद्री जल पर फैल जाती है तथा अनेकों जीव-जन्तु मर जाते हैं।
4. भूगर्भ से जहाँ खनिज तेल निकाला जाता है वहाँ भूमि के नीचे धँकने की संभावना रहती है। कैलीफोर्नियाँ के विलमिंगटन तेल क्षेत्र 8 मीटर नीचे धँस गया है जिससे उस क्षेत्र की समुद्री फैलाव से रक्षा हेतु बाँध बनाया गया है।

उपरोक्त तथ्यों से स्पष्ट है कि खनिज तेल के कारण भी पारिस्थितिकीय समस्याएँ बढ़ती जा रही हैं।

द्रवित पेट्रोलियम गैस ब्यूटेन पेट्रोलियम गैस का मुख्य संघटक है तथा ईंधन एवं प्रोपेन इसके अन्य संघटक हैं। पेट्रोलियम गैस को आसानी से दबाव डालकर द्रव्य रूप में परिवर्तित किया जा सकता है। इसको एल.पी.जी. कहा जाता है जो घरों में भोजन बनाने के लिए प्रयोग की जाती है। भारत में तेल क्षेत्र डिगबोई (असम), गुजरात के मैदान तथा मुम्बई-हाई और गोदावरी, कृष्णा, कावेरी एवं महानदी नदियों के डेल्टा क्षेत्रों में पाये जाते हैं। हाल ही में राजस्थान के बाड़मेर जिले में भी तेलक्षेत्र पाए गए हैं।

प्राकृतिक गैस

इस गैस की उत्पत्ति पृथ्वी में दबे हुए मृत जीवों एवं पेड़-पौधों के सड़ने-गलने से होती है। इस गैस के तहत प्रोपेन, ईथेन तथा मीथेन आते हैं, यह एक जीवाश्म ईंधन है। प्राकृतिक गैस के भंडार प्रायः पेट्रोलियम भंडारों के निकट ही विद्यमान होते हैं। यह गैस भी दबे हुए मृत जीवों एवं पौधों ही के गलने-सड़ने से उत्पन्न होती है। प्राकृतिक गैस सबसे साफ जीवाश्म ईंधन है तथा इसे पाईपों द्वारा वहन किया जा सकता है। इसकी कैलोरिक क्षमता ऊँची (50 किलो जूल प्रति कि.ग्राम) होती है तथा यह धुआँ रहित है। इस समय विश्व में लगभग 80,450 ग्राम प्रति घन मीटर प्राकृतिक गैस के भंडार मौजूद हैं। रूस के पास सर्वाधिक (40%), उसके बाद ईरान (14%) तथा संयुक्त राज्य अमेरिका (7%) के पास ये भंडार हैं।

भारत में तेल क्षेत्रों के निकट ही प्राकृतिक गैस भंडार मिलते हैं। कुछ नए गैस भंडार त्रिपुरा, जैसलमेर तथा मुम्बई के तटवर्ती क्षेत्रों तथा कृष्णा एवं गोदावरी डेल्टा में खोजे गए हैं।

प्राकृतिक गैस का इस्तेमाल घरों में ईंधन के रूप में होता है। बिजली पैदा करने के लिए इसका उपयोग ऊष्मीय विद्युत कारखानों में किया जाता है। खाद के उद्योग में, हाईड्रोजन को स्रोत के रूप में तथा टायर बनाने वाले उद्योग में, कार्बन के स्रोत के रूप में भी इसका प्रयोग होता है।

कृत्रिम प्राकृतिक गैस (एस.एन.जी.) यह गैस कार्बन मोनो ऑक्साइड एवं वैकल्पिक प्राकृतिक गैस के बीच की कड़ी है। कम ग्रेड के कोयले को गैसीकरण द्वारा कृत्रिम गैस में बदला जाता है तथा इसके पश्चात् उत्प्रेरक क्रिया से मीथेन बना ली जाती है।

संपीडित प्राकृतिक गैस (सी.एन.जी.) वाहनों में इस गैस का इस्तेमाल पेट्रोल एवं डीजल के स्थान पर होने लगा है। दिल्ली में सभी बसें एवं आटो रिक्शा अब इसी से चलाए जाते हैं। सी.एन.जी. से शहर में वाहन प्रदूषण की समस्या काफी कम हो गई है।

नाभिकीय ऊर्जा

नाभिकीय हथियारों ने यह प्रमाणित कर दिया है कि, नाभिकीय ऊर्जा अपनी विनाशकारी शक्ति के लिए जानी जाती हैं परन्तु नाभिकीय ऊर्जा को प्रयोग की जाने वाली ऊर्जा के स्रोत के तौर पर नियंत्रित किया जा सकता है। नाभिकीय ऊर्जा दो प्रकार की क्रियाओं से उत्पन्न होती है

नाभिकीय विखंडन यह ऐसा नाभिकीय बदलाव है जिसमें कुछ समस्थानिक (Isotopic) तत्त्वों के अधिक आण्विक भार (Large mass number) वाले अणुओं को न्यूट्रान विस्फोटन से हल्के अणुओं में विघटित किया जाता है। इस क्रिया में शृंखला अभिक्रिया होती है जो नीचे समीकरण के रूप में दिखाई गई है

$$_{92}U^{235} + {}_{0}n^{1} \rightarrow {}_{36}Kr^{92} + {}_{56}BA^{141} + 3{}_{0}n^{1} + \text{ऊर्जा}$$

नाभिकीय रिएक्टरों में यह शृंखला अभिक्रिया उपयोग की जाती है। विघटन की गति को नियन्त्रित करने के लिए केवल एक न्यूट्रॉन को ही दूसरे अणु-केन्द्र से टकराने के लिए छोड़ा जाता है। आम तौर पर यूरेनियम 235 नाभिक ही आणविक रिएक्टरों में इस्तेमाल होते हैं।

नाभिकीय संलयन इस प्रक्रिया में दो कम भार के समस्थानिकों (Isotopes) को बहुत अधिक तापमान पर (1 अरब डिग्री सैल्सियस पर) जबरदस्ती मिलाया जाता है जब तक कि वे विलयन के द्वारा एक भारी समस्थानिक में परिवर्तित नहीं हो जाते। इस क्रिया में भारी मात्रा में ऊर्जा उत्पन्न होती है। इस क्रिया को आरम्भ करना कठिन होता है परन्तु इस क्रिया से कहीं अधिक ऊर्जा निकलती है।

उदाहरण के तौर पर अरब (1 billion) करोड़ डिग्री सैल्सियस पर दो हाइड्रोजन अणु आपसी वियलन से एक हीलियम अणु बनाते हैं तथा इस प्रक्रिया से बहुत अधिक ऊर्जा प्राप्त होती है।

$${}_{1}H^{2} + {}_{1}H^{2} * {}_{3}He^{2} + {}_{0}n^{1} + \text{ऊर्जा}$$

नाभिकीय ऊर्जा में असीम क्षमता पाई जाती है, परन्तु रिएक्टरों के रिसाव से रेडियोधर्मी प्रदूषण हो सकता है। आणविक अवशेषों का उपचार एवं विसर्जन भी एक गम्भीर समस्या है।

भारत में अभी तक आणविक ऊर्जा इतनी विकसित नहीं है। हमारे देश में केवल चार नाभिकीय रिऐक्टर लगाए गए हैं जिनकी कुल क्षमता 2005 मेगावाट बिजली उत्पादन की है। हमारे नाभिकीय रिऐक्टर महाराष्ट्र के तारापुर में, राजस्थान में कोटा के पास सागर में, तमिलनाडु के कल्पक्कम में व उ. प्र. के नरौरा में स्थित हैं।

2

ऊर्जा-उत्पादन एवं उपयोग का आर्थिक पक्ष

विषुवत् रेखा के समीप होने के कारण भारत पर सूर्य की किरणें सीधी पड़ती हैं, जिसके फलस्वरूप यहाँ की गर्म जलवायु गर्म पाई जाती है। यहाँ सूर्य की किरणें लगभग पूरे वर्ष पड़ती हैं, इसीलिए यहाँ सौर ऊर्जा की कोई कमी नहीं है। यदि भारत चाहे तो ऊर्जा आपूर्ति हेतु सौर ऊर्जा का सफलतापूर्वक उपयोग कर सकता है। सर्वविदित है कि सौर ऊर्जा प्राकृतिक ऊर्जा का प्रमुख ऊर्जा स्रोत है। यह एक सर्वव्यापी एवं अनंत संभावनाओं का स्रोत है। सौर चूल्हों के विकास से इस ऊर्जा का काफी सीमा तक सफल प्रयोग हो रहा है। आजकल पानी गरम करने, अंतरिक्ष उपभोग, फसलों को सुखाने, खाना पकाने और पानी का खारापन दूर करने के लिए सौर ऊर्जा का उपयोग किया जा रहा है। यह भावी ऊर्जा प्राप्ति का गैर परंपरागत अथवा नवीन स्रोत है। इसलिए भविष्य में सौर ऊर्जा का पूर्णतः दोहन होने की संभावना व्यक्त की गई है।

भारतीय परिदृश्य में ऊर्जा उत्पादन एवं उपयोग

विगत कुछ वर्षों में भारत में प्राकृतिक ऊर्जा संयंत्रों विशेषकर सौर ऊर्जा संयंत्रों के निर्माण एवं प्रयोग पर विशेष ध्यान दिया गया है। इसके विकास के कुछ

महत्त्वपूर्ण कारण हैं   कच्चे तेल की कीमतों में लगातार होने वाली वृद्धि से देश की अर्थव्यवस्था में मुद्रा-स्फीति की स्थिति तथा देश में विदेशी मुद्रा के भंडार में कमी, लगातार बढ़ रही जनसंख्या, उच्च स्तर के रहन-सहन की आकांक्षा, ग्रामीण क्षेत्रों के लिए ईंधन उपलब्ध करने के साधन, ग्रामीण क्षेत्रों में शहरीकरण के प्रति बढ़ता हुआ दबाव एवं कृषि उत्पादन के लिए प्रयुक्त अधिक ऊर्जा की मात्रा आदि हैं। भारत एक बड़ा देश है फलतः कुछ भाग इस प्रकार के हैं, जहाँ केन्द्रीकृत ऊर्जा प्रणाली (वर्तमान विद्युत वितरण प्रणाली) से ऊर्जा की आपूर्ति करना अत्यन्त कठिन और महँगा है। ऐसे क्षेत्रों को राष्ट्र की मुख्य धारा से जोड़ने के लिए उनकी ऊर्जा संबंधी वर्तमान और निकट भविष्य की आवश्यकताओं की पूर्ति ऊर्जा के विकेंद्रीकृत स्रोतों से करना अधिक तर्कसंगत है। साथ ही, बड़ी संख्या में वैज्ञानिकों और तकनीशियनों के उपलब्ध होने के कारण भारत अब ऊर्जा के नए और वैकल्पिक साधनों को सस्ते ढंग से उपयोग करने की दिशा में होने वाली प्रौद्योगिक क्रांति के युग में प्रवेश करने में पूरी तरह सक्षम है। ऊर्जा के ये नए भंडार न केवल विपुल मात्रा में उपलब्ध हैं वरन् अक्षय हैं और वायु प्रदूषण को रोकने में मदद कर सकते हैं। इन स्रोतों में सूर्य, पवन, जैवद्रव्य, ज्वारीय तथा भूतापीय ऊर्जा स्रोत महत्त्वपूर्ण हैं। जैवद्रव्य का यदि उचित ढंग से उपयोग न किया जाये तो वायु प्रदूषण बढ़ भी सकता है। उदाहरणतः जैव द्रव्यों का सामान्य चूल्हों में प्रयोग करना अथवा गोबर का गैस संयंत्र में गलत तरीके से प्रयोग करना आदि आते हैं।

अपरम्परागत ऊर्जा स्रोतों की आपूर्ति के लिए जिन स्रोतों का यहाँ अध्ययन किया जा रहा है, वो निम्न हैं

1. जैवद्रव्य एवं खेती से प्राप्त व्यर्थ जैव पदार्थों का उत्पादन तथा उपयोग प्रणालियाँ,
2. सौर तापीय तथा फोटोवोल्टाइक ऊर्जा प्रणालियाँ,
3. ज्वारीय शक्ति तथा छोटी जलशक्ति प्रणालियाँ,
4. पवन शक्ति वाली ऊर्जा प्रणालियाँ,
5. पशु तथा मानव शक्ति का दक्षतापूर्ण उपयोग।

परिणामतः वैकल्पिक ऊर्जा और अपरम्परागत ऊर्जा प्रणालियों के सभी विकल्पों की उपलब्धता पर ध्यान देने से ऐसा मालूम होता है कि भारत के दूर-दूर तक फैले हुए ग्रामीण क्षेत्रों में ऊर्जा की पूर्ति की दृष्टि से विकेन्द्रीकृत ऊर्जा प्रणालियाँ बहुत महत्त्वपूर्ण भूमिका निभा सकती हैं और प्रदूषण के संरक्षण में भी सहायक हो सकती हैं। वर्तमान समय में इस प्रणाली को हरित तकनीकी के नाम से जानते हैं।

ऊर्जा के विभिन्न साधन

यहाँ किसी भी वस्तु के कार्य करने की दक्षता को ऊर्जा के नाम से जाना जाता है। प्रत्येक निर्जीव या सजीव वस्तु में निहित ऊर्जा होती है, जो उस वस्तु विशेष की स्थिति पर निर्भर करती है। यह पदार्थ की मात्रा उठाई गई ऊँचाई गुरुत्वाकर्षण के तुल्य होती है। किसी भी गति के फलस्वरूप प्राप्त ऊर्जा गतिज ऊर्जा कहलाती है। यह $1/2\ mv^2$ (1/2 पदार्थ की^{2}) के तुल्य होती है। ऊर्जा की इकाई जूल होती है। व्यावहारिक इकाई किलो जूल एक प्रकार की ऊर्जा को दूसरे प्रकार की ऊर्जा में परिवर्तित की जा सकती है। ऊर्जा विद्युत मशीनी, रासायनिक, न्यूक्लिय, विद्युत-चुम्बकीय आदि प्रारूपों में उपलब्ध रहती है। ऊर्जा के अतिरिक्त ऊर्जा के सभी प्रारूप एवं स्रोत सूर्य से प्राप्त होते हैं। उपयोगिता के फलस्वरूप ऊर्जा स्रोतों को निम्न भागों में विभक्त किया गया है

1. **परम्परागत ऊर्जा के साधन**

   (अ) वाणिज्यीय ऊर्जा स्रोत : कोयला, पेट्रोल, बिजली आदि।

   (ब) गैर-वाणिज्यीय ऊर्जा स्रोत : उपले, लकड़ी तथा कृषि अपशिष्ट।

2. **अपरम्परागत या पुनर्नव्य या अक्षम ऊर्जा के साधन** सौर ऊर्जा, पवन ऊर्जा, जैव-पदार्थ ऊर्जा, ज्वारीय ऊर्जा, प्रवाहित जल, मनुष्य, पशु आदि। विद्युत ऊर्जा की इकाई किलोवाट जो कि. वाट क्षमता वाली किसी मशीन द्वारा एक घंटे में पैदा की गई या खर्च विद्युत के बराबर होती है।

विद्युत उत्पन्न करने या खर्च करने की दर को शक्ति कहते हैं। इसकी इकाई जूल प्रति से. होती है। शक्ति को अश्व शक्ति में भी प्रकट किया जाता है। जो 746 वाट के तुल्य ऊर्जा की विभिन्न इकाइयों का परस्पर सम्बन्ध तालिका 1 में दिया गया है।

तालिका 1 : ऊर्जा की विभिन्न इकाइयों का परस्पर सम्बन्ध

जूल	कि.	वा.	घं.
जूल	1	2.78	10^2
कि.वा.घं.	3.6	10^6	1
कैलोरी	4186	1.16	10^3
बी.टी.यू.	1055	2.93	10^4

ऊर्जा न कभी नष्ट होती है और न उत्पन्न की जा सकती है। परन्तु ऊर्जा को एक प्रारूप से दूसरे प्रारूप में परिवर्तित कर सकते हैं।

भारत के सन्दर्भ में ऊर्जा के उपयोग का ऐतिहासिक विवरण

आधुनिक सभ्यता में मानव जीवन कृषि, उद्योग, परिवहन, संचार तथा अन्य आर्थिक कार्यों के लिए ऊर्जा एक मौलिक आवश्यकता है। वर्तमान समय में किसी देश की समय प्रगति एवं उसके द्वारा पैदा होने वाली ऊर्जा और खर्च होने वाली ऊर्जा की मात्रा से आँकी जाती है। यद्यपि इतिहास के आदिकाल से ही मानव द्वारा ऊर्जा की माँग में लगातार वृद्धि हुई है। लेकिन हाल में तेजी से बढ़ती हुई जनसंख्या यांत्रिक विकास एवं प्रति इकाई ऊर्जा व्यय में वृद्धि के कारण मानव की ऊर्जा माँग सबसे अधिक बढ़ी है। इसका ज्वलन्त उदाहरण संसार के प्रत्येक देश में ईंधन की बढ़ती हुई व्यय एवं मूल्य सूचकांक है।

यहाँ पर अफ्रीका, एशिया और लैटिन अमेरिका के विकासशील देश, जहाँ विश्व की 70 प्रतिशत जनसंख्या रहती है, विश्व में व्यय वाली कुल ऊर्जा के केवल 17.5 प्रतिशत भाग की व्यय करते हैं जबकि संयुक्त राज्य अमेरिका में, जहाँ विश्व की केवल 5.5 प्रतिशत जनसंख्या रहती है, संसार में व्यय होने वाली कुल ऊर्जा का 35 प्रतिशत भाग व्यय होता है। दूसरे विकसित देशों की भी न्यूनाधिक यही स्थिति है। इन आँकड़ों से हम इस निष्कर्ष पर पहुँचते हैं कि किसी भी देश की उन्नति के लिए ऊर्जा की अधिक से अधिक प्राप्ति एवम् उपयोग होना आवश्यक होता है अन्यथा अरब देश, इंडोनेशिया आदि सबसे उन्नत देश होते।

वाणिज्यीय ऊर्जा स्त्रोतों का विश्लेषण

भारत में उपयोग होने वाले व्यापारिक ऊर्जा के प्रमुख ऊर्जा के सम्पूर्ण व्यावसायिक संसाधन उदाहरणार्थ कोयला, तेल और बिजली की खपत में महत्त्वपूर्ण हैं। इनमें से भी पिछले कुछ वर्षों के दौरान बिजली की खपत में सबसे अधिक बढ़ोत्तरी हुई है।

भारत में पेट्रोलियम हाइड्रोकार्बन (तेल तथा गैस) ऊर्जा के सर्वश्रेष्ठ साधनों में से एक है। लेकिन इन सभी स्रोतों से मिलने वाली ऊर्जा की बढ़ती हुई माँग से यह स्पष्ट होता है कि आगे चलकर ये स्रोत हमारी माँग को पूरा करने में असमर्थ होंगे।

भारत में कोयले की सकल भंडार क्षमता को 110,000 मीट्रिक टन अनुमानित किया गया है, जिसमें 1000 मीट्रिक टन कोयला प्राप्त किया जा सकता है।

विडम्बना यह है कि हमारे देश में उच्च कोटि का कोयला काफी कम मिलता है। क्योंकि कोयले में गंधक एवं राख की मात्रा अधिक होती है, जिससे खानों से उत्पादन-केन्द्र तक ले जाने में भार वाहन का खर्च अधिक आता है। वर्ष 1991-92 में कोयले का उत्पादन 24.1 करोड़ टन से भी अधिक हुआ है। तेल का उत्पादन भी काफी बढ़ा है और यह बढ़कर लगभग 3 करोड़ 30 लाख टन तक पहुँच गया है। थोड़े समय में बम्बई हाई से तेल निकालने में सफलता प्राप्त होना भी अत्यन्त सराहनीय है। अभी हाल में अंडमान में गैस के विशाल भंडार होने का पता लगा है। इसके बावजूद भी देश को हमारी ऊर्जा सम्बन्धी आवश्यकताओं की पूर्ति के लिए लगभग 2000 करोड़ रु. के तेल का आयात करना पड़ता है और अनुमानों के अनुसार सन् 2000 में लगभग 15000 रु. के तेल का आयात करना पड़ेगा।

ऊर्जा संसाधनों के अन्तर्गत बिजली का महत्त्वपूर्ण स्थान है। तापीय बिजली उत्पादन करने के लिए कोयला अथवा तेल जलाना पड़ता है। विभिन्न स्रोतों से पन बिजली पैदा करने के लिए जल प्राप्त करना होता है। इसके अतिरिक्त नाभिकीय स्रोतों का सहारा लेना पड़ता है। मार्च 1995 को बिजली उत्पादन की संस्थापित क्षमता 81,164 मैगावाट थी। इसमें संयंत्रों द्वारा 74 प्रतिशत जल विद्युत संयंत्रों द्वारा 24 प्रतिशत और अणुविद्युत संयंत्रों तथा ऊर्जा पद्धतियों द्वारा 2 प्रतिशत का योगदान है। आठवीं योजना के शुरुआती तीन वर्षों के दौरान उत्पादन क्षमता में 12,675 मेगावाट की वृद्धि हुई, जो 1992-93 की तुलना में लगभग 17.8 प्रतिशत थी। इसमें 13 प्रतिशत जल विद्युत संयंत्रों द्वारा और बाकी तापीय सयंत्रों द्वारा हुई। सन् 1995 में बिजली का उत्पादन 35102 करोड़ इकाई हुआ, जो 1993-94 के उत्पादन से 8.5 प्रतिशत अधिक था। इस समय बिजली की माँग एवं पूर्ति में लगभग 18 प्रतिशत की खाई है, जिसे पूरा करने के लिए अनेक साधनों की आवश्यकता है। सभी क्षेत्रों में विद्युत उपयोग 1997 में किया गया है। नाभिकीय शक्ति तो पूरे विश्व में विवाद का विषय बनी हुई है। भारत ने भी नाभिकीय अनुसंधान पर भारी राशि खर्च की है। इससे भारत के प्रतिरक्षा तथा शान्ति में परमाणु ऊर्जा के उपयोग की क्षमता को बढ़ावा मिला है। हमारे देश में थोरियम ईंधन की मात्रा उपलब्ध है। लेकिन इसके प्रयोग के लिए उचित तकनीकी विकास की आवश्यकता हमारे देश में इस क्षेत्र में प्रयासरत है।

यहाँ पर जीवाश्मी ईंधन के मुख्य बिन्दु यह हैं कि यह क्षयशील होता है। सन् 2000 तक के पेट्रोलियम भंडारों का उपयोग अपने चरम पर पहुँच गया और यदि

व्यय की दर वर्तमान बनी रही तो 2020 तक विश्व के 90 प्रतिशत पेट्रोलियम की व्यय हो चुकी होगी।

जीवाश्मी ईंधन और यूरेनियम न केवल क्षयशील हैं, वरन् जब ये जलते हैं तो अत्यधिक पर्यावरणीय प्रदूषण उत्पन्न करते हैं जो मानव जीवन के लिए घातक हैं। 1200 मैगावाट क्षमता वाले एक बड़े बिजली उत्पादन संयंत्र में प्रतिदिन करीब 9100 टन कोयला उपयोग किया जाता है। परिणामतः वायुमंडल की औसतन 35% ताप ऊर्जा बेकार होती है और संयंत्र के आस-पास के क्षेत्र का तापमान कई अंश बढ़ जाता है। इसके अतिरिक्त कोयले में गंधक भी होता है जो विषैली और क्षयकारी गैसों के रूप में प्रतिदिन वायुमंडल में मिलता रहता है, जिससे गंधक का अम्ल (सल्फ्यूरिक एसिड) तथा अन्य हानिकारक यौगिक उत्पन्न होते हैं जो न केवल पौधों और प्राणियों में वरन् भवनों को भी हानि पहुँचाते हैं। आधुनिक नाभिकीय रिएक्टरों के संबंध में तथ्य यह है कि इनसे वायुमण्डल के 70 प्रतिशत ताप का व्यय होता है, जिसके फलस्वरूप प्रदूषण और रेडियोधर्मिता की समस्या पैदा होती है।

हमारे देश की ईंधन नीति समिति की रिपोर्टों के अनुसार, हमारे देश में गैर कोकिंग कोयले का 130 लाख टन, लिग्नाइट का 221 लाख टन और कोकिंग कोयले का 401 लाख टन कुल भंडार है।

कोयले के सबसे प्रमुख उपभोक्ता क्रमशः बिजली, इस्पात और रेलवे हैं। इनमें भी बिजली के क्षेत्र में 1982-83 और 1987-88 में देश के कुल उत्पादित कोयले में से क्रमशः 35.2 प्रतिशत और 21.1 प्रतिशत कोयले का व्यय हुआ। इस प्रकार कोयले के व्यय के मामले में यह क्षेत्र भविष्य में भी अग्रणी रहेगा। आर्थिक विकास के साथ-साथ कच्चे तेल और अन्य पेट्रोलियम उत्पादों की माँग भी बढ़ी है।

गैर वाणिज्यीय ऊर्जा स्रोतों के उपयोग के अन्तर्गत गाँवों या कस्बों में खाना पकाने और गर्मी प्राप्त करने के लिए आवश्यक ऊर्जा जलाने वाली लकड़ी, गोबर और खेती से मिलने वाले व्यर्थ पदार्थों से प्राप्त होती है।

भारत के ग्रामीण क्षेत्रों में ऊर्जा उपयोग की प्रमुख पद्धति

हमारा देश मुख्यतः एक कृषि प्रधान देश के रूप में जाना जाता है। देश की 70 प्रतिशत जनसंख्या कृषि उत्पादन तथा कृषि उत्पादों के संसाधन और विपणन संबंधी कार्यों में लगी हुई है। भारत में इस समय लगभग 76,000 गाँव और 3.126 कस्बे हैं, जिनका अनुपात 184 : 1 बैठता है। भारत की वृद्धि और विकास ऊर्जा संसाधनों के विकास और प्रबंधन पर निर्भर है।

तालिका 2 में भारत में भूमि उपयोग की पद्धति का विवरण दिया गया है। कुल 3280 लाख हेक्टर भूमि में से लगभग 1390 लाख हेक्टर भूमि पर खेती की जाती है। (यह क्षेत्र 7 करोड़ जोतों में विभक्त है। इन जोतों को छोटी (2 हेक्टर तक), मँझोली (2 से 10 हेक्टर तक) और बड़ी (10 हेक्टर से अधिक) जोतों में बाँटा गया है। लगभग 70 प्रतिशत छोटी जोतों में कुल खेती योग्य क्षेत्र के लगभग 20 प्रतिशत भाग में खेती की जाती है। तालिका 3 भारत में अनेक प्रकार की फसलें उगाई जाती हैं। महत्त्वपूर्ण फसलें हैं चावल, गेहूँ, ज्वार, मक्का, बाजरा, दालें, तिलहन, गन्ना आदि। इनके अलावा सब्जियाँ, फल, रोपण फसलें तथा मसालों आदि की फसलें भी किसी हद तक उगाई जाती हैं। भारत में खाद्यान्नों का कुल अनुमानित उत्पादन लगभग 19 करोड़ टन है।

तालिका 2 : भारत में भूमि उपयोग की पद्धति (1990-91)

विवरण (हैक्टर)	संख्या (,000)	प्रतिशत	क्षेत्र	(,000 लाख हेक्टर) प्रतिशत
1. सीमांत (0-1)	56.748	58.1	21,606	13.2
2. (1-2)	17,881	18.3	25,533	15.6
3. लघु-मध्यम (2-4)	13,253	13.6	36,579	22.3
4. मध्यम (4-10)	7920	8.1	47,008	28.7
5. बड़ा (10 से अधिक)	1,929	1.9	33,187	20.2
कुल	**97,731**	**100**	**1,63,913**	**100**

तालिका 3 : भारत में खेती के अंतर्गत जोतें व जोतों का आकार (हे.)

	जोतों की संख्या 10 लाख में (प्रतिशत)	क्षेत्र दस लाख हे. (प्रतिशत)
2 तक	49.1 (69.6)	31.8 (20.9)
2 से 10 तक	18.6 (26.4)	78.3 (48.2)
10 से अधिक	2.8 (4.0)	50.0 (30.9)

हमारे देश में वनों वाले क्षेत्रों की सारणी के माध्यम से दर्शाया गया है। इस सारिणी के आँकड़ों से स्पष्ट है कि भारत में वनों का क्षेत्रफल लगातार घट रहा है।

देश का कुल 22 प्रतिशत से कम क्षेत्र वनों के अन्तर्गत रह गया है। देश में उगाई जाने वाली फसलों से अनेक अपशिष्ट पदार्थ उपलब्ध होते हैं।

तालिका 4 : भारत का वनों के अधीन क्षेत्र (1988-89)

राज्य	वनों के अधीन (1975-76)	क्षेत्र (,000 है.) (1988-89)	कु.क्षे. की तुलना में वनों का प्रतिशत (1975-76)
मध्य प्रदेश	16,239	15,540	35.67
उड़ीसा	6,793	5,960	43.61
महाराष्ट्र	6,672	6,390	21.68
आंध्रप्रदेश	6,437	6,380	23.25
अरुणाचल प्रदेश	5,154	--	61.67
उत्तर प्रदेश	5,076	5,150	17.24
कर्नाटक	3,757	3,860	19.59
राजस्थान	3,461	3,150	10.11
असम	3,081	3,070	39.24
बिहार	2,928	2,929	16.84
तमिलनाडु	2,254	2,260	17.33
हिमाचल प्रदेश	2,177	3,760	39.11
जम्मू कश्मीर	2,104	2,020	9.47
गुजरात	1,959	1,940	10.00
पश्चिमी बंगाल	1,183	1,140	13.47
केरल	1,133	1,120	29.15
अंडमान निकोबार	740		
मेघालय	632	--	78.32
त्रिपुरा	603	--	26.92
मनीपुर	600	--	17.48
नागालैण्ड	289	--	38.62
सिक्किम	282	--	38.62

राज्य	वनों के अधीन (1975-76)	क्षेत्र (000 है.) (1988-89)	कु.क्षे. की तुलना में वनों का प्रतिशत (1975-76)
पंजाब	206	--	4.09
हरियाणा	146	170	3.30
अन्य	713	--	33.81
अखिल भारत	74,786	72,010	22.75

तालिका 5 : भारत में खेती से मिलने वाले व्यर्थ पदार्थों की वार्षिक उपलब्धता संबंधी संभावना।

उत्पाद	क्षेत्र (हे.)	उत्पादन (,000 टन)	व्यर्थ पदार्थ (,000 टन)
धान की भूसी	40705.6	53593.2	17864.4
गन्ने की खोयी	3194.9	183646.8	61215.6
नारियल के खोल	1088.4	5618.7	1124.8
मूँगफली के छिलके	7447.6	7239.1	24130.1
कपास के डंठल	7987.4	1369.5	23962.2
जूट के डंठल	827.2	123.6	2479.6
मक्का के भुट्टे (दाने रहित)	5897.7	6759.7	2027.9

(ङ) कृषि कार्यों में ऊर्जा के स्रोतों का एकीकृत उपयोग एवं प्रबंध भारत के ग्रामीण समुदाय की ऊर्जा संबंधी आवश्यकताओं को निम्न वर्गों में बाँटा जाता है

1. परिवहन के लिए ऊर्जा,
2. फसल उत्पादन के लिए ऊर्जा,
3. सभी प्रकार के मशीनों को चलाने के लिए ऊर्जा,
4. खाना पकाने और गर्मी प्राप्त करने के लिए ऊर्जा,
5. पीने, सिंचाई व ग्रामीण उद्योगों आदि के लिए आवश्यक पानी को पम्प से निकालने के लिए ऊर्जा,
6. प्रकाश प्राप्त करने के लिए ऊर्जा।

खाना बनाने और गर्मी प्राप्त करने हेतु ऊर्जा हमारे लिए जलाई जाने वाली लकड़ी और गोबर से मिलने वाले व्यर्थ पदार्थों से मिलती है। गति संबंधी कामों के लिए ऊर्जा मानव शक्ति है। अब शक्ति, बिजली अथवा डीजल से प्राप्त शक्ति से मिलते हैं। प्रकाश के लिए ऊर्जा मिट्टी के तेल से प्राप्त होती है। इसके लिए ऊर्जा का थोड़ा अंश बिजली से भी प्राप्त होता है। यह तथ्य ध्यान देने योग्य है कि ग्रामीण समुदाय द्वारा ऊर्जा का व्यय बहुत कम है। ग्रामीण क्षेत्र में उपलब्ध शक्ति और ऊर्जा के विभिन्न स्रोतों संबंधी अनुमान सारणी में दिय गये हैं। कृषि में कुल 7 करोड़ मेगावाट घंटे ऊर्जा का उपयोग किया जाता है। से 32% ऊर्जा की पूर्ति पशुओं द्वारा, 30% पेट्रोलियम तेलों से, 18% बिजली से और ऊर्जा की पूर्ति मानव श्रम द्वारा होती है। भारत के कुल 6,76,000 गाँवों में अब तक केवल 70% में ही बिजली उपलब्ध है। भारत के ग्रामीण क्षेत्र में बिजली की कुल खपत 1 करोड़ 30 लाख मे. वा. है।

हमारे देश के ग्रामीण क्षेत्रों में यांत्रिक तथा विद्युत ऊर्जा की खपत काफी है। ट्रैक्टरों का प्रयोग काफी बढ़ा है। भारत में इस समय लगभग 20 लाख ट्रैक्टर प्रयोग किए जा रहे हैं। एक सामान्य ट्रैक्टर 10 बैलों का स्थान लेता है। इस प्रकार लगभग 2 करोड़ ही पशुओं की संख्या कम हो गई है। कृषि कार्यों में इंजिनों, पम्पसेटों तथा नलकूप पम्प का प्रयोग भी अति विशाल पैमाने पर बढ़ा है, जिससे कृषि कार्य सहज हो गये हैं और उत्पाद में भरपूर बढ़ोतरी हुई है।

ऊर्जा के पुनर्नव्य स्रोत

ऊर्जा के पुनर्नव्य स्रोत हैं सूर्य, पवन, जैवद्रव्य, पशु आदि।

भारत में सौर ऊर्जा का बृहत् भंडार है। इसके व्यावहारिक बनाने और इसे समाज की भलाई के लिए उपयोग में लाने के लिए उपयुक्त तरीकों के विकास की आवश्यकता है। भारत में प्रतिवर्ष लगभग 16×10^{13} मे. वाट सूर्य ऊर्जा प्राप्त होती है, इसका उपयोग अनेक कार्यों जैसे फसलों को सुखाने, खाना पकाने, घरों आदि को गर्म करने, शीत-गृहों, पानी को पम्प द्वारा निकालने और बिजली बनाने हेतु उपयोग कर सकते हैं।

शक्ति के एक दूसरे स्रोत पवन-शक्ति की भी भारत में विकास की बहुत सम्भावनाएँ हैं। पवन-चक्कियों का उपयोग, ग्रामीण क्षेत्रों में पम्प द्वारा पानी निकालने और बिजली उपलब्ध कराने के लिए किया जा सकता है। पानी को पम्प

द्वारा निकालने के लिए पवन चक्की चलाने हेतु वायु की गति कम से कम 8 कि. मी./घंटा होती है।

हमारे देश में पशुओं की संख्या 34 करोड़ के आस-पास है, जिनसे प्रतिदिन लगभग 20 लाख टन गोबर प्राप्त होता है। इस गोबर का अधिकांश भाग उपलों के रूप में ईंधन के लिए जला दिया जाता है, जिससे ऊर्जा की काफी ह्रास होती है और पर्यावरण प्रदूषण फैलता है। इसमें सक यदि 50 प्रतिशत गोबर का भी उपयोग गोबर गैस संयंत्रों में जैव-गैस बनाने के लिए किया जाए तो इससे प्रतिदिन लगभग 210 मे.वाट ऊर्जा प्राप्त हो सकती है तथा संयंत्रों से प्राप्त तरल स्लरी का भी खाद के रूप में प्रयोग किया जा सकता है। इसके अतिरिक्त खेती से भी प्रतिवर्ष लगभग 20 करोड़ टन व्यर्थ जाने वाले पदार्थ प्राप्त होते हैं। इसमें से लगभग 5 करोड़ टन व्यर्थ पदार्थों का उपयोग घरेलू ईंधन के रूप में किया जाता है। शेष 15 करोड़ टन व्यर्थ पदार्थ का उपयोग उत्पादक गैस, लकड़ी का कोयला आदि का निर्माण किया जाता है।

भारत में कृषि श्रमिकों की कुल अनुमानित संख्या लगभग 19 करोड़ 60 लाख है। यह मानते हुए कि एक औसत खेतिहर मजदूर लगभग 0.08 अश्व शक्ति या लगभव 60 वाट ऊर्जा प्रदान करने में सक्षम है, कुल मानव शक्ति 1,200 मे. वाट आती है। यह मानते हुये कि एक व्यक्ति वर्ष में लगभग 100 घंटे फार्म में लगाता है, कुल व्यय होने वाली ऊर्जा 1 करोड़ 18 लाख मे. वाट होगी।

हमारे देश में कृषि कार्यों हेतु और परिवहन के लिए लगभग 6 करोड़ 20 लाख पशु (वर्तमान संख्या) उपलब्ध है। बैलों की एक जोड़ी से लगभग एक अश्व शक्ति या 750 वाट ऊर्जा प्राप्त होती है। इस प्रकार इन जोते जाने वाले पशुओं से प्राप्त होने वाली ऊर्जा 30,000 मे. वाट है। यह मानते हुए कि एक पशु वर्ष में लगभग 750 घंटे कार्य करता है, इनके द्वारा लगाई जाने वाली ऊर्जा 22 करोड़ 50 लाख मे. वाट है।

भारत में ऊर्जा के परिवेश में नीतियों को पर्यावरण की दृष्टिकोण से हितकर बनाने के लिए कई कदम उठाये गये हैं। पूरे देश में सीसा रहित तथा कम सीसे वाले पेट्रोल की आपूर्ति की जायेगी। अप्रैल 1995 से सरकार ने प्रदूषण के अभिशाप पर नियंत्रण रखने के लिए चार महानगरों तथा कुछ चुने हुए राजमार्गों में उपयुक्त कन्वर्टरों से युक्त मोटरकारों के उपयोग के लिए सीसा रहित पेट्रोल तथा दबावयुक्त प्राकृतिक गैस उपलब्ध करायी है। धीरे-धीरे इस प्रकार का पेट्रोल पूरे देश में उपलब्ध कराया जायेगा। इसके अतिरिक्त 0.5 प्रतिशत अल्पगंधक वाले डीजल का प्रवेश हो रहा है। कई बड़े शहरों में बैटरी चालित वाहनों का प्रयोग किया जा रहा है। भारत में विभिन्न अक्षय ऊर्जा प्रौद्योगिकियों के विकास पर बल दिया जा रहा है। अनुमान यह है कि

सरकार के प्रोत्साहन तथा समर्थन से भारत में अक्षय ऊर्जा की क्षमता सन् 2015 तक 1000 मैगावाट के आस-पास पहुँच जायेगी और तब कुल बिजली के उत्पादन में इन प्रौद्योगिकियों हिस्सा 8 प्रतिशत हो जायेगा। इसी प्रकार ऊर्जा के अन्य स्रोतों के बढ़ने की संभावनाएं हैं। वर्तमान में महानगरों में पर्यावरण प्रदूषण एक विकराल समस्या बनती जा रही है, जिनसे छुटकारा पाना अन्तर्राष्ट्रीय उद्देश्य है।

इसके अलावा ऊर्जा संरक्षण के लिये निम्नांकित सुझावों को व्यावहारिक बनाने से ऊर्जा व्यय में कमी की जा सकती है जो निम्न हैं

1. उन्नत भवन वास्तुकला तथा निर्माण तकनीक का प्रयोग जिससे वातानुकूलन में न्यूनतम ऊर्जा का प्रयोग।
2. सौर ऊर्जा को उद्योगों में प्रयोग करना।
3. ऊर्जा का अपव्यय रोकने का प्रचार।
4. अधिक वृक्षारोपण।
5. भवनों में प्राकृतिक प्रकाश का प्रयोग।
6. सड़कों की हालत में सुधार।
7. हाइड्रोजन तथा अल्कोहल से चलने वाले इंजनों का विकास
8. ठंडे प्रदेशों में सौर ऊर्जा से घरों को गर्म करना।
9. वाहनों का मिल-जुलकर प्रयोग।
10. उद्योग में ऊर्जा-आडिट।

तालिका 6 : भारत में विभिन्न अक्षय ऊर्जा प्रौद्योगिकियों की संभावना

ऊर्जा स्रोत	आंकी गई संभाव्यता (मेगावाट)
तरंगीय ऊर्जा	20,000
डीजल	10,000
तापीय ऊर्जा	50,000
उत्पादन	8,000
चरवाही पशुओं से ऊर्जा	30,000
ऊर्जा	20,000
ऊर्जा	17,000
ईंधन ऊर्जा	20,000
ऊर्जा	50,000
भाटीय से ऊर्जा	10,000

तालिका 7 : भारत में अक्षय ऊर्जा प्रौद्योगिकियों में हुई भौतिक प्रगति (सितम्बर 1995 तक हुई संचयी उपलब्धि)

क्र.सं.	कार्यक्रम	यूनिट	उपलब्धियाँ
1.	पवन ऊर्जा		
	पवन फार्म	मे.वा.	557
2.	पवन पंप	संख्या	3112
	लघुजल		
3.	लघु-सूक्ष्म (मे.वा. तक)	मे.वा.	122
	जैव ऊर्जा		
4.	जैव पदार्थ से गैस बनाने वाले स्टर्लिंग इंजन	मे.वा.	16
5.	जैव पदार्थ दहन पर आधारित बिजली	मे.वा.	12
6.	जैव पदार्थ पर आधारित सह उत्पादन	मे.वा.	10
7.	परिवार के प्रमाण वाले जैव गैस संयंत्र	मिलियनों में	2.20
8.	रसोई के उन्नत स्टोव	मिलियनों में	20.10
9.	सामुदायिक मल-संयंत्र	संख्या	1,450
10.	सौर तापीय प्रणालियाँ (संग्राहक क्षेत्रफल)	वर्ग मीटर	3,50,000
11.	सौर कुकर	संख्या	3,72,298
12.	फोटोवोल्टीय बिजली यूनिट	कि.वा.	825
13.	फोटोवोल्टीय पानी के पंप	संख्या	1,821
14.	फोटोवोल्टीय घरेलू लाइट एकक/लालटेन	संख्या	85,100
15.	फोटोवोल्टीय सड़क की लाइटें	संख्या	32,871
16.	फोटोवोल्टीय सामूहिक लाइटें/टी.वी. तथा अन्य सामूहिक सुविधाएँ	संख्या	954
17.	जैव ईंधन द्वारा परिचालित वाहन	संख्या	115

ऊर्जा संसाधनों का प्रादुर्भाव और परमाणु विकास

इसके अन्तर्गत ऊर्जा का तात्पर्य कार्य करने की क्षमता से लिया जाता है। मानव हो या मशीन इनको कार्य करने हेतु ऊर्जा की आवश्यकता होती है। अतः ऊर्जा और कार्य का सीधा संबंध है। मानव जाति के विकास में ऊर्जा का सर्वाधिक

महत्त्व रहा है। मानव को ऊर्जा भोजन से प्राप्त होती है, जबकि मशीनों को ऊर्जा ईंधन से प्राप्त होती है। मनुष्य की संपूर्ण आवश्यकताएँ आज ऊर्जा से ही पूरी हो सकती हैं, चाहे वह मौलिक आवश्यकताएँ हों या विलासिता संबंधी। ऊर्जा के बिना जीवन अधूरा है और संसार में दिन-प्रतिदिन जनसंख्या में बढ़ोत्तरी होने के कारण ऊर्जा की खपत निरन्तर बढ़ती जा रही है।

पृथ्वी पर जब मानव जीवन की उत्पत्ति हुई तभी से उसे धूप-ठंड से बचने हेतु और भोजन पकाने में काफी परेशानियाँ रही हैं। उसने पत्थरों को रगड़कर चिंगारी उत्पन्न कीं। सूखे पत्तों में चिंगारी से आग जलाई। इस प्रकार ताप ऊर्जा के उपयोग का क्रम आरंभ हुआ। यदि हम पुरानी सभ्यताओं के विकास की ओर दृष्टि डालें तो हमें विदित होता है कि अधिकांश पुरानी सभ्यताएँ नदियों के किनारे पर ही विकसित हुईं, जहाँ जल संसाधन व्यापक मात्रा में मौजूद रहते थे।

सूर्य ही प्रकृति में ऊर्जा का एक मुख्य साधन है। जिससे हमारी पृथ्वी ने आदिकाल में ऊर्जा ग्रहण की और आज भी सूर्य अपनी किरणों से भू-वासियों को प्रतिक्षण ऊर्जा प्रदान कर रहा है। यदि कल्पना करें कि सूर्य लुप्त हो जाए तो पृथ्वी पर जीवनलीला सदा के लिए समाप्त हो जाएगी। सम्पूर्ण विश्व ऊर्जा से पूर्ण है। इस अखिल विश्व में ऊर्जा का प्रवाह एवं संभरण कार्य एक सूक्ष्मातिसूक्ष्म परम महान शक्ति से हो रहा है।

प्रत्येक कार्बनिक ईंधन, जैसे पेड़, पौधे, पीट, लिग्नाइट, कोयला, पेट्रोलियम पदार्थ आदि, जिन्हें हम आज ऊर्जा प्राप्ति के लिए उपयोग में ला रहे हैं, एक प्रकार से सूर्य से ही निरंतर प्रदत्त ऊर्जा के संचित स्वरूप हैं। ऊर्जा के स्रोत के रूप में मनुष्य ने लकड़ी एवं कोयले का उपयोग अति दीर्घकाल तक किया तथा कालांतर में नवीन स्रोतों का विकास हुआ है।

ऊर्जा निवेश के मुख्य प्रारूप

ऊर्जा की आवश्यकताओं को पूरा करने के लिए भारत में प्राचीन पद्धतियों के साथ-साथ आधुनिक पद्धतियों को प्रयोग में लाया जाता है। ऊर्जा पूर्ति के साधनों को प्रमुखतः दो प्रकारों में विभक्त किया जा सकता है

प्रथम प्रकार के साधन इसके अन्तर्गत प्रारम्भिक साधन इस प्रकार के होते हैं, जिनमें घरेलू जीवनयापन में, विशेष रूप से भोजन बनाने में प्रयोग किया जाता है; यथा जलाऊ लकड़ी, गोबर के कंडे अथवा कृषि से प्राप्त घास एवं भूसा इत्यादि।

इन साधनों को 'अवाणिज्यिक साधन' कह सकते हैं। हमारे ग्रामीण इन साधनों का सर्वाधिक उपयोग करते हैं। इन ईंधनों की ताप क्षमता का अधिक-से-अधिक 10 प्रतिशत भाग ही उपयोग में आता है। अतः आर्थिक दृष्टि से ये बहुत खर्चीले साधन कहे जा सकते हैं। फिर भी हमारे देश में ऊर्जा निवेश के क्षेत्र में ये साधन प्राथमिक रूप से 60 प्रतिशत ऊर्जा की पूर्ति करते रहते हैं।

द्वितीय प्रकार के साधन इसके अन्तर्गत वाणिज्यिक साधन आते हैं, जिनके बिना औद्योगिक प्रगति की कल्पना भी नहीं की जा सकती है। हम भली प्रकार से जानते हैं कि यांत्रिक ऊर्जा के बिना मनुष्य का कार्य नहीं चल सकता, क्योंकि उसके सभी कार्य, जैसे उद्योग, परिवहन एवं कृषि ऊर्जा के प्रयोग पर निर्भर करते हैं। औद्योगिक परिवर्तन के पक्ष में मनुष्य पशु-शक्ति और पवन चक्कियों का प्रयोग करता था। औद्योगिक क्रांति के पश्चात् वाष्प इंजन अंतःदहन इंजन के प्रयोग एवं जल विद्युत ऊर्जा के उत्पादन से यांत्रिक ऊर्जा के उपयोग में वृद्धि हुई है। विश्व के कई देशों में इन्हीं साधनों के सही दोहन एवं संशोधन के क्षेत्र में अनेक महत्त्वपूर्ण योजनाबद्ध कार्य हो रहे हैं। प्रमुख रूप से इन साधनों में कोयला, पेट्रोलियम एवं विद्युत का विशेष रूप से योगदान है। साथ-ही-साथ प्राकृतिक गैस एवं नाभिकीय ऊर्जा के महत्त्वपूर्ण उपलब्धियों की अवहेलना नहीं की जा सकती है।

विद्युत ऊर्जा की खोज मनुष्य समुदाय के लिए एक वरदान सिद्ध हुआ है। इसने हमारे जीवनयापन की शैली को एकदम ही परिवर्तित कर दिया और आज हम इस पर इतना निर्भर हो गए हैं कि इसके अभाव में अपने को पंगु समझने लगे हैं। 'प्रति व्यक्ति पर बिजली की खपत' आज किसी देश के जीवन-स्तर और औद्योगिक विकास का एक मापदंड माना जाने लगा है। पिछले पच्चीस वर्षों से हर देश में इसकी माँग अभूतपूर्व गति से बढ़ रही है। परंतु विकासशील देशों में वाणिज्यिक ऊर्जा (Commercial Energy) की खपत की दर विकसित देशों की अपेक्षा कहीं अधिक रही है। विद्युत ने हमें ऐसा व्यापक ऊर्जा स्रोत प्रदान किया, जिसे अन्य प्रकार की ऊर्जाओं, यथा ताप, प्रकाश, ध्वनि, चुंबकत्व और यांत्रिक ऊर्जाओं में सरलता से परिवर्तित किया जा सकता है तथा इसे एक स्थान से दूसरे स्थान तक पहुँचाया भी जा सकता है।

फलतः ऊर्जा के स्रोतों को देखते हुए ऊर्जा का अध्ययन इन शीर्षकों के अंतर्गत किया जा सकता है नाभिकीय ऊर्जा पवन ऊर्जा, जल विद्युत ऊर्जा सागर ऊर्जा या तरंग ऊर्जा, जीवाश्मीय ऊर्जा एवं सौर ऊर्जा।

वर्तमान समय में विद्युत शक्ति विकास का मुख्य आधार बन गए हैं।

भारत में ऊर्जा उत्पादन के कार्य का प्रारम्भ सन् 1900 में शिवसमुदाय (कर्नाटक) हाइड्रो इलेक्ट्रिक पॉवर स्टेशन की नींव रखने से शुरू हुई। तत्पश्चात्

पंचवर्षीय योजना के अन्तर्गत बहुत सी नदी घाटी परियोजनाओं का कार्य प्रारंभ किया गया। जिनमें प्रमुख थीं भाखड़ा-नांगल, दामोदर घाटी, हीराकुंड तथा चंबल घाटी योजनाएँ। धीरे-धीरे इनकी विद्युत उत्पादन क्षमता 34.20 लाख किलोवाट से बढ़कर सातवीं पंचवर्षीय योजना तक 22.245 मेगावाट हो गई। इसमें 15,999 मेगावाट तापीय 5541 मेगावाट हाइड्रो एवं 7.5 मेगावाट नाभिकीय ऊर्जा सम्मिलित है।

विद्युत उत्पादन की प्रक्रिया

विद्युत उत्पादन करने हेतु सर्वप्रथम कोयला उसके पश्चात् तेल और प्राकृतिक गैस का उपयोग ईंधन के रूप में किया जाने लगा। इन तीनों ईंधनों के उपयोग पर आधारित बिजलीघर मूलतः एक ही प्रक्रिया पर आधारित होते हैं। इसमें दहनकक्ष में कोयला, तेल या गैस को जलाकर ताप उत्पन्न किया जाता है। इससे पानी को भाप में बदला जाता है। जिस क्षेत्र में यह प्रक्रिया होती है, उसे 'वाष्पक' या 'बाइलर' कहते हैं। इस भाप का उपयोग बिजली उत्पादक जिसे 'जनरेटर' कहते हैं, की धुरी को टरबाइन के माध्यम से घुमाने में किया जाता है। टरबाइन में धुरी पर कई पंखे लगे होते हैं, जिन्हें वाष्प के दबाव के उपयोग से घुमाते हैं। टरबाइन के घूमने से जनरेटर की धुरी भी घूमने लगती है। जनरेटर द्वारा उत्पन्न बिजली को विद्युत तारों के माध्यम से प्रत्येक जगह आपूर्ति करते हैं।

यहाँ पर बिजली उत्पादन के एक दूसरे प्राकृतिक संसाधन के रूप में जल का वृहत् रूप में प्रयोग करते हैं।

इसको जलविद्युत के नाम से जाना जाता है। इसमें नदी के जल को ऊँचाई पर एक जलाशय में एकत्रित किया जाता है। फिर इस जल को नियंत्रित रूप में ऊँचाई से छोड़ा जाता है। इस प्रकार ऊँचाई से गिर रहे जल का उपयोग जनरेटर की धुरी से जुड़े पंखों को घुमाने में किया जाताा है। अतः जल विद्युत के उत्पादन की प्रक्रिया अत्यंत सरल है। सिद्धांत रूप में सरल होते हुए भी जल विद्युत को प्राप्त करना हर जगह संभव नहीं है। इनके निर्माण में बहुत धन तथा समय लगता है। इसके अलावा इसके लिए एक पहाड़ी क्षेत्र और बड़े जल स्रोत की आवश्यकता होती है, जिससे ऊँचे स्थान पर निर्मित जलाशय से पर्याप्त जल मिल सके। यद्यपि इस स्रोत के अनेकों लाभ हैं। निर्माण के बाद इनको ईंधन की आवश्यकता नहीं होती, कोई प्रदूषण उत्पन्न नहीं होता तथा बिजली के साथ सिंचाई की सुविधा भी उपलब्ध हो जाती है। हमारे देश में इस प्रकार के बड़े बिजलीघर, भाखड़ा, हीराकुंड आदि स्थानों पर बनाए गए हैं।

परमाणु ऊर्जा का विकास

किसी भी देश के लिए ऊर्जा स्रोतों का विकास महत्त्वपूर्ण है। इससे यह धारणा बन गई कि ऊर्जा को एक रूप से दूसरे में परिवर्तित तो किया जा सकता है, परंतु इनमें सदैव कुल मात्रा का संरक्षण रहता है। इस विचारधारा को अलबर्ट आईंस्टाइन के क्रांतिकारी आविष्कार (सापेक्षता सिद्धांत) ने बदला। सन् 1905 में आइंस्टाइन के द्रव्यमान और ऊर्जा की समतुल्यता के सिद्धांत की खोज ने परमाणु ऊर्जा के विकास को गति प्रदान की। इस सिद्धांत के अनुसार हमें विदित हुआ कि पदार्थ को ऊर्जा में और ऊर्जा को पदार्थ में परिवर्तन सिद्धांत रूप में संभव है। आइंस्टाइन ने यह सिद्ध कर दिया कि पदार्थ और ऊर्जा के बीच निश्चित संबंध या समतुल्यता अर्थात

ऊर्जा (E) = द्रव्यमान (M) × प्रकार की गति (C^2)

इस खोज के पश्चात् परमाणु ऊर्जा के विकास से संबंधित खोजों ने आगे चलकर हमें भौतिक प्रक्रियाएँ प्रदान कीं तथा अन्य आविष्कारों हेतु प्रेरित किया। परमाणु ऊर्जा के विकास के कुछ मील-स्तंभों का विवरण सारणी में वर्णित किया गया है।

तालिका 8 : परमाणु ऊर्जा विकास के प्रमुख वैज्ञानिक

वर्ष	आविष्कार	वैज्ञानिक
1895	एक्स-रे	डब्ल्यू सी. रॉजन
1896	रेडियोधर्मिता	एच.ए. बेकारेल
1898	रेडिय्रम पृथक्करण	पियरी और मारी क्यूरी
1905	द्रव्यमान और ऊर्जा की समतुल्यता	अल्बर्ट आइंस्टाइन
1909	अल्फा कणों की संरचना	रदरफोर्ड एवं रोथड्स
1911	परमाणु नाभिक की परिकल्पना	रदरफोर्ड
1932	नाभिक की संरचना	हैसनबर्ग
1932	न्यूट्रॉन	चैडविक
1934	कृत्रिम रेडियोधर्मिता	जालियो क्यूरी एवं आइरीन क्यूरी
1939	नाभिकीय विखंडन	हॉन एवं स्ट्रासमान
1942	परमाणु रिएक्टर	एनरिको फरमी
1945	परमाणु बम विस्फोट	संयुक्त राज्य अमेरिका

इस प्रकार आइंस्टाइन के पश्चात् सर फोर्ड ने परमाणु ऊर्जा के विकास में अपना प्रमुख योगदान दिया है। सन् 1911 में रदरफोर्ड ने अपना विश्वविख्यात शोध-पत्र प्रस्तुत किया। इसमें उन्होंने स्पष्ट किया कि परमाणु का पूर्ण धन आवेश तथा अधिकांश द्रव्यमान एक छोटे से भाग में केंद्रित रहता है। इस भाग को 'नाभिक' (Nucleus) कहते हैं। परमाणु में धन आवेश के निराकरण के लिए इलेक्ट्रॉन की उपयुक्त संख्या होती है, जो नाभिक के चारों ओर विभाजित होते हैं। रदरफोर्ड का यह आविष्कार परमाणु नाभिक की परिकल्पना के रूप में ज्ञात है तथा उनका प्रयोग 'अल्फा कण प्रकीर्णन' के नाम से जाना जाता है।

चैडविक द्वारा सन् 1932 में न्यूट्रॉन नामक कणिकीय पदार्थ का आविष्कार किया गया। इसी वर्ष हैसनबर्ग द्वारा दी गई नाभिक की संरचना, सन् 1934 में जोलियो क्यूरी और आइरीन क्यूरी ने कृत्रिम रेडियो धर्मिता का आविष्कार किया था। सन 1939 में होन एवं स्ट्रासमान नामक वैज्ञानिकों द्वारा नाभिकीय विखंडन की खोज इस आविष्कार की शृंखला में आती है। इन सभी आविष्कारों ने परमाणु ऊर्जा के विकास रूपी भवन की ईंटों का कार्य किया। प्रथम इमारत एनरिको फरमी नामक वैज्ञानिक ने सन् 1942 में अमेरिका के शिकागो नगर में परमाणु रिएक्टर का सफल संचालन करके बनाई। विश्व के आम व्यक्तियों को परमाणु ऊर्जा की अपार शक्ति का आभास सन् 1945 में जापान के दो मुख्य नगरों हिरोशिमा एवं नागासाकी पर हुए परमाणु बम विस्फोटों के रूप में मिला। इसके पश्चात् परमाणु ऊर्जा के सामरिक एवं शांतिमय उपयोगों का विकास समानांतर रूप से संसार के प्रत्येक राष्ट्र में हुआ है।

आधुनिक युग में परमाणु ऊर्जा के बहुत ही व्यापक एवं उपयोगी स्रोत हमारे सामने उभरकर आए हैं। इंग्लैंड तथा फ्रांस जैसे कुछ देश तो मात्र बिजली उत्पादन के लिए 30 से 50 प्रतिशत परमाणु ऊर्जा का उपयोग करते हैं।

परमाणु की संरचना

हमारे आसपास की प्रतयेक वस्तु लगभग सौ प्रकार के तत्वों के मिलने से निर्मित हुई है। जैसे हाइड्रोजन, कार्बन, नाइट्रोजन, यूरेनियम आदि। सामान्य ताप पर इनमें से कुछ गैस के रूप में होते हैं, जैसे हाइड्रोजन ऑक्सीजन, नाइट्रोजन आदि, कुछ द्रव अवस्था में; जैसे पारा तथा कुछ ठोस अवस्था में होते हैं, जैसे कार्बन, एल्यूमिनियम, यूरेनियम आदि।

यहाँ पर प्रत्येक तत्व के सूक्ष्म इकाई को परमाणु के नाम से जाना जाता है। परमाणुओं का आकार इतना छोटा होता है कि कई हजार परमाणुओं को एक साथ रखने पर भी हम उन्हें देख नहीं सकते। उदाहरण के लिए, यदि हम कार्बन के 50 $\times 10^{14}$ परमाणुओं को एक साथ रखकर तौलें तो उनका भार लगभग एक माइक्रोग्राम एक ग्राम भार का दस लाखवाँ भाग होगा, जिसे हम देख नहीं पाएँगे। प्रत्येक तत्व के परमाणुओं की संरचना भिन्न होती है और अन्य सभी तत्वों के परमाणुओं से अलग भी। वस्तुतः परमाणु की संरचना ही उस तत्व के विशिष्ट गुणों को तय करती है।

किसी भी तत्व की सूक्ष्मतम इकाई होने के पश्चात् परमाणु की संख्या सर्वाधिक जटिल है। परमाणु के दो प्रमुख भाग होते हैं। इनके केंद्र में स्थित बहुत अधिक घनत्व वाला अत्यंत सूक्ष्म भाग होता है, जिसे 'नाभिक' कहते हैं। नाभिक के चारों ओर निरंतर परिक्रमा कर रहे सर्वाधिक सूक्ष्म कणिकीय पदार्थ को इलेक्ट्रॉन के नाम से जाना जाता है। जिस प्रकार हमारे सौरमंडल में सूर्य के चारों ओर निर्दिष्ट कक्षाओं में मंगल, शुक्र, पृथ्वी आदि ग्रह परिक्रमा करते रहते हैं, उसी प्रकार इलेक्ट्रॉन भी नाभिक के चारों ओर निर्दिष्ट कक्षाओं में परिक्रमा करते रहते हैं।

जैसे ग्रहों की कक्षाओं के आयतन की तुलना में सूर्य का आयतन बहुत कम होता है, उसी प्रकार इलेक्ट्रॉन की कक्षाओं के आयतन की तुलना में नाभिक का आयतन भी अत्यंत कम होता है। परमाणु का अधिकतर भाग नाभिक का ही भाग होता है। प्रत्येक तत्व के परमाणुओं में इलेक्ट्रॉनों की संख्या भिन्न होती है, जैसे हाइड्रोजन के परमाणुओं में मात्र एक इलेक्ट्रॉन नाभिक के चारों ओर घूमता रहता है; जबकि यूरेनियम तत्व के परमाणुओं में प्रत्येक नाभिक के चारों ओर 92 इलेक्ट्रॉन विभिन्न कक्षाओं में निरंतर घूमते रहते हैं। प्रत्येक इलेक्ट्रॉन पर एक ऋण आवेश या चार्ज होता है। अतः किसी तत्व विशेष के परमाणुओं में जितने इलेक्ट्रॉन होते हैं, उतने ही ऋण आवेश उसके नाभिक के चारों तरफ पाये जाते हैं।

यहाँ पर परमाणु संख्या संबंधी विषय में फिर बदलाव सन् 1930 में जे.जे. थॉमसन के पुत्र जी.जे. थॉमसन के प्रयोग के बाद आया। उन्होंने अपने प्रयोगों द्वारा सिद्ध किया कि इलेक्ट्रॉन जैसा सूक्ष्म कण तरंग प्रकृति भी रखता है। इस कार्य हेतु उन्हें वर्ष 1937 का भौतिकी का नोबेल पुरस्कार भी प्रदान किया गया। उसी वर्ष कांस्मिक किरणों पर खोज करते हुए एक नए कण का भी पता चला, जिसे 'म्युऑन' कहते हैं। यह आवेश में इलेक्ट्रॉन के बराबर, किंतु भार में उससे 210 गुना भारी था। इसके पश्चात् पाल डिराक ने इलेक्ट्रॉन के प्रतिकण 'पाजिट्रॉन' की खोज की,

जो धनावेशित था। सन् 1955 में न्यूट्रिनों के अस्तित्व का पता चला, जो भारहीन एवं उदासीन होते हैं। वर्तमान सदी के उत्तरार्द्ध में उच्च शक्ति वाले कण त्वरकों अर्थात् पार्टिकिल एक्सीलरेटर की खोज के बाद अनेक सूक्ष्म कणों का अस्तित्व प्रकाश में आया। सन् 1970 के दशक में 'टाऊ' नाम के कण का आविष्कार हुआ। जो आवेग में इलेक्ट्रॉन के बराबर परंतु द्रव्यमान में उससे 3500 गुना भारी होता है। म्युऑन तथा टाऊ को 'भारी इलेक्ट्रॉन' कहते हैं। वैज्ञानिक समुदाय इलेक्ट्रॉन म्युऑन, टाऊ एवं न्यूट्रिनों को संयुक्त रूप से 'लेप्टॉन' कहते हैं।

वर्तमान समय में अन्य शक्ति वाले त्वरकों में अब तक दो सौ से ज्यादा मूल कणों का आविष्कार हो चुका है। विगत दो दशकों में नाभिकीय भौतिकी के क्षेत्र में हुए अनुसंधान से यह स्पष्ट हो चुका है कि नाभिक में स्थित न्यूट्रॉन एवं प्रोटॉन तथा अन्य कणों के आपस में टकराने से नाभिकीय कण नए-नए ढंग से समायोजित होकर नए कणों को उत्पन्न करते हैं। इन कणों को हम 'क्वार्क' कहते हैं।

क्वार्क इलेक्ट्रॉन के आवेश का 1/3 या 2/3 आवेश रखते हैं तथा तीन क्वार्क परस्पर मिलकर एक मूल कण का निर्माण करते हैं। ये क्वार्क छह प्रकार के होते हैं, जिन्हें 'अप', 'डाउन', 'टॉप', 'बॉटस', 'चार्म' एवं 'ब्यूटी' क्वार्क कहते हैं। इन क्वार्क कणों के मध्य प्रबल नाभिकीय बल कार्य करता है, जो इनको आपस में बाँधे रखता है। इस मजबूत बंधन के लिए जिम्मेदार कणों को 'ग्लुऑन' कहा जाता है।

इस प्रकार क्वार्क कणों के समुच्चय से निर्मित कणों को 'हेड्रॉन' कहते हैं। जैसे प्रोटॉन और न्यूट्रॉन मेसॉन, हाइपेरान इत्यादि। इन छह क्वार्क के प्रतिक्वार्क भी होते हैं। इस प्रकार पाया गया कि प्रोटॉन, न्यूट्रॉन जेसे नाभिकीय कण भी विभाज्य हैं। अब तक की खोज के बाद क्वार्क सबसे सूक्ष्म कण के रूप में मालूम हुए हैं।

आधुनिक युग में नाभिक के अंदर 10^{18} मीटर के सूक्ष्म अंतराल तक का विश्लेषण हो गया है किंतु क्वार्क से सूक्ष्म कण अभी तक प्राप्त नहीं हो सकता है। अतः हम कह सकते हैं कि क्वार्क मूल कणों का मूलभूत कण है। हेड्रॉन समूह के कण विभाज्य हैं, किंतु लेप्टॉन समूह के कणों की सत्ता अभी भी अविभाज्य है। विगत एक शताब्दी में परमाणु संरचना से संबंधित अनेक मत एवं सिद्धांत प्रतिपादित हुए हैं, जो समय के साथ संशोधित होते रहे हैं; किंतु इलेक्ट्रॉन अपनी संपूर्ण विविधता के साथ आज भी अविभाज्य एवं सूक्ष्मतम कण बना हुआ है तथा अपनी अखंडता बरकरार रखा है।

नाभिक की संरचना

इसके अन्तर्गत नाभिक के अंदर देखने से हमें यह ज्ञात होता है कि नाभिक की संरचना भी बहुत जटिल होती है। नाभिक में दो प्रकार के कणिकीय पदार्थ पाए

जाते हैं, जिन्हें 'प्रोटॉन' एवं 'न्यूटॉन' कहते हैं। यद्यपि दोनों का भार लगभग बराबर होता है, परंतु न्यूट्रॉन का भार कुछ अधिक होता है। प्रत्येक का भार इलेक्ट्रॉन के भार या द्रव्यमान की अपेक्षा लगभग 1840 गुना अधिक होता है। न्यूट्रॉन आवेश या चार्ज रहित होता है, जबकि प्रोटॉन पर एक धनावेश या चार्ज होता है। अतः किसी परमाणु के नाभिक में जितने प्रोटॉन होते हैं उसके नाभिक पर उतने ही धनावेश होते हैं और उतने ही इलेक्ट्रॉन नाभिक के चारों ओर चक्कर लगाते रहते हैं।

सभी इलेक्ट्रॉन ऋण आवेशित होने के कारण परमाणु में प्रोटॉनों एवं इलेक्ट्रॉनों की संख्या समान होने से जितने धन आवेश नाभिक पर होते हैं, उतने ही ऋण आवेश उसकी परिक्रमा करते हैं और परमाणु विद्युत आवेश की दृष्टि से उदासीन होता है। किसी तत्व विशेष के परमाणुओं के नाभिकों में प्रोटॉनों की संख्या हमेशा वही होती है और अन्य सभी तत्वों से भिन्न होती है। इस संख्या को 'परमाणु क्रमांक' कहते हैं और मोटी भाषा में यह संख्या उस तत्व का परिचय पत्र होती है। उदाहरणार्थ हाइड्रोजन के प्रत्येक परमाणुओं के नाभिकों में सर्वत्र प्रोटॉन होता है। कार्बन में 6, ऑक्सीजन में 8 और यूरेनियम में 92 होते हैं। सामान्यतया जितने प्रोटॉन नाभिक में होंगे उतने ही इलेक्ट्रॉन नाभिक के बाहर होंगे। प्रोटॉन की संख्या बदलने से तत्व बदल जाता है और ऐसा कृत्रिम रूप से करना वर्तमान समय में सम्भव है।

परमाणु के नाभिक में प्रोटॉन और न्यूट्रॉन की कुल संख्या को उस परमाणु का 'भार क्रमांक' कहते हैं। यह परमाणु के भार को बताता है, क्योंकि इलेक्ट्रॉनों का भार इसकी तुलना में नगण्य होता है। इस प्रकार किसी तत्व विशेष का परमाणु क्रमांक एक ही होता है, परंतु भार क्रमांक उसी तत्व के विभिन्न प्रकार के परमाणुओं में भिन्न हो सकता है। विभिन्न भार क्रमांक परंतु एक ही परमाणु क्रमांक वाले परमाणुओं से बने विभिन्न पदार्थों को हम 'समस्थानिक' या 'आइसोटोप' कहते हैं। अर्थात् जिन परमाणु स्पीशीज (प्रजाति) की परमाणु संख्या तो एक-सी हो, परंतु द्रव्यमान संख्या पृथक्-पृथक् हो, उन्हें 'आइसोटोप' कहा जाता है।

द्रव्यमान स्पेक्ट्रोग्राफी आविष्कारों के अनुसार जिन तत्वों की परमाणु संख्या 1 से 85 के मध्य होती है, उनमें प्रत्येक में औसतन तीन से अधिक स्थायी आइसोटोप होते हैं। बेरीलियम, फॉस्फोरस, आर्सेनिक और बिस्मथ जैसे कुछ तत्वों में प्रत्येक में केवल एक स्थायी नाभिकीय स्पीशीज होती है, जबकि टिन जैसे तत्वों में दस स्थायी आइसोटोप मौजूद होते हैं।

यहाँ पर किसी तत्व के परमाणुओं में न्यूट्रॉनों की संख्या बढ़ाने से बने भारी आइसोटोप प्रायः अस्थिर होता है तथा सभी प्रकार के विकिरण या कणिकीय पदार्थों

का उत्सर्जन करते हैं। इन अस्थायी आइसोटोपों को रेडियो आइसोटोप कहते हैं। मात्र हाइड्रोजन ही एक ऐसा तत्व है, जिसके परमाणु के नाभिक में एक भी न्यूट्रॉन नहीं होता, परंतु इसके भी दो अन्य आइसोटोप ड्यूटेरियम और ट्रीटियम पाए जाते हैं।

इन तीनों परमाणुओं के नाभिकों में एक प्रोटॉन रहता है और एक ही इलेक्ट्रॉन परिक्रमा करता है। इनमें भेद नहीं है कि हाइड्रोजन के नाभिक में शून्य न्यूट्रॉन, ड्यूटोरियम में एक न्यूट्रॉन और ट्रीटियम में दो न्यूट्रॉन होते हैं। हाइड्रोजन तथा ड्यूटेरियम स्थायी आइसोटोप हैं; जबकि ट्रीटियम अस्थिर रेडियो आइसोटोप है। जिस प्रकार हाइड्रोजन और ऑक्सीजन के मिलने से पानी बनता है। भारी पानी का उपयोग नाभिकीय ऊर्जा में सर्वाधिक होता है। हाइड्रोजन और ड्यूटोरियम प्राकृतिक रूप में मौजूद होते हैं। किसी तत्व के विभिन्न आइसोटोपों की उसके चिह्न के आगे विभिन्न भार क्रमांक लिखकर भी दर्शाते हैं। हमें मालूम है कि प्राकृतिक यूरेनियम में 11.3 प्रतिशत यूरेनियम-238 और 0.7 प्रतिशत यूरेनियम-235 होता है। यूरेनियम-233 को थोरियम-232 से बनाया जाता है। यूरेनियम-233 और यूरेनियम-235 ईंधन के रूप में काम आते हैं। यूरेनियम के आधार पर हम हाइड्रोजन, ड्यूटेरियम और ट्रीटियम की भी क्रमशः H-1, H-2 और H-3 से संबोधित कर सकते हैं। थोरियम तथा प्लूटोनियम का भी नाभिकीय ऊर्जा में बहुत योगदान होता है।

जिन परमाणु स्पीशीज की द्रव्यमान संख्या एक समान हो, परंतु परमाणु संख्या पृथक्-पृथक् हो, उसको 'समभारिक' कहते हैं। समभारिक के कुछ उदाहरण निम्न हैं $^{76}_{32}Ge$ और $^{76}_{34}Se$, $^{130}_{54}Xe$ तथा $^{130}_{56}Ba$; $^{204}_{80}Hg$ एवं $^{204}_{82}Pb$ आदि। जिन परमाणु स्पीशीज की न्यूट्रॉन संख्या एक-सी हो, परंतु द्रव्यमान संख्या भिन्न-भिन्न हो, उनको 'समन्यूट्रॉनिक' कहते हैं, जैसे $^{30}_{14}Si$, $^{31}_{15}P$ एवं $^{53}_{16}S$ समन्यूट्रॉनिक हैं, क्योंकि इनमें से प्रत्येक में प्रति नाभिक 76 न्यूट्रॉन हैं।

यहाँ पर प्राकृतिक रेडियो सक्रिय पिंडों में हमें ऐसी परमाणु स्पीशीज भी दृष्टिगोचर होती है, जिनकी द्रव्यमान संख्या एवं परमाणु संख्या एक-सी होती है, परंतु उनके रेडियो एक्टिव गुण भिन्न होते हैं। इस घटना को 'नाभिकीय समावयवता' कहते हैं। नाभिकीय समावयवी एक ही नाभिक की विभिन्न ऊर्जा अवस्थाएँ होती हैं, जिनमें प्रत्येक का एक पृथक् से मापा जा सकने योग्य जीवनकाल होता है। मूल अवस्था के अतिरिक्त समावयवियों के प्रदर्शित करने की जो अंकन-प्रणाली लगभग सर्वमान्य हो गई है, उसके अनुसार द्रव्यमान संख्या के बाद भी (मितस्थायी सूचक) ऊपर लिख देते हैं।

परमाणु बहुत ही सूक्ष्म आकार का होता है। इसका व्यास एक सेंटीमीटर का लगभग दस खरबवाँ भाग होता है और इसके नाभिक का व्यास इसका 100 से 1000 गुना और भी कम होता है। इस संबंध में वृहत् जानकारी तालिका में दी गई है।

तालिका 9 : परमाणु ऊर्जा संबंधित प्रमुख आँकड़े

प्राचल	मात्रा
इलेक्ट्रॉन का द्रव्यमान	9.106×10^{28} ग्राम
प्रोटॉन का द्रव्यमान	1.673×10^{24} ग्राम
न्यूट्रॉन का द्रव्यमान	1.675×10^{24} ग्राम
हाइड्रोजन के नाभिक का अर्धव्यास	1.5×10^{48} से.मी.
यूरेनियम के नाभिक का अर्धव्यास	लगभग 10^{42} से.मी.
प्रति विखंडन ऊर्जा	लगभग 200 एम.ई.वी.
1 एम.ई.वी.	1.6×10^{6} अर्ग
एक वाट ऊर्जा उत्पादन के लिए विखंडन दर	3.1×10^{10} विखंडन/सेकेंड
अवोगेड्रो संख्या	6.02×10^{23} अणु/मोल
1 मोल	ग्राम में अणुभार
नाभिक का घनत्व	लगभग 10^{14} ग्राम/घ.सें.मी.
जल का घनत्व	10^{14} ग्राम/घ.से.मी.

पवन ऊर्जा

सम्पूर्ण विश्व में ऊर्जा संकट की समस्या प्रमुखता से सन 1913 में प्रकट हुई, जिसके फलस्वरूप तीसरी दुनिया के अधिकतर देश स्तब्ध रह गए। तब इस बात का आभास हुआ कि हमारी आधुनिक सभ्यता ऊर्जा के समाप्त हो जाने वाले स्रोत पर खड़ी है। फिर उन स्रोतों को खोजने का कार्य प्रारंभ हुआ, जिन्हें वैकल्पिक, अपरिमित और अप्रदूषणकारी माना जाता है। पवन ऊर्जा स्रोतों पर वैज्ञानिकों का सबसे अधिक ध्यान गया; क्योंकि ये सबसे अधिक सस्ते संसाधन हैं तथा बिजली निर्माण में ये पूर्णतया प्रदूषण रहित हैं। पवन ऊर्जा का तात्पर्य है, बहती हवा से पवन यंत्रों द्वारा विद्युत का उत्पादन। इसमें बल रोटर असेंबली चलाने वाले ब्लेड पर टकराता है परिणामतः जार्नल (जनरेटर) चलता है, तत्पश्चात् विद्युत का उत्पन्न कार्य

होता है। उसका उपयोग सबसे पहले मिस्रवासियों ने नील नदी में अपने जहाज चलाने के लिए किया था, इसके पश्चात् सत्रहवीं सदी में पवन चक्कियों की बदौलत यह विश्व में सर्वाधिक औद्योगिक देशों में से एक बन गया। इसके बाद उन्नीसवीं सदी में अमेरिका में आरा मिलों में लकड़ी चीरने, पानी खींचने तथा गेहूँ पीसने के लिए इसका उपयोग आरंभ हुआ। वर्तमान समय में दो प्रमुख प्रकार के पवन यंत्रों का प्रयोग हो रहा है। 1. क्षैतिज यंत्र 2. ऊर्ध्वाकार यंत्र।

जल विद्युत ऊर्जा

ऊर्जा के क्षेत्र में जल विद्युत ऊर्जा स्रोत का महत्त्वपूर्ण स्थान है। परंतु इसके लिए करोड़ों रुपयों का लागत से बाँधों का निर्माण करना पड़ता है। सरकार ने चार पंचवर्षीय योजनाओं के अंतर्गत 557 बड़ी, लघु तथा मध्यम परियोजनाओं को आरंभ किया है। इनमें मुख्य इस प्रकार हैं

हीराकुंड परियोजना (उड़ीसा 270 मेगावाट), कोसी परियोजना (बिहार-नेपाल सीमा, 20 मेगावाट), दामोदर घाटी परियोजना (पश्चिम बंगाल, 10,400 मेगावाट), नागार्जुन सागर योजना (आंध्र प्रदेश, 100 मेगावाट), भाखड़ा-नांगल परियोजना (पंजाब-हरियाणा-राजस्थान, 1204 मेगावाट), व्यास परियोजना (पंजाब-हरियाणा-राजस्थान, 300 मेगावाट), चंबल परियोजना (राजस्थान-मध्य प्रदेश, 386 मेगावाट), रिहंद परियोजना (उत्तर प्रदेश, 50,000 मेगावाट), तुंगभद्रा परियोजना (आंध्र प्रदेश-कर्नाटक, 99 मेगावाट), कोयला परियोजना (महाराष्ट्र, 860 मेगावाट), काकरापारा परियोजना (गुजरात) एवं मयूराक्षी परियोजना (पश्चिम बंगाल, 112, मेगावाट) इत्यादि। जलधाराओं की निरंतरता का लाभ उठाने के लिए जल विद्युत पर ज्यादा जोर दिया जा रहा है।

सागर अथवा तरंग ऊर्जा

समुद्र में लहरों के द्वारा उत्पन्न ऊर्जा को सागर ऊर्जा में जाना जाता है। इनसे जो ऊर्जा प्राप्त होती है उसे 'तरंग ऊर्जा' या 'सागर ऊर्जा' कहते हैं। लहरों के वेग को नियंत्रित करके उनसे ऊर्जा प्राप्त की जाती है। इसके अलावा वैज्ञानिकों ने समुद्र के पानी से ड्यूटेरियम नामक तत्व प्राप्त करके उससे भी ऊर्जा उत्पादन शुरू किया है। वैज्ञानिकों का मत है कि ड्यूटोरियम प्राप्त करने की लागत कोयले से कम आती है। समुद्र में लगभग 10^{20} गैलन पानी की मात्रा उपलब्ध है, जो काफी समय तक इस दिशा में ऊर्जा की खपत बनाए रख सकती है। इसके अलावा अभी तक ही हवाई

जहाजों और जलयानों को लुप्त करने वाले अटलांटिक महासागर में स्थित 'बरमुंडा त्रिकोण' ऊर्जा के नये संसाधन के रूप में प्रकट हुआ है।

इसी प्रकार कच्छ तथा खंभात की खाड़ियाँ भी ज्वारीय ऊर्जा से बिजली बनाने के लिए उत्कृष्ट स्थान है। यहाँ बहुत सी सँकरी खाड़ियों में ज्वार का पानी बहुत तेजी से चढ़ता है। इस तरह ऊर्जा का यह स्रोत भी ज्यादा उपयोगी है।

जीवाश्मीय ईंधन ऊर्जा

विश्व में मानव सभ्यता के प्रारम्भिक काल से ही पृथ्वी के गर्भ में एकत्रित पदार्थ जैसे कोयला, पेट्रोलियम, गैस इत्यादि ईंधनों का उपयोग शक्ति के साधनों के रूप में किया जा रहा है। उद्योगों के व्यापक विकास के साथ ही इन ईंधनों की खपत भी तेजी से बढ़ रही है। यह अनुमान भी लगाया जा रहा है कि तीन या चार सौ वर्षों के बाद पृथ्वी के गर्भ में स्थिति खनिज ईंधन का भंडार समाप्त हो जाएगा और तब मानव के सामने गंभीर समस्या उठ खड़ी होगी। अतः मानव को वैकल्पिक ऊर्जा की तलाश का कार्य युद्ध स्तर पर करना पड़ रहा है। जीवाश्मीय ईंधन ऊर्जा के प्रमुख स्रोत तेल, कोयला और प्राकृतिक गैस होते हैं।

लिग्नाइट के द्वारा विद्युत प्राप्ति

भारत में तमिलनाडु प्रान्त के दक्षिणी आरकोट जनपद के नयवेली तथा त्रिची जिले के जयमकोंडा एवं चोलापुरम, पांडिचेरी राज्य के बाहर, गुजरात राज्य के पनानधरों तथा राजस्थान राज्य के बरसिंगसर, कपुर्दी और मेड़तारोड़ में लिग्नाइट का वृहत् भंडार मौजूद है।

तालिका 10.

क्र.सं.	भारत में लिग्नाइट के भंडार	उत्पादन (करोड़ टन)
1.	तमिलनाडु	2000.00
2.	राजस्थान	105.00
3.	गुजरात	32.50
4.	जम्मू-कश्मीर	3.00
5.	केरल	10.00

इसके अलावा छोटे भंडार केरल, महाराष्ट्र, असम एवं जम्मू-कश्मीर राज्यों में भी हैं। वर्तमान में तमिलनाडु राज्य में 300 मीटर से अधिक गहराई पर मोटी सतह का लिगनाइट, जिसका भंडार अनुमानतः 13,000 करोड़ टन है, माना गया है। यदि भारत में सभी प्रस्तावित लिग्नाइट आधारित तापघर काम करने लगें तो दक्षिणी एवं पश्चिमी भारत में बिजली की कमी को काफी हद तक पूर्ण किया जा सकता है।

ऊर्जा का विश्व परिदृश्य

ऊर्जा पारिस्थितिकी संतुलन का प्रमुख प्रेरक है। वातावरण तन्त्र के अजैव एवं जैव तत्व-प्रखण्डों के मध्य अन्तःप्रक्रिया ऊर्जा प्रवाह पर ही आश्रित है। ऊर्जा प्रवाह के अन्तर्गत, भण्डारण तथा अन्त में वायुमण्डल में निस्तारण भी सम्मिलित है। निर्बाध प्राकृतिक-प्रक्रिया की स्थिति में वातावरण तन्त्र स्वनियामक है। यह एक संतुलित दशा में रहता है, जब प्रति इकाई ऊर्जा अधिकतम जैव-पुंज (Bio-Mass) धारण करता है। ऐसी दशा में वातावरण में विभिन्न प्रकार के जीवधारियों की अधिकतम विविधता मिलती है। इस प्रकार की जैविक विविधता सभी के जीवित रहने की आवश्यक शर्त है। ऐसी ही स्थिति प्राप्त करने पर वातावरण प्रौढ़ावस्था (Matute Stage) में होता है। इस स्थिति में वातावरण तन्त्र के विभिन्न प्रखण्डों (अवयवों) में कार्यात्मक अन्योन्याश्रिता विकसित होती है। वातावरण तन्त्र (Thermo Dynamics) के नियमों के अन्तर्गत ही कार्यशील रहता है। इसमें प्रथम नियम अर्थात् ऊर्जा संरक्षण के नियम (The law of conserbation of energy) के अनुसार, ऊर्जा एक रूप से दूसरे रूप में परिणत होती है परन्तु इसका (मौलिक) सृजन अथवा विनाश नहीं होता। इसका तात्पर्य यह हुआ कि ऊष्मा क्षति के रूप में जितनी ऊर्जा का वातावरण तन्त्र में खर्च होता है, उतनी ऊर्जा की आमद भी होती रहनी चाहिए। दूसरे नियम के अनुसार ऊर्जा के प्रत्येक रूपान्तरण के साथ पदार्थ के मौलिक कणों में अव्यवस्था की अभिवृद्धि (Entropy) होती है। इस प्रकार दूसरा नियम वातावरण में ऊर्जा प्रवाह-प्रतिरूप की व्याख्या करने में सहायक होता है। इसके द्वारा भोजन-श्रृंखता (घास-शाकाहारी-माँसाहारी पशु-सर्वभक्षी जीव) के प्रत्येक चरण के साथ उपलब्ध ऊर्जा की मात्रा में ह्रास एवं वृद्धि तथा भण्डारण प्रतिरूप की व्याख्या होती है। भोजन-शृंखला के प्रत्येक चरण को ट्राफिक स्तर (Trophic Level) कहा जाता है। प्रत्येक (Trophic Level) पर ऊर्जा भण्डारण अर्थात् जैव-आयतन एवं विविधता क्रमशः कम होती जाती है, जिससे यह पिरामिड का आकार ग्रहण करता है। पूर्ववर्ता में यह भी बताया जा चुका है कि मानव प्राकृतिक-जैविक वातावरण से

ही प्राविधिकी (Technology) द्वारा संसाधन सृजन करता है। प्राविधिकी वस्तुतः ऊर्जा के नियन्त्रण पर ही निर्भर है। जितनी ही उच्चस्तरीय प्राविधिकी का उपयोग होगा उतनी ही अधिक ऊर्जा की खपत होगी। आर्थिक विकास हेतु उच्चास्तरीय प्राविधिकी की अधिकाधिक आवश्यकता पड़ती है। इस प्रकार आर्थिक विकास वस्तुतः ऊर्जा नियन्त्रण के स्तर का प्रतिफल है। UNEP UNDP के सहयोग से वर्ल्ड रिसोर्स इन्स्टीट्यूट, वाशिंगटन द्वारा प्रकाशित वर्ल्ड रिसोर्सेज 1994-95 के शब्दों में "In the South shortage of Energy are a serious constraint on development" अर्थात् विकासशील देशों में विकास के मार्ग में ऊर्जा की कमी एक गम्भीर अवरोध है। ऊर्जा नियन्त्रण विविध रूपों में होता है, जिसे हम ऊर्जा के प्रकार कहते हैं। स्पष्ट है कि ऊर्जा नियन्त्रण ही वह शक्ति है, जिससे मनुष्य आर्थिक कार्य-कलाप सम्पादित करता है। इसीलिये इसे शक्ति संसाधन भी कहते हैं। ऊर्जा का उत्पादन तथा उपयोग, भूमिगत पुराजैव ईंधन का दिनानुदिन अधिकाधिक उत्खनन तथा तज्जनित अपशिष्ट सृजन आधुनिक औद्योगिक तंत्र के अनिवार्य अंग तथा विश्व-व्यापी अर्थ-तन्त्र का महत्त्वपूर्ण कारक है। इससे राष्ट्रीय एवं अन्तर्राष्ट्रीय जीवन की गुणवता पर सीधा प्रभाव पड़ता है।

पृथ्वी पर समस्त उपलब्ध ऊर्जा का मूल स्रोत सूर्य है। सभी प्राणिज, या अप्राणिज स्रोतों या पृथ्वी में निहित अथवा मानव में निहित शक्ति सूर्य से ही कभी न कभी प्राप्त है। ऊर्जा प्रकाश संश्लेषण द्वारा पौधे ग्रहण करते हैं। यही ऊर्जा भोजन शृंखला द्वारा रूपान्तरित होते हुए मानव शरीर में पहुँचती है, अथवा पौधों के भूमिगत दबने, सड़ने-गलने से फॉसिल ईंधन (कोयला, पेट्रोल, गैस) के रूप में प्रकट होती है अथवा पृथ्वी के अन्तर्लाप (Geothermal), ज्वार, बहते जल, रेडियोधर्मी खनिज आदि का रूप ग्रहण करती है। जिस माध्यम से ऊर्जा का उपयोग होता है, उसके अनुसार इसे (1) यांत्रिक ऊर्जा (जैसे हथौड़ा या किसी भी यंत्र को चलाने से प्राप्त शक्ति), (2) रासायनिक ऊर्जा तथा (3) वैद्युत ऊर्जा कहते हैं। अतः विगत दो दशकों के उत्पादन उपभोग में अनेक नई माध्यम प्रवृत्तियाँ प्रकट हुई हैं जो निम्नवत् है

विश्व का कुल ऊर्जा उत्पादन 1997 ई॰ में 965.5 करोड़ (खनिज तेल समतुल्य) टन था।

1. विश्व स्तर पर व्यापारिक ऊर्जा का उत्पादन अथवा पदार्थगत प्राप्यता-अप्राप्यता अथवा उपभोग अथवा उपभोग-स्तर के अनुसार ऊर्जा का वर्गीकरण किया जाता है।

1997 में 87 की अपेक्षा 17% बढ़ा। 1950 से कुछ व्यवघानों यथा 1973-74 जब ओपेक द्वारा पेट्रोल की कीमतों में अचानक वृद्धि कर दी गई; 1979-81 तथा 1991-92 में खाड़ी युद्ध के चलते पेट्रोल उत्पादन में ह्रास एवं पूर्व सोवियत संघ में ऊर्जा खपत में ह्रास एवं पूर्व सोवियत संघ में ऊर्जा खपत में ह्रास के कारकों को छोड़कर उत्पादन में लगातार वृद्धि होती रही।

2. कुल ऊर्जा उपभोग 1997 में 952 करोड़ टन (खनिज तेल समतुल्य) था जो 1987 की अपेक्षा 16% अधिक था। विगत दो दशकों ऊर्जा उपभोग में ह्रास 1980, 1981, 1981 एवं 90 में हुआ था।

3. विश्व स्तर पर प्रति व्यक्ति ऊर्जा उपभोग में (आर्थिक विकास एवं जीवन स्तर के अनुरूप) अत्यधिक क्षेत्रीय विभिन्नता मिलती है। अफ्रीका में प्रतिव्यक्ति उपभोग विश्व औसत 1635 टन (खनिज तेल समतुल्य) का मात्र 20% था जबकि यूरोप में विश्व औसत से 2 गुना एवं उत्तरी अमेरिका में सर्वाधिक 5 गुना अधिक। कुवैत तथा संयुक्त अरब अमीरात जैसे खनिज तेल सम्पन्न परन्तु विरल जनसंख्यायुक्त अपवादों को छोड़कर, देश स्तर पर सर्वाधिक उपभोग संयुक्त राज्य अमेरिका 7956 तथा सिंगापुर में 7843 (ख॰ ते॰ स॰) टन था जबकि सहारा पार अफ्रीका के इथियोपिया (194 टन) जैसे निर्धन देशों में अत्यल्प है।

4. ऊर्जा समिश्र में द्रव ईंधन(पेट्रोलियम से निःसृत) का सर्वाधिक अंशदान है जो कुल ऊर्जा का 36% है।

5. ठोस ईंधन (विविध प्रकार के कोयला) का विश्व स्तर पर ऊर्जा उत्पादन में 23.5% एवं उपभोग में 29.2% योगदान है। कुछ देशों में इस ऊर्जा स्रोत का कुल उत्पादन-उपभोग में प्रमुख योगदान है। उत्तर कोरिया, एवं चीन में कोयला का अंशदान 85.8 एवं 62.5% है।

6. गैसीय ऊर्जा, उत्पादन एवं उपभोग की दृष्टि से विश्व स्तर पर तृतीय स्थान है। इसका योगदान ऊर्जा उत्पादन में 19.8% एवं उपभोग में 23.7 प्रतिशत है।

7. प्राकृतिक गैस का ऊर्जा समिश्र में उत्पादन तथा उपभोग दोनों दृष्टियों से तीव्रतम गति से विकास हो रहा है। विश्व स्तर पर गैस उत्पादन में 1985-95 के मध्य 46% की वृद्धि हुई।

8. प्राथमिक विद्युत (पुरा जैव-ईंधन से उत्पन्न तापीय विद्युत के अतिरिक्त किसी भी स्रोत से सीधे प्राप्त विद्युत) का विश्व आपूर्ति में अंशदान 9.7% तथा

उपभोग में 10% है। प्राथमिक विद्युत का दो-तिहाई नाभिकीय शक्ति तथा एक-तिहाई जल स्रोत से प्राप्त हो रहा है, क्योंकि विश्व के विकसित देशों में नाभिकीय ऊर्जा का तेजी से विकास हुआ है। वैकल्पिक ऊर्जा (पवन, भूतापीय, सौर, लघु जल विद्युत) भी लगातार प्रगति के पथ पर है।

विश्व वितरण विश्व में व्यापारिक ऊर्जा का भंडार तथा स्रोतानुसार एवं वृहद् प्रदेशानुसार उत्पादन-उपभोग प्रस्तुत है। इनसे निम्न निष्कर्ष निकलते हैं

1. महाद्वीपीय वृहत्त प्रदेशीय स्तर पर उत्तरी अमेरिका विश्व का सबसे बड़ा ऊर्जा उत्पादक एवं उपभोक्ता दोनों ही है। इस क्षेत्र में विश्व के कुल ऊर्जा उत्पादन (3 लाख 35 हजार पेटाजुएल, 1991) का 26.42% एवं कुल उपभोग का लगभग 30% केन्द्रित है। तत्पश्चात् उत्पादन प्रतिशत क्रमानुसार एशिया (28%) पूर्व सोवियत संघ (19.4%), यूरोप (13%), अफ्रीका (6%), दक्षिण अमेरिका (4%) ओसेनिया हैं। परन्तु उपभोग क्रमानुसार एशिया (25%), यूरोप (21%), पूर्व सोवियत संघ (17%), दक्षिण अमेरिका (3), अफ्रीका (2. 5) एवं ओसेनिया है।
2. प्रकट है कि एशिया, पूर्व सोवियत संघ, दक्षिण अमेरिका, अफ्रीका एवं ओसेनिया में उपभोग की तुलना में उत्पादन अधिक है जबकि उत्तरी एवं मध्य अमेरिका तथा यूरोप में उत्पादन की अपेक्षा उपभोग अधिक है। उच्च आर्थिक विकास एवं जीवन स्तर के चलते ही उत्पादन-उपभोग ऋणात्मक असंतुलन पुराजैव-ऊर्जा स्रोतों विशेषकर पेट्रोलियम की कमी के चलते यूरोप में सर्वाधिक है।
3. यूरोप के अतिरिक्त हर वृहत् प्रदेश (Macro Region) में राष्ट्रीय स्तर पर ऊर्जा उत्पादन-उपभोग में अत्यधिक भिन्नता दृष्टव्य है। विश्व के 0.5 अर्थात् 1695 पेटाजुएला वार्षिक से अधिक एशियाई उत्पादन कर्त्ताओं (चीन, भारत, इण्डोनेशिया, ईरान, जापान, उत्तर कोरिया, मलेशिया, सऊदी अरब, संयुक्त राज्य अमीरात कुल 9) में चीन (विश्व का 9%) सबसे बड़ा ऊर्जा उत्पादक है जबकि मलेशिया सबसे छोटा (0̣58%)। अफ्रीका जैसे बड़े महाद्वीप के 48 देशों में से मात्र पाँच देश (अल्जीरिया, मिस्र, लीबिया, नाईजीरिया, दक्षिण अफ्रीका) विश्व के 0.5% से अधिक उत्पादनकर्त्ता हैं। इनमें अल्जीरिया सर्वप्रमुख है तथा द॰ अफ्रीका उससे किंचित कम है जबकि मिस्र लघुतम। उत्तरी एवं मध्य अमेरिका में तीन देश संयुक्त राज्य (20%) अतिविशाल उत्पादक है जबकि कनाडा (3.5) एवं मेक्सिको (2.4) लघु शेष मध्य

अमेरिकी देश इस दृष्टि से नगण्य है। द॰ अमेरिका का विश्व के कुल उत्पादन में अंशदान मात्र 4.34 प्रतिशत है, जिसमें चार देशों (अर्जेन्टीना, ब्राजील, कोलम्बिया एवं वेनेजुएला का अंशदान है। (विश्व का लगभग 2% मुख्यतया पेट्रोलियम एवं गैस से), सबसे बड़ा ऊर्जा उत्पादक है।

यूरोप में छः देश (फ्रांस, जर्मनी, नीदरलैंड, नार्वे, पोलैंड तथा यूनाइटेड किंगडम बड़े उत्पादक हैं, जिनमें यूनाइटेड किंगडम (विश्व का 2.5 प्रतिशत से अधिक) सबसे बड़ा उत्पादक है जबकि नीदरलैंड(0.9 प्रतिशत) सबसे छोटा।

ओसेनिया में आस्ट्रेलिया एकमात्र विश्व स्तर पर महत्त्वपूर्ण ऊर्जा उत्पादक है, जिसका अंशदान लगभग 2% है।

इस प्रकार विश्व के पूर्व सोवियत संघ सहित मात्र 29 देश कुल ऊर्जा का 92 प्रतिशत उत्पादन करते हैं। इनमें से मात्र चार देशों (संयुक्त राज्य अमेरिका, पूर्व सोवियत संघ, चीन एवं सऊदी अरब) का योगदान लगभग 55% है।

4. दूसरी ओर, ऊर्जा उपभोग में विश्व के 0.5 अधिक अंश वाले अफ्रीका महाद्वीप में केवल दक्षिण अफ्रीका, एशिया में चीन (8.5), भारत(2.5), इण्डोनेशिया, ईरान, जापान (5.14), द॰कोरिया , सऊदी अरब, उत्तरी अमेरिका में कनाडा, मैक्सिको, संयुक्त राज्य, दक्षिण अमेरिका में अर्जेन्टीना, ब्राजील, वेनेजुएला, यूरोप में फ्रांस, जर्मनी, इटली, नीदरलैंड, पोलैंड, रूमानिया, स्पेन, स्वीडन, यूनाइटेड किंगडम, पूर्व सोवियत संघ एवं आस्ट्रेलिया, 25 देश विश्व की कुल ऊर्जा खपत का 98.5% उपभोग करते हैं, जिनमें मात्र संयुक्त राज्य (25.15) एवं पूर्व सोवियत संघ (17.03), चीन (8.5) एवं जापान (5.41) कुल विश्व ऊर्जा के 56% का उपभोग करते हैं।

5. वृहत् उत्पादनकर्त्ता एव उपभोक्ता देशों में पूर्व सोवियत संघ, सऊदी अरब, कनाडा एवं चीन उपभोग से कहीं अधिक उत्पादन करते हैं जबकि संयुक्त राज्य एवं जापान उत्पादन से अधिक उपभोग करते हैं।

6. व्यापारिक ऊर्जा उपभोग की अतिशय राष्ट्रीय विभिन्नता प्रति व्यक्ति ऊर्जा उपभोग की मात्रा से झलकती है। 1991 ई॰ में विश्व का औसत प्रति व्यक्ति ऊर्जा उपभोग 60 गिगाजुएल था। इसकी तुलना में अफ्रीका महाद्वीप का औसत मात्र 12, एशिया का 25, एवं दक्षिण अमेरिका का 32 था जबकि यूरोप का 134, ओसेनिया का 161, पूर्व सोवियत संघ का 193, एवं उत्तरी एवं मध्य अमेरिका का 243 गिगाजुएल था। राष्ट्रीय-स्तर पर प्रति व्यक्ति

उपभोग में विश्व स्तरीय अतिशयता उत्तरी एवं मध्य महाद्वीप में ही प्रतिबिम्बित हो जाती है, जहाँ हैती में प्रति व्यक्ति उपभोग मात्र 2 गिगाजुएल है जबकि कनाडा में 325 है। एशिया में प्रति व्यक्ति ऊर्जा उपभोग की अतिशय भिन्नता अत्यन्त प्रखर है जो मात्र 1 गीगाजुएल (भूटान) से 656 (संयुक्त अरब अमीरात) तक है। भारत की प्रति व्यक्ति वार्षिक ऊर्जा खपत मात्र 9 गिगाजुएल है। विश्व में 19 देश, जिनमें 16 अफ्रीका में हैं, 1.5 गिगाजुएल से कम व्यापारिक ऊर्जा प्रति व्यक्ति उपभोग करते हैं। इन देशों में 83 से 96 प्रतिशत ऊर्जा परम्परागत स्रोतों से ही मिलती है। सारांश स्वरूप ऊर्जा उत्पादन, ऊर्जा भंडार एवं उन्नत निष्कर्ष प्राविधिकी की उपलब्धता पर निर्भर है, तो ऊर्जा उपभोग आर्थिक विकास एवं भौतिक जीवन-स्तर का प्रतिबिम्ब है।

7. प्रमुख ऊर्जा उत्पादक देशों में ऊर्जा स्रोत भिन्न-भिन्न हैं जो उनके ठोस, द्रव, गैस अथवा प्राथमिक विद्युत के भंडार के विकास पर निर्भर है। विश्वस्तर पर द्रव ऊर्जा में प्रमुखता पेट्रोल का वर्चस्व है। विश्वस्तरीय ऊर्जा उत्पादन में पेट्रोल का अंशदान 38 प्रतिशत है। पेट्रोल का परिवहन सबसे सरल होने के कारण ऐसे देश जिनके पास कोई निजी व्यापारिक ऊर्जा स्रोत नहीं हैं (जैसे कीनिया), पेट्रोल का आयात करते हैं। राष्ट्रीय-स्तर पर ऊर्जा उपयोग में पेट्रोल का अंशदान 15.2% (चीन) से शत-प्रतिशत (जैसे मौरितानिया) है। कोयला का विश्व ऊर्जा उत्पादन में 28 प्रतिशत एवं उपभोग में 29 प्रतिशत भागेदारी है।

प्राकृतिक गैस विश्व ऊर्जा उत्पादन में लगभग 24 प्रतिशत एवं उपभोग में 24 अंशदान करता है। प्राथमिक विद्युत का अंशदान बढ़कर उत्पादन 9.6 प्रतिशत तथा उपभोग में 10 प्रतिशत हो गया है। इनमें नाभिकीय स्रोत से प्राप्त विद्युत की प्रमुखता है जो विश्व में कुल 22696 पेटाजुएल का अंशदान करता है। तत्पश्चात् 8049 पेटाजुएल जल स्रोत से एवं मात्र 1261 पेटाजुएल पवन एवं भारतीय स्रोत से मिलता है। नाभिकीय स्रोत में यूरोप का अंशदान लगभग 41% उत्तरी अमेरिका का 34%, एशिया का 15% तथा पूर्व सोवियत संघ का 10 प्रतिशत है। जलस्रोत से प्राप्त विश्व की कुल ऊर्जा में 28% उत्तरी एवं मध्य अमेरिका, 22% यूरोप, 19% एशिया तथा 11 प्रतिशत पूर्व सोवियत संघ का अंशदान है।

8. अफ्रीका महाद्वीप में पेट्रोल ऊर्जा उत्पादन का प्रमुख स्रोत है। कुल ऊर्जा उत्पादन का 67% पेट्रोल से प्राप्त होता है जबकि 12% गैस से। परन्तु

दक्षिण अफ्रीका इसका अपवाद है। वहाँ कुल ऊर्जा उत्पादन का 99% ठोस अर्थात् कोयला से प्राप्त किया जाता है।

नियुक्त तटस्थ राष्ट्रों के आयोग की भारत ने अध्यक्षता की, और जिनेवा सम्मेलन में हिन्दचीन के विषय में भारत का महत्त्वपूर्ण योगदान रहा। मध्यपूर्व, कांगो तथा साइप्रस में शान्ति स्थापना (Peacekeeping) में भारत ने योगदान दिया। चीन द्वारा 1962 में अपमानित किये जाने के पश्चात् भारत के अन्तर्राष्ट्रीय प्रभाव में निश्चित कमी हुई।

भारत और पकिस्तान दोनों को अमेरिका द्वारा प्रस्तावित सैनिक गठबन्धनों जैसे कि दक्षिण-पूर्व एशिया सन्धि संगठन (Seato) में सम्मिलित होने के लिए आमन्त्रित किया गया। पाकिस्तान से सैनिक गठबन्धनों में सम्मिलित होकर अमेरिका से शस्त्र और सैनिक सहायता प्राप्त की, जबकि भारत ने अपनी गुट-निरपेक्षता की नीति को नहीं छोड़ा और वह सभी सैनिक गठबन्धनों से अलग रहा। इस बीच कश्मीर के प्रश्न पर सोवियत समर्थन प्राप्त होने के कारण भारत ने सोवियत संघ के साथ घनिष्ठ समर्थन प्राप्त होने के कारण भारत ने जहाँ 1956 में ब्रिटेन और फ्रांस द्वारा मिस्र पर किये गये आक्रमण की कटु निन्दा की, वहाँ उसी वर्ष उसने हंगरी में सोवियत सैनिक हस्तक्षेप पर लगभग मौन रहा और, अप्रत्यक्ष रूप से, उसका समर्थन भी किया। इसी प्रकार, 1968 में चेकोस्कोवॉकिया में सोवियत हस्तक्षेप की निन्दा नहीं की गई, जबकि श्रीमती गाँधी की आपत्ति के बावजूद सोवियत सरकार ने पाकिस्तान को सैन्य सामग्री देने का 1968 में ही निर्णय किया था। अमेरिका द्वारा 1965 में पाकिस्तान का साथ दिया गया, और 1971 के भारत-पाक युद्ध से पूर्व अमेरिका और चीन दोनों देशों द्वारा पाकिस्तान का साथ दिया गया, और 1971 के भारत-पाक युद्ध से पूर्व अमेरिका और चीन दोनों देशों द्वारा पाकिस्तान को प्रस्तावित समर्थन की पृष्ठभूमि में भारत ने अगस्त 1971 में सोवियत संघ के साथ शांति, मैत्री और सहयोग की सन्धि की। इस सन्धि के रहते, अमेरिका और चीन पीछे रहे और उन्होंने युद्ध में पाकिस्तान के पक्ष में हस्तक्षेप नहीं किया। भारत ने 1979 के अन्त में अफगानिस्तान में सोवियत कार्यवाही और कब्जे (Occupation) की खुली आलोचना नहीं की। इन्हीं कारणों से भारत के विरुद्ध यह आरोप लगाया गया कि उसने वास्तविक गुट निरपेक्षता छोड़कर सोवियत संघ का साथ पकड़ लिया था। परन्तु भारत का तर्क था कि चीन-पाकिस्तान-अमेरिका धुरी (Axis) के परिप्रेक्ष्य में वह खुलकर सोवियत संघ की निन्दा कर सकता था।

अमेरिका के साथ भारत की समानताओं के बावजूद दोनों महान् लोकतंत्रों के सम्बन्ध प्रायः तनावपूर्ण रहे हैं।

सौर ऊर्जा का आर्थिक पक्ष

प्राकृतिक स्रोत होने के कारण सौर तापीय ऊर्जा काफी सस्ता माध्यम है। इससे केवल ईंधन की ही बचत नहीं होती है अपितु धर का भी अपव्यय रोका जा सकता है। यही कारण है कि सौर तापीय ऊर्जा दिन प्रतिदिन सस्ती होती जा रही है। हाँ, यह बताना उचित होगा कि इसके मॉड्यूल एवं संयंत्र अपेक्षाकृत काफी महँगे होते हैं परन्तु ईंधन की बचत की दृष्टि को ध्यान में रखते हुए सरकार इस ओर विशेष ध्यान दे रही है तथा विभिन्न प्रकार की प्रत्यक्ष व अप्रत्यक्ष सहायता प्रदान करा रही है।

घरेलू प्रयोग में आने वाले, प्रतिदिन 100 लीटर गर्म पानी देने वाले जल तापक (सौर गीजर) की कीमत 12,000 से 14,000 रुपये तक पड़ती है। औद्योगिक या सामूहिक प्रयोग के बड़े सौर गीजरों की लागत 100 से 120 रुपये प्रति लीटर आती है। घरेलू प्रयोग में उपयोग होने वाला गीजर यदि वर्ष में 300 दिन भी उपयोग हो तो साल में 1800 यूनिट बिजली की बचत होती है। अगर बिजली की कीमत 2 रुपये प्रति यूनिट मानी जाए तो मात्र साढ़े तीन वर्ष में इसकी कीमत वसूल हो जाती है। दूसरी ओर, औद्योगिक क्षेत्र में उपयोग होने वाले बड़े गीजारें की कीमत भी अधिकतम 5-6 वर्षों में वापस हो जाती है। इस सामान्य सौर कुकर वर्ष में 3-4 गैस के सिलिंडरों की बचत करता है। इस प्रकार इसकी कीमत भी लगभग तीन वर्षों में वसूल हो जाती है।

निम्न स्तरीय सौर तापीय संयंत्रों का आर्थिक विश्लेषण सौर तापीय संयंत्रों की प्रारंभिक लागत काफी अधिक होती है। दूसरी ओर, इसकी देख-रेख व मरम्मत का खर्च अत्यंत कम होता है। इसमें बिजली व ईंधन पर किए जाने वाला खर्च बिलकुल नहीं होता। खर्च का अनुमान लगाने हेतु निम्न उदाहरणों की सहायता ली जा सकती है।

1. **होस्टल हेतु सौर जल तापक** एक सौर जल तापक 30 छात्रों के लिए पर्याप्त होता है। यदि बिजली के गीजर की बात करें तो लगभग 6 गीजर लगाने पड़ेंगे। सौर जल तापक की लागत लगभग 45,000 रुपये पड़ती है और 11 वर्ष में इसकी कीमत वसूल हो जाती है।
2. ग्रामीण क्षेत्रों में लोग खाना पकाने के लिए लकड़ी एवं मिट्टी के तेल का प्रयोग करते हैं। यदि ये लोग सौर कुकर का प्रयोग करें और मिट्टी के तेल के स्टोव का उपयोग सिर्फ उस दिन करें, जिस दिन धूप न निकले तो भी इसकी लागत लगभग 7-8 साल में वसूल हो जाएगी।

3. इस तरह सौर ओवन की लागत मात्र 2 वर्ष में वसूल हो जाती है।
4. **डिस्टिल्ड वाटर (आसवित जल) तैयार करने हेतु** सौर संयंत्र काफी कीमत-प्रभावी होता है। बहुत सारे मामलों में इसका प्रयोग पीने का पानी तैयार करने के लिए भी किया जाता है। मात्र एक वर्गमीटर क्षेत्र में 5-6 लीटर डिस्टिल वाटर प्रतिदिन सौर संयंत्र स्थापित किया जाए तो उससे 7 रुपये प्रति लीटर कीमत वाला डिस्टिल वाटर का निर्माण किया जा सकता है।
5. **कोल्ड स्टोरेज** वर्तमान में नवीन किस्म के कोल्ड स्टोरेज तैयार किए जा रहे हैं। इनमें सौर ऊर्जा या अन्य प्रकार की नवीनीकृत ऊर्जा का प्रयोग किया जा सकता है। ऐसे कोल्ड स्टोरेज की प्रारंभिक लागत परंपरागत कोल्ड स्टोरेज से 25 प्रतिशत अधिक होती है, किन्तु इनको चलाने का खर्च कम हो जाता है।

ये स्टोरेज 70-90 डिग्री सेल्सियस तापमान से चल जाते हैं। इतना तापमान सामान्य सौर तापीय संयंत्र सरलता से पैदा कर देता है। पूरे कोल्ड स्टोरेज की लागत मात्र 5 वर्षों में वापस हो जाती है।

भारत में इस प्रकार की तकनीक को बढ़ावा देना आवश्यक है, क्योंकि कोल्ड स्टोरेज की कमी के कारण साल में एक-डेढ़ हजार करोड़ रुपये का अनाज सड़ जाता है और शेष बचे अनाज के पोष्टिक तत्त्व लगभग 30 प्रतिशत तक नष्ट हो जाते हैं।

अतः स्पष्ट है कि भारत जैसे विकासशील देश में जहाँ संसाधनों का सर्वोत्तम प्रयोग समय की माँग के लिए सौर ऊर्जा का व्यापक प्रयोग आवश्यक है। इस दिशा में विशेष कार्यक्रम एवं परियोजनाएँ भी प्रारंभ की गई हैं।

सौर ऊर्जा कार्यक्रम एवं परियोजनाओं में निवेश

सौर ऊर्जा परियोजना में प्रारंभ में अधिक पैसा खर्च होता है और बाद में खर्च अत्यंत कम हो जाता है। अगर प्रारंभ में होने वाला खर्च कम कर दिया जाए तो इन परियोजनाओं को लगाना और फिर चलाना अत्यंत प्रभावी हो जाएगा। इस उद्देश्य की प्राप्ति के लिए अनेक संस्थाएँ काम कर रही हैं। ये सौर ऊर्जा परियोजनाओं के लिए आसान शर्तों और कम ब्याज पर ऋण देती हैं। यहाँ हम दो संस्थाओं की चर्चा करेंगे। इनमें से एक सरकारी क्षेत्र की है और दूसरी निजी क्षेत्र की।

भारतीय नवीनीकृत ऊर्जा विकास एजेंसी

सन् 1993-94 से इरेडा गैर-परंपरागत ऊर्जा संयंत्रों को बढ़ावा देने का कार्य कर रही है। इस संस्था के मुख्य उद्देश्य निम्नलिखित हैं

1. गैर-परंपरागत ऊर्जा संयंत्रों के उत्पादन एवं प्रसार को बढ़ावा देना और उनके बड़े पैमाने पर उपयोग को प्रोत्साहित करना।
2. बड़े पैमाने पर उपभोक्ताओं को प्रोत्साहित करने के लिए कोष स्थापित करना।
3. परियोजनाओं को इस तरह प्रस्तुत करना, ताकि निर्माताओं और उपभोक्ताओं में सीधा संपर्क स्थापित हो जाए।
4. इस प्रकार के प्रयास करना, जिससे घरेलू क्षेत्र में बिजली और व्यावसायिक तथा औद्योगिक क्षेत्र में ईंधन की बचत सुनिश्चित हो सके।

इरेडा हर प्रकार के सौर संयंत्र, जैसे पानी गरम करने के संयंत्र, सुखाने वाले संयंत्र, डिस्टिल्ड वाटर तैयार करने वाले संयंत्र इत्यादि को बढ़ावा देता है। यह व्यक्तियों, गैर-सरकारी संगठनों, सहकारी संस्थाओं, कंपनियों इत्यादि को सहायता देती है। सौर संयंत्र गैर-परंपरागत ऊर्जा स्रोत मंत्रालय द्वारा निर्धारित मानकों के अनुरूप होना चाहिए।

इरेडा ढाई लाख या उससे अधिक राशि ऋण के रूप में देता है। इस पर ब्याज 8.30 प्रतिशत की दर से लिया जाता है। उपभोक्ता को 25 प्रतिशत रकम अपने स्रोतों से लगानी पड़ती है। परियोजना खर्च का शेष 75 प्रतिशत इरेडा देती है। यह रकम दस वर्षों में लौटानी होती है और प्रारंभिक दो वर्ष की छूट मिलती है, जिसमें किस्त नहीं देनी पड़ती है। इरेडा आवश्यकतानुसार कर्ज के बदले गारंटी आदि भी लेती है।

टाटा फाइनेंसिंग कंपनी

यह कंपनी अनेक चीजों के लिए धन उपलब्ध कराती है। इसने गैर-परंपरागत ऊर्जा स्रोतों के विकास के लिए भी कर्ज देना प्रारंभ किया है। आमतौर पर यह सौर तापीय, सौर प्रकाशीय और पवन ऊर्जा संयंत्रों के लिए ऋण की व्यवस्था करती है।

व्यक्ति, संस्थाएँ, कंपनियाँ, विभाग सभी इससे ऋण ले सकते हैं। कंपनी पूरी परियोजना खर्च के लिए लीज फाइनेंसिंग करती है। ऋण लौटाने की अधिकतम अवधि दस वर्ष है और कंपनी पाँच लाख या इससे अधिक लागत वाली परियोजनाओं के लिए ऋण देती है।

यह कंपनी ऋण वापसी की शर्तें आसान रखती है। उत्पादित सौर ऊर्जा के मूल्य के बराबर रकम किस्त के रूप में ली जाती है और उपभोक्ता पर आर्थिक दबाव बिलकुल नहीं पड़ता है। उपभोक्ता को कर में भी लाभ मिल जाता है। यह योजना

काफी आकर्षक है और जमानत आदि के लिए कुछ विशेष परेशानी नहीं उठानी पड़ती। उपभोक्ता को हर महीने बचत होती जाती है।

सौर ऊर्जा के उपयोग में वृद्धि कैसे हो?

विश्व के अन्य देशों की अपेक्षा भारत में सौर ऊर्जा का उत्पादन बहुत कम हो रहा है, जिसे बढ़ाये जाने की आवश्यकता है। विश्व भर में जितना सौर ऊर्जा उत्पादित होता है, भारत उसका केवल ढाई प्रतिशत भाग ही उत्पादित करता है। लगभग यही हाल तीसरे विश्व के देशों का है। हालाँकि भारत सहित ये सभी देश भयानक ऊर्जा संकट का सामना कर रहे हैं। भारत जैसे देश, जहाँ बड़ी आबादी ग्रामीण व दूर-दराज के इलाकों में रहती है, में सौर ऊर्जा के विकास की व्यापक संभावनाएँ हैं। हालाँकि इस दिशा में प्रयास हुए हैं, परन्तु अभी भी क्रांतिकारी परिवर्तनों की आवश्यकता है। पुरजोर प्रयास किए जाएँगे, तभी सार्थक परिणाम निकलेंगे।

पूँजी निवेश हेतु उपाय

सौर ऊर्जा उत्पादन से जुड़ी गतिविधियों में भाग लेने के लिये अन्य संस्थाओं के अलावा राज्यों के विद्युत बोर्डों को भी जिम्मेदारी दी जा सकती है। ये बोर्ड अपने कार्यक्रमों में सौर ऊर्जा उत्पादन कार्यक्रम सम्मिलित कर सकते हैं। प्रारंभ में ये अपनी कुल ऊर्जा का 1% उत्पादन भी अगर सौर संयंत्रों से करें तो स्थिति में काफी परिवर्तन आ सकता है।

सौर ऊर्जा का उपयोग उस समय किया जा सकता है जब बिजली की माँग ज्यादा होती है। इस बिजली को उद्योग क्षेत्रों, कृषि क्षेत्रों या घरेलू उपयोग हेतु दिया जा सकता है। इस बिजली की दर कम रखी जा सकती है। इसके उपभोक्ताओं को अन्य चेतावनियाँ भी दी जा सकती हैं।

इस प्रकार ग्रिड पर भार कम हो जाएगा। दिन के समय सौर ऊर्जा का प्रयोग होगा और परंपरागत बिजली, जो ज्यादा महँगी पड़ती है, की बचत होगी। इससे पर्यावरण को भी हानि नहीं होगी।

आवश्यकता पड़ने पर कुछ छोटे व बड़े संयंत्रों की स्थापना भी की जा सकती है और घरों में आपूर्ति करने के बाद अतिरिक्त बिजली ग्रिड में दी जा सकती है।

इस प्रकार के प्रयोग कर्नाटक के तटीय क्षेत्रों में हो चुके हैं। किसान पवन ऊर्जा से उत्पन्न बिजली का प्रयोग करते हैं और अतिरिक्त बिजली को बिजली बोर्ड

ले लेता है। इसके प्रयोग अगर सफल हो जाए तो राज्य के बिजली बोर्ड दूर-दराज के इलाकों में भी बिजली पहुँचा पाएँगे।

निजी क्षेत्र द्वारा पूँजी निवेश सौर ऊर्जा उत्पादन के कार्यक्रम में निजी क्षेत्र भी सम्मिमित हो सकते हैं। निजी क्षेत्रों को सौर ऊर्जा संयंत्र लगाकर बिजली उत्पादन के लिए प्रोत्साहित करना चाहिए और इस बिजली को राज्य विद्युत बोर्ड द्वारा खरीद लेना चाहिए।

इसके लिए प्रारंभिक लागत का 50 प्रतिशत अनुदान दिया जा सकता है। निजी क्षेत्र को आकर्षित करने के लिए अन्य प्रकार के प्रोत्साहन, जैसे कम ब्याज पर ऋण, 50 प्रतिशत डेप्रिसिएशन (सौर उपकरणों पर), आय कर, संपत्ति कर में छूट इत्यादि दी जा सकती है। दूसरी ओर, निजी क्षेत्र पर दबाव भी डाला जा सकता है। अगर कोई कंपनी अपनी कुल ऊर्जा का कम-से-कम 50 प्रतिशत भाग और ऊर्जा संयंत्र से प्रयोग नहीं करती है तो उस पर बिजली का दुगुना दर लगाया जाना चाहिए।

छोटे पैमाने पर निवेश सौर ऊर्जा के क्षेत्र में विश्व बैंक जैसी संस्थाएँ भी ऋण/अनुदान देती हैं। इस राशि को देश के चालीस हजार राष्ट्रीयकृत बैंकों के द्वारा इस प्रकार बाँटा जा सकता है, ताकि लोग व्यक्तिगत तौर पर या सामूहिक तौर पर सौर संयंत्र लगाकर बिजली उत्पादित करें, पीने के पानी का पंप लगाएँ या अन्य कार्य करें।

सरकारी दायित्व सौर ऊर्जा उत्पादन को प्रोत्साहन देने के लिये हमारी सरकार को भी प्रयास करना चाहिए। देश की ऊर्जा योजना में सौर प्रकाशीय ऊर्जा को प्रमुख स्थान देना चाहिए। केन्द्र सरकार के जो संगठन, इकाई, शाखा ग्रिड से दस किलोमीटर या अधिक दूर हैं और 5-10 किलोवाट बिजली उपयोग करते हैं, उन्हें सौर ऊर्जा के प्रयोग के लिए प्रेरित किया जाना चाहिए।

इसके अन्तर्गत निम्नलिखित तरह के अनुदान प्राप्त होते हैं

1. वित्त मंत्रालय के अंतर्गत आने वाले बैंकों की तीस हजार ग्रामीण शाखाएँ और उनसे जुड़े लोग ऊर्जा का प्रयोग कर सकेंगे।
2. गृह मंत्रालय के तहत् आने वाले पैरा मिलिटरी फोर्सेस (सुरक्षा बल) की इकाइयाँ, जो सुरक्षा हेतु दुर्गम इलाकों में तैनात होती हैं, इसका प्रयोग कर सकेंगी।
3. स्वास्थ्य मंत्रालय के तहत् आने वाले ग्रामीण स्वास्थ्य केन्द्र अपनी ऊर्जा की आवश्यकताएँ सौर प्रकाशीय ऊर्जा से पूरी कर सकेंगे।

4. दूरसंचार के लिए लगे दूर-दराज स्थित उपकरणों को ऊर्जा सौर संयंत्रों द्वारा प्रदान की जा सकती है।
5. ग्रामीण विद्युतीकरण कॉरपोरेशन अपनी योजना में सौर ऊर्जा को प्रमुख स्थान दे सकता है।
6. हमारे देश की सेना की कई इकाइयाँ सीमावर्ती पहाड़ी व दुर्गम इलाकों में तैनात रहती हैं। वहाँ बिजली नहीं होती है और डीजल आदि ले जाना भी कठिन होता है, इसलिए वहाँ भी सौर प्रकाशीय ऊर्जा उपयोगी सिद्ध होती है।

राज्य सरकारों के दायित्व देश की समस्त सरकारों को चाहिए कि वे एक ऐसी एजेन्सी स्थापित करें, जो सौर ऊर्जा के प्रचार-प्रसार का काम करे। वह सौर संयंत्र निर्माताओं की सहायता करे और विशेष रूप से ग्रामीण इलाकों में सौर ऊर्जा के उपयोग को बढ़ावा दे। सौर ऊर्जा उपकरणों और उसके पुर्जों पर किसी किस्म का कोई कर आदि न लगाया जाए।

स्थानीय प्रशासन का दायित्व सभी प्राथमिक स्वास्थ्य केन्द्रों, पुलिस थानों या चौकियों, बैंक की शाखाओं, पंचायतों इत्यादि में अनिवार्य रूप से सौर संयंत्र स्थापित किए जाएँ। इन्हें दिखाकर आम जनता को भी प्रेरित किया जाए। हर मंत्रालय को ऐसी योजनाओं के लिए स्थानीय प्रशासन को सहायता देनी चाहिए।

तकनीकी विकास आज यह बहुत आवश्यक हो गया है कि सौर ऊर्जा के क्षेत्र में नवीन तकनीकों का प्रयोग किया जाए। इसके तकनीकी हस्तांतरण पर लाइसेंसिंग शुल्क आदि नहीं लगाना चाहिए। इसी प्रकार इसके उपकरणों पर किसी प्रकार का शुल्क आदि भी नहीं लगाना चाहिए।

अनुसंधान व विकास सौर ऊर्जा के क्षेत्र में अनुसंधान व विकास करने वाले सरकारी व निजी संगठनों को आर्थिक सहायता दी जानी चाहिए, जिससे उन्हें इस कार्य में आर्थिक समस्या न हो। गैर-परंपरागत ऊर्जा मंत्रालय को कुल खर्च का 90 प्रतिशत तक अनुदान इस प्रकार दिया जाना चाहिए, ताकि अच्छा परिणाम आ सके।

हर एक स्वीकृत शोध परियोजना में 50 प्रतिशत अनुदान दिया जाना चाहिए और शेष 50 प्रतिशत शोध संस्थान और भाग लेने वाले उद्योग को वहन करना चाहिए। यह उद्योग भविष्य में तैयार की जाने वाली तकनीक का व्यावसायीकरण करेगा। इस उद्योग को भी करों में छूट मिलनी चाहिए।

कुछ ऐसी भी व्यवस्था होनी चाहिए जिससे दिए गए अनुदान की वापसी सही रूप से हो सके। अगर एक परियोजना सफल हो जाती है तो अगली परियोजना के

लिए आसान शर्तों पर अगला अनुदान दिया जाना चाहिए। दूसरी ओर, अगर किसी संस्था की लगातार दो शोध परियोजनाएँ असफल हो जाएँ तो तीसरी बार उसे अनुदान नहीं मिलना चाहिए।

सौर ऊर्जा हेतु मानव संसाधन का विकास सौर ऊर्जा के विकास हेतु जहाँ एक ओर धन व तकनीकी विकास की आवश्यकता है, वहीं उसकी देख-रेख, प्रशिक्षण देने व बढ़ावा देने हेतु प्रशिक्षित मानव संसाधन की भी आवश्यकता है। गैर-परंपरागत ऊर्जा मंत्रालय, इरेडा व राज्य की संस्थाओं को इस ओर भी विशेष ध्यान देना चाहिए। इस संबंध में निम्नलिखित उपाय किये जा सकते हैं

1. इस प्रक्रिया में छोटे शहरों व गाँवों पर विशेष ध्यान देना चाहिए।
2. निर्माताओं के लिए तकनीकी कर्मचारी, विक्रय व प्रदर्शन के लिए प्रशिक्षित व्यक्ति आसानी से उपलब्ध होने चाहिएँ।
3. हर राज्य में एक 'सौर आश्रम' तैयार किया जाना चाहिए, जहाँ विभिन्न प्रकार के सौर उत्पादों की प्रदर्शनी लगातार चलती रहे। इन जगहों पर आने वालों के लिए हर प्रकार की सुविधा उपलब्ध होनी चाहिए, जिसमें उत्पादों के बारे में विस्तार से चर्चा, उनकी प्राप्यता और सरकार द्वारा प्रदत्त सहयोग की भी विस्तार से चर्चा होनी चाहिए। इस आश्रम में आने वाले दर्शकों को इस बात के लिए भी मार्ग दर्शन दिया जाना चाहिए कि वे इस मिशन में किस प्रकार सहयोग कर सकते हैं और काम कर सकते हैं।
4. सौर उत्पादों के प्रदर्शन का प्रबन्ध हर ब्लॉक में होना चाहिए और सरकारी सहायता की प्रक्रिया सरल होनी चाहिए, ताकि लोग उसे ले सकें।
5. स्कूल और कॉलेजों के पाठ्यक्रमों में सौर-ऊर्जा का अध्याय अवश्य होना चाहिए। यदि छोटे-बड़े सौर उपकरण भी देखने-समझने के लिए उपलब्ध हों तो श्रेष्ठ है।
6. सौर ऊर्जा के प्रचार-प्रसार अभियानों को इरेडा द्वारा आंशिक/पूर्ण आर्थिक सहायता दी जानी चाहिए।

प्रशिक्षण कार्यक्रम में भारतीय सौर उपकरण निर्माताओं के अनुभव अवश्य बतलाए जाने चाहिएँ। इसके अलावा औद्योगिक संगठनों (जैसे सी. आई. आई.) आदि को भी इसमें सम्मिलित किया जाना चाहिए। इस प्रकार कर्मचारी वर्ग को सौर उपकरण खरीदने की प्रेरणा मिलेगी और सहायता राशि काटकर शेष मूल्य उनके वेतन से आसान किस्तों में काटा जा सकेगा।

सौर ऊर्जा के विभिन्न रूप

एक तरफ पानी गरम करने के संयंत्रों में गिरावट आ रही थी तो दूसरी तरफ अमेरिकी सरकार ने सौर प्रकाशीय ऊर्जा के विकास के लिए बढ़ावा देना प्रारंभ किया। सन् 1954 में सिलिकन सौर सेल तैयार किए गए, जो सौर ऊर्जा को सीधे बिजली में परिवर्तित करते थे। बेल टेलीफोन लेबोरेटरी में विकसित इन सेलों की कीमत कम करने के प्रयास किए जाने लगे। इन सेलों से रिपीटर एंप्लीफायर सफलतापूर्वक चलाए गए। हालाँकि ऊर्जा के स्रोत कुल मिलाकर काफी सस्ते पड़ते थे।

धीरे-धीरे इन सेलों की कार्य-क्षमता बढ़ाने के प्रयास किए जाने लगे। पहले क्षमता 1 प्रतिशत का छोटा हिस्सा थी, बाद में नए सेमी कंडक्टर के उपयोग से यह बढ़कर 5 प्रतिशत पहुँची। कई वर्षों के पश्चात् यह 12 प्रतिशत हो गई। कुछ वैज्ञानिक सेल की 14 प्रतिशत कार्य-क्षमता हासिल करने में जुटे रहे। दूसरी ओर सौर सेलों की कीमतें कम करने के प्रयास होते रहे।

सन् 1958 में अमेरिकी सेना के सिगनल कोर के एक इंजीनियर ने एक ट्रांसमीटर के लिए वैकल्पिक ऊर्जा के स्रोत के रूप में सिलिकन सेलों का प्रयोग किया। एक उपग्रह के रेडियो बैंड में इन सेलों को लगाया गया, जिसमें ये छः वर्ष तक बिना किसी समस्या के कार्य करते रहे, इससे इनकी लंबी कार्य-क्षमता का पता चला।

सोवियत रूस ने भी अंतरिक्ष के लिए सौर सेलों से चलने वाली एक बड़ी गाड़ी बनायी। इसके साथ ही अंतरिक्ष यानों के लिए सौर ऊर्जा प्रमुख साधन बन गई।

सन् 1960 से लेकर 1973 तक नासा ने पाँच करोड़ डॉलर की एक करोड़ सौर सेल की खरीद की। इसके अलावा दस करोड़ डॉलर की रकम सौर सेल, जाल की असेंबली, ग्लास प्लेटों इत्यादि के विकास पर खर्च की गई। सौर प्रकाशीय ऊर्जा पर अनुसंधान के लिए पचास लाख डॉलर व्यय किए गए। हालाँकि नासा द्वारा परियोजनाओं को दी जाने वाली मंजूरी में देरी के कारण विकास कार्य में बाधा आई, पर फिर भी सौर प्रकाशीय ऊर्जा के क्षेत्र के व्यवसाय में अनगिनत पूँजीपति अपनी आँखें मूँद कर कूद पड़े।

सौर ऊर्जा के दो रूप : सौर प्रकाश एवं सौर ताप

वर्तमान समय में विश्व में सौर ऊर्जा जगत में प्रमुख रूप से दो प्रमुख तकनीकें सौर प्रकाशीय ऊर्जा तथा सौर तापीय ऊर्जा प्राप्त हैं, जिनका आगे वर्णन किया गया है।

(1) सौर प्रकाशीय ऊर्जा इस तकनीक में सौर ऊर्जा को सेमी कंडक्टरों की सहायता से सीधे विद्युत में बदल दिया जाता है। इस तकनीक को तीन भागों में बाँटा जा सकता है

(i) फ्लैट प्लेट सौर सेल तकनीक इस तकनीकी के अन्तर्गत सौर सेलों को जोड़कर मॉड्यूल बनाए जाते हैं और फिर मॉड्यूलों को आवश्यकतानुसार आपस में जोड़कर उनका जाल बनाया जाता है। इस जाल से प्राप्त ऊर्जा से लैंप, पंप इत्यादि चलाए जाते हैं। इसमें ऊर्जा के भंडारण के लिए बैटरियों का प्रयोग किया जाता है। इस तरीके से छोटे संयंत्र चलाए जा सकते हैं।

(ii) ग्रिड कनेक्टेड सौर प्रकाशीय ऊर्जा ऐसे संयंत्र में सौर ऊर्जा से बनी बिजली ग्रिड में परिवर्तित की जाती है। इस प्रकार बैटरियों के प्रयोग की आवश्यकता नहीं पड़ती है। बड़े सौर ऊर्जा संयंत्र इसी प्रकार चलाए जाते हैं।

(iii) केन्द्रीकृत सौर सेल तकनीक केन्द्रीकृत सौर सेल में लेंस या मिरर का प्रयोग करके सूर्य की रोशनी को सौर सेल पर केंद्रित किया जाता है। सौर सेल उसे विद्युत् में बदल देते हैं।

अविकसित देशों की अपेक्षा विकसित देशों में इस तकनीक का प्रयोग अत्यधिक किया जाता है। इसमें उपयुक्त सौर सेल की कार्य-क्षमता बहुत ज्यादा होती है और कुल कीमत भी कम पड़ती है। यह संयंत्र जगह भी कम घेरता है।

(2) सौर तापीय ऊर्जा इस तकनीक में सौर ऊर्जा को पहले तापीय ऊर्जा में बदला जाता है, तापीय ऊर्जा को फिर यांत्रिक ऊर्जा में और इसके बाद आवश्यकता के आधार उसे विद्युत् ऊर्जा में बदला जाता है। ज्यादातर तापीय ऊर्जा संयंत्र यांत्रिक ऊर्जा और विद्युत् ऊर्जा दोनों देते हैं। सौर तापीय ऊर्जा तकनीक में प्रमुख रूप से चार भाग होते हैं 1. कालेक्टर 2. रिसीवर 3. ट्रांसपोर्ट स्टोरेज 4. ऊर्जा परिवर्तक।

कॉलेक्टर सौर ऊर्जा को एकत्र करके रिसीवर पर भेजता है। रिसीवर सौर ऊर्जा को ग्रहण करके उससे उत्पन्न गर्मी को ऊर्जा परिवर्तन संयंत्र में भेजता है। यह संयंत्र आमतौर पर इंजन होता है, जो ताप को यांत्रिक ऊर्जा में बदल देता है। इस इंजन से जुड़े अन्य संयंत्र ताप को बिजली में भी बदल देते हैं। सौर तापीय ऊर्जा का अनेक व्यावसायिक कार्यों में उपयोग होता है। इसके संयंत्र भी कई प्रकार के होते हैं, जिनमें पैराबोलिक ट्रफ संयंत्र, पैराबोलाडिकल डिस संयंत्र तथा केन्द्रीय रिसीवर संयंत्र प्रमुख हैं

(i) पैराबोलिक ट ्फ संयंत्र इसमें पैराबोलिक लेंस के जरिए सूर्य की रोशनी को पाईप पर केंद्रित किया जाता है। पाईप गरम होकर अपने अंदर बहने वाला पानी को गरम करता है। इस प्रकार 100 डिग्री से लेकर 400 डिग्री सेंटीग्रेड तक तापमान पैदा किया जाता है। उत्पन्न ताप से यांत्रिक ऊर्जा पैदा की जाती है और साथ में बिजली भी पैदा की जा सकती है। ऐसे संयंत्रों का प्रयोग अमेरिका में अत्यधिक किया जा रहा है।

(ii) पैराबोलाडिकल डिश संयंत्र इस प्रकार के संयंत्र में एक बिंदु पर ऊर्जा केंद्रित की जाती है, जिससे ज्यादा तापमान पैदा होता है। इस प्रकार का संयंत्र 700 डिग्री सेंटीग्रेड से अधिक तापमान पर कार्य करता है। एक साथ कई डिश लगाने से काफी ऊर्जा उत्पन्न होती है, जिससे बड़ा संयंत्र चलाया जा सकता है।

(iii) केंद्रीय रिसीवर संयंत्र इस प्रकार के संयंत्र में सौर ऊर्जा को एक केंद्रीय रिसीवर टावर में केंद्रित किया जाता है। एक विशेष नमक ताप को एकत्र रखने में काम आता है। इस प्रकार के संयंत्र में बिजली निर्माण में 8-13 प्रतिशत तक कार्य करने की शक्ति पायी जाती है।

परिवर्तित होती सौर प्रकाश ऊर्जा

इरेडियंस

प्रति इकाई क्षेत्र में पड़ने वाली सौर प्रकाशीय ऊर्जा को ‘इरेडियंस’ या ‘सौर प्रकाशीय ऊर्जा घनत्व’ कहा जाता है। इसका प्रतीक चिह्न 'H' है और इकाई किलोवाट प्रति वर्गमीटर या वाट प्रति वर्गमीटर अथवा कुछ मामलों में मिलीवाट प्रति वर्ग सेंटी वर्गमीटर होती है। इसे पायरानो मीटर से नापा जाता है।

यह पर्यावरण या सूर्य की दिशा के आधार पर परिवर्तित होती रहती है। प्रतिदिन सूर्य की स्थिति में परिवर्तन होता रहता है।

सौर कॉस्टेंट

सूर्य से सामान्य कोण पर आने वाली किरणें जितनी ऊर्जा देती हैं उसे ‘सौर कॉस्टेंट’ के नाम से जाना जाता है। यह लगभग 1.36 किलोवाट प्रति वर्ग मीटर होता है। यह दो स्थितियों में घटता-बढ़ता रहता है। पहली स्थिति है पृथ्वी की भौगोलिक स्थिति, क्योंकि पृथ्वी अपनी तिरछी धुरी पर घूमती है और साथ में सूर्य के चारों तरफ परिक्रमा करती है। दूसरी वायुमंडल की स्थिति है।

भौगोलिक स्थिति पृथ्वी के अपनी धुरी पर घूमने के कारण आने वाली सौर प्रकाशीय ऊर्जा में हर पल परिवर्तन होता है और हम हर घंटे में यह परिवर्तन स्पष्ट देख या अनुभव कर सकते हैं। यदि सौर मॉड्यूल उत्तरी गोलार्द्ध में रखा जाएगा तो उसे गर्मियों में अधिक ऊर्जा मिलेगी और सर्दियों में कम।

सूर्य की स्थिति पृथ्वी के घूमने के कारण परिवर्तित होती रहती है। सर्दियों में सूर्य दक्षिण और पूर्व के कोने से निकलता है तथा दक्षिण और पश्चिम के कोने में जाकर समा या डूब जाता है। इस मौसम में इसे कम दूरी तय करनी पड़ती है तथा पृथ्वी और सूर्य के रास्ते में कोण कम होता है। दूसरी ओर गर्मियों में सूर्य उत्तर-पूर्व में उगता है और उत्तर-पश्चिम में डूबता है। पृथ्वी और सूर्य के रास्ते में कोण ज्यादा होता है। इसे रास्ता भी अधिक तय करना पड़ता है।

सौर खिड़की

सौर खिड़की वह खिड़की होती है, जिससे होकर सौर ऊर्जा पृथ्वी पर पूरे वर्ष आती है। हर स्थान के लिए सौर खिड़की का आकार-प्रकार अलग होता है और इसका उपयोग सौर संयंत्र का आकार-प्रकार तय करने में किया जाता है।

सौर मॉड्यूल की दिशा

चूँकि सूर्य से पृथ्वी पर आने वाला प्रकाश दिशा और पर्यावरण के आधार पर घटता-बढ़ता रहता है। अतः सौर संयंत्र का आकार-प्रकार तय करते समय इसका विशेष ध्यान रखा जाता है।

सामान्य रूप से जून के माह में सूर्य का प्रकाश पृथ्वी पर करीब-करीब सीधे पड़ता है जबकि दिसंबर महीने में इस रोशनी का कोण लगभग 45 डिग्री होता है।

अतः यदि इस संयंत्र से बिजली की माँग पूरे वर्ष स्थिर रहती है तो सौर मॉड्यूल उस महीने के अनुसार लगाया जाता है, जिस महीने सौर ऊर्जा कम रहती है। यदि बिजली की माँग काफी घटती-बढ़ती है तो सौर मॉड्यूल को इस प्रकार रखा जाता है, ताकि जब बिजली की माँग सर्वाधिक हो तो उसे अधिक से अधिक प्रकाश प्राप्त हो। दक्षिणी गोलार्द्ध में सौर मॉड्यूल को उत्तर दिशा का सामना करते हुए लगाना चाहिए, जबकि उत्तरी गोलार्द्ध में उसे दक्षिण दिशा का सामना करते हुए लगाना चाहिए।

वायुमंडलीय प्रभाव सौर ऊर्जा पर वायुमंडल एवं पर्यावरण का प्रभाव कम तथा ज्यादा दोनों रूपों में पड़ता है।

वायुमंडल के कारण सौर ऊर्जा में परिवर्तन होता है। वायुमंडल कुछ सौर ऊर्जा को अवशोषित कर लेता है। कुछ हद तक अपवर्तन भी होता है और कुछ ऊर्जा बिखरने भी लग जाती है। बादलों की उपस्थिति तथा सूर्य की रोशनी के छितराने से सौर ऊर्जा का कुछ भाग सीधा मिलता है तो कुछ बिखरा हुआ।

वायु की मात्रा वायुमंडल के प्रभाव को नापने में प्रमुख भूमिका का निर्वहन करती है। वायु की मात्रा प्रदर्शित करती है कि प्रकाश को वायुमंडल से होकर कितना चलकर आना पड़ा है। यदि वायुमंडल के ठीक ऊपर नापा जाए तो वायु की मात्रा गौण होगी। यदि सूर्य का प्रकाश सीधा पड़े तो यह बराबर होगी। औसत वायुमंडल की स्थिति में 1.5 होगी। इसे $1/\cos\theta$ माना जाता है; जबकि θ सूर्य की स्थिति और उस स्थान पर समकोण के बीच का कोण है।

गणना करके वायु की मात्रा निकाली जा सकती है। वायु की मात्रा जितनी ज्यादा होगी उस स्थान पर सूर्य की रोशनी उतनी ही कम आएगी।

सौर स्पेक्ट्रम सूर्य के प्रकाश की किरणें विभिन्न तरंग लंबाइयों की होती हैं। हर तरंग लंबाई की किरणों में अलग-अलग मात्रा में ऊर्जा होती है।

सामान्य रूप से सौर ऊर्जा में पैराबैंगनी किरणें 7% पायी जाती हैं, 47% दिखाई दे सकने वाली किरणें होती हैं और 46% इन्फ्रारेड किरणें होती हैं। पराबैंगनी किरणें विभिन्न तत्वों को विघटित करती हैं। पृथ्वी के चारों ओर स्थित ओजोन की परत इन्हें सोख लेती है।

सौर प्रकाशीय सेल सामान्य रूप से दिखाई दे सकने वाली किरणों का ही प्रयोग करते हैं। इनमें अलग-अलग रंग होते हैं और सोलर सेल विभिन्न रंगों के अनुसार अलग-अलग मात्रा में ऊर्जा प्रदान करते हैं। इन्फ्रारेड विकिरण से बिजली प्राप्त करने के लिए क्रिस्टलीन सिलिकन का प्रयोग किया जाता है।

वायुमंडल कुछ तरंग लंबाई वाली तरंगों पर ऊर्जा को अत्यधिक अवशोषित कर लेती है, जबकि कुछ पर कम। इसी प्रकार वायुमंडल का मिश्रण भी घटता-बढ़ता रहता है, कभी नमी अधिक होती है तो कभी धूल-धुआँ। ये सब भी सौर विकिरण के साथ अलग-अलग तरीके से व्यवहार करते हैं। इसी प्रकार सुबह और शाम को जब सूर्य कोण पर होता है तो सूर्य की रोशनी को अधिक रास्ता तय करना पड़ता है। इसका भी असर आने वाली सौर ऊर्जा पर पड़ता है। ऐसा ही अंतर गर्मियों और सर्दियों में होता है।

सम्पूर्ण भू-मंडल पर वायुमंडल की मोटाई एक समान नहीं पायी जाती है, पर फिर भी औसतन 1.5 वायु मात्रा मान ली जाती है। इसी के आधार पर सौर मॉड्यूल लगाए जाते हैं।

विभिन्न तरंग लंबाइयों के लिए पृथक्-पृथक् सामग्री विभिन्न प्रकार के सौर प्रकाशीय सेल भिन्न-भिन्न प्रकार के कार्य करते हैं। क्रिस्टलीन सिलिकन दिखाई देने वाली तरंग लंबाइयों तथा इन्फ्रारेड तरंग लंबाई में एक जैसा व्यवहार करता है। थिन फिल्म सिलिकन दिखने वाली तरंग लंबाई के नीले सिरे पर ज्यादा काम करता है। विविध प्रकार की आवश्यकताओं के लिए विभिन्न प्रकार के मिश्रण तैयार किए जाते हैं।

रिसीवरों (संग्राहकों) के प्रकार सौर ऊर्जा को ग्रहण करने के लिए विभिन्न प्रकार के रिसीवरों का प्रयोग किया जाता है, जो निम्नलिखित हैं

समतल प्लेट ऐरे (जाल) इस प्रकार के जाल सीधी या डिफ्यूज्ड सूर्य की रोशनी अथवा दोनों को ग्रहण करते हैं। इन्हें स्थायी रूप से फिक्स भी किया जा सकता है और घूमने वाले संयंत्र में भी लगाया जा सकता है। ज्यादातर मामलों में स्थायी रूप से फिक्स ऐरे निश्चित कोण पर लगाए जाते हैं। वर्तमान समय में कम मूल्य के संयंत्र भी मिलने लगे हैं, जिनमें फ्लैट प्लेट ऐरे फिट कर दिए जाते हैं। ये भी बहुत लोकप्रिय हो गए हैं।

घूमने वाले ऐरे सूर्य के घूमने के अनुसार घूमते हैं। इससे आने वाली ऊर्जा में 20 से 40 प्रतिशत तक वृद्धि हो जाती है। यह स्थान और घूमने वाली संयंत्र पर भी निर्भर करता है। दो धुरियों पर घूमने वाला संयंत्र ऐरे को हमेशा सूर्य के सामने रखा जाता है और अधिकतम ऊर्जा ग्रहण करता है।

एक धुरी पर घूमने वाले संयंत्र सर्वाधिक उत्तम माना जाता है। इनसे भी ज्यादा उत्तम व प्रभावी निश्चित कोण पर स्थायी रूप से लगे समतल प्लेट ऐरे होते हैं। इनमें मौसम बदलने पर कोण थोड़ा सा बदल देना पड़ता है, ताकि ज्यादा से ज्यादा ऊर्जा प्राप्त हो सके।

कंसंट्रेटर ऐरे सूर्य की किरणों को केंद्रीकरण करने के लिए लेंसों तथा शीशों का प्रयोग किया जाता है। इसमें किरणों को केंद्रीकृत करके अधिक क्षमता वाले सेलों पर डाला जाता है। इनके भी कई रूप होते हैं

पहले प्रकार के कंसंट्रेटर में समतल प्लेट में लेंस लगा होता है, वो किरणों को केंद्रित करके सेल पर डालता है।

दूसरे प्रकार में एक पैराबोला के आकार का शीशा होता है। इसमें किरणें परावर्तित होकर छड़ी के आकार के सौर सेल पर पड़ती हैं।

जितने प्रकार के कंसंट्रेटर में फ्रेस्नेल लेंस का प्रयोग किया जाता है, जो किरणों को केंद्रित करके सोलर सेल पर डालता है।

इन सभी में सोलर सेल के साथ शीतकारक (कूलेंट) लगाना पड़ता है, क्योंकि किरणों का केंद्रीकरण गरमी भी पैदा करता है। इनसे यह लाभ मिलता है कि उच्च मूल्य के सौर प्रकाशीय पदार्थ को कम क्षेत्र में प्रयोग करना पड़ता है; ज्यादा क्षेत्र लेंस या शीशे द्वारा घेरा जाता है, जिसकी कीमत बहुत कम होती है।

इस पद्धति के अन्तर्गत अधिक से अधिक प्रकाश अवशोषित करने पर बल दिया जाता है। अतः इन्हें सूर्य की दिशा में घूमना चाहिए।

पृथ्वी की अपनी धुरी पर चक्कर लगाने तथा पर्यावरणीय प्रभाव के कारण सभी स्थान पर सूर्य से उपलब्ध होने वाली ऊर्जा की दर भिन्न-भिन्न पायी जाती है। अतः इसके प्रयोग से पहले स्थानीय डाटा आवश्यक है। इसके लिए हर स्थान पर औसत दैनिक सौर प्रकाश निकाला जाता है। इसके लिए वर्ष के प्रत्येक दिन मिलने वाले सौर प्रकाश की गणना की जाती है और उसका औसत निकाला जाता है, इससे सौर संयंत्र की दीर्घकालीन कार्य-प्रणाली और आर्थिक लाभ-हानि का अनुमान लगाया जा सकता है।

इसके अतिरिक्त एक अन्य डाटा भी प्रमुख है। प्रतिदिन स्थान विशेष पर कितने समय अधिकतम सूर्य की रोशनी (1 किलोवाट प्रति वर्गमीटर) पड़ती है, यह जानना आवश्यक है। इन्हें अधिक सौर घंटे के रूप में नापा जाता है।

उपर्युक्त जानकारी स्थानीय मौसम विभाग से भी उपलब्ध हो जाती है।

सौर तापीय ऊर्जा

सौर तापीय ऊर्जा वह ऊर्जा है, जो रोशनी में विद्यमान ताप को एकत्र करने से उत्पन्न होती है। सूर्य की गर्मी को विभिन्न तरीकों से एकत्र किया जाता है और ये तरीके तापमान पर आधारित हैं।

1. निम्न स्तर पर तापीय ऊर्जा इस तरीके में सूर्य की गर्मी को एकत्र करके जो तापमान पैदा किया जाता है, वह 100 डिग्री सेंटीग्रेट से कम होता है। इस प्रकार इकट्ठे किये गये ऊर्जा का उपयोग पानी गरम करने, हवा गरम करने, वस्तु को सुखाने, पानी से नमक आदि अलग करने में प्रयोग किया जाता है।

2. मध्यम स्तर तापीय ऊर्जा सौर तापीय ऊर्जा एकत्र करने की यह विधि भी काफी उपयोगी है। इस विधि से सूर्य की गर्मी को एकत्र करके जो तापमान पैदा किया जाता है, वह 100 डिग्री से 300 डिग्री सेंटीग्रेड के बीच होता है। इस प्रकार उत्पन्न तापीय ऊर्जा का उपयोग खाना पकाने, औद्योगिक उपयोग हेतु भाप पैदा

करने, रेफ्रिजरेशन (शीतलीकरण), पानी पंप करने और बिजली पैदा करने में किया जाता है।

3. उच्च स्तर तापीय ऊर्जा इस तरीके से 300 डिग्री सेंटीग्रेड से अधिक तापमान एकत्र किया जाता है। इसका उपयोग मुख्यतः ऊर्जा उत्पादन में किया जाता है।

भारत में सन् 1984 से सौर तापीय ऊर्जा प्रसार कार्यक्रम चलाया जा रहा है। इसके अन्तर्गत सौर कुकर, पानी गरम करने के संयंत्र, सौर सुखाने के संयंत्र इत्यादि चल रहे हैं और सरकार द्वारा दी जाने वाली सहायता के बाद वे सस्ते भी पड़ रहे हैं और उनकी कार्य-क्षमता व विश्वसनीयता में भी कोई संदेह नहीं है। ये संयंत्र व्यक्तिगत प्रयोग में भी हैं और सामूहिक प्रयोग में भी लाये जाते हैं। इनका प्रयोग घरों, व्यवसायों व औद्योगिक क्षेत्रों में हो रहा है।

विभिन्न प्रकार के सौर तापीय संयंत्र आजकल विभिन्न प्रकार के पानी गरम करने के संयंत्र प्रयोग में आ रहे हैं। घरों में उपयोग के लिए 50 लीटर प्रतिदिन क्षमता वाले संयंत्र उपलब्ध हैं। औद्योगिक उपयोग के लिए 2,40,000 लीटर प्रतिदिन क्षमता वाले संयंत्र भी चल रहे हैं। इन संयंत्रों का उपयोग घरों, छात्रावासों, अस्पतालों, गोशालाओं, कपड़ा मिलों इत्यादि में होता है। इनके लिए सरकारी सहायता भी मिलती है तथा भारतीय नवीनीकृत ऊर्जा विकास एजेंसी (इरेडा) व व्यावसायिक बैंकों से आसान शर्तों पर ऋण भी मिलता है।

सौर वायु तापन बहुत सारे उद्योगों में वस्तुओं को सुखाने के लिए 50-60 डिग्री सेंटीग्रेड तापमान वाली गरम हवा की आवश्यकता होती है। इसके अलावा ठंडे इलाकों में सर्दियों के मौसम में जगह को गरम करने के लिए भी गरम वायु की आवश्यकता पड़ती है।

इसके लिए हर एक उद्योग की अलग-अलग आवश्यकताएँ होती हैं। चाय, फल, मसाले, कॉफी इत्यादि को सुखाने की प्रक्रिया; स्थान का आकार-प्रकार आदि यह तय करता है कि कितनी गरम वायु की आवश्यकता है और उसी हिसाब से सोलर हीटिंग प्रणाली की डिजाइन तैयार की जाती है।

सौर भवन इस समय ऊर्जा बहुत ही महत्त्वपूर्ण हो गयी है। इसकी आवश्यकता दिन-प्रतिदिन बढ़ती जा रही है। आने वाले समय में इसके और बढ़ जाने की संभावना है। अगर भवन की डिजाइन इस प्रकार की हो कि जलवायु का विपरीत असर न पड़े, अर्थात् गर्मियों में ज्यादा गरम न हो तथा कूलर, ए.सी. की आवश्यकता न्यूनतम हो और सर्दियों में ज्यादा ठंडा न हो, ताकि हीटर की जरूरत

न्यूनतम हो तो ऊर्जा की काफी बचत हो सकती है। इस दिशा में काफी अनुसंधान हो रहा है। अनेक ऐसे भवन तैयार भी हो गए हैं, जिनमें दिन में स्वतः काफी रोशनी होती है तथा मौसम के अनुसार उन्हें गरम या ठंडा करने की आवश्यकता पड़ती है।

सौर ताप ऊर्जा कार्यक्रम

सौर ताप यंत्र कई रूपों में उपयोगी होते हैं। इनका प्रयोग पानी गरम करने, जगह गरम करने, खाना पकाने, सुखाने, पानी को लवणमुक्त करने, औद्योगिक ताप प्रक्रिया, औद्योगिक तथा विद्युत उत्पादन उपयोगों के लिए वाष्प उत्पन्न करने और रेफ्रीजरेशन प्रणालियों के परिचालन आदि के लिए किया जाता है। निम्न ग्रेड के सौर तापीय यंत्रों का देश में विकास किया गया है और इनका प्रयोग किया जा रहा है। 50 लीटर प्रतिदिन से लेकर 20,000 लीटर प्रतिदिन जल ऊष्मन क्षमता वाली सोलर हीटर प्रणालियाँ देश में स्थापित की जा चुकी हैं। इनका घरेलू, वाणिज्यिक और व्यावसायिक उपयोग किया जा रहा है। घरेलू, औद्योगिक तथा वाणिज्यिक क्षेत्रों में अब तक 23 लाख वर्ग मीटर क्षेत्र सम्मिलित किया गया है। हमारे देश में वाटर हीटर का निर्माण शुरू हो गया है। देश में 62 बीआईएम अनुमोदित निर्माता हैं तथा 44 एमएनआरई अनुमोदित आपूर्तिकर्ता हैं। करीब 6.34 लाख से अधिक सौर कुकरों का भी उपयोग किया जा रहा है। भाप पैदा करने के लिए और ऊर्जा संकेन्द्रण संग्राहक लगाए गए हैं। खाना बनाने के लिए विश्व की सबसे बड़ी सौर वाष्प प्रणाली आंध्र प्रदेश में तिरुमला में स्थापित की गई, इससे 15,000 लोगों का खाना एक साथ बनाया जा सकता है। गाँवों में डिश सौर कुकरों को भी बढ़ावा दिया जा रहा है। इनका परम्परागत ग्रिड के साथ विद्युतीकरण किया जा चुका है, ताकि 10 लोगों के लिए तेजी से खाना बनाया जा सके। ऊर्जा की खपत घटाने और इमारतों को अधिक आरामदेह बनाने के लिए सौर-अनुकूलन वास्तुकला सिद्धांतों का प्रयोग करने के जोरदार प्रयास किए जा रहे हैं। सौर ऊर्जा से हवा को गर्म कर उससे कृषि तथा औद्योगिक उत्पादों को सुखाने की प्रणाली भी प्रयोग की जा रही है। इससे ईंधन के व्यय में काफी कमी आयी है।

सौर फोटोवोल्टिक कार्यक्रम

हमारे देश के अधिकांश हिस्सों में उच्च सौर रेडिएशन मिलता है, जिसके कारण यहाँ सौर फोटोवोल्टिक प्रणाली के द्वारा सौर ऊर्जा के प्रयोग की उच्च क्षमता

मौजूद है। यह प्रणाली सौर ऊर्जा को सोधे बिजली में परिवर्तित कर देती है और फोटोवोल्टिक प्रणाली दूरस्थ तथा ऊर्जा की कमी वाले क्षेत्रों में आवश्यक आवश्यकताओं जैसे प्रकाश, जल पंपिंग, प्राथमिक चिकित्सा केन्द्रों, सामुदायिक केन्द्रों, विद्यालयों को बिजली उपलब्ध कराने के लिए विकेन्द्रीकृत विद्युत उत्पादन हेतु एक आकर्षक स्रोत बन रहा है। यह प्रणाली टी. वी. ट्रांसमीटर, बैटरी चार्जिंग आदि के लिए विश्वसनीय स्रोत है। देश में मेगावाट आकार के ग्रिड विद्युत उत्पादन के लिए मंत्रालय ने 2007-2008 के दौरान एक नए कार्यक्रम की घोषणा की है। इस कार्यक्रम में उन परियोजनाओं को उत्पादन आधारित प्रोत्साहन दिया जाएगा, जो मंत्रालय द्वारा जारी निर्देशानुसार बनाओ-संचालित करो आधार पर सौर विद्युत संयंत्र स्थापित करेंगे। एस. पी. वी. प्रणाली के निर्माण में 80 उद्योग सम्मिलित हैं और 27 उद्योग पी. वी. मॉड्यूल्स के उत्पादन में सम्मिलित हैं। 2007-08 के दौरान लगभग 130 मेगावाट क्षमता के सौर-फोटोवोल्टिक मॉड्यूल्स का उत्पादन किया गया, जिनमें से 55 मेगावाट क्षमता का निर्यात किया गया। अब तक देश में 15 लाख से अधिक एस.पी.वी. प्रणालियाँ अनेक प्रकार के अनुप्रयोगों में बिजली उपलब्ध करा रही हैं। देश में 31 मार्च 2008 तक फोटोवोल्टिक मॉड्यूल्स का उत्पादन 460 मेगावाट से अधिक था, जिसमें 325 मेगावाट का निर्यात यूरोप, अमेरिका तथा अन्य देशों को किया गया।

फोटोवोल्टिक प्रदर्शन और कार्यक्रम के तहत हमारे देश में मार्च, 2006 तक 6.70 लाख सौर लालटेनें, 4.03 लाख सौर गृह प्रकाश प्रणालियाँ, 70,500 सौर सड़क-प्रकाश प्रणालियाँ, 7148 सौर जल-पम्पिंग प्रणालियाँ, 2.2 मेगावाट क्षमता के 'स्टैंड-अलोन' बिजली संयंत्र और 2.2 मेगावाट क्षमता के ग्रिड में जुड़े बिजली संयंत्र स्थापित किये जा चुके हैं। इसके अतिरिक्त विभिन्न सौर-फोटोवोल्टिक प्रणालियों के प्रयोग द्वारा 3985 दुर्गम स्थानों में स्थित गाँवों और 1142 बस्तियों में बिजली पहुँचा दी गयी है।

3

सौर ऊर्जा

सूर्य, ऊर्जा का प्रमुख स्रोत है, पृथ्वी पर इसी से ऊष्मा तथा प्रकाश मिलता है। सूर्य जलता हुआ एक आग के गोले के समान है तथा इसकी त्रिज्या सात लाख किमी. है। सूर्य और पृथ्वी के मध्य की दूरी लगभग 37 करोड़ किमी. है तथा इसके बीच यह काफी गरम है। अनुमानों के आधार पर सूर्य के केंद्र का तापमान लगभग 2 करोड़ डिग्री सेल्सियस है।

इस कारण इससे बहुत सारी ऊर्जा विद्युत् चुंबकीय विकिरण (इलेक्ट्रोमैग्नेटिक रेडिएशन) के रूप में निकलती है। सूर्य की सतह पर निगेटिव हाइड्रोजन आयन की परत है, जो बहुत सारे विकिरण को अवशोषित कर लेती है। इन आयनों के कारण बहुत सारी तरंग लंबाइयों की ऊर्जा अवशोषित कर लेती है।

यह सोखी गई गरमी सूर्य की सतह पर फैल जाती है और फिर इसका पुनः विकिरण होता है। इस प्रकार सूर्य की सतह पर एक फोटोस्फीयर बन जाता है। इस फोटोस्फीयर का तापमान सूर्य के केंद्र के तापमान से अत्यधिक कम होता है। एक आँकड़ों के आधार पर फोटोस्फीयर तापमान 6000 डिग्री सेल्सियस होता है, जबकि सूर्य के केन्द्र का तापमान दो करोड़ सेल्सियस होता है।

इस फोटोस्फीयर से सतत् विद्युत चुंबकीय विकिरण होता रहता है। यह एक ब्लैक बॉडी की तरह काम करता है। इससे निकली हुई ऊर्जा को सौर ऊर्जा कहा जाता

है। यह ऊर्जा जब सूर्य से निकलती है, तो सभी ओर समान गति से चलती है। यह पृथ्वी पर भी पहुँचती है। इस ऊर्जा को मापने की एक सरल विधि यह है कि एक बड़े बैलून या ऊँचे उड़ रहे विमान अथवा फिर अंतरिक्ष यान पर ऊर्जा मापक यंत्र रख दिया जाए। अब तक इस प्रकार के जो माप लिये गए हैं, उनके आधार पर प्रतिवर्ग मीटर क्षेत्र में औसतन लगभग 1.353 किलोवाट प्रकाशीय ऊर्जा प्राप्त होती है।

पृथ्वी पर इस ऊर्जा के पहुँचते-पहुँचते 30% ऊर्जा समाप्त हो जाती है। इसके प्रमुख कारण हैं वायुमंडल में मौजूद धूलिकण तथा विभिन्न गैसें ऑक्सीजन, ओजोन, भाप, कार्बन डाईऑक्साइड इत्यादि।

वायुमंडल द्वारा सौर ऊर्जा का ह्रास स्थान के आधार पर घटता-बढ़ता रहता है। जब सूर्य सीधा चमकता है तो यह सबसे कम होता है और जब सूर्य किसी कोण पर चमकता है तो यह ज्यादा होता है। इसके अलावा वायुमंडल में होने वाला बदलाव का वितरण असमान है अर्थात् मौसम के अनुसार बदलता रहता है। जैसे नमी का बढ़ना, धूल, धुआँ वाले क्षेत्र इत्यादि भी वायुमंडल द्वारा ऊर्जा सोखने की क्षमता को प्रभावित करते हैं।

पृथ्वी पर मौसम बदलाव का वितरण असमान है अर्थात् मौसम के अनुसार बदलता रहता है। जिन दिनों हमें सीधी धूप मिलती है उन दिनों सौर ऊर्जा हमें सीधी और ज्यादा मिलती है। जिन दिनों आसमान में बादल होते हैं तब हमें कम और छितरी हुई सौर ऊर्जा मिलती है। इस मात्रा में 50 प्रतिशत तक का अंतर होता है, अर्थात् कुछ दिनों तक हमें अन्य दिनों की अपेक्षा आधी ही ऊर्जा मिल पाती है।

इसके अलावा छितरी हुई सौर ऊर्जा के गुण भी सीधी सौर ऊर्जा से भिन्न होते हैं। इसका उपयोग भी कम होता है।

पृथ्वी जहाँ सूर्य के चारों तरफ चक्कर लगाती है, वहीं अपनी धुरी पर भी घूमती है। पृथ्वी दो प्रकार की गति करती है प्रथम दैनिक गति तथा दूसरी वार्षिक गति। पृथ्वी की परिभ्रमण गति से दिन व रात तथा ऋतु परिवर्तन होता है। 21 मार्च तथा 23 सितंबर को दिन और रात बराबर होते हैं। सूर्य ठीक पूर्व में उदय होता है और ठीक पश्चिम में डूबता है। इस प्रकार 21 जून को उत्तरी गोलार्ध में और 22 दिसंबर को दक्षिणी गोलार्ध में दिन सबसे बड़ा होता है और इस दिन हमें अधिकतम सौर ऊर्जा मिलती है। अन्य दिनों में यह ऊर्जा तदनुसार कम-ज्यादा होती रहती है।

भारत में सौर ऊर्जा

भारत विषुवत् रेखा के समीप स्थित है। यहाँ की जलवायु काफी गर्म है। यहाँ सौर ऊर्जा काफी मात्रा में उपलब्ध है। भारत में ज्यादातर हिस्सों में 250-300 दिनों

में सूर्य दिखाई देता है और प्रति वर्ग मीटर 4 से 7 किलोवाट ऑवर (यूनिट) ऊर्जा उपलब्ध होती है। अनुमानों के आधार पर, सम्पूर्ण भारत में 5 हजार ट्रिलियन यूनिट प्रति वर्ष सौर ऊर्जा उपलब्ध होती है, जो भारत की ऊर्जा की कुल जरूरत का कई गुना है।

अतः अगर कुल उपलब्ध सौर ऊर्जा का कुछ प्रतिशत भी भारत में उपयोग में लाया जाए तो हमारे ऊर्जा संकट का निराकरण हो सकता है।

सौर ऊर्जा की कहानी

सौर ऊर्जा की कहानी बहुत पुरानी है। मानव अपनी प्रारंभिक उद्विकास की अवस्थाएँ में काफी अविकसित था, परन्तु धीरे-धीरे मानव विज्ञान का विकास हुआ। इसी विकास के साथ-साथ ऊर्जा के संसाधनों का भी विकास हुआ। जहाँ एक ओर परंपरागत ऊर्जा के साधनों, जैसे कोयला, पेट्रोलियम इत्यादि, का विकास हुआ वहीं अनेक दूरदर्शी लोगों ने गैर-परंपरागत साधनों या क्षेत्रों की तरफ ध्यान दिया। लोगों का ध्यान इस ओर भी गया कि ऊर्जा के ऐसे साधन हों जो हमेशा कायम रहें या उन्हें पुनः प्रयोग में लाया जा सके; क्योंकि लोगों को डर था कि बढ़ती खपत के कारण कोयला, पेट्रोलियम इत्यादि कभी-न-कभी खत्म हो जाएँगे।

ऐसे ही एक व्यक्ति जॉन एरिकसन, जो अमेरिका में इंजीनियर थे, ने 67 वर्ष की अवस्था में सन् 1870 में न्यूयॉर्क में एक सफल प्रयोग किया। उन्होंने सौर ऊर्जा से एक भाप इंजन चलाकर दिखाया।

यह भाप का इंजन प्रमुख तीन भागों में था पहला इंजन, दूसरा भाप पैदा करने वाला हिस्सा और तीसरा सौर ऊर्जा केंद्रित करने वाला यंत्र। पहले दो हिस्से तो वैसे ही थे जैसे उस समय भाप पैदा करने वाला संयंत्र में लगाए जाते थे, तीसरा हिस्सा नया था। इसमें धातु की एक नली थी, जिसमें पानी भरा हुआ था। उसे एक पैराबोला आकार के शीशे के नीचे रखा गया था। सूर्य की गरमी जब उस शीशे पर पड़ती थी तो वह केंद्रित होकर धातु के अंदर रखे पानी को गरम कर देती थी और उससे निकली भाप उस छोटे से इंजन को चलाने लगती थी।

यद्यपि इस सम्पूर्ण संयंत्र से एक हॉर्स पावर का छोटा हिस्सा ही ऊर्जा के रूप में प्राप्त हुआ, तब जॉन एरिकसन का मनोबल और बढ़ने लगा और उसने दावे के साथ कहा कि ऊर्जा संकट का समाधान तभी संभव है जब सौर ऊर्जा को विस्तृत स्तर पर विशेष रूप से प्रयोग में लाया जाएगा। दूरदृष्टा एरिकसन ने यह भी कहा

कि सौर ऊर्जा बड़े पैमाने पर तथा मुफ्त उपलब्ध है; पर यह व्यावहारिक तभी हो पाएगी जब इसमें लगनेवाली प्रारंभिक लागत कम-से-कम हो जाए।

पश्चिम में **एच. विल्सी** और **जे. बॉयल** नामक शोधकर्ताओं ने सन् 1904 में सौर ऊर्जा के क्षेत्र में कार्य किया और पाँच वर्षों में उन्होंने चार प्लांट स्थापित कर दिए। पहला प्लांट उन्होंने सेंट लुई में एक प्रदर्शनी के लिए बनाया और बाकी अरीजोना व कैलीफोर्निया में बनाया।

उन्होंने सौर ऊर्जा के उपयोग की एक नवीन प्रविधि का निर्माण किया। तथा महँगे रिफ्लेक्टिंग मिररों का इस्तेमाल करने के बजाय सूर्य की गरमी से गरम किए पानी का उपयोग करते हुए एक अन्य तरल पदार्थ को भाप में बदला और उससे इंजन चलाया। विल्सी और बॉयल का संयंत्र अधिक प्रसिद्ध नहीं हो पाया, क्योंकि उसी समय प्राकृतिक गैस का उपयोग बढ़ रहा था। दूसरी ओर, उनके संयंत्र की प्रारंभिक कीमत परंपरागत संयंत्र की कीमत से चार गुना से भी ज्यादा थी। अधिक कीमत और प्राकृतिक गैस के उपयोग के प्रति बढ़ता आकर्षण और ऊर्जा के प्रयोग को गौण बनाता रहा।

सन् 1906 के दौरान अफ्रीका में सौर ऊर्जा पर बड़े पैमाने पर प्रयोग प्रारंभ हुए। फ्रैंक शूमैन नामक वैज्ञानिक ने उत्तरी अफ्रीका में सी.वी. बायोसैंड तथा एक अन्य प्रभावशाली वैज्ञानिक के साथ मिलकर लंदन स्थित सन पावर कंपनी से कर्ज लेकर काहिरा के पास सन् 1913 में सौर संयंत्र तैयार किया। इसमें एक बहुत बड़े तालाब के ऊपर पैराबोलिक मिरर लगाए गए, जो 13 फीट 4 इंच चौड़े तथा 204 फीट लंबे थे। ये 25-25 फीट की दूरी पर लगाए गए थे, ताकि एक पर दूसरे की प्रतिछाया न पड़े।

इन मिररों से पानी गरम किया जाता था और प्रातः साढ़े छह बजे से भाप उठने लगती थी तथा दस घंटे तक भाप बनती रहती थी।

पूरा संयंत्र 15 पौंड दबाव प्रति घंटा पर 1,110 पौंड भाप पैदा करता था और उससे पचास हॉर्स पावर ऊर्जा पैदा होती थी। इससे जो इंजन चलाया गया उसने नील नदी के पानी को पास के खेतों तक पहुँचाने का कार्य किया और इस प्रकार उस क्षेत्र के हजारों श्रमिक जो पानी को ढोने का कार्य करते थे, वे भुखमरी के कगार पर आ गये।

सौर ऊर्जा की कहानी में यह एक प्रमुख घटना मानी जाती थी। अनेक जिज्ञासुओं ने इस जगह का दौरा किया और मन लगाकर अध्ययन किया। दुर्भाग्यवश तभी पहला विश्वयुद्ध प्रारंभ हो गया और यह योजना आगे नहीं बढ़ पाई। युद्ध समाप्त होने से पहले ही फ्रैंक शूमैन का देहांत हो गया।

सौर प्रकाशीय एवं तापीय ऊर्जा

एक तरफ पानी गरम करने के संयंत्रों में गिरावट आ रही थी तो दूसरी तरफ अमेरिकी सरकार ने सौर प्रकाशीय ऊर्जा के विकास के लिए बढ़ावा देना प्रारंभ किया। सन् 1954 में सिलिकन सौर सेल तैयार किए गए, जो सौर ऊर्जा को सीधे बिजली में परिवर्तित करते थे। बेल टेलीफोन लेबोरेटरी में विकसित इन सेलों की कीमत कम करने के प्रयास किए जाने लगे। इन सेलों से रिपीटर एंप्लीफायर सफलतापूर्वक चलाए गए। हालाँकि ऊर्जा के स्रोत कुल मिलाकर काफी सस्ते पड़ते थे।

धीरे-धीरे इन सेलों की कार्य-क्षमता बढ़ाने के प्रयास किए जाने लगे। पहले क्षमता 1 प्रतिशत का छोटा हिस्सा थी, बाद में नए सेमी कंडक्टर के इस्तेमाल से यह बढ़कर 5 प्रतिशत पहुँची। कई वर्षों के पश्चात् यह 12 प्रतिशत हो गई। कुछ वैज्ञानिक सेल की 14 प्रतिशत कार्य-क्षमता हासिल करने में जुटे रहे। दूसरी ओर सौर सेलों की कीमतें कम करने के प्रयास होते रहे।

सन् 1958 में अमेरीकी सेना के सिगनल कोर के एक इंजीनियर ने एक ट्रांसमीटर के लिए वैकल्पिक ऊर्जा के स्रोत के रूप में सिलिकन सेलों का प्रयोग किया। एक उपग्रह के रेडियो बैंड में इन सेलों को लगाया गया, जिसमें ये छः वर्ष तक बिना किसी समस्या से कार्य करते रहे। इससे इनकी लंबी कार्य-क्षमता का पता चला।

सोवियत रूस ने भी अंतरिक्ष के लिए सौर सेलों से चलने वाली एक बड़ी गाड़ी बनायी। इसके साथ ही अंतरिक्ष यानों के लिए सौर ऊर्जा प्रमुख साधन बन गई।

सन् 1960 से लेकर 1973 तक नासा ने पाँच करोड़ डॉलर की एक करोड़ सौर सेल की खरीद की। इसके अलावा दस करोड़ डॉलर की रकम सौर सेल, जाल की असेंबली, ग्लास प्लेटों इत्यादि के विकास पर खर्च की गई। सौर प्रकाशीय ऊर्जा पर अनुसंधान के लिए पचास लाख डॉलर व्यय किए गए। हालाँकि नासा द्वारा परियोजनाओं को दी जाने वाली मंजूरी में देरी के कारण विकास कार्य में बाधा आई, पर फिर भी सौर प्रकाशीय ऊर्जा के क्षेत्र के व्यवसाय में अनगिनत पूँजीपति अपनी आँख मूँद कर कूद पड़े।

वर्तमान समय में विश्व में सौर ऊर्जा जगत में प्रमुख रूप से दो प्रमुख तकनीकें सौर प्रकाशीय ऊर्जा तथा सौर तापीय ऊर्जा प्राप्त हैं, जिनका आगे वर्णन किया गया है।

(1) सौर प्रकाशीय ऊर्जा इस तकनीक में सौर ऊर्जा को सेमी कंडक्टरों की सहायता से सीधे विद्युत में बदल दिया जाता है। इस तकनीक को तीन भागों में बाँटा जा सकता है

(i) **फ्लैट प्लेट सौर सेल तकनीक** इस तकनीकी के अन्तर्गत सौर सेलों को जोड़कर मॉड्यूल बनाए जाते हैं और फिर मॉड्यूलों को आवश्यकतानुसार आपस में जोड़कर उनका जाल बनाया जाता है। इस जाल से प्राप्त ऊर्जा से लैंप, पंप इत्यादि चलाए जाते हैं। इसमें ऊर्जा के भंडारण के लिए बैटरियों का प्रयोग किया जाता है। इस तरीके से छोटे संयंत्र चलाए जा सकते हैं।

(ii) **ग्रिड कनेक्टेड सौर प्रकाशीय ऊर्जा** ऐसे संयंत्र में सौर ऊर्जा से बनी बिजली ग्रिड में परिवर्तित की जाती है। इस प्रकार बैटरियों के प्रयोग की जरूरत नहीं पड़ती है। बड़े सौर ऊर्जा संयंत्र इसी प्रकार चलाए जाते हैं।

(iii) **केन्द्रीकृत सौर सेल तकनीक** केन्द्रीकृत सौर सेल में लेंस या मिरर का प्रयोग करके सूर्य की रोशनी को सौर सेल पर केंद्रित किया जाता है। सौर सेल उसे विद्युत् में बदल देते हैं।

अविकसित देशों की अपेक्षा विकसित देशों में इस तकनीक का प्रयोग अत्यधिक किया जाता है। इसमें उपर्युक्त सौर सेल की कार्य-क्षमता बहुत ज्यादा होती है और कुल कीमत भी कम पड़ती है। यह संयंत्र जगह भी कम घेरता है।

(2) सौर तापीय ऊर्जा इस तकनीक में सौर ऊर्जा को पहले तापीय ऊर्जा में बदला जाता है, तापीय ऊर्जा को फिर यांत्रिक ऊर्जा में और इसके बाद जरूरत के आधार उसे विद्युत् ऊर्जा में बदला जाता है। ज्यादातर तापीय ऊर्जा संयंत्र यांत्रिक ऊर्जा और विद्युत् ऊर्जा दोनों देते हैं। सौर तापीय ऊर्जा तकनीक में प्रमुख रूप से चार भाग होते हैं 1. कालेक्टर 2. रिसीवर 3. ट्रांसपोर्ट स्टोरेज 4. ऊर्जा परिवर्तक।

कॉलेक्टर सौर ऊर्जा को एकत्र करके रिसीवर पर भेजता है। रिसीवर सौर ऊर्जा को ग्रहण करके उससे उत्पन्न गर्मी को ऊर्जा परिवर्तन संयंत्र में भेजता है। यह संयंत्र आमतौर पर इंजन होता हे, जो ताप को यांत्रिक ऊर्जा में बदल देता है। इस इंजन से जुड़े अन्य संयंत्र ताप को बिजली में भी बदल देते हैं। सौर तापीय ऊर्जा का अनेक व्यावसायिक कार्यों में उपयोग होता है। इसके संयंत्र भी कई प्रकार के होते हैं जिनमें पैराबोलिक ट्रफ संयंत्र, पैराबोलाडिकल डिस संयंत्र तथा केन्द्रीय रिसीवर संयंत्र प्रमुख हैं

(i) **पैराबोलिक ट ्फ संयंत्र** इसमें पैराबोलिक लेंस के जरिए सूर्य की रोशनी को पाईप पर केंद्रित किया जाता है। पाईप गरम होकर अपने अंदर बहने वाले

पानी को गरम करता है। इस प्रकार 100 डिग्री से लेकर 400 डिग्री सेंटीग्रेड तक तापमान पैदा किया जाता है। उत्पन्न ताप से यांत्रिक ऊर्जा पैदा की जाती है और साथ में बिजली भी पैदा की जा सकती है। ऐसे संयंत्रों का प्रयोग अमेरिका में अत्यधिक किया जा रहा है।

(ii) **पैराबोलाडिकल डिश संयंत्र** इस प्रकार के संयंत्र में एक बिंदु पर ऊर्जा केंद्रित की जाती है, जिससे ज्यादा तापमान पैदा होता है। इस प्रकार का संयंत्र 700 डिग्री सेंटीग्रेड से अधिक तापमान पर कार्य करता है। एक साथ कई डिश लगाने से काफी ऊर्जा उत्पन्न होती है, जिससे बड़ा संयंत्र चलाया जा सकता है।

(iii) **केंद्रीय रिसीवर संयंत्र** इस प्रकार के संयंत्र में सौर ऊर्जा को एक केंद्रीय रिसीवर टावर में केंद्रित किया जाता है। एक विशेष नमक ताप को एकत्र रखने में काम आता है। इस प्रकार के संयंत्र में बिजली निर्माण में 8-13 प्रतिशत तक कार्य करने की शक्ति पायी जाती है।

सौर कुकर (Solar Cooker)

हमारे देश में बॉक्स आकार के सौर कुकर का प्रयोग सन् 1982-83 से ही किया जा रहा है। इनमें सूर्य की रोशनी को एकत्र करके कुकर के अंदर का तापमान 100 डिग्री से 120 डिग्री सेंटीग्रेड तक लाया जाता है। इस तापमान पर खाना पकाने में डेढ़ से तीन घंटे तक का समय लगता है। इसके अंदर खाना धीरे-धीरे पकने के कारण यह अत्यंत पौष्टिक होता है। सौर कुकर के जरिए रोटी नहीं बनाई जा सकती है और न ही पूड़ी-कचौड़ी तली जा सकती है; पर दाल-चावल आदि पकाना इस पर काफी आसान है। दूसरी ओर केक बनाने, मूँगफली और काजू भुनने, अंगूरों को सुखाने, आलू के चिप्स इत्यादि बनाने जैसे काम भी किए जा सकते हैं।

एक सामान्य सौर कुकर का आकार 60 सेंटीमीटर होता है और इसका वजन 12 किलोग्राम होता है। इसके अंदर 2 किलोग्राम भोजन पक जाता है। यदि बराबर एक सौर कुकर का प्रयोग किया जाय तो एक वर्ष में 45 से 60 किलो तक गैस बचायी जा सकती है।

अब सौर कुकर छोटे आकार में भी मिलने लगे हैं। इसके अलावा विद्युतीय बैकअप वाले कुकर भी उपलब्ध हैं। इनका लाभ यह है कि जिस दिन धूप न हो उस दिन अत्यंत कम बिजली से खाना पकाया जा सकता है।

दूसरी ओर, सामुदायिक भोजन निर्माण के लिए अनेक प्रकार के कुकर तैयार किए गए हैं। जर्मनी के एक गैर-सरकारी संगठन ईजी सोलर ने डिश सौर कुकर तैयार

किया, जिसका उत्पादन अब भारत में भी हो रहा है। यह कुकर परावर्तक चादरों से बना है और इसमें दस से पंद्रह लोगों का खाना पकाया जा सकता है। इसकी लागत लगभग पाँच हजार रुपए आती है और यह ढाबों आदि के लिए विशेष उपयोगी है। पकवान (सब्जी आदि) बनाने में इसमें तीस से चालीस मिनट लगते हैं।

इसी प्रकार स्विट्जरलैंड के यूलोग ग्रुप द्वारा शेफलर नामक सौर कुकर तैयार किया गया है, जो भारत में भी बन रहा है। स्वचालित ट्रैकिंग वाला यह कुकर पैंतीस-चालीस लोगों के भोजन हेतु पर्याप्त है। इसमें एक पकवान को तैयार करने में एक से डेढ़ घंटा लगता है। इसकी मूल्य लगभग पचास हजार रुपए है और यह कुकर धार्मिक स्थलों, आश्रमों, सेना की मेसों, ढाबों, बोर्डिंग स्कूलों इत्यादि के लिए उपयोगी है।

राजस्थान के माउंट आबू में ब्रह्मकुमारी संगठन ने सौर वाष्प कुकिंग प्रणाली स्थापित की है, जो सन् 1999 से काम कर रही है। इससे दस हजार लोगों का भोजन दिन में दो बार पकाया जा सकता है। इस पर पचपन लाख रुपए की लागत आई है। इसमें अगर धूप न निकले तो भी भोजन बन जाता है। इस प्रकार की प्रणालियाँ बड़े सामुदायिक रसोईघरों के लिए उपयोगी हैं। इसी संगठन ने पहले एक हजार लोगों के लिए छोटी प्रणाली स्थापित की थी, जो सन् 1997 से चल रही है।

सौर वायु तापन

बहुत सारे उद्योगों में वस्तुओं को सुखाने के लिए 50-60 डिग्री सेंटीग्रेड तापमान वाली गरम हवा की आवश्यकता होती है। इसके अलावा ठंडे इलाकों में सर्दियों के मौसम में जगह को गरम करने के लिए भी गरम वायु की जरूरत पड़ती है।

इसके लिए हर एक उद्योग की अलग-अलग आवश्यकताएँ होती हैं। चाय, फल, मसाले, कॉफी इत्यादि को सुखाने की प्रक्रिया; स्थान का आकार-प्रकार आदि यह तय करता है कि कितनी गरम वायु की आवश्यकता है और उसी हिसाब से सोलर हीटिंग प्रणाली की डिजाइन तैयार की जाती है।

सौर भवन

इस समय ऊर्जा बहुत ही महत्त्वपूर्ण हो गयी है। इसकी आवश्यकता दिन-प्रतिदिन बढ़ती जा रही है। आने वाले समय में इसके और बढ़ जाने की

संभावना है। अगर भवन की डिजाइन इस प्रकार की हो कि जलवायु का विपरीत असर न पड़े, अर्थात् गर्मियों में ज्यादा गरम न हो तथा कूलर, ए.सी. की आवश्यकता न्यूनतम हो और सर्दियों में ज्यादा ठंडा न हो, ताकि हीटर की जरूरत न्यूनतम हो तो ऊर्जा की काफी बचत हो सकती है। इस दिशा में काफी अनुसंधान हो रहा है। अनेक ऐसे भवन तैयार भी हो गए हैं, जिनमें दिन में स्वतः काफी रोशनी होती है तथा मौसम के अनुसार उन्हें गरम या ठंडा करने की आवश्यकता पड़ती है।

सौर ऊर्जा संचय

बहुत से प्राकृतिक पदार्थ जैसे पत्थर, ईंटें एवं काँच इत्यादि दिन में ऊष्मा को अवशोषित कर लेते हैं तथा रात में इसे बाहर छोड़ते हैं। क्रियाशील सौर ऊर्जा एकत्रित करने वाले यन्त्रों में ताप को अवशोषित करने वाले किसी माध्यम (जैसे वायु अथवा पानी) को पम्प करके एक छोटे ताप संचित करने वाले यन्त्र तक ले जाते हैं जो प्रायः किसी इमारत की छत पर रखा होता है। सौर जल-तापक एवं सौर कुकर ताप संचित करने वाले यन्त्रों के उदाहरण हैं।

सौर सेलों का इस्तेमाल कैल्कुलेटरों, इलेक्ट्रॉनिक घड़ियों, गलियों की बत्तियों, ट्रैफिक सिग्नलों एवं जल पम्पों में किया जाने लगा है। कृत्रिम उपग्रहों में भी विद्युत उत्पन्न करने के लिए सौर सेल ही काम में लाए जाते हैं। रेडियो एवं टेलिविजन चलाने के लिए भी इसका प्रयोग किया जाता है। सौर सेलों का इस्तेमाल प्रायः उन दूर-दराज के स्थानों पर होता है जहाँ परम्परागत बिजली उपलब्ध नहीं हो पाती।

पहला सौर जल हीटर 1982 में हरियाणा में हरियाणा ब्रेवरीज लिमिटेड मुरथल पर स्थापित किया गया था। यह 15000 लीटर जल प्रतिदिन 65°C के औसत तापमान पर गर्म करने की क्षमता रखता है। पहला सौर विलवणीकरण यन्त्र (Solar desalination plant) हरियाणा पर्यटक कॉम्प्लेक्स, डुबचिक पर संस्थापित किया गया है जो प्रतिदिन 2000 लीटर पेयजल पर अभिक्रिया करेगा। पहला बहुउद्देश्यीय सौर शुष्क कम गोदाक, गन्नोर (हरियाणा) में निर्मित किया गया है जो मिर्चियों, आलू के चिप्स आदि सुखाने के लिए उपयोगी है।

घरों के लिए सौर ऊष्मा

वातानुकूलन या ऊष्मा का उपयोग करने वाले आधुनिक आवास ऊर्जा पर बहुत अधिक निर्भर हैं। सौर गृह की रूपरेखा ऐसी होती है कि वह दक्षिण की ओर

रुख वाली बड़ी-बड़ी शीशे की खिड़कियों से सूर्य की गर्मी का संग्रह कर सके। सौर भवन में दक्षिण दिशा में सूर्यस्थल (sunspaces) बनाए जाते हैं और वे बड़े ऊष्मा अवशोषकों की तरह काम करते हैं। इन सूर्यस्थलों के फ र्श टाइल्स और ईंटों के बने होते हैं जो दिन भर गर्मी सोखते रहते हैं और रात में ठंड बढ़ने पर उसे धीरे-धीरे छोड़ते हैं।

ऊर्जा-समर्थ भवनों में सूर्य ताप, जल और पवन का उपयोग मौसम ठंडा हो तो भवन को गर्म करने और गर्मियों में ठंडा करने के लिए किया जाता है। यह अधिकतर डिज ाइन और भवन सामग्री पर आधारित होता है। परंपरागत ढाँचों में पत्थर या गारे की मोटी दीवारों का उपयोग कुचालक के रूप में किया जाता था। छोटे दरवाज े और खिड़कियाँ बनाकर सूरज की सीधी रोशनी और गर्मी को घर के अंदर नहीं आने दिया जाता था। ब्रिटिश काल में घरों के अंदर काँच की मोटी खिड़कियाँ इस प्रकार लगाई जाती थीं कि उन पर सूर्य की सीधी रोशनी न पड़े। इस प्रकार, हरितगृह प्रभाव पैदा किए बिना भी काँच का उपयोग संभव हो पाता था। पुराने बँगलों में ऊँची छतें और रोशनदान होते थे जिनसे गर्म हवा ऊपर उठकर निकल जाती थी। कमरे में हवा के अंदर आने और बाहर जाने से कमरा ठंडा रहता है। खिड़कियों पर बड़े छज्जों और ओलतियों (eaves) के होने से काँच कमरे के अंदर की हवा को गर्म नहीं कर पाता। गर्मी रोकने के लिए दोहरी दीवारों का उपयोग किया जा सकता है और छायादार पेड़ घर का तापमान घटाने में सहायक होते हैं।

सौर ऊर्जा से पानी गर्म करना

सौर ऊर्जा से पानी गर्म करने की अधिकांश व्यवस्थाओं में दो मुख्य भाग होते हैं : ''सौर संग्राहक'' और ''भंडार टंकी''। सौर संग्राहक पानी को गर्म करता है और फिर वहीं से पानी एक कुचालक भंडार टंकी में चला जाता है।

"चपटी प्लेट वाला संग्राहक" एक सामान्य प्रकार का संग्राहक होता है। यह पारदर्शी ढक्कन वाला एक आयताकार बक्सा होता है जिसकी दिशा सूर्य की तरफ होती है। इसे आम तौर पर एक सपाट छत पर रखा जाता है। इस बक्से से अनेक नलियाँ गुज रती हैं और उनमें गर्म किया जाने वाला जल या एँटीफ्रीज जैसा कोई और अन्य गुज रता है। ये नलियाँ धातु की एक ''अवशोषक प्लेट'' पर लगी होती हैं जिसे सूर्य की गर्मी सोखने के लिए काले रंग से रंगा जाता है। संग्राहक में गर्मी बढ़ती है और द्रव जब नलियों से गुज रता है तब वह भी गर्म हो जाता है।

सूर्य के चमकने से ही पानी गर्म होगा परन्तु यदि सूर्य नहीं चमकेगा तो ये व्यवस्थाएँ सफल नहीं होंगी। इसलिए घरों में एक परंपरागत प्रणाली विकल्प के रूप में होनी चाहिए। इज राइल के लगभग 80 प्रतिशत घरों में जल गर्म करने वाले सौर हीटर हैं।

पानी गर्म करने के संयंत्र

विभिन्न क्षेत्रों में सौर ऊर्जा से पानी गर्म करने का प्रयास जारी रहा, क्योंकि प्रबुद्ध लोगों को लग रहा था कि लकड़ी और कोयला धीरे-धीरे कम हो रहे हैं। मेरीलैंड में पानी के टैंक के ऊपर शीशा लगाया गया तथा चारों ओर फेल्ट पेपर, जो ताप के कुचालक होते हैं, लगाए गए। इससे पानी जल्दी और ज्यादा देर तक गरम रहने लगा। सन 1855 में यह संयंत्र ऊँची दरों में विक्रय किया गया।

सन् 1898 में इसमें और सुधार किया गया। ज्यों-ज्यों पानी टैंक में गरम होता था, उसे बाहर निकाल लिया जाता था और ठंडा पानी डाला जाता था।

सन् 1909 में विलियम बैले ने इसमें और सुधार किया और पूरे टैंक के पानी को एक साथ गरम करने के बजाय ताँबे के पाईपों को सौर ऊर्जा से गरम किया गया। इन पाईपों से गुजरने वाला पानी भी गरम होने लगा और एक जगह इकट्ठा होने लगा। गरम पानी टैंक के नीचे भेजा जाता था और वहाँ स्थित ठंडा पानी गरम पाईपों में जाता था। इस प्रक्रिया में पानी शाम तक गरम बना रहता था। सन् 1923 में इस प्रकार के संयंत्र बनाए गये और देश-विदेश में विक्रय किये जाने लगे। यह प्रक्रिया चलती रही। सन् 1936 से 1941 तक पानी गरम करने के लगभग 1 लाख संयंत्र जगह-जगह लगाए गए। इनके लिए कम ब्याज पर कर्ज दिलाया गया। अमेरिका में सरकार द्वारा निर्मित मकानों में तो निर्माण के समय ही इस प्रकार के संयंत्र लगा दिए गए।

दूसरे विश्वयुद्ध के बाद अमेरिका में बिजली कम मूल्यों में उपलब्ध होने लगी और इसका नतीजा यह हुआ कि बिजली से चलने वाले पानी गरम करने के संयंत्र सस्ते मिलने लगे और बेहतर साबित हुए। इससे सौर-चालित गरम पानी के संयंत्रों को धक्का लगा।

फोटोवोल्टीय ऊर्जा

विश्व भर में जिस सौर प्रौद्योगिकी के उपयोग की सबसे अधिक संभावना है वह फोटोवोल्टीय सेलों की प्रौद्योगिकी है। यह फोटोवोल्टीय सेलों (या सौर सेलों) का उपयोग करके सूर्य की रोशनी को सीधे बिजली में परिवर्तित करती है।

सौर सेल बिजली बनाने के लिए सूर्य की गर्मी नहीं, रोशनी का उपयोग करते हैं। इनका रख-रखाव बहुत आसान होता है, कोई गतिशील भाग नहीं होता, परिणामतः पर्यावरण पर ये कोई प्रभाव नहीं डालते। ये सफ ाई, सुरक्षा और खामोशी के साथ काम करते हैं। जहाँ भी सूर्य की रोशनी हो, वहाँ इन्हें छोटे-से स्थान में लगाया जा सकता है। सौर सेल सिलिकन (silicon) की दो अलग-अलग तहों से बने होते हैं, जिनमें प्रत्येक का एक विद्युत आवेश होता है। सेलों पर रोशनी पड़ती है तो दोनों तहों के बीच आवेश गति करते हैं और बिजली पैदा होती है। इन सेलों को तारों से जोड़कर एक मॉड्यूल (module) बनाया जाता है। 40 सेलों का एक मॉड्यूल एक बल्ब जलाने के लिए काफी होता है। अधिक ऊर्जा के लिए मॉड्यूल को तारों से जोड़कर एक सारणी (array) बनाई जाती है। ये सारणियाँ एक घर में बिजली की ज रूरत पूरी करने के लिए पर्याप्त ऊर्जा पैदा कर सकते हैं। पिछले कुछ वर्षों में प्रौद्योगिकी की लागत घटाने, दक्षता बढ़ाने और सेलों का जीवन बढ़ाने संबंधी गहन कार्य किए गए हैं। लागत घटाने और उत्पादन को स्वचालित बनाने के लिए रवाहीन (amorphous) सिलिकन जैसी अनेक नई सामग्रियों को आज माया जा रहा है।

आज कैल्कुलेटरों और घड़ियों में इन सेलों का खूब प्रयोग हो रहा है। ये उपग्रहों, विद्युत प्रकाश, रेडियो जैसे छोटे उपकरणों, पानी के पंपों, राजमार्गों पर प्रकाश, मौसम विज्ञान के केंद्रों तथा विद्युत प्रणालियों के लिए भी ऊर्जा प्रदान करते हैं। बिजली की आपूर्ति करने वाली कुछ कंपनियाँ अपने आपूर्ति के नेटवर्कों में ऐसे सेलों की प्रणालियाँ शामिल कर रही हैं।

पर्यावरण के लिए ये सेल वरदान हैं। ये हवा या पानी में प्रदूषक नहीं छोड़ते, इनमें कोई रेडियोधर्मी पदार्थ नहीं होता और इनसे कोई विनाशकारी दुर्घटना नहीं होती लेकिन कुछ ऐसे सेलों में थोड़ी मात्रा में कैडमियम जैसे विषैले पदार्थ होते हैं जो आग लगने पर पर्यावरण में पहुँच जाते हैं। सौर सेल सिलिकन से बने होते हैं जो पृथ्वी पर दूसरा सबसे प्रचुर उपलब्ध तत्त्व है। परन्तु उसे खनन के द्वारा निकालना पड़ता है। खनन कार्य पर्यावरण के लिए समस्याएँ पैदा करता है। फोटोवोल्टीय प्रणालियाँ निश्चित तौर पर तभी काम करती हैं जब सूर्य निकला हुआ हो। इस कारण ऊर्जा के संचय के लिए बैटरियों की आवश्यकता होती है।

सौर ऊर्जा पर वायुमंडलीय प्रभाव

सौर ऊर्जा पर वायुमंडल एवं पर्यावरण का प्रभाव कम तथा ज्यादा दोनों रूपों में पड़ता है। वायुमंडल के कारण सौर ऊर्जा का परिवर्तन होता है। वायुमंडल कुछ

सौर ऊर्जा को अवशोषित कर लेता है। कुछ हद तक अपवर्तन भी होता है और कुछ ऊर्जा बिखरने भी लग जाती है। बादलों की उपस्थिति तथा सूर्य की रोशनी के छितराने से सौर ऊर्जा का कुछ भाग सीधा मिलता है तो कुछ बिखरा हुआ।

वायु की मात्रा वायुमंडल के प्रभाव को नापने में प्रमुख भूमिका का निर्वहन करती है। वायु की मात्रा प्रदर्शित करती है कि प्रकाश को वायुमंडल से होकर कितना चलकर आना पड़ा है। यदि वायुमंडल के ठीक ऊपर नापा जाए तो वायु की मात्रा गौण होगी। यदि सूर्य का प्रकाश सीधी पड़े तो यह बराबर होगी।

सौर ऊर्जा केंद्र

सौर ऊर्जा केंद्र की स्थापना 1982 में सौर ऊर्जा टेक्नोलॉजी के विकास और उसको बढ़ावा देने के लिए गैर-परंपरागत ऊर्जा स्रोत मंत्रालय के अभिन्न अंग के रूप में की गई। केंद्र के मुख्य उद्देश्य निम्नवत् हैं

(i) सौर ऊर्जा सामग्रियों, उपकरणों और प्रणालियों के लिए राष्ट्रीय परीक्षण और मानकीकरण केंद्र के रूप में कार्य करना, नई प्रौद्योगिकी का मूल्यांकन, उद्योग और शैक्षिक जगत में अनुसंधान और विकास, सलाहकार और परामर्शदात्री सेवाएँ प्रदान करना, तथा मानव संसाधन विकास पर कार्य और सूचना का प्रसार।

(ii) अपने अस्तित्व में आने के समय से ही केंद्र सरकार देश में सौर ऊर्जा प्रौद्योगिकी को बढ़ाने में महत्त्वपूर्ण भूमिका निभा रही है। केंद्र तकनीकी समर्थन प्रदान करने, अनुसंधान, विकास परीक्षण और प्रदर्शन सहित विभिन्न गतिविधियाँ चलाने, प्रशिक्षण तथा सूचना प्रसार के कार्य में मंत्रालय के सौर ऊर्जा समूह के साथ मिलकर काम कर रहा है। केंद्र ने सौर प्रौद्योगिकी पर अनेक राष्ट्रीय मानक तय करने में महत्त्वपूर्ण योगदान दिया है।

(iii) बड़े आकार (200 सेमी.×200 सेमी.) के सौर फोटोवोल्टीय मॉड्यूल्स (600 मेगावाट क्षमता) के परीक्षण और मूल्यांकन के लिए एसईसी में बड़े क्षेत्र वाले सूर्य उद्दीपक लगाए गए हैं। मेसर्स मोजर बीयर फोटोवोल्टीय लिमिटेड के सहयोग से 1.2 किलोवॉट क्षमता की पीवी कंसंट्रेटर माड्यूल टेस्ट बेड सुविधा स्थापित की गई है। भारतीय मौसम विभाग के सहयोग से देश के लिए सौर रेडिएशन आँकड़े तैयार करने के लिए परियोजना चलाई जा रही है। केंद्र के परिसर में स्वचालित 'मौसम स्टेशन' स्थापित करने का काम चल रहा है। आईआईटी, मुंबई के सहयोग से ऊर्जा सचेतन वास्तुशिल्प पर एक हैंडबुक तैयार की गई है।

(iv) सौर ऊर्जा केन्द्र की अनुसंधान एवं विकास परिसर की स्थापना हरियाणा के गुड़गाँव-फरीदाबाद मार्ग पर की गयी है। परिसर में सौर ताप, सौर फोटोवोल्टीय प्रणाली, उपकरण सिस्टम डिजाइन, इंजीनियरिंग के लिए प्रयोगशाला, सौर बिजली उत्पादन प्रणाली के दीर्घकालीन कामकाज मूल्यांकन की प्रमाणन इकाइयाँ, प्रशिक्षण के लिए सेमिनार हाल, ऑडिटोरियम और कार्यशालाएँ एवं पुनःउपयोग ऊर्जा विषयों के संदर्भ के लिए पुस्तकालय और आगंतुकों के लिए छोटे अतिथि गृह हैं। ये सरकार, संस्थानों, उद्योगों और उपयोगकर्ता संगठनों के प्रभावकारी अंतरापृष्ठ के रूप में कार्य करते हैं।

सौर ऊर्जा उपयोग व उपकरण

सूर्य ऊर्जा का एक असीम स्रोत है। यह पृथ्वी के सकल ऊर्जा सन्तुलन में परिवर्तन न करने वाला ऊर्जा का प्रदूषण मुक्त स्रोत है। यह दोनों ही प्रकार के ऊर्जा स्रोतों का एक सशक्त विकल्प है। पृथ्वी पर आने वाली सौर ऊर्जा इतनी अधिक होती है कि इसके मात्र 5% उपयोग से 2050 तक के लिए विश्व को प्रचुर मात्रा में ऊर्जा की पूर्ति की जा सकती है। अतः सौर ऊर्जा को प्राप्त करने तथा संगृहीत करने के लिए उपयुक्त तकनीक/प्रौद्योगिकी की आवश्यकता है। उनकी वर्तमान तकनीक बहुत महँगी है, इसलिए यह विश्व स्तर पर स्वीकार्य नहीं है।

पारस्परिक तौर पर हम सौर-ऊर्जा का इस्तेमाल कपड़े, एवं अनाज सुखाने, खाद्य पदार्थों को सुरक्षित रखने तथा समुद्री पानी से नमक प्राप्त करने के लिए करते आए हैं। भारत एशिया महाद्वीप में स्थित है। इस पर सूर्य का प्रकाश सीधा पड़ता है। भारत को प्रतिवर्ष 5000 ट्रिलियन किलोवॉट प्रति घंटा के बराबर ऊर्जा मिलती है। प्रतिदिन का औसत भौगोलिक स्थिति के अनुसार 4-7 किलोवॉट घंटा प्रति वर्ग मीटर है। वैश्विक सौर रेडिएशन का वार्षिक प्रतिशत भारत के संबंध में प्रतिदिन 5.5 किलोवॉट घंटा प्रति वर्ग मीटर है। उच्चतम वार्षिक रेडियएशन लद्दाख, पश्चिमी राजस्थान तथा गुजरात में तथा निम्नतम रेडिएशन पूर्वोत्तर क्षेत्रों में प्राप्त होता है। कौनसा क्षेत्र किस कोण पर है, इसका प्रभाव भी सौर ऊर्जा के वितरण पर पड़ता है।

सौर प्रकाशीय ऊर्जा के विभिन्न संघटक

सौर प्रकाशीय ऊर्जा संयंत्र के निम्नलिखित संघटक हैं

1. चार्ज कंट्रोलर, जो नियंत्रण की भूमिका निभाता है, ताकि ऐसी स्थिति न उत्पन्न हो जाए, जिससे ऊर्जा की अधिकता या कमी बैटरी, संयंत्र या अन्य भागों को प्रभावित करे।
2. वोल्टेज रेगुलेटर, जो संवेदनशील उपकरणों में निश्चित वोल्टेज पहुँचाने में सहायक होता है।
3. इनवर्टर, जो सौर संयंत्रों से प्राप्त डी.सी. वोल्टेज को ए.सी. में बदलने का कार्य करता है।
4. सौर मॉड्यूलों का जाल, जो सूर्य की रोशनी लेकर बिजली उत्पन्न करता है।
5. बैटरी, जिसमें अतिरिक्त ऊर्जा का भंडारण होता है।
6. विद्युत भार, जिसमें ऊर्जा की खपत होती है।

उपयोगी व दीर्घजीवी संयंत्र हेतु उपरोक्त दिए गए समस्त घटकों का विशेष महत्त्व है। सामान्य स्थिति में सौर पैनलों को विद्युत भार से सीधे जोड़ा जा सकता है, पर मॉड्यूल से प्राप्त होने वाले वोल्टेज व करंट दिन में कई बार परिवर्तित होते रहते हैं और सूर्य ढलने के पश्चात् यह शून्य हो जाते हैं; इस प्रकार कह सकते हैं कि उक्त संघटक अत्यंत महत्त्वपूर्ण भूमिका निभाते हैं।

बैटरी : सौर ऊर्जा की उपलब्धता केवल सूर्य पर आधारित होती है। दूसरी ओर, संयंत्र की आवश्यकता अलग ही होती है। अतः संयंत्र की आवश्यकता की पूर्ति हेतु बैटरी का हर समय पर्याप्त चार्ज होना अनिवार्य है। बैटरियों में विद्युत ऊर्जा रासायनिक बांड के रूप में एकत्रित होती है। साधारणतः बैटरियाँ दो प्रकार की होती हैं

1. प्राथमिक (Primary)
2. द्वितीयक (Secondary)।

प्राथमिक बैटरी बार-बार चार्ज नहीं होती, जबकि द्वितीयक बैटरी बार-बार चार्ज हो जाती है।

द्वितीयक या पुनः चार्ज होने वाली बैटरियाँ सौर संयंत्रों में बड़ी संख्या में प्रयोग में लाई जाती हैं। मुख्यतः बैटरी में धनात्मक प्लेट एवं एक ऋणात्मक प्लेट होती है। मध्य में एक सेपरेटर (विभाजक) होता है। साथ में इलेक्ट्रोलाइट भरा होता है। इन दोनों के बीच दो वोल्ट का वोल्टेज उत्पन्न होता है। जिन बैटरियाँ में लेड की प्लेट होती है और सल्फ्यूरिक अम्ल भरा होता है, वे बैटरियाँ लेड (सीसा) एसिड बैटरी कहलाती हैं। इस प्रकार की बैटरियों का जीवन-काल अपेक्षाकृत लंबा होता है।

बैटरी की ऊर्जा एकत्रित करने की क्षमता को 'एंपीयर आवर' में नापा जाता है। इसका अभिप्राय यह है कि बैटरी निश्चित एंपीयर करंट कितने समय तक दे सकती है। हर बैटरी-निर्माता अपनी बैटरी की क्षमता निश्चित परिस्थितियों में घोषित करता है। अधिक तापमान व कम डिस्चार्ज दर पर बैटरी की क्षमता अधिक होती है। कम तापमान और ज्यादा डिस्चार्ज दर पर यह ज्यादा होती है। आयु बढ़ने के साथ बैटरी की क्षमता घटती जाती है अर्थात् इसमें घिसावट आती है।

बैटरी को एक स्तर तक ही डिस्चार्ज किया जा सकता है। साधारणतः बैटरी 50 प्रतिशत से लेकर 80 प्रतिशत तक डिस्चार्ज की जा सकती है। बैटरी का जीवन-काल इस बात पर निर्भर करता है कि इसे कितनी बार पूर्ण चार्ज और पूर्ण डिस्चार्ज किया गया है। ज्यादा चार्ज करने से बैटरी की आयु कम होती जाती है। इसी तरह अधिक तापमान एवं देखरेख का अभाव भी बैटरी के जीवन काल को प्रभावित करता है।

बैटरी के जीवन-काल को प्रभावित करने वाले कारकों में तापमान भी महत्त्वपूर्ण है। अधिक तापमान बैटरी की क्षमता तो बढ़ा देता है, पर आयु कम कर देता है। इसके विपरीत कम तापमान बैटरी की कार्य-क्षमता घटा देता है। अतः तापमान की दृष्टि से यही उत्तम है कि बैटरी औसत तापमान पर कार्य करे।

बैटरी की चार्जिंग दर और डिस्चार्जिंग दर भी उसकी आयु पर प्रभाव डालती है। अगर बैटरी की क्षमता **C** है तो प्रारंभ में उसकी चार्जिंग दर **C/5** से अधिक नहीं होनी चाहिए। बाद में उसकी दर लगभग **C/20** के आस-पास रहनी चाहिए।

जब बैटरी पर कोई भार नहीं होता है तो भी उसकी ऊर्जा का धीरे-धीरे क्षय होता रहता है, इसे सेल्फ डिस्चार्ज कहा जाता है। यह न्यूनतम रहना चाहिए।

निश्चित समय पर बैटरी कितनी चार्ज है, इसका अनुमान लगाने के लिए उसमें स्थित इलेक्ट्रोलाइट (सल्फ्यूरिक अम्ल) का स्पेसिफिक ग्रेविटी अर्थात् विशिष्ट घनत्व नापा जाता है। समग्र रूप से चार्ज बैटरी का विशिष्ट घनत्व 1.28 होता है, जबकि पूरी तरह डिस्चार्ज बैटरी का 1.00 होता है। साधारणतः ऐसा अनुमान लगाया जा सकता है कि गर्म मौसम में इलेक्ट्रोलाइट पतला होता है।

बैटरी के चयन के निम्न आधार होते हैं

1. बैटरी की ऊर्जा भंडारण-क्षमता पर्याप्त होनी चाहिए।
2. बैटरी का आकार व अत्यधिक वजन लाने-ले जाने में बाधक होता है और खर्चीला साबित होता है।
3. अत्यंत कम तापमान पर बैटरी जम जाती है। विभिन्न प्रकार के इलेक्ट्रोलाइट के जमने का तापमान अलग-अलग होता है। अतः खरीदने से पूर्व इसे भी समझ लेना चाहिए।

4. निश्चित समय के बाद बैटरी का सल्फेसन हो जाता है। इसके बाद बैटरी का कोई उपयोग नहीं रह जाता। यह अवश्य देख लेना चाहिए।
5. इलेक्ट्रोलाइट का कंसंट्रेशन कितना है? बैटरी में लगने वाले हार्डवेयर, अर्थात् नट-बोल्ट आदि सरलता से उपलब्ध होंगे या नहीं, यह सब देख लेना चाहिए। इसके टर्मिनलों का स्वरूप क्या है? निर्माता की बाजार में प्रतिष्ठा कैसी है? इन सब बिंदुओं पर भी विचार करना आवश्यक है।
6. बैटरी की कीमत कितनी है और इसकी कितने समय की वांरटी है? यह जानना सबसे महत्त्वपूर्ण बिंदु है।
7. सौर ऊर्जा द्वारा किस संयंत्र को चलाना है और उसके चलने का क्या तरीका है?
8. बैटरी के चार्ज होने का क्या तरीका है और उसका आंतरिक प्रतिरोध कितना है?
9. यदि सौर ऊर्जा उपलब्ध न हो (बरसात के दिनों में) तो संयंत्र कितने दिन चलेगा?
10. बैटरी से निकलने वाला औसत करंट कितना है और इसमें कितना परिवर्तन हो सकता है?
11. बैटरी को अधिकतम कितना डिस्चार्ज किया जा सकता है? प्रतिदिन बैटरी को कितना डिस्चार्ज किया जाना है?
12. जिस जगह पर बैटरी लगनी है, वह जगह कितनी दूर है और वहाँ पर कैसे पहुँचा जा सकता है? उस जगह तापमान कितना रहता है और वहाँ का वातावरण कैसा है?
13. बैटरी की आयु कितनी साइकिल की है और कितने वर्ष तक काम कर सकती है?
14. बैटरी की देखरेख की आवश्यकताएँ क्या और कितनी हैं? साधारण बैटरी चलेगी या मेन्टेनेंस ठीक रहेगी। मेन्टेनेंस बैटरी महँगी होती है, पर उसमें देखरेख या पानी डालने की आवश्यकता नहीं होती। असुविधा वाले दूर-दराज के इलाकों के लिए मेन्टेनेंस बैटरी ही उत्तम होती है।
15. बैटरी की स्वतः डिस्चार्ज दर न्यूनतम होनी चाहिए।

प्रयोग में आने वाली बैटरियाँ ऑटोमोबाइल (कार, ट्रक) उद्योग में जिन बैटरियों का उपयोग होता है उनकी स्वतः डिस्चार्ज दर अधिक होती है। सौर संयंत्रों में इनका उपयोग नहीं होता है।

सौर संयंत्रों में बैटरियों का उपयोग अलग तरीके से होता है। गर्मियों में ये पूरी चार्ज बनी रहती हैं, जबकि सर्दियों व बरसात में ये अर्द्धचार्ज ही रहती हैं; ज्यादा दिन अर्द्धचार्ज एवं डिस्चार्ज रहने से बैटरी की प्लेटों पर लेड सल्फेट जमा होने लगता है तथा बैटरी की क्षमता कम होती चली जाती है।

अतः तंत्र की डिजाइन इस प्रकार की जाती है, जिससे सर्दियों में भी बैटरियाँ चार्ज बनी रहें। ऐसी बैटरियों में सल्फ्यूरिक अम्ल की सांद्रता ज्यादा बनी रहती है। इससे सर्दियों में इनके जमने की संभावना कम होती है।

दूसरी ओर, गर्मियों में इनके अधिक चार्ज होने की संभावना होती है, जिससे बैटरी में हाइड्रोजन गैस के अधिक बनने की लगती है, जो खतरनाक होती है।

लेड एसिड बैटरी में स्थित चार्ज और उसके टर्मिनलों पर स्थित वोल्टेज के संदर्भ में एक चार्ट उपलब्ध होता है, जो बैटरी-निर्माता उपलब्ध कराता है।

जब बैटरी 95 प्रतिशत चार्ज होती है, तो उसके बाद चार्ज होने पर बैटरी का वोल्टेज तेजी से बढ़ता है। अतः यह आवश्यक है कि बैटरी वोल्टेज प्रति सेल जब 2.35 वोल्ट हो जाए तो चार्ज कंट्रोलर को सौर पैनल का संपर्क बैटरी से काट देना चाहिए।

दूसरी ओर, जब बैटरी वोल्टेज प्रति सेल 1.85 वोल्ट से कम हो जाए तो संयंत्र के लोड को बैटरी से पृथक् कर देना चाहिए। इससे बैटरी और अधिक डिस्चार्ज नहीं होगी।

सर्दियों में बैटरियों की चार्ज ग्रहण करने की क्षमता एक प्रतिशत प्रति सेल्सियस की दर से कम होती चली जाती है। अधिक गरमी में बैटरी का स्वतः डिस्चार्ज बढ़ जाता है, इससे बैटरी की आयु घट जाती है।

चार्ज कंट्रोलर साधारणतः सौर संयंत्र की डिजाइन इस प्रकार की होती है कि खराब परिस्थितियों में भी इतनी सौर ऊर्जा मिलती रहे, जिससे कि संयंत्र चलता रहे। जिसके चलते आम तौर पर ऊर्जा का आवश्यकता से अधिक एकत्रीकरण होता रहता है। बैटरी दोनों स्थितियों में खराब हो सकती है। बैटरी अधिक चार्ज से भी खराब होने लगती है और अधिक डिस्चार्ज से भी। अतः बैटरी के बचाव व संयंत्र के समुचित संचालन हेतु चार्ज कंट्रोलर लगाया जाता है।

इस तथ्य को इस उदाहरण द्वारा समझा जा सकता है मानों, 24 वोल्ट की बैटरी के लिए बैटरी वोल्टेज की अधिकतम सीमा 28.2 वोल्ट होती है। इसी प्रकार न्यूनतम सीमा 28.2 वोल्ट होती है। इसके लिए आवश्यक है कि ज्यों ही बैटरी वोल्टेज 28.2 वोल्ट पर पहुँचे त्यों ही सौर पैनलों का संपर्क बैटरी से अलग कर देना चाहिए।

इसी तरह जैसे ही बैटरी वोल्टेज 22.8 वोल्ट पहुँचे वैसे ही संयंत्र करंट लेना बंद कर दे।

इस प्रकार संयंत्र जोड़ने या अलग करने के लिए उपयुक्त रिले या सेमीकंडक्टरों का प्रयोग किया जाता है। जब वोल्टेज वापस निर्धारित दायरे के अन्तर्गत आती है तो संपर्क वापस जोड़ दिया जाता है। आजकल स्वचालित चार्ज कंट्रोलर उपलब्ध हैं। सौर संयंत्रों की डिजाइन आमतौर पर ऐसी होती है कि अधिकतम चार्ज स्तर से बैटरी को बचाने के लिए प्रायः सौर पैनलों को अलग करने का कार्य चलता रहता है। परन्तु बैटरी को डीप डिस्चार्ज से बचाने के लिए संयंत्र को अलग करने या बंद करने की आवश्यकता कभी-कभी ही पड़ती है। ऐसी स्थिति कम ही उत्पन्न होती है।

इस प्रकार चार्ज कंट्रोलर में चल रही प्रक्रिया सामने के पैनल पर दिखाई देती है। सामने के पैनल पर जल रहे एल.ई.डी. चल रही प्रक्रिया की झलक देते हैं, यथा :

हरा एल.ई.डी. बैटरी चार्जिंग जारी है।

पीला एल.ई.डी. बैटरी अत्यधिक चार्ज हो चुकी है।

लाल एल.ई.डी. बैटरी अत्यधिक डिस्चार्ज हो चुकी है।

चार्ज कंट्रोलर की आकृति एवं प्रकार उसके द्वारा नियंत्रित होने वाले संयंत्र के रूप पर निर्भर करता है। करंट व वोल्टेज बढ़ने से इसमें लगने वाले रिले, स्विच, डायोड आदि का आकार बढ़ता चला जाता है।

साधारणतः सौर संयंत्र निर्माता या तो स्वयं चार्ज कंट्रोलर का निर्माण करते हैं या फिर विशेष आदेश देकर बनवाते हैं। सामान्य रूप से प्रयोग में आने वाले सौर संयंत्रों के लिए अलग से चार्ज कंट्रोलर भी उपलब्ध हो सकते हैं।

चार्ज कंट्रोलर खरीदते समय लिखित मुख्य तथ्यों को ध्यान रखना अत्यंत आवश्यक है

1. स्विचिंग, अर्थात् सौर मॉड्यूल को बैटरी से जोड़ने एवं पृथक् करने हेतु किस प्रकार के स्विचिंग एलीमेंट की व्यवस्था है?
2. यदि गलती से बैटरी के टर्मिनल चार्ज कंट्रोलर पर उल्टे लग जाएँ जो संयंत्र के बचाव की क्या व्यवस्था है?
3. क्या चार्ज कंट्रोलर विभिन्न प्रकार (अलग रेटिंग) के संयंत्रों के साथ भी कार्य कर सकता है। अनेक चार्ज कंट्रोलर बहुद्देश्यीय होते हैं और उनमें स्विच लगे होते हैं। दूसरे संयंत्र को चलाने के लिए मात्र स्विचों की स्थिति बदली जाती है।

4. चार्ज कंट्रोलर की खुद के करंट की खपत न्यूनतम होनी चाहिए। चार्ज कंट्रोलर यदि स्वयं अधिक करंट लेगा तो संयंत्र को उतना ही कम करंट मिलेगा। साथ ही, ज्यादा करंट लेने से चार्ज कंट्रोलर जल्दी गर्म होगा जिसके फलस्वरूप जल्दी ही खराब भी होगा। अतः उसकी आयु कम होती चली जाएगी।
5. संयंत्र में शॉर्ट सर्किट या बिजली गिरने आदि से बचाव हेतु अरेस्टर आदि हैं या नहीं?
6. क्या यह बदलते तापमान, आर्द्रता आदि की स्थिति में काम कर सकता है या नहीं?
7. चार्ज कंट्रोलर का आकार छोटा और वजन कम है या नहीं?
8. इसे किसी भी जगह आसानी से लगाया जा सकता है या नहीं?
9. इसके इनपुट व आउटपुट टर्मिनल अलग-अलग हैं या नहीं? उनमें सरलता से कनेक्शन किया जा सकता है या नहीं? प्रयुक्त सामग्री में जंग लगने की कितनी संभावना है?
10. इसके पुर्जे, विशेष रूप से इलेक्ट्रॉनिक पुर्जे से उपलब्ध होंगे या नहीं?
11. गुणों की तुलना में इसकी कीमत कितनी है? वारंटी उपलब्ध है या नहीं?
12. सौर संयंत्र/चार्ज कंट्रोलर का निर्माता कौन है तथा इसका कौन-सा मॉडल बाजार में अधिक प्रचलित है? यह किस प्रौद्योगिकी पर आधारित है?
13. चार्ज कंट्रोलर कितने वोल्ट का है?
14. सौर मॉड्यूल/जाल से अधिकतम कितना करंट आ रहा है?
15. चल रहा संयंत्र कितना करंट लेता है?
16. बैटरी का उच्च कटऑफ वोल्टेज कितना है?
17. कितने वोल्टेज पर सौर मॉड्यूल/जाल बैटरी को दोबारा करंट देने लगेगा?
18. बैटरी के अधिकतम डिस्चार्ज स्तर पर वोल्टेज कितना है, जिससे इस वोल्टेज पर संयंत्र बैटरी से करंट लेना बंद कर दे?
19. साथ ही वह वोल्टेज कितनी है, जिस पर संयंत्र वापस बैटरी से करंट लेने लगे?
20. चार्ज कंट्रोलर में विभिन्न स्थितियों, विशेष रूप से बैटरी की अधिकतम डिस्चार्ज होने पर अलार्म इत्यादि बजाने के लिए रिले आदि की व्यवस्था उपस्थित या नहीं?

उपरोक्त सभी तथ्यों की पूरी जानकारी एवं मूल्यों का ठीक प्रकार से अवलोकन करने के पश्चात् ही किसी चार्जो कंट्रोलर का चुनाव करना चाहिए।

इनवर्टर : सौर पैनल व उससे जुड़ी बैटरियाँ डी.सी. वोल्टेज देती हैं, जबकि अनेक संयंत्र सिर्फ ए.सी. करंट से चलते हैं। ऐसे में, इन संयंत्रों को चलाने के लिए बीच में इनवर्टर लगाना पड़ता है।

इनवर्टर वह संयंत्र है, जो डी.सी. को ए.सी. में परिवर्तित कर देता है। इसकी सहायता से 230 वोल्ट 50 हर्ट्ज पर उत्पन्न की जा सकती है।

इनवर्टर का आकार-प्रकार उससे मिलने वाली पावर पर आधारित होता है। साथ ही इनवर्टर में वह क्षमता भी होनी चाहिए, जिससे वह संयंत्र को आरंभ करने के लिए लगने वाला अधिक (सर्ज) चालू करंट प्रदान कर सके। इसके अतिरिक्त उसमें अचानक आ जाने वाले अत्यधिक करंट से बचाव का भी प्रावधान भी अवश्य रूप से होना चाहिए।

चार्ज कंट्रोलर की भाँति इनवर्टर का क्रय करते समय कुछ महत्त्वपूर्ण पक्षों पर ध्यान देना अत्यंत आवश्यक है जैसे

1. शार्टसर्किट अर्थात् अत्यधिक करंट या बिजली कड़कने को स्थिति से बचाव के क्या उपाय है?
2. इनवर्टर तापमान व आर्द्रता में कितना परिवर्तन झेल सकता है?
3. इसका आकार व वजन कितना है तथा इसको कैसे लगाया जाएगा?
4. इससे कोई आवाज तो नहीं निकलती है?
5. इनपुट, आउटपुट टर्मिनलों का स्वरूप कैसा होता है व कनेक्शन जोड़ने में आसानी है या नहीं?
6. लगने वाली सामग्री में जंग लगने की संभावना कितनी है?
7. इसके पुर्जे, विशेष रूप से इलेक्ट्रॉनिक पुर्जे आसानी से उपलब्ध होंगे या नहीं?
8. निर्माता की प्रतिष्ठा, दाम, वारंटी की शर्तें अनुकूल हैं या नहीं?
9. डी.सी. इनपुट वोल्टेज कितनी है?
10. इनपुट वोल्टेज में आमतौर पर कितना परिवर्तन होता है, जैसे 24 वोल्ट $\pm$ 2 वोल्ट?
11. ए.सी. आउटपुट वोल्टेज कितना है?
12. आउटपुट करंट कितना है?
13. यह कितना पावर दे सकता है?
14. उसकी फ्रीक्वेंसी कितनी है और उसमें कितना परिवर्तन हो सकता है? परिवर्तित फ्रीक्वेंसी का उपकरण पर किस प्रकार का और कितना प्रभाव पड़ेगा?

15. प्रारंभ में संयंत्र को चालू करने के लिए इनवर्टर अधिकतम कितना सर्ज करंट दे सकता है?
16. यदि इनवर्टर के आउटपुट पर कोई संयंत्र अर्थात् भार न हो तो कितनी खपत होगी?
17. यह अधिकतम कितना करंट दे सकता है। इसकी शक्ति व दक्षता कितनी है?
18. इससे जो वेव फार्म निकलती है, वह कैसी है और उसमें विकृति कितनी है?

सौर संयंत्र में और भी छोटे-छोटे घटक होते हैं, जैसे

1. फ्यूज, सर्किट ब्रेकर,
2. सर्ज अरेस्टर,
3. ग्राउंड करने के लिए उपकरण,
4. तरह-तरह के हार्डवेयर,
5. विभिन्न प्रकार के तार,
6. बिजली के बक्से,
7. ब्लॉकिंग व बाइपास डायोड।

इन सबका चयन करने में भी अनेक प्रकार की सावधानियाँ बरती जाती हैं।

सौर प्रकाशीय ऊर्जा संयंत्र का आर्थिक पक्ष

प्रत्येक सौर प्रकाशीय ऊर्जा की कीमत एक समान नहीं होती। यह उनके प्रकारों के अनुरूप घटती बढ़ती रहती है। सौर प्रकाशीय ऊर्जा संयंत्र तीन प्रकार के होते हैं। अतः तीनों द्वारा उत्पन्न ऊर्जा के मूल्य की पृथक् गणना आवश्यक है।

समतल प्लेट सौर सेल तकनीक द्वारा उत्पादित ऊर्जा की कीमत : इस प्रकार के संयंत्र के दो मुख्य भाग होते हैं :

1. सौर मॉड्यूल,
2. अन्य संयंत्र।

सौर मॉड्यूल की कार्य-क्षमता सूर्य की रोशनी एवं रोशनी के निर्धारित घंटों आदि पर भी निर्भर करती है। कुछ जगहों पर रोशनी अन्य जगहों की अपेक्षा दुगुनी होती है। इन जगहों पर सौर संयंत्र की कीमत आधी रह जाती है और सौर ऊर्जा व्यावहारिक हो जाती है।

प्रारम्भिक समय से वर्तमान तक सौर मॉड्यूलों की सामग्री के विकास, सेल डिजाइन व निर्माण प्रक्रिया में सुधार, बड़े पैमाने पर उत्पादन आदि के कारण समतल

प्लेट सौर प्रकाशीय तकनीक द्वारा उत्पादित ऊर्जा की कीमत में भारी गिरावट आई है। सौर ऊर्जा से विद्युत ऊर्जा में परिवर्तन की क्षमता 22 प्रतिशत तक पहुँच गई है। वर्तमान में इसका प्रयोग सौर कार में भी किया जाता है।

सौर ऊर्जा से प्राप्त बिजली की कीमत अन्य संयंत्र घटकों पर भी निर्भर करती है। इनमें बैटरी की कीमत व क्षमता काफी महत्त्वपूर्ण है। बैटरी की सही देखरेख संयंत्र की आयु एवं क्षमता दोनों में बढ़ोत्तरी करती है।

इसके साथ-साथ आजकल, बेहतर डिजाइन के इनवर्टर को निर्मित किया जा रहा है। ये इनवर्टर साइन वेव देते हैं और इनकी कार्य-क्षमता 95 प्रतिशत तक है। ये अधिक विश्वसनीय होते हैं और ये तापमान व आर्द्रता की स्थिति में भी, जैसे समुद्र-तटीय इलाके में कार्य करने में सक्षम हैं।

जहाँ सौर मॉड्यूल (सिंगल क्रिस्टल सेल वाले) 30 वर्ष तक काम करते हैं (हालाँकि समय के साथ इनकी कार्य-क्षमता कम होती जाती है) वहीं अच्छी बैटरी 5 वर्ष तक चल जाती है। गत 15-20 वर्षों में कम देखरेख वाली टुबुलर कंस्ट्रक्शन वाली बैटरियाँ संयंत्रों में प्रयोग हो रही हैं। ये सौर संयंत्रों हेतु उपयुक्त हैं। इनकी आयु 1500 से 2000 साइकिल होती है, जबकि आम कार/ट्रक वाली बैटरी की आयु 300 से 400 साइकिल होती है। उक्त बैटरियों की कीमत कार एवं ट्रक बैटरी की अपेक्षा दुगुनी होती है। इनसे सौर ऊर्जा की कीमत में गिरावट आई है।

इलेक्ट्रॉनिक्स नियंत्रण यूनिट की तकनीक गुणवत्ता में भी बढ़ोत्तरी हुई है और अब सौर संयंत्रों में मरम्मत की आवश्यकता खासी कम हो गई है, जो काफी महँगी पड़ती थी। भविष्य में मरम्मत की संभावना को कम करने की कोशिश करनी चाहिए।

इसके अतिरिक्त साधारण बल्बों के स्थान पर सीएफएल लैंप प्रयोग किए जा रहे हैं जो बहुत कम बिजली लेते हैं और ज्यादा रोशनी देते हैं। सौर संयंत्र के साथ 5, 7, 9, या 11 वाट के लैंप आवश्यकतानुसार लगाए जाते हैं। भविष्य में इन लैंपों की कीमत कम होने की संभावना है।

समतल प्लेट सिलिकन सेल अमोरफस सिलिकाफन से भी निर्मित किए जा सकते हैं। इनकी कीमत काफी कम होती है, साथ ही इनकी कार्य-क्षमता भी सिंगल क्रिस्टल सौर सेल की अपेक्षा काफी कम होती है।

इन सेलों की कार्य-क्षमता एक वर्ष के अन्दर-अन्दर और कम हो जाती है, इसका सबसे महत्त्वपूर्ण कारण यह है कि प्रकाश पड़ने से उनकी क्षमता में ह्रास हो जाता है। इसलिए अमोरफस सिलिकन प्रारंभ में देखने में सस्ता लगता है, परन्तु कम कार्य-क्षमता व आयु के कारण लंबे समय में महँगा साबित होता है।

(क) ग्रिड से जुड़ने वाले सौर संयंत्र : ग्रिड से जुड़े हुए संयंत्रों में सौर पैनलों से आने वाली विद्युत सीधी ग्रिड में चली जाती है। अतः इसके लिए महँगी बैटरियों की आवश्यकता नहीं पड़ती। इस व्यवस्था में यह आवश्यक है कि सौर संयंत्र ग्रिड के पास ही लगें, तभी वह लाभदायक साबित होता है।

(ख) कंसंट्रेटिंग सौर सेल तकनीक : इस तकनीक में सेमीकंडक्टर सामग्री की कीमत काफी अधिक होती है। इस कीमत को कम करने के प्रयास जारी हैं। इस प्रकार के संयंत्र में सौर ऊर्जा का एक बड़ा भाग विद्युत ऊर्जा में परिवर्तित हो जाता है, क्योंकि इनकी कार्य-क्षमता ज्यादा होती है। इसमें सूर्य की रोशनी को इकट्ठा करने के लिए सस्ते लेंसों और दर्पणों का प्रयोग किया जाता है।

ऐसे स्थानों पर, जहाँ सूर्य की रोशनी अधिक मात्रा में उपलब्ध होती है, वहाँ यह संयंत्र खासे उपयोगी साबित होते हैं। हालाँकि देखने में यह लगता है कि ये संयंत्र समतल प्लेट वाले सौर पैनलों में अधिक कारगर होंगे, पर आमतौर पर यह साबित नहीं हो पाया है।

इस दिशा में काफी शोध-कार्य चल रहे हैं, और विशेष रूप से सेमीकंडक्टरों की कीमत कम करने के प्रयास चल रहे हैं। भविष्य में इस तकनीक से कई मेगावाट बिजली तैयार होने की संभावना है।

सौर प्रकाशीय ऊर्जा से उत्पन्न बिजली के मूल्य का आकलन : वर्तमान में सौर मॉड्यूलों की कीमत 125 रुपये प्रति वाट आती है। इसके अतिरिक्त अन्य उपकरण भी महँगे हैं। यदि हम एक सौर संयंत्र के विभिन्न घटकों की कीमत निकालें तो उसकी गणना कुछ इस प्रकार होगी :

सामग्री	आकार	मूल्य (रुपये में)
1. सौर पैनल	प्रति वाट	120-150
2. कम मरम्मत वाली बैटरी	प्रति एंपीयर	8
3. साइन वेव इनवर्टर	ऑवर 300 वाट	6,000
4. फ्रेम आदि लगाना और सिविल काम		
5. दूसरे इलैक्ट्रॉनिक उपकरण		
6. संयंत्र लगाने एवं चालू करने का खर्च	स्थान के	
7. बिजली आगे वितरित करने का खर्च	अनुसार	
8. लाइट आदि लगाने का खर्च		
9. अन्य विविध खर्चे		

उपरोक्त सारणी में दिए आँकड़ों से स्पष्ट है कि सौर मॉड्यूलों का खर्च लगभग 41 प्रतिशत होता है। शेष में से 55 प्रतिशत खर्च बैटरी, इलैक्ट्रॉनिक उपकरणों और संयंत्रों लगाने में हो जाता है। अतः सौर संयंत्रों को आर्थिक रूप से सफल बनाने हेतु प्रत्येक स्तर पर प्रयास करना अत्यंत आवश्यक है।

सौर प्रकाशीय ऊर्जा का उपयोग

सौर ऊर्जा, ऊष्मा प्राप्ति का सुगम एवं प्राकृतिक स्रोत है। यह बात सत्य है कि इसकी प्रारंभिक कीमत काफी अधिक होती है। परन्तु जिन क्षेत्रों में बिजली या ऊर्जा के अन्य स्रोतों का पहुँचना कठिन होता है, ऐसे स्थानों पर यह ऊर्जा स्रोत अत्यंत उपयोगी एवं सहायक सिद्ध होते हैं। निम्नलिखित उद्देश्यों के लिए सौर ऊर्जा का व्यावहारिक पक्षं उजागर होता है :

1. उपभोक्ता इलेक्ट्रॉनिक्स उत्पादों के लिए : वर्तमान में बड़ी संख्या में ऐसे इलेक्ट्रॉनिक्स उत्पाद उपलब्ध हैं, जो सौर ऊर्जा से बिना किसी अवरोध के चलते हैं। पहले कैलकुलेटर में पेंसिल बैटरी लगानी पड़ती थी। अब सौर कैलकुलेटर प्रकाश ऊर्जा से चलते हैं। इसी प्रकार घड़ियों में अब न तो चाबी भरनी आवश्यकता होती है और न ही बैटरी डालनी पड़ती है। वे बड़े आराम से सौर सेलों से चलती हैं। छोटे हल्के रेडियो, टेलीविजन, टेपरिकॉर्डर आदि छोटे-छोटे हल्के सौर पैनलों से चलते हैं। अनेक प्रकार के कैमरे व अन्य इलैक्ट्रॉनिक उत्पाद भी सौर ऊर्जा से बिना किसी कठिनाई के चलते हैं।

2. मनोरंजक उपयोगों के लिए : आजकल मनोरंजन के लिए लोग बड़ी गाड़ी लेकर निकलते हैं, जिसमें अनेक प्रकार की सुविधाएँ होती हैं। जहाँ रुकना होता है, वहीं गाड़ी एक घर का रूप ले लेती है। ऐसी गाड़ी के लिए रोशनी व अन्य उपयोगों के लिए सौर ऊर्जा ही एकमात्र साधन है।

इसी प्रकार लोग बड़ी-बड़ी नावों पर सैर के लिए निकलते हैं। इन नावों एवं हाउसबोटों के लिए भी सौर ऊर्जा सबसे सस्ता और विश्वसनीय साधन है, जो लोग पर्वतारोहण या दुर्गम स्थानों की यात्रा करते हैं, उन्हें कैंप लगाते समय रोशनी एवं अन्य उपयोगों हेतु ऊर्जा की आवश्यकता पड़ती है। यहाँ भी सौर ऊर्जा व्यावहारिक एवं बेहतर साबित होती है। इसी प्रकार मनोरंजन के अन्य साधनों गोल्फ खेलने के लिए गाड़ी, मनोरंजक गाड़ियों, हल्के विमानों आदि में भी सौर ऊर्जा का उपयोग किया जा सकता है।

3. उपग्रह : आज का युग संचार क्रान्ति का युग है। आजकल मौसम की जानकारी, दूरसंचार, जासूसी आदि के लिए बड़ी संख्या में उपग्रह छोड़े जाते हैं, जो पृथ्वी का चक्कर लगाते रहते हैं। अंतरिक्ष में घूमने वाले इन उपग्रहों के लिए आवश्यक ऊर्जा का एकमात्र साधन सौर ऊर्जा है। इसका एक बड़ा कारण यह है कि अन्य साधनों को वहाँ तक पहुँचाना एवं कार्य कराना अत्यधिक कठिन है।

4. पर्यावरण-नियंत्रण के लिए : वातावरण में स्थित रेडिएशन (विकिरण), शोर आदि मापने हेतु सौरचालित प्रणालियों को विभिन्न स्थानों पर लगाया जाता है। इसके अतिरिक्त मौसम विभाग देश के अलग-अलग स्थानों के मौसम की जानकारी एकत्रित करने के लिए केंद्र स्थापित करता है। इन केंद्रों व प्रणालियों को ऊर्जा सौर संयंत्रों से प्राप्त होती है।

5. सुरक्षा संयंत्रों में : सुरक्षा संयंत्रों को भी सौर ऊर्जा के माध्यम से चलाया जा सकता है। ये संयंत्र घुसपैठियों की सूचना आसानी से सुरक्षा बलों को देते हैं। सीमावर्ती और संवेदनशील क्षेत्रों की सुरक्षा की दृष्टि यह बहुत उपयोगी सिद्ध होते हैं। इसी प्रकार भीड़-भाड़ वाले इलाकों में दूर बैठकर नियंत्रण करने वाले संयंत्रों को भी सौर ऊर्जा प्रणाली द्वारा ऊर्जा दी सकती है।

सीमावर्ती तथा संवेदनशील इलाकों की सुरक्षा हेतु लगाई जाने वाली तारों की बाड़ में विद्युत करंट बहाया जाता है, ताकि अवांछित व्यक्ति, जानवर आदि सीमा के अन्दर घुस न सकें। इस बाड़ में करंट सौर ऊर्जा प्रणाली से दिया जा सकता है। इसके लिए जगह-जगह पैनल लगाए जा सकते हैं। ये पैनल न केवल बाड़ में करंट देते हैं, बल्कि इनसे रोशनी भी की जाती है, सुरक्षा में सहायता प्रदान करते हैं।

6. ग्रामीण व जंगली इलाकों में ऊर्जा : बड़े-बड़े पार्कों, जीव आरक्षित क्षेत्रों, जंगलों में सौर ऊर्जा का सबसे सस्ता व विश्वसनीय साधन होता है। सौर ऊर्जा संयंत्र वन एवं प्रकृति के साथ मित्रवत् रहते हैं। सौर ऊर्जा किसी किस्म का प्रदूषण आदि नहीं फैलाते। दूसरी ओर, ऊर्जा के अन्य साधन कोयला, डीजल आदि अनेक प्रकार का प्रदूषण फैलाते हैं। अतः सौर ऊर्जा का प्रयोग लाभदायक होता है। इससे रोशनी उपलब्ध होती है, जिससे सुरक्षा और संचार के साधन चलते हैं। सौर ऊर्जा से पानी भी निकलता है, जिसका उपयोग पीने एवं सिंचाई के लिए किया जाता है।

कई स्थान ऐसे भी हैं, जहाँ सौर संयंत्र अकेले काम करते हैं और कई जगह ये ऊर्जा के अन्य संयंत्रों, जैसे पवन ऊर्जा, पनबिजली आदि के साथ मिलकर काम करते हैं।

7. स्थान-विशेष पर अनुकूल वातावरण बनाए रखने के लिए : किसी स्थान पर निश्चित तापमान एवं नमी बनाए रखने के लिए उपयोग किए जाने वाले एयर कंडीशनर, हीटर आदि भी सौर ऊर्जा से चलाए जा सकते हैं। इसी प्रकार पंखे और ताजा हवा देने के उपकरण भी सौर ऊर्जा से चलाए जाते हैं।

8. आवासीय उपयोग के लिए : दूरदराज के क्षेत्रों में बनाए जाने वाले केबिनों, कुटीरों और छुट्टी मनाने के लिए बने छोटे मकानों, गेस्ट हाऊसों आदि में बिजली आपूर्ति हेतु सौर ऊर्जा का उपयोग किया जाता है।

तीव्रता एवं व्यस्तता के इस दौर में कभी-कभी ट्रक को ही घर एवं दुकान का रूप देना पड़ता है और व्यक्ति को इस मोबाइल घर/दुकान में रहना एवं गुजारा करना पड़ता है। ऐसे में सौर ऊर्जा अत्यंत उपयोगी हो जाती है।

कई स्थानों पर पवन ऊर्जा और सौर ऊर्जा का संयुक्त रूप से उपयोग किया जाता है। दोनों में से जो भी उपलब्ध होता है, उसका उपयोग किया जाता है।

9. स्वास्थ्य संबंधी उपयोगों हेतु : ग्रामीण एवं दूरदराज के क्षेत्रों में बिजली की आपूर्ति अनियमित होती है। ऐसे स्थानों पर स्थित डिस्पेंसरियों और अस्पतालों में सौर ऊर्जा ही ऊर्जा का नियमित साधन हो सकता है। यहाँ पर स्थित रेफ्रिजरेटरों में दवाओं और टीकों का सुरक्षित संग्रहण किया जा सकता है। बिजली से चलने वाले स्टेरिलाइजिंग और शोधक उपकरणों को चलाने के लिए सौर ऊर्जा का प्रयोग उचित होगा। इन औषधालयों में बेहतर रोशनी के लिए भी सौर ऊर्जा प्रयोग किया जाता है और बिजली जाने पर एवं आपातकाल में संपर्क बनाए रखने के लिए भी सौर ऊर्जा का उपयोग किया जा सकता है।

10. पानी की आपूर्ति से संबंधी उपयोगों के लिए : ग्रामीण, पहाड़ी व दूरदराज के क्षेत्रों में भौम जल से जल आपूर्ति को पूरा किया जाता है। जमीन के नीचे से पानी निकालने में सौर ऊर्जा उपयोगी रहती है। जिन इलाकों में पानी नमकीन व पीने के अयोग्य होता है, खास तौर पर दूर स्थित द्वीपों आदि में, वहाँ पर पानी के शुद्धिकरण संयंत्र को सौर ऊर्जा के द्वारा चलाया जा सकता है। जानवरों के पीने का पानी इकट्ठा करने के लिए उपयोग में आने वाले संयंत्र भी सौर ऊर्जा से चलाए जा सकते हैं।

फसलों की सिंचाई हेतु सिंचाई पंप सौर ऊर्जा से चलाए जाते हैं। घर की छत पर पानी चढ़ाने, पानी गर्म करने के संयंत्र के रूप में भी सौर ऊर्जा सहायक होती है। अतः हर प्रकार की पंपिग सौर ऊर्जा के माध्यम से संभव हो सकती है।

11. दूरसंचार के उपयोग के लिए : सफल संचार हेतु दूरगामी क्षेत्रों में दूरसंचार के संयंत्रों को ऊँची एवं वीरान जगह पर स्थापित किया जाता है। माइक्रोवेव

रिपीटर स्टेशनों, यू.एच.एफ./वी.एच.एफ. रेडियो और टी.वी. रिपीटरों को विद्युत आपूर्ति सौर ऊर्जा संयंत्रों से की जा सकती है। मोबाइल (घूमने वाले) रेडियो-टी.वी. को भी बिजली की आपूर्ति सौर ऊर्जा से की जा सकती है। टेलीफोन एक्सचेंजों, उपग्रह-भूमि केंद्रों, दूर से नापने वाले उपकरणों आदि को भी ऊर्जा सौर प्रणाली के माध्यम से ऊर्जा दी जा सकती है। अधिकाशतः सैनिकों के लिए आपसी संचार हेतु प्रयुक्त छोटे, हल्के उपकरणों में सौर ऊर्जा का विशेषकर उपयोग होता है।

12. प्रकाश हेतु : ऐसे क्षेत्र जहाँ पर बिजली नहीं है या अनियमित है, वहाँ घर एवं भवनों के अंदर प्रकाश हेतु सौर ऊर्जा का उपयोग होता है। इसके अन्तर्गत सौर लालटेन से लेकर पूरे घर के लिए प्रणालियाँ मौजूद हैं। इसी प्रकार बाहर सड़कों, लॉन, गेट आदि पर रोशनी देने हेतु भी विश्वसनीय सौर संयंत्र का निर्माण किया गया है।

13. कैथोडिक प्रोटेक्शन के लिए : ईंधन की प्राप्ति हेतु लम्बी तेल की पाईपलाइनों एवं बिजली संयंत्रों के लिए करंट की आवश्यकता पड़ती है। इनकी पूर्ति के लिए ऐसे में इतनी लंबी लाइनें बिछाना काफी महँगा पड़ता है। साथ ही यह याद रखना भी जरूर है कि स्थानीय विद्युत आपूर्ति नियमित नहीं होती, ऐसे में सौर ऊर्जा न केवल विश्वसनीय, वरन् सस्ती भी पड़ती है। अगर कैथोडिक प्रोटेक्शन न हो तो करोड़ों रुपये लागत वाली इन पाईप लाइनों में जंग लग जाता है और बहुमूल्य खनिज तेल, गैस आदि का भारी नुकसान होता है। पाईप लाइनों के साथ विभिन्न स्थानों पर लगाए जाने वाले सौर संयंत्र रोशनी देने के अतिरिक्त अन्य कार्यों, जैसे सुरक्षा आदि के भी काम करते हैं।

14. नैविगेशन एड्स : महासागरों में चलने वाली नावों एवं जहाजों को दिशा ज्ञान देने और उनसे संपर्क साधने एवं बनाये रखने के लिए जगह-जगह पर लाइटहाउस, संचार-केंद्र आदि बनाए जाते हैं। ये छोटे-छोटे टापुओं के रूप में होते हैं, जहाँ बिजली के सामान्य स्रोत उपलब्ध नहीं होते हैं और नियमित रूप से डीजल आदि पहुँचाना कठिन तथा महँगा होता है। ऐसे में सौर ऊर्जा एकमात्र साधन बचता है जो अपेक्षाकृत अधिक मितव्ययी एवं विश्वसनीय होता है। सौर संयंत्रों के द्वारा रोशनी की व्यवस्था भी की जा सकती है साथ ही संचार-प्रणाली भी चालू रखी जा सकती है। अतः सौर ऊर्जा समुद्र में चल रहे जहाजों एवं नावों के लिए अत्यंत उपयोगी होती है।

15. बैटरी चार्ज करने के लिए : सौर ऊर्जा से हर प्रकार की बैटरी को चार्ज किया जा सकता है। रेलवे जैसे विभाग बड़े पैमाने पर बैटरियों का उपयोग करते

हैं। यहाँ सौर ऊर्जा खूब काम आती है। इसी प्रकार अन्य जगहों पर स्थित बैटरियों को नियमित रूप से चार्ज करने के लिए भी सौर संयंत्र का उपयोग किया जाता है।

16. ट्रैफिक नियंत्रण तथा सहायता-कार्यों के लिए : लम्बी-चौड़ी सड़कों, राजमार्गों पर ट्रैफिक नियंत्रण देने हेतु संकेतों और चेतावनी देने वाले संयंत्र सौर ऊर्जा के माध्यम से चलते हैं।

मुख्यतः सभी रेलवे क्रॉसिंग पर संकेत व चेतावनी देने वाले उपकरणों को सौर ऊर्जा से चलाया जा सकता है। कई जगहों पर ट्रैफिक काउंटर भी बनाए जाते हैं, जो यात्रियों की सहायता करने का कार्य भी करते हैं एवं नियमों का उल्लंघन करने वालों को दंड भी देते हैं। इनमें बिजली की आपूर्ति के लिए भी सौर ऊर्जा एक सर्वोत्तम माध्यम है।

17. हवाई अड्डों पर : हवाई अड्डों विशेषकर उन हवाई अड्डों पर जहाँ बहुत कम लोग होते हैं, राडार तथा अन्य संयंत्रों के लिए ऊर्जा प्रदान करने का मुख्य साधन सौर ऊर्जा ही है। मौसम की जानकारी एवं हवा का वेग नापने के लिए लगाए गए उपकरण भी सौर ऊर्जा से चलाए जाते हैं। जहाँ बिजली उपलब्ध होती है, ऐसे स्थानों पर भी यह एक बेहतरीन वैकल्पिक के रूप में उपलब्ध रहती है।

सौर ऊर्जा संयंत्र मुख्यतः दो प्रकार से कार्य करते हैं। उपरोक्त वर्णित उपयोगों में सौर ऊर्जा संयंत्र ज्यादातर अकेले कार्य करते हैं, अर्थात् सौर पैनलों से आने वाली ऊर्जा बैटरी भी चार्ज करती है और संयंत्र भी चलाती है। जब सूर्य की रोशनी नहीं होती अर्थात् रात्रि एवं बारिश के समय बैटरी से संयंत्र चलता है। इस प्रकार की व्यवस्था दूरदराज के इलाकों के लिए ही व्यावहारिक सिद्ध होती है। किन्तु इसकी एक बड़ी सीमा यह है कि सौर ऊर्जा संयंत्र की प्रारंभिक कीमत बहुत ज्यादा होती है।

इसके अतिरिक्त जब सौर ऊर्जा का बड़े पैमाने पर उत्पादन किया जाता है और बड़े संयंत्र चलाए जाते हैं तो उतने बड़े बैटरी बैंक आदि बनाने में कठिनाई होती है। ऐसे में पास में स्थित परंपरागत बिजली के ग्रिड की सहायता ली जाती है। दिन के समय में जब सौर ऊर्जा से पर्याप्त बिजली मिलती है तो संयंत्र सौर ऊर्जा से चलता है। अतिरिक्त बिजली ग्रिड में जाती रहती है। रात के समय में जब बिजली की माँग होती है और सौर पैनल से ऊर्जा नहीं आती तो ग्रिड बिजली की आपूर्ति की जाती है।

अतः यह व्यवस्था आवासीय क्षेत्रों में भी होती है तथा व्यावसायिक एवं औद्योगिकी क्षेत्रों में उतनी ही लाभप्रद है। व्यापारिक केंद्रों, कार्यालय भवनों, रिसर्च पार्कों आदि में भी ऐसे प्रयोग किए गए हैं और सफल रहे हैं।

अतः आने वाले वर्षों में सौर ऊर्जा के और अधिक गुणवत्ता पूर्ण संयंत्र देखने को मिलेगें जो भविष्य में बढ़ती बिजली की माँग हेतु उत्तम विकल्प के रूप में कार्य करेंगे

सौर ऊर्जा उपयोग उपकरण

भारत एक विकासशील देश है, जहाँ प्रत्येक संसाधन का सर्वोत्तम प्रयोग करना आवश्यक है। अपने आप को विकसित बनाने की कवायद में निरन्तर ईंधन की माँग में बढ़ोतरी हो रही है। ऐसे में सौर ऊर्जा भारत के लिए एक उत्तम विकल्प है। भौगौलिक दृष्टि से भी भारत पर सूर्य की अपार कृपा है। यह भूमध्य रेखा के निकट स्थित है। यहाँ वर्षा के मौसम के कुछ दिनों को छोड़कर सूर्य का प्रकाश वर्षभर पर्याप्त मात्रा में प्राप्त होता है। यह सौर विकिरण वर्ष के 7-8 महीनों में सरलता से कृषि क्षेत्र पर विभिन्न उपयोगों में लाया जा सकता है। क्योंकि हमारे देश की 80% जनसंख्या गाँवों में रहती है, अतः सौर ऊर्जा के उपकरणों का प्रयोग ग्रामीण क्षेत्रों में अधिक उपयोगी है। इसका उपयोग ''सौर फोटोवोल्टाइक'' तथा ''सौर तापीय उपकरणों'' की सहायता से विभिन्न उद्देश्यों की पूर्ति हेतु, जैसे प्रकाश संबंधी आवश्यकता की पूर्ति, कृषि उत्पादों को सुखाने, सारे पानी को मीठे पानी में बदलने, पानी गर्म करने, खाना पकाने आदि कार्य हेतु किया जा सकता है। शहरी एवं उद्योग क्षेत्रों में सौर ऊर्जा को विभिन्न उपयोगों में लाया जा सकता है। ग्रामीण क्षेत्रों की आवश्यकताओं को पूरा करने के लिए, सौर ऊर्जा से काम करने वाले जिन उपकरणों का विकास मुख्य रूप से किया गया है, वे निम्न हैं :

1. फोटोवोल्टेइक पैनल और पम्प द्वारा पानी निकालने तथा बिजली पैदा करने से संबंधित सौर ऊर्जा प्रणालियाँ।
2. सौर आसवन तथा विलवणीकरण संयंत्र।
3. कृषि उत्पादों के भण्डारण के लिए प्रशीतन-गृह (कोल्ड स्टोरेज)।
4. अन्य उपयोग जैसे घरों को गर्म करना, शैवाल उत्पादन, ग्रीन हाऊसों में फसल का उत्पादन।
5. सौर जल ऊष्मक।
6. सौर कुकर (खाना पकाने का उपकरण)।
7. अनाज सुखाने के लिए सौर ऊर्जा का उपयोग आदि।

सूर्य का व्यास 1.39×10^6 किमी. तथा पृथ्वी का व्यास 1.27×10^4 कि.मी. है। इन दोनों के बीच की दूरी 1.50×10^8 कि.मी. है। सूर्य पृथ्वी पर 32 मिनट का

कोण बनाता है जो बहुत छोटा है। सूर्य से पृथ्वी पर पहुँचने वाली किरणें समानान्तर प्रतीत होती हैं और 8 मिनट का समय लेती हैं।

सौर ऊर्जा सूरज से मिलने वाला विद्युत-चुम्बकीय विकिरण है। यह सूर्य से अनवरत मिलने वाली विकिरणित प्रति मी.^{2} ऊर्जा है। सौर-विकिरण की तीव्रता को मुख्यतः 1.94 कैल./से. मी.^{2} मि. या 1348 वाट में व्यक्त किया जाता है। अर्थात् सूर्य 1.94 कै./से. मी^{2} मि. या 1348 वाट की दर से लगातार ऊर्जा निकालता है, जिसे सौर स्थिरांक (सोलरकास्टेंट) कहते हैं।

सूर्य से निकलने वाले इस विकिरण का थोड़ा भाग वायुमंडल में अवशोषित हो जाता है और कुछ अन्तरिक्ष में परावर्तित हो जाता है व शेष पृथ्वी के द्वारा अवशोषित हो जाता है। सामान्यतः पृथ्वी की सतह पर लगभग 1.94 कैल./से. मी. ^{2} मि. सौर विकिरण एकत्रित किये जाने के लिए उपलब्ध होता है। यदि इस विकरण का आधा अर्थात् 50 फीसदी भाग का भी प्रयोग किया जाए, तो उपयोग के लिए पर्याप्त ऊर्जा प्राप्त हो सकती है। संयंत्रों की डिजाइन के लिए सौर ऊर्जा का मान 5 कि. वा. घं. प्रतिवर्गमीटर प्रतिदिन लिया जाता है। सौर विकिरण की गहनता को मापने के लिए पाइरेनोमीटर नामक उपकरण का प्रयोग किया जाता है। इससे विभिन्न स्थितियों में समतल सतह पर कुल गहनता व अवशोषित मात्रा की गणना की जा सकती है। सूर्य से प्राप्त लम्बवत् एवं सीधे विकिरण को पाइरेनोमीटर नामक यंत्र से नापते हैं। सघन सौर ऊर्जा के समय को सबशाइन रिकॉर्डर से मापा जाता है।

इस ऊर्जा के प्रमुख तीन घटक (अ) अल्ट्रावायलेट (पराबैंगनी) जिनकी तरंग लम्बाई 0.4 मि. माइक्रोन से कम (ब) रोशनी तरंग लंबाई 0.4 मि. मा. से 0.8 मि. मा. तथा (स) इंफ्रारेड या तापीय-तरंग लम्बाई 0.8 मि. मा. से अधिक होते हैं। इन तीनों को औसतन प्रतिशत क्रमशः 2 प्रतिशत, 51 प्रतिशत तथा 47 प्रतिशत होता है। सौर-विकिरण विद्युत चुम्बकीय गुणों वाली होती है व इसमें लहरों के गुण भी होते हैं। इस सौर-विकिरण को लाभकारी ऊर्जा में परिवर्तित करने हेतु सौर संचायकों का उपयोग किया जाता है।

सौर उपकरणों के कार्य करने का सामान्य सिद्धान्त

सौर ऊर्जा का प्रयोग किसी भी रूप में करने हेतु सौर संग्राहक का होना अत्यंत आवश्यक होता है। इसके द्वारा एकत्र की गई सौर ऊर्जा से किसी गैस तथा द्रव

का तापमान इतना बढ़ जाता है कि उससे कुछ न कुछ काम लिया ही जा सकता है। सौर संग्राहक का मुख्य काम सौर ऊर्जा को ग्रहण करने तथा उसे अवशोषित करना एवं अन्ततः इस ऊर्जा को ताप ऊर्जा में परिवर्तित करना है। वर्तमान में संग्राहक के दो प्रकार मौजूद हैं   चपटी प्लेट वाले संग्राहक और संकेन्द्रक (कंसट्रेटर)। चपटी प्लेट वाले संग्राहकों का उपयोग विस्तृत क्षेत्र की सौर ऊर्जा को एकत्रित करके कम तापमान पर किया जाता है। हालाँकि इस प्रकार के संग्राहकों से गर्म जल का तापमान 80° से. ग्रे. तक प्राप्त किया जा सकता है किन्तु ये 50 से 60 से. ग्रे. तापमान पर दक्षतापूर्वक कार्य करते हैं। ये कम कीमत में तैयार हो जाते हैं और इन्हें चलाने में भी अधिक लागत नहीं आती है। इन्हें चलाने के लिए किसी अन्य यंत्र की भी आवश्यकता नहीं होती है तथा ये सौर विकिरण को परिवर्तित करने में अत्यन्त दक्ष है। सौर संकेन्द्रकों का प्रयोग करके 100° से. ग्रे से 3000° से. ग्रे. तक या फिर इससे भी अधिक तापमान प्राप्त किया जा सकता है। इन संग्राहकों में प्रकाश के संकेन्द्रीकरण के लिए दर्पण व लैन्स जैसा कोई अन्य प्रकाशीय उपकरण लगा होता है जो सूर्य के प्रकाश को अवशोषक के छोटे क्षेत्र में केन्द्रित कर देता है, जिससे उच्च्व तापक्रम प्राप्त हो जाता है। ये संकेन्द्रक सूर्य के प्रकाश का उपयोग सीधे-सीधे करते हैं और सूर्य की किरणें अवशोषक की सतह पर केन्द्रित हो सकें, इसके लिए इसे समय-समय पर एक स्थान से दूसरे स्थान पर रखना पड़ता है। इनको बनाने में भी चपटी प्लेट वाले संकेन्द्रकों की अपेक्षा अधिक खर्च आता है। बनावट के आधार पर ये सौर संचायक सौर विकिरण को एक बिन्दु या लाइन में संकेन्द्रित कर सकते हैं।

समतल प्लेट सौर ऊर्जा संचायक/सौर प्लेट

समतल अर्थात् चपटी वाले संग्राहकों की कार्य-प्रणाली को समझने हेतु दिन में धूप के समय जब संग्राहक की सतह पर सूर्य का प्रकाश पड़ता है तो इसकी तीव्रता 0.3 माइक्रोन से 3 माइक्रोन तक होती है। इसमें से सूर्य का कुछ विकरण काँच वाले कवच से परावर्तित होकर वायुमंडल में वापस लौट जाता है तथा कुछ काँच वाले कवच द्वारा अवशोषित कर लिए जाते हैं और शेष अवशोषक की पारदर्शी सतह पर अवशोषित हो जाता है। जैसे-जैसे अवशोषक गर्म होता है, इससे लम्बी तरंगों वाले विकरण निकलने लगते हैं जिनकी तरंग लम्बाई 3 मी. से. 30 मी. तक होती है। काँच के सुरक्षा कवच के कारण वे तरंगें बाहर नहीं निकल पाती हैं और दो प्लेटों

तथा कवच के बीच की वायु गर्म होने लगती है। यह वायु गर्म होकर अवशोषक प्लेट से वायुमंडल में फैलने लगती है और फलस्वरूप कवच का तापमान भी बढ़ने लगता है। इस ऊष्मा को ऊष्मा हटाने वाले द्रव्य के द्वारा अवशोषक प्लेटों से पृथक् हवा, पानी या किसी अन्य प्रशीतक में पहुँचा दिया जाता है। इस प्रकार संग्राहक दोबारा अधिक ऊष्मा तैयार करने हेतु उपयुक्त हो जाता है, क्योंकि अवशोषक प्लेट का तापमान आस-पास के तापमान से अधिक होता है, इसलिए प्लेट की कोरों से ऊष्मा क्षय होती रहती है। इससे उपयोग में लायी जाने-वाली ऊष्मा की मात्रा में कमी आ जाती है। इस हानि से बचने के लिए संग्राहक की तली तथा किनारों पर एक प्रभावकारी ऊष्मारोधक लगाया जाता है। जो सौर संचायक से ऊष्मा को वायुमंडल में जाने से रोकता है।

सौर कुकर

भारत की 70 प्रतिशत जनसंख्या गाँवों या कस्बों में रहती है। खाना पकाने के लिए इनकी ईंधन संबंधी आवश्यकताओं को पूरा करने के लिए अपनाये जाने वाले साधनों, जैसे कोयला, मिट्टी का तेल, खाना पकाने की गैस, जलाऊ लकड़ी आदि की बहुत कमी है। ग्रामीण क्षेत्र के गरीब लोगों द्वारा प्रतिवर्ष लगभग पन्द्रह करोड़ टन जलाऊ लकड़ी जलायी जाती है। ये लोग जो भट्टियाँ या चूल्हे उपयोग करते हैं, वे पुरानी किस्म के और गैर-तापीय रूप से अक्षम होते हैं। ईंधन खपत के वर्तमान संदर्भ में भारत में सौर कुकर बहुत प्रासंगिक है।

भारत में बॉक्स के आकार के सौर कुकरों का प्रयोग सन् 1982-83 से ही किया जा रहा है। इनमें सूर्य की रोशनी को एकत्रित कर कुकर के आंतरिक तापमान को 100° से 120° सेल्सियस तक लाया जाता है। इस तापमान पर खाना पकाने में लगभग डेढ़ से तीन घंटे तक का समय लगता है। धीमी गति से खाना पकाने के कारण यह अत्यंत पौष्टिक होता है। सौर कुकर के जरिये रोटी नहीं बनाई जा सकती और न ही पूड़ी-कचौड़ी तली जा सकती है, पर दाल, चावल जैसे उबालने, भूनने वाले खाद्य पदार्थ आदि पकाए जा सकते हैं। हाँ, इससे केक बनाने, मूँगफली और काजू भूनने, अंगूरों को सुखाने, आलू के चिप्स आदि बनाने जैसे काम सरलता से किए जा सकते हैं।

एक सामान्य सौर कुकर वर्गाकार होता है। इसका आकार 60 सेंटीमीटर × 60 सेंटीमीटर होता है और इसका वजन 12 किलोग्राम होता है। इसके अंदर 2

किलोग्राम भोजन पक जाता है। ऐसे एक कुकर से साल में 3-4 एलपीजी सिलेंडर बच जाते हैं।

अब छोटे आकार के कुकर भी उपलब्ध हैं। इसके अतिरिक्त विद्युतीय बैंक वाले कुकर भी उपलब्ध है। इनका लाभ यह है कि जिस दिन धूप न हो उस दिन भी अत्यंत कम बिजली से खाना पकाया जा सकता है।

सामुदायिक भोजन बनाने के लिए विभिन्न प्रकार के कुकरों का निर्माण किया गया है। जर्मनी के एक गैर-सरकारी संगठन ईजी सोलर ने डिश सौर कुकर तैयार किया, जिसका भारत में भी उत्पादन हो रहा है। यह कुकर परावर्तक चादरों से बना है और इसमें 10 से 15 लोगों का खाना पकाया जा सकता है। इसकी लागत लगभग 5,000 रुपये आती है। यह ढाबों आदि के लिए विशेष रूप से उपयोगी है। एक पकवान (सब्जी आदि) बनाने में इसमें 30-40 मिनट का समय लगता है।

इसी प्रकार स्विट्जरलैंड के यूलोग ग्रुप द्वारा शेफलर नामक सौर कुकर तैयार किया गया है, जो भारत में भी बन रहा है। स्वचालित ट्रैंकिग वाला यह कुकर 35-40 लोगों के भोजन बनाने हेतु पर्याप्त है। इसमें एक पकवान को तैयार करने में एक से डेढ़ घंटा लगता है। इसकी लागत लगभग 50,000 रुपये है और यह कुकर धार्मिक स्थलों, आश्रमों, सेना की मेसों, ढाबों, बोर्डिंग स्कूलों आदि के लिए काफी उपयोगी है।

सौर चूल्हों के विकास में भारत में महत्त्वपूर्ण कार्य हुआ है। देश में पहला कुकर 1950 में तैयार किया गया था और छठे दशक के मध्य तक यह व्यापारिक स्तर पर मिलने लगा था। किन्तु तब यह खाना पकाने के लिए परम्परागत ईंधन के कारण लोकप्रिय नहीं हो पाया था परन्तु वर्तमान में खाना पकाने के लिए ईंधन की कमी के चलते इन चूल्हों की माँग में बढ़ोतरी हो रही है।

विगत एक दशक में सौर चूल्हों और भट्टियों के कई नए डिजाइनों का विकास और मूल्यांकन किया गया है। सौर कुकर का ऐसा उपकरण है, जिसका उपयोग गृहणियों के द्वारा किया जाना है। अतः यदि वे इसका उपयोग सरलता से कर सकें तो इसे व्यापक प्रचार मिल सकता है। गर्म बक्से की किस्म वाला कुकर बनाने में सरल तथा काम लेने की दृष्टि से साधारण है। अतः इसका निर्माण देश के कई निर्माता कर रहे हैं। गर्म बक्सा किस्म के सौर चूल्हे का एक उन्नत स्वरूप (दो दर्पणों वाला) चित्र में दिखाया गया है। भारत में उपलब्ध अन्य कुकर हैं, सूर्यमुखी, सनबास्केट, वलयिक (पैराबेलिक) सौर कुकर और सूर्य कुण्ड (एल. आर. आई. मॉडल)।

गर्म बॉक्स किस्म का सौर चूल्हा एक वायुरुद्ध शोषक की भाँति कार्य करता है, जिसमें दोहरे काँच के कवच होते हैं। इस बक्से/संदूक में खाना पकाने के एक या इससे अधिक बर्तन निर्धारित स्थानों पर रखे जाते हैं। सन बास्केट की तुलना में इसमें खाना पकाने में अधिक समय लगता है। किन्तु इसके अन्दर एक समय में अधिक मात्रा में खाना पकाया जा सकता है। इसका सकारात्मक पक्ष यह है कि इसमें ऊष्मा लम्बे समय तक बनी रहती है। अतः यदि थोड़ी-थोड़ी देर बाद भी धूप मिलती रहे तो भी यह उपयोगी होता है। शंक्वाकार सन बास्केट फाइबरग्लास की बनी होती है, जिस पर ऊपर से प्लास्टिक की कोटिंग की जाती है। यह बहुत हल्की है और इसका जीवनकाल अनुमानतः दस वर्ष है। इसका उपयोग सौर कुकर या भट्टी दोनों के ही रूप में किया जा सकता है। धूप वाले दिन इसमें सूर्य की किरणों को एक बिन्दु पर पूँजीभूत करके 5-10 मिनट के अन्दर 110° से. ग्रे. तक तापमान प्राप्त किया जा सकता है।

सोलर कुकर को प्रयोग में लाना अत्यंत सरल है। इसके लिए कोई तकनीकी ज्ञान की आवश्यकता नहीं होती, बस इस बात पर ध्यान देना जरूरी होता है कि किस दिशा से सूरज की किरणें इस पर सीधी पड़ेगी। इसके ढक्कन को खोलकर धूप में गर्म होने के लिए रख देते हैं। कुकर के साथ दिए गये एल्यूमिनियम (साधारणतः चार) के बर्तनों में पकाने वाला सामान रखकर तथा आवश्यकतानुसार पानी एवं मसाले मिलाकर काँच के दरवाजे को खोलकर बक्से के अन्दर रख दिया जाता है। इसके पश्चात् शीशे वाला ढक्कन अच्छी तरह बन्द कर दिया जाता है, जिससे उत्पन्न गर्मी बाहर न निकले। फिर सोलर कुकर के बाहरी ढक्कन में लगे दर्पण में लोहे की छड़ की सहायता से इस प्रकार समायोजित किया जाता है कि सूरज की परावर्तित किरणें पूरी तरह खाने के बर्तनों पर गिरें। इसके पश्चात् सोलर कुकर को धूप में खुला रखा रहने देते हैं। लगभग 1 या 2 घंटे बाद जब भाप की बूँदें काँच के अन्दर दिखाई देने लगें, तो खाने के बर्तनों को निकाल लें। भाप भोजन के तैयार होने का संकेत है। यह भोजन के लिए तैयार खाना होता है। दाल आदि में अलग से छौंक लगाया जा सकता है। खाना पकाते समय, शीशे के ढक्कन को बार-बार नहीं खोलना चाहिये। इसके अन्दर की गर्मी बाहर निकल जाती है।

सौर कुकर के माध्यम से विभिन्न प्रकार के खाद्य पदार्थ जैसे दाल, चावल, दलिया, खीर, सब्जी, छोले एवं अंडे आदि उबाले जा सकते हैं। ब्रेड, बिस्किट एवं केक बनाये जा सकते हैं। साबुत दालें (रात्रि में भिगोकर) भी पकाई जा सकती हैं। सौर कुकर में एक बार में चार पृथक् प्रकार के भोज्य पदार्थ पकाये जा सकते हैं।

इसमें घर के 3 से 5 सदस्यों के खाने की आवश्यकता की पूर्ति हो सकती है। गर्मियों में 2 से 3 बार और जाड़े तथा बरसात (खुली धूप) में एक बार का खाना पकाया जा सकता है। सोलर कुकर से मूँगफली व काजू भूने जा सकते हैं। काजू वाले क्षेत्र में कच्चे काजू को भूनना एक समस्या रहती है, क्योंकि इसमें अम्ल रहता है, सौर कुकर इसके लिए उपयुक्त है। इसके अतिरिक्त राजस्थान में सोलर कुकर का प्रयोग जानवरों को दिए जाने वाले भोजन को पकाने हेतु भी किया जाता है।

सोलर कुकर के प्रयोग से होने वाले लाभ इस प्रकार हैं

1. खाना पकाते समय बीच-बीच में देखने की आवश्यकता नहीं पड़ती है। इस समय को महिला किसी अन्य उपयोगी कार्य में लगा सकती है।
2. खाना पकाने का कार्य घर के खुले आंगन या छत पर किया जा सकता है।
3. खाना बनाने वाली महिला के जलने के प्रायः कम तथा धुएँ से छुटकारा मिल जाता है।
4. खाना पकाते समय जलता नहीं है।
5. खाना धीरे-धीरे पकता है। अतः खाने के पौष्टिक पदार्थ नष्ट नहीं होते और खाना स्वादिष्ट लगता है।
6. पके हुए खाने को सोलर कुकर में रखने से 5 घंटे तक गर्म रखा जा सकता है।
7. यह गर्मियों में 30 से 50 मिनट और जाड़ों में 2½ घंटे में दाल, चावल, एवं सब्जी आदि पका सकता है।

सोलर कुकर के प्रयोग में निम्नलिखित सावधानियों की आवश्यकता है

1. एक बार बीच वाला ढक्कन बन्द करने के बाद भोजन पकाने के बाद अर्थात् कम से कम दो घंटे बाद ही खोलें। जल्दबाजी से भोजन अधपका रह जाता है। ढक्कन खोलने में देर हो गई तो आपके भोजन को कोई नुकसान नहीं पहुँचेगा और जलने का कोई डर नहीं है।
2. भोजन पकाने के डिब्बे को अन्दर से तो अच्छी तरह धोइए। पर बाहरी तरफ जहाँ तक हो सके, बिना रगड़े साबुन से ही धोइए। रगड़ने से उस तरफ लगा काला पेन्ट निकल जायेगा और कुकर की क्षमता कम हो जायगी।
3. सोलर कुकर में काँच तथा दर्पण लगा होता है। इसलिए इसे बच्चों से दूर रखें तथा उठाते समय सावधानी बरतें।

सोलर कुकर का रख-रखाव काफी सरल कार्य होता है। परन्तु इसके शीशे को विशेष रूप से सुरिक्षत रखना चाहिए। यदि शीश टूट जाये, जो दूसरा लगवा दीजिए

तथा लगातार धोने से कुकर के अन्दर की ट्रे या डब्बों से काला रंग हल्का हो गया हो, ऐसी स्थिति में तो ब्लैड बोर्ड पेन्ट से दुबारा रंग देना चाहिए ताकि सूर्य की किरणें तीव्रता से काले रंग को ऊष्मा प्रदान करे और वह शीघ्र गर्म हो जाए।

सोलर कुकर के प्रयोग में होने वाली त्रुटियाँ, उनके कारण व निवारण सारणी में दिये गये हैं।

सारणी : सोलर कुकर के दोष, कारण तथा निराकरण

दोष	कारण	निराकरण
1. खाना पकाने हेतु पर्याप्त गरमी का न मिलना।	1. दर्पण टूट गया हो या खराब हो गया हो	1. दर्पण बदल दें।
	2. गर्मी कहीं से बाहर निकल रही हो	2. निर्माता को दिखाकर दोष दूर करायें।
	3. काँच के ढक्कन पर धूल जम गई हो	3. काँच के ढक्कन को साफ रखें।
	4. ढक्कन को बार-बार खोला जा रहा हो	4. ढक्कन को खाना पकाने के बाद ही खोलें।
	5. सोलर कुकर को अन्दर का काला रंग उड़ गया हो	5. सोलर कुकर की ट्रे तथा बर्तनों पर दुबारा काला रंग कर दें।
	6. काँच का ढक्कन टूट गया हो	6. इसको साफ पार-दर्शक शीशे से बदल दें।

कुछ मौलिक समस्याओं के चलते आज भी सौर कुकर बहुत अधिक लोकप्रिय नहीं हैं, इसके विशेष कारण निम्नलिखित हैं

1. सौर कुकरों और भट्टियों से खाना पकाने में परम्परागत तरीकों की तुलना में अधिक समय लगता है और कभी-कभी दोपहर तक खाना पकाना कठिन हो जाता है। अधिकांश परिवारों के लिए खाने-पकाने में इतना विलम्ब होना असहनीय है।
2. थोड़े समय में खाना पकाना संभव नहीं है।

3. भारत में व्यापारिक स्तर पर उपलब्ध सौर कुकरों से चपातियाँ नहीं बनायी जा सकती हैं।
4. लोगों की खाना पकाने संबंधी आदतें बदली नहीं जा सकती हैं। गाँव के लगभग 70 प्रतिशत लोग अपने काम पर जाने से पहले तड़के सुबह और काम से लौटाने के बाद रात के समय अपना खाना पकाते हैं। इस समय सौर कुकरों का उपयोग संभव नहीं है।
5. घरों की रसोई में इस्तेमाल किये जाने के लिए अभी तक प्रतिस्पर्धात्मक मूल्यों पर सौर कुकर नहीं बनाये जा सके हैं। गृहिणियाँ धूप में खड़े होकर खाना पकाने से डरती हैं।

सौर सेल

सौर सेल एक ऐसा उपकरण है, जो प्रकाश ऊर्जा को सीधे विद्युत ऊर्जा में परिवर्तित कर देता है। यह विद्युत डी.सी (डायरेक्ट करेंट) प्रकार की होती है।

सौर सेल अत्यंत पतला, चौकोर या गोल, अथवा छद्म (Pseudo) चौकोर आकार का होता है। यह अर्द्धचालक सिलिकन से बना एक डायोड होता है, जिसके एक सिरे पर फास्फोरस मिश्रित सिलिकन तथा दूसरे सिरे पर बोरॉन मिश्रित सिलिकन विद्यमान होता है। जहाँ पर भी दोनों का मिलान होता है वहीं स्थायी विद्युत क्षेत्र (इलैक्ट्रिक फील्ड) बन जाता है, जो प्रकाश के कारण उत्पन्न इलैक्ट्रॉन को आगे बढ़ाता है तथा डी.सी. विद्युत बहने लगती है।

वास्तव में प्रकाश में ऊर्जा के टुकड़ों (फोटॉन) के रूप में होता है। ये फोटॉन जब सेल पर पड़ते हैं तो स्वतंत्र इलेक्ट्रॉन जो पहले परमाणु से जुड़े होते थे अपने स्थान से हटने लगते हैं और ऊर्जा पाकर आगे की ओर बढ़ने लगते हैं, जिसके फलस्वरूप ऊर्जा उत्पन्न हो जाती है।

जब इलेक्ट्रॉन अपने स्थान से हटते हैं तो होल उत्पन्न हो जाते हैं। ये धनात्मक आवेश-युक्त होते हैं। पी.एन. जंक्शन से उत्पन्न क्षेत्र इलेक्ट्रॉन व होल्स के लिए झाड़ू के समान कार्य करता है। वह इलेक्ट्रॉन और होल्स को विपरीत दिशाओं में धकेलते हैं, इससे विद्युत वोल्टेज उत्पन्न हो जाता है और विद्युत धारा बहने लगती है। वोल्टेज विद्युत दबाव की भाँति काम करता है, जिससे काम करना संभव हो जाता है।

सौर सेल से उत्पन्न वोल्टेज व करंट सौर सेल की प्रमुख पहचान होते हैं। इन्हें स्पष्ट रूप से नापा जा सकता हैं। हर सेल का वोल्टेज व करंट अलग होता है और इसे आई.वी. कर्व (आरेख) की सहायता से देखा व समझा जा सकता है।

यदि सौल सेल पर कोई लोड (भार) नहीं है तो ऐसी स्थिति में प्रतिरोध अनंत होता है और उस स्थिति में विद्युत धारा शून्य होती है। दूसरी ओर, यदि धनात्मक व ऋणात्मक सिरों को यदि आपस में मिला दिया जाए तो अधिकतम करंट बहता है, जिसे शॉर्ट सर्किट करंट कहा जाता है।

ऊपर बताई गई सभी स्थितियों से ज्ञात होता हैं कि प्रारम्भिक स्थिति में वोल्टेज अधिकतम होता है और उसे ओपन सर्किट वोल्टेज कहा जाता है, जबकि दूसरी स्थिति में शॉर्ट सर्किट वोल्टेज न्यूनतम अर्थात् शून्य वोल्टेज होता है।

इसी प्रकार पहली स्थिति में शून्य करंट होता है और इसे ओपन सर्किट करंट कहा जाता है। जबकि दूसरी स्थिति में अधिकतम करंट बहता है, जिसे शॉर्ट सर्किट करंट कहा जाता है।

विद्युत वहन की इस प्रक्रिया के कारण सौर सेल का एक प्रभावी दायरा बन जाता है। सौर सेल की वास्तविक करंट व वोल्टेज उस भार के प्रतिरोध पर निर्भर करती है, जो लगाया गया है। इसके आधार पर अधिकतम शक्ति का क्षेत्र भी प्राप्त हो जाता है। इसके आधार पर उसका उपयोग निर्धारित होता है।

सौर सेल की गुणवत्ता का आकलन निम्न बिंदुओं के आधार पर किया जा सकता है :

1. अधिकतम वोल्टेज,
2. अधिकतम करंट,
3. अधिकतम पावर,
4. ओपन सर्किट वोल्टेज,
5. शॉर्ट सर्किट करंट।

सौर सेल की समस्त गुणवत्ता सूर्य की निश्चित रोशनी, निश्चित तापमान वायुमात्रा पर निर्धारित होते हैं। यह हो रहे परिवर्तन के अनुरूप बदलते रहते हैं।

सूर्य की रोशनी सौर सेल की कार्य प्रणाली पर प्रत्यक्ष प्रभाव डालती है। सूर्य का प्रकाश जितना अधिक होगा, इससे निकला वाला करंट उतना ही ज्यादा होता है। सूर्य की रोशनी में परिवर्तन का वोल्टेज पर प्रभाव न के बराबर ही पड़ता है। शॉर्ट सर्किट करंट उपलब्ध सूर्य की रोशनी के अनुरूप परिवर्तित होता रहता है, जबकि ओपन सर्किट वोल्टेज कम रोशनी पर भी तेजी से बढ़ जाता है। किन्तु रोशनी बढ़ने से उस पर ज्यादा परिवर्तन नहीं होता है।

कुल मिलाकर सौर सेल कम रोशनी पर सामान्य व्यवहार नहीं करते, परन्तु रोशनी के एक निश्चित स्तर आने के बाद इनकी कार्यक्षमता सामान्य हो जाती है।

अतः तापमान सौर सेल को सबसे अधिक प्रभावित करता है। अधिक तापमान पर सौर सेल से प्राप्त होने वाली ऊर्जा कम होती जाती है और साथ ही अधिक तापमान सौर सेल की आयु भी कम करता चला जाता है। तापमान बढ़ने से करंट में मामूली बढ़ोत्तरी होती है, किन्तु वोल्टेज काफी कम हो जाता है। निष्कर्षतः कह सकते हैं कि प्राप्त होने वाली शक्ति कम हो जाती है।

सौर सेल के सन्दर्भ में आवश्यक बात करते हैं तो इसके लिए सामान्य तापमान 20 डिग्री सेल्सियस, सूर्य की रोशनी .8 किलोवाट प्रति वर्गमीटर तथा हवा की गति एक मीटर प्रति सेकंड मानी जाती है। इसके सारे पैरामीटर इन स्थितियों के लिए होते हैं। यदि तापमान बदलता है तो उचित संशोधन फार्मूले द्वारा वास्तविक वोल्टेज का आकलन किया जाता है।

व्यावसायिक स्तर पर सौर सेल की दक्षता लगभग 15 प्रतिशत आँकी जाती है, जबकि प्रयोगशाला में 20 प्रतिशत दक्षता प्राप्त की जा चुकी है।

सौर सेलों की क्षमता बढ़ाने व उत्पादन-लागत कम करने के प्रयास जारी हैं। सौर सेलों की कार्य-क्षमता गर्म देशों में अपेक्षाकृत शीघ्र कम होती जाती है। इन्हें अधिक अवधि तक प्रयोग किया जाने हेतु प्रयोग एवं शोध किए जा रहे हैं।

अर्थात् कह सकते हैं कि जैसे ही सूर्य की किरणें सौर सेल पर गिरती हैं तो प्रकाश दिव्य किस्म की विद्युत ऊर्जा में परिवर्तित हो जाता है। इस ऊर्जा को विभिन्न कार्यों के हेतु प्रयोग में लाया जा सकता है। उदाहरणतः रात में प्रकाश व्यवस्था, खेती की सिंचाई पम्प को चलाना, रेडियो, टेलीविजन आदि को चलाना आदि। इस उपकरण को सामान्यतः "सौर बैटरी" कहा जाता है। साधारण घरेलू उपकरण चलाने के लिए इन्वर्टर का प्रयोग किया जाता है। इन सौर सेलों को विशेष तकनीक से निर्मित किया जाता है। साधारणतः इनके निर्माण में शुद्धतम सिलीकन का प्रयोग किया जाता है। इनकी ऊर्जा परिवर्तन दक्षता 10 से 13 प्रतिशत होती है।

फोटोवोल्टाइक विद्युत उत्पादन प्रणाली में कोई भी घूर्णन करने वाला अंग न होने के कारण खराबी की संभावना अपेक्षाकृत कम रहती है, जिससे उसकी मरम्मत पर भी कम व्यय होता है तथा घिसावट की संभावना कम होने के कारण इसकी दीर्घायु होती है। इस प्रणाली से विद्युत उत्पादन का खर्च अधिक आता है। यही कारण है कि इस प्रणाली का प्रयोग पहले अंतरिक्ष यानों में किया जाता था। परन्तु कालान्तर में उत्पादन खर्च कम होने के कारण इसका उपयोग दैनिक कार्यों में होने लगा। संभावना की जाती है कि विज्ञान की तीव्र प्रगति के फलस्वरूप, इस प्रणाली से विद्युत उत्पादन का प्रयोग निकट भविष्य में विस्तृत पैमाने पर होने लगेगा और

लागत काफी कम हो जायगी। ग्रामीण क्षेत्रों में जहाँ पॉवर स्टेशन से उत्पन्न विद्युत धारा को ले जाना बहुत कठिन होता है, फोटोवोल्टाइक प्रणाली काफी उपयोगी व आर्थिक रूप से कम खर्चीली सिद्ध होगी।

सौर सेल मॉड्यूल, पैनल और उनका जाल

सौर सेल एक इकाई है जो निश्चित मात्रा में वोल्टेज व करंट देता है। इनके प्रभावी उपयोग के लिए इन्हें ठीक प्रकार से एक-दूसरे से जोड़ा जाता है।

सौर सेलों के मुख्य तीन प्रकार आपस में जोड़ा जाता है। ये निम्न हैं :

1. सीरीज अर्थात् शृंखला में,
2. पैरेलल अर्थात् समानांतर,
3. मिश्रित अर्थात् दोनों रूपों में।

सीरीज में जोडने हेतु एक सौर सेल का धनात्मक सिरा दूसरे सौर सेल के ऋणात्मक सिरे से जोड़ा जाता है, इससे करंट की क्षमता उतनी ही रहती है किन्तु वोल्टेज बढ़ जाती है।

इसके लिए यह आवश्यक है कि सौर सेल एक समान किस्म के हों। यदि दोनों सौर सेल भिन्न प्रकार के होंगे तो योग करने पर वोल्टेज के जोड़ के समतुल्य हो जाएगा, किन्तु करंट उतना ही होगा, जितना न्यूनतम सेल का होगा।

पैरेलल अर्थात् समानांतर जोड़ने हेतु सौर सेलों के धनात्मक सिरे एक स्थान एवं ऋणात्मक सिरे एक जगह जोड़े जाते हैं।

किन्तु इसके लिए भी यह आवश्यक है कि ये एक जैसे हों। यदि अलग-अलग प्रकार के सौर सेल जोड़े जाएंगे, तो करंट तो जुड़ता चला जाएगा, लेकिन वोल्टेज उतनी ही रह जाएगा, जितना कि न्यूनतम वोल्टेज वाले सौर सेल का होगा।

सौर सेलों के प्रभावी प्रयोग के लिए उन्हें आवश्यकतानुसार मिश्रित व्यवस्था में, अर्थात् सीरीज व पैरेलल में इस प्रकार जोड़ा जाता है, जिससे आवश्यक वोल्टेज व करंट उत्पन्न हो जाए। इस प्रकार मॉड्यूल का निर्माण होता हैं। इसके बाद उनका जाल (Array) तैयार किया जाता है।

तैयार मॉड्यूल के बचाव हेतु डायोड लगाए जाते हैं। डायोड का गुण होता है कि वह करंट को एक ही दिशा में बहने देता है। ये डायोड दो प्रकार से लगाए जाते हैं

ब्लॉकिंग (अवरोधक) डायोड : यह डायोड मॉड्यूल में सीरीज में लगाया जाता है। दिन के समय सौर ऊर्जा मॉड्यूल से निकलकर संयंत्र में जाती है और अतिरिक्त

ऊर्जा बैटरी में जमा होती रहती है। दिन के समय क्योंकि सौर मॉड्यूल पर वोल्टेज अधिक होता है, इसलिए यह डायोड फारवर्ड बायस रहता है। यह एक साधारण चालक की भाँति व्यवहार करता है।

किन्तु रात के समय में मॉड्यूल पर वोल्टेज कम हो जाता है और बैटरी को वोल्टेज अपेक्षाकृत अधिक हो जाता है। ऐसे में यह डायोड रिवर्स बायस में कार्य करने लगता है। इस तरह यह बैटरी की वोल्टेज को वापस मॉड्यूल में नहीं आने देता और इससे बैटरी की ऊर्जा का अनावश्यक व्यय नहीं होता, साथ ही ऊर्जा की बचत भी होती है।

बाइपास डायोड : प्रत्येक मॉड्यूल में एक से अधिक सौर सेल होते हैं। अगर इनमें से एक या अधिक सेल खराब हो जाएं या उन पर छाया पड़ने लगे तो मॉड्यूल अवरुद्ध हो सकता है। ऐसी स्थिति में मॉड्यूल में ही ऊर्जा की खपत होने लगती है। इससे बचाने के लिए मॉड्यूल के पैरेलल एक बाइपास डायोड फिक्स किया जाता है। यह डायोड अवरोधक मॉड्यूल से जाने वाली करेंट अपने भीतर से प्रवाहित करके अवरुद्ध मॉड्यूल को शेष मॉड्यूलों से पृथक् कर देता है। यदि बाइपास डायोडों की संख्या ज्यादा हो तो मॉड्यूल की कार्य-क्षमता अधिक सुरक्षित रहती है।

मॉड्यूलों की जाँच : सौर मॉड्यूलों को अनेक परिस्थितियों में कार्य होता है, जिसके चलते पहले यह सुनिश्चित किया जाता है कि यह विभिन्न तापमानों, आर्द्रता, दबावों आदि में कार्य कर पाने में सक्षम है या नहीं। अतः एक मॉड्यूल की जाँच निम्न रूप से संपन्न की जाती है :

थर्मल साइक्लिंग : इसके लिए मॉड्यूल को परिवर्तित होते तापमान पर रखा जाता है। इस प्रक्रिया में तापमान 40 डिग्री सेल्सियस से +90 डिग्री सेल्सियस तक ले जाया जाता है और परिवर्तन (चक्र) 200 बार किया जाता है। हर आवर्त पर मॉड्यूल के गुण नापे जाते हैं, इसके साथ-साथ मॉड्यूल के विभिन्न तापमानों पर कार्य करने की क्षमता को सुनिश्चित किया जाता है।

आर्द्रता साइक्लिंग : मॉड्यूल को 85 प्रतिशत आर्द्रता पर 85 डिग्री सेल्सियस तापमान पर रखा जाता है। इसके पश्चात् उसी दिन तापमान को कम करके 40 डिग्री सेल्सियस तक लाया जाता है। इसके पश्चात् उसके गुणों को नापा जाता है। ऐसा दस दिनों तक किया जाता है। यदि इस दौरान मॉड्यूल के गुणों में कोई परिवर्तन (सीमा से अधिक) नहीं आता है तो इसका अर्थ यही होता है कि मॉड्यूल में आर्द्रता झेलने की क्षमता है।

वायुमंडलीय दबाव साइक्लिंग : मॉड्यूल को 50 पाउंड प्रति वर्ग फुट दबाव पर और फिर +50 पाउंड प्रति वर्ग फुट दबाव पर रखा जाता है। यह साइकिल या प्रक्रिया दस हजार बार दोहराई जाती है। प्रत्येक हर बार मॉड्यूल के गुणों को नापा जाता है। यदि कोई परिवर्तन नहीं है तो उसका अर्थ यह है कि मॉड्यूल तूफान आदि के दबाव को एक निर्धारित सीमा तक झेलने में सक्षम है।

इसके अतिरिक्त मॉड्यूल को प्रति मीटर 20 मिलीमीटर की दर से मोड़ा जाता है, ताकि यह विषम सतह में लगाने का दबाव झेल सके। मॉड्यूल को विभिन्न विद्युत व यांत्रिक परिस्थितियों हेतु भी परखा जाता है, जिससे वह निश्चित विद्युत क्षेत्र व यांत्रिक प्रभाव, जैसे कंपन आदि का प्रभाव झेल ले। एक औसत मॉड्यूल का सामान्य जीवन-काल 30 वर्ष का होता है, हालाँकि यह इसके बाद भी कार्य करने में सक्षम होता है।

मॉड्यूल के निर्माता साथ में पत्रक (लीफलेट) भी देते हैं, जिसमें इसकी ओपन सर्किट वोल्टेज, शार्ट सर्किट करंट, अधिकतम वोल्टेज, अधिकतम करंट तथा अधिकतम पावर निर्धारित होती है।

इस प्रकार की जाँच विशेष स्थिति में होती है। इसमें सूर्य की प्रकाश 1000 वाट प्रति वर्गमीटर, सेल का तापमान 25 डिग्री सेल्सियस तथा हवा की मात्रा 1.5 माने जाते हैं। कहीं-कहीं पर सूर्य की रोशनी 800 वाट प्रति वर्गमीटर, तापमान 20 डिग्री सेल्सियस तथा हवा की मात्रा एक (1) भी मानी जाती है। अगर वास्तविक स्थिति अलग है तो ऐसी स्थिति में गुणों को जाँचने के सूत्र का उल्लेख भी पत्रक में दिया जाता है।

मॉड्यूल चयन करने का तरीका

किसी भी मॉड्यूल का चयन करते समय निम्न आवश्यक तथ्यों का अध्ययन कर लेना उचित होता है। यह आवश्यक तथ्य निम्न हैं:-

1. उपलब्ध मॉड्यूल के गुण,
2. निश्चित कोण जिस पर मॉड्यूल लगाए जाते हैं,
3. जिस संयंत्र को चलाना है, उसका विद्युत भार,
4. उपलब्ध सौर ऊर्जा।

कोई मॉड्यूल तभी सफल माना जायेगा जब वह गुणवत्ता की दृष्टि से प्रत्येक कसौटी पर खरा उतरता हो। अतः एक मॉड्यूल में निम्न गुणों का समावेश होना चाहिए

1. मॉड्यूल से मिलने वाली ऊर्जा का घनत्व,
2. उच्च तापमान पर मॉड्यूल की कार्य-क्षमता,
3. आत्मनियंत्रक प्रणाली पर कार्य करने में उपयुक्तता,
4. मॉड्यूल के वोल्टेज व करंट के मध्य संबंध,
5. मॉड्यूल की दीर्घकालीन क्षमता।

इसके अतिरिक्त यह तथ्य भी सुनिश्चित किए जाने चाहिएँ कि

1. मॉड्यूल की वायरिंग व जंक्शन बॉक्स की बनावट इस प्रकार की होनी चाहिए कि समय के साथ उन पर न्यूनतम प्रभाव पड़े। मॉड्यूल का धातु से बना फ्रेम जंगरहित बना रहे।
2. मॉड्यूल हल्के व छोटे आकार के हों।
3. साथ में लगने वाले ब्लॉकिंग डायोड, बाइपास डायोड आदि की बनावट उचित हो और हार्डवेयर ऐसे हों जो बाद में भी आसानी से उपलब्ध हो जाएं। जंग खाने, स्थान-परिवर्तन, संयंत्र-परिवर्तन के कारण इन्हें बदलना भी पड़ता है।
4. मॉड्यूल के लेमीनेशन की गुणवत्ता बेहतर हो और उस समय के साथ बनी रहे, ताकि इस पर बाहरी प्रभावों का असर न्यूनतम पड़े।
5. समय के साथ मॉड्यूल में स्थित सामग्री व कार्य-क्षमता में अंतर इस तरह न पड़े, कि मॉड्यूल का कोई भाग विकृत हो जाए।

इन सभी तथ्यों के साथ-साथ निर्माता की प्रसिद्धि व ख्याति, मॉड्यूल के दाम, वारंटी की अवधि से जुड़ी निम्न शर्तों को भी ध्यान में रखना चाहिए। एक साधारण व्यक्ति के कोई मॉड्यूल खरीदते समय उन्हें निम्न बातों पर ध्यान देना चाहिए

1. मॉड्यूल के तकनीकी गुण जैसे अधिकतम पावर, अधिकतम करंट आदि,
2. मॉड्यूल से निकलने वाले करंट व वोल्टेज का टेंपरेचर को एफीशियंट अर्थात् तापमान बढ़ने का कितना प्रभाव वोल्टेज व करंट पर पड़ेगा,
3. मॉड्यूल को लेमीनेट व फ्रेम करने वाले पदार्थ,
4. सर्जप्रोटेक्टर, जो बिजली कड़कने आदि से सुरक्षा करता है,
5. मॉड्यूल का निर्माता एवं उसका निर्धारित मॉडल नंबर,
6. मॉड्यूल का आकार-प्रकार,
7. मॉड्यूल में मौजूद सेलों की संख्या तथा उनके बीच वायरिंग की व्यवस्था,
8. जंक्शन बॉक्स की बनावट।

4

परमाणु ऊर्जा

परमाणु ऊर्जा वह ऊर्जा है जिसे नियंत्रित परमाणु अभिक्रिया से उत्पन्न किया जाता है। वाणिज्यिक संयंत्र वर्तमान में बिजली उत्पन्न करने के लिए परमाणु विखंडन अभिक्रिया का उपयोग करते हैं। विद्युत् उपयोगिता रिएक्टर, भाप उत्पन्न करने के लिए पानी को गर्म करते हैं, जिसे फिर बिजली उत्पन्न करने के लिए इस्तेमाल किया जाता है। 2009 में, दुनिया की बिजली का 15 प्रतिशत परमाणु ऊर्जा से आया। इसके अलावा, परमाणु प्रणोदन का उपयोग करने वाले 150 से अधिक नौसेना पोतों का निर्माण किया गया है। 2005, परमाणु ऊर्जा ने विश्व की ऊर्जा का 6.3 प्रतिशत और विश्व की कुल बिजली का 15 प्रतिशत प्रदान किया और जिसमें फ्रांस, अमेरिका और जापान का परमाणु जनित बिजली में, एक साथ 56.5 प्रतिशत का योगदान रहा। 2007 में, IAEA ने खबर दी कि विश्व में कुल 439 परमाणु ऊर्जा रिएक्टर काम कर रहे हैं, जो 31 देशों में संचालित हैं।

संयुक्त राज्य अमेरिका सबसे अधिक परमाणु ऊर्जा का उत्पादन करता है, जिसके तहत वह विद्युत् की अपनी खपत का 19 प्रतिशत परमाणु ऊर्जा से प्राप्त करता है, जबकि फ्रांस परमाणु रिएक्टरों से अपनी खपत की विद्युत ऊर्जा के सबसे उच्च प्रतिशत का उत्पादन करता है।

परमाणु भौतिकी के पिता के रूप में अर्नेस्ट रदरफोर्ड को 1919 में परमाणु विखंडन के लिए श्रेय दिया जाता है। इंग्लैंड में उनके दल ने नाइट्रोजन पर रेडियोधर्मी पदार्थ से प्राकृतिक रूप से निकलने वाले अल्फा कण से बमबारी की और अल्फा कण से भी अधिक ऊर्जायुक्त एक प्रोटॉन को उत्सर्जित होते देखा। 1932 में उनके दो छात्र जॉन कौक्रोफ्ट और अर्नेस्ट वाल्टन ने, जो रदरफोर्ड के दिशा-निर्देश में काम कर रहे थे, पूरी तरह कृत्रिम तरीके से परमाणु नाभिक को विखंडित करने की कोशिश की, उन्होंने लिथियम पर प्रोटॉनों की बमबारी करने के लिए एक कण त्वरक का उपयोग किया, जिससे दो हीलियम नाभिक की उत्पत्ति हुई।

जेम्स चौडविक द्वारा 1932 में न्यूट्रॉन की खोज के बाद, परमाणु विखंडन को सर्वप्रथम एनरिको फर्मी ने प्रयोगात्मक रूप से 1934 में रोम में हासिल किया, जब उनके दल ने यूरेनियम पर न्यूट्रॉन से बमबारी की। 1938 में, जर्मन रसायनशास्त्री ओट्टो हान और फ्रिट्ज स्ट्रासमन, और साथ में ऑस्ट्रियाई भौतिकविद लिसे मेट्नर और मेट्नर के भतीजे ओट्टो रॉबर्ट फ्रिश ने न्यूट्रॉन से बमबारी किए गए यूरेनियम उत्पादों पर प्रयोग किए। उन्होंने निर्धारित किया कि अपेक्षाकृत छोटा न्यूट्रॉन, महाकाय यूरेनियम परमाणुओं के नाभिक को लगभग दो बराबर टुकड़ों में विभाजित करता है, जो एक आश्चर्यजनक परिणाम था। लियो शिलार्ड सहित जो एक अगुआ थे, अनेकों वैज्ञानिकों ने यह पाया कि अगर विखंडन अभिक्रियाएँ अतिरिक्त न्यूट्रॉन छोड़ती हैं तो एक स्व-चालित परमाणु शृंखला अभिक्रिया फलित हो सकती है। इस बात ने कई देशों में वैज्ञानिकों को (अमेरिका, यूनाइटेड किंगडम, फ्रांस, जर्मनी, और सोवियत संघ सहित) परमाणु विखंडन अनुसंधान के समर्थन के लिए अपनी सरकारों को याचिका देने के लिए प्रेरित किया।

फर्मी और शीलार्ड, दोनों ने मानव निर्मित प्रथम रिएक्टर को प्रेरित किया, जो शिकागो पाइल-1 कहलाया, और जिसने 2 दिसंबर, 1942 को क्रिटिकलिटी हासिल की। यह कार्य मैनहट्टन प्रोजेक्ट का हिस्सा बन गया, जिसने हैनफोर्ड साईट (पूर्व में हैनफोर्ड शहर, वाशिंगटन) पर विशाल रिएक्टर बनाए, ताकि प्रथम परमाणु हथियारों में प्रयोग के लिए प्लूटोनियम पैदा किया जा सके, जिन्हें हिरोशिमा और नागासाकी के शहरों पर इस्तेमाल किया गया। दूसरी ओर यूरेनियम संवर्धन का एक समानांतर प्रयास भी जारी रहा।

द्वितीय विश्व युद्ध के बाद, यह डर कि रिएक्टर अनुसंधान, परमाणु हथियारों और प्रौद्योगिकी के तीव्र प्रसार को प्रोत्साहित करेगा और इस डर के साथ संयुक्त कई वैज्ञानिकों की यह सोच कि यह विकास की एक लंबी यात्रा होगी, ऐसी परिस्थिति

उत्पन्न की जिसमें सरकार ने रिएक्टर अनुसंधान को कड़े सरकारी नियंत्रण और वर्गीकरण के तहत रखने का प्रयास किया। इसके अलावा, अधिकांश रिएक्टर अनुसंधान, विशुद्ध रूप से सैन्य प्रयोजनों पर केंद्रित थे।

20 दिसंबर, 1951 को पहली बार एक परमाणु रिएक्टर द्वारा बिजली उत्पन्न की गई, आर्को, आइडहो के नजदीक EBR&I प्रयोगात्मक स्टेशन में, जिसने शुरुआत में 100 kW का उत्पादन किया। 1952 में, राष्ट्रपति हैरी ट्रूमैन के लिए पाले आयोग की एक रिपोर्ट ने परमाणु ऊर्जा का अपेक्षाकृत निराशावादी मूल्यांकन किया, और सौर ऊर्जा के सम्पूर्ण क्षेत्र में आक्रामक अनुसंधान की माँग की। राष्ट्रपति ड्वाइट आइजनहावर द्वारा दिसंबर 1953 को दिए गए भाषण 'शांति के लिए परमाणु' ने परमाणु के उपयोगी दोहन पर बल दिया, और परमाणु ऊर्जा के अंतरराष्ट्रीय प्रयोग के लिए अमेरिका को मजबूत सरकारी समर्थन के मार्ग पर आगे बढ़ाया। उसके बाद से इस क्षेत्र में अब तक क्रांतिकारी परिवर्तन आ चुके हैं।

परमाणु ऊर्जा का भारतीय परिदृश्य

सर्वप्रथम परमाणु ऊर्जा कार्यक्रम की शुरुआत 4 अगस्त 1956 से हुई, जब बंबई (वर्तमान मुंबई) के समीप ट्राम्बे में भारत के पहले रिऐक्टर अप्सरा ने सफलतापूर्वक कार्य प्रारंभ किया। यह जलशीतक तरणताल कि स्म का रिऐक्टर है, जिसे होमी जहाँगीर भाभा (1909-1966) के नेतृत्व में भारतीय इंजीनियरों तथा वैज्ञानिकों की टीम ने यूनाइटेड किंगडम अटॉमिक एजर्नी अथॉरिटी के सहयोग से अभिकल्पित तथा समायोजित किया था, जिसने इस रिऐक्टर के लिए मुख्य रूप से एल्युमिनियिम कवच वाले एल्युमिनियम-यूरेनियम के सम्मिश्रण से बने प्लेटनुमा ईंधन संयोजन उपलब्ध कराए थे। बीते वर्षों के संगठित प्रयासों के परिणामस्वरूप प्रशस्त हुए इस मार्ग ने भारतीय वैज्ञानिकों तथा इंजीनियरों के आत्मविश्वास को बढ़ा दिया। अप्सरा रिऐक्टर ने नाभिकीय विज्ञान और अभियांत्रिकी शोध तथा विभिन्न उपयोगों के लिए रेडियो समस्थानिक (आइसोटोप्स) के उत्पादन हेतु प्रारंभिक प्रशिक्षण आधार प्रदान किया।

महान वैज्ञानिक होमी जहाँगीर भाभा को परमाणु ऊर्जा कार्यक्रम का संस्थापक माना जाता है। इंजीनियरिंग, भौतिकी तथा गणित में उच्च अध्ययन के लिए इंग्लैंड के केंब्रिज विश्वविद्यालय जाने से पहले उनकी स्कूली शिक्षा मुंबई में हुई थी। सन् 1930-1939 की अवधि में भाभा ने कॉस्मिक किरणों के क्षेत्र में विशिष्ट शोध कार्य किया, जिसके कारण उन्हें रॉयल सोसाइटी की प्रतिष्ठित फ ेलोशिप मिली। यह वही

अवधि थी, जब केंब्रिज में अर्नेस्ट रदरफ ोर्ड के साथ कार्यरत समूह आधारभूत कणों और नाभिकीय संरचना के क्षेत्र में क्रांतिकारी खोजें कर रहा था। भाभा को नज दीक से इन गतिविधियों को देखने तथा अग्रणी वैज्ञानिकों, जैसे जॉन कॉकरॉफ़्ट, पॉल डिरक व डब्ल्यू.बी. लेक्सिम से रूबरू होने का अवसर भी मिला।

सन् 1939 में भारत लौटने पर भाभा के पास पश्चिम जैसी नाभिकीय भौतिकी एवं संबद्ध विज्ञान की एक सशक्त अनुसंधानशाला बनाने की दृष्टि थी। सन् 1945 में मुंबई में टाटा आधारभूत अनंसुधान केंद्र स्थापित करने के लिए उन्होंने टाटा के औद्योगिक घराने को सहयोग के लिए राज ी किया। यह संस्थान वृहत् परमाणु ऊर्जा कार्यक्रमों के लिए प्रशिक्षणशाला बन गया।

होमी जहाँगीर भाभा पश्चिम देशों में शिक्षा प्राप्त करने के दौरान ही समझ चुके थे कि भारत तभी विकसित देश बन सकता है जब वह पर्याप्त विज्ञान एवम् प्रौद्योगिकी को महत्त्व देगा। भारत के प्रथम प्रधानमंत्री जवाहरलाल नेहरू का भी यही विश्वास था कि विज्ञान और प्रौद्योगिकी सामाजिक परिवर्तन के महत्त्वपूर्ण साधन है। सरकार द्वारा दिए गए सहयोग का लाभ भाभा ने एक अद्वितीय और सशक्त संगठनात्मक, संरचनात्मक आधार पर परमाणु ऊर्जा कार्यक्रम विकसित करने के लिए किया, जो भारत में अन्य कार्यक्रमों के लिए आदर्श बन सके।

सर्वप्रथम 15 अप्रैल 1948 को भारत में परमाणु ऊर्जा अधिनियम पारित किया गया। जिसमें भारत सरकार को देश में परमाणु ऊर्जा के विकास से संबंधित सभी गतिविधियों के लिए विशेष अधिकार दिया गया था। कार्यक्रम के लिए उच्च नीति-निर्धारक निकाय के रूप में पहले परमाणु ऊर्जा आयोग की स्थापना 10 अगस्त 1948 को हुई। होमी भाभा इसके अध्यक्ष तथा के.एस. कृष्णन व शांति स्वरूप भटनागर इसके अन्य सदस्य थे। आयोग ने अपने जो तात्कालिक उद्देश्य तय किए थे, आवश्यक कच्चे माल के लिए देश में सर्वेक्षण, कच्चे माल का उद्योगों द्वारा संवर्द्धन, प्रायोगिक कार्यों के लिए परमाणु रिऐक्टर स्थापित करना तथा विभिन्न क्षेत्रों में आधारभूत अनुसंधान को बढ़ावा देना।

सन् 1945-1955 की अवधि में नाभिकीय भौतिकी, इलेक्ट्रॉनिक्स और यंत्रीकरण, वैश्लेषिक रसायन (प्रारंभ में अयस्कों तथा खनिजों के विश्लेषण तथा बाद में नाभिकीय पदार्थों की शुद्धता नियत करने हेतु), भौतिक रसायन (शुद्ध सामग्री की तैयारी के लिए), रेडियो केमेस्ट्री, रसायन अभियांत्रिकी तथा धातुकर्म के क्षेत्र में अनुसंधान एवं विकास के प्रयास प्रारंभ हुए। 4 अगस्त 1956 को अप्सरा रिऐक्टर की शुरुआत के साथ ही परमाणु ऊर्जा विकास कार्यक्रम का प्रथम चरण संपन्न हुआ।

अमेरिकी राष्ट्रपति आइज़नहॉवर के दिशा निर्देश पर अगस्त 1955 में (जिनेवा में) परमाणु ऊर्जा के शांतिपूर्ण उपयोग को लेकर हुए पहले संयुक्त राष्ट्र सम्मेलन में होती जहांगीर भाभा सर्वसम्मति से अध्यक्ष मनोनीत किए गए। अगस्त 1955 में जिनेवा में (अमेरिका के राष्ट्रपति आइज नहॉवर की पहल पर) परमाणु ऊर्जा के शांतिपूर्ण उपयोग को लेकर हुए पहले संयुक्त राष्ट्र सम्मेलन में होमी जहांगीर भाभा सर्वसम्मति से अध्यक्ष मनोनीत किए गए। यह चयन नाभिकीय भौतिकीविद् के रूप में भाभा की प्रतिष्ठा, उनके समतुल्य विद्वानों द्वारा उन्हें दिए जाने वाले आदर तथा भारत द्वारा अपने विकास हेतु परमाणु ऊर्जा के शांतिपूर्ण उपयोगों को दिए जाने वाले महत्त्व का सूचक था। सम्मेलन में अपने अध्यक्षीय भाषण में भाभा ने ऊर्जा के नए स्रोतों के साथ मानव सभ्यता के विकास को जोड़ते हुए कहा कि “मनुष्य द्वारा अर्जित परमाणु ऊर्जा के उत्सर्जन और उपयोग संबंधी ज्ञान को मानव इतिहास के तीसरे युग के रूप में मान्यता मिलनी चाहिए। हमारी सभ्यता की निरंतरता को बनाए रखने तथा इसके भावी विकास में परमाणु ऊर्जा मात्र सहायक नहीं, बल्कि परम आवश्यकता बन गई है।”

सन् 1955 में जिनेवा में हुए सम्मेलन के तत्काल बाद एक महत्त्वपूर्ण बात यह रही कि भारत को कनाडा सरकार से एक बड़ा नाभिकीय अनुसंधान रिऐक्टर बनाने के लिए प्रस्ताव मिला। कनाडा में इस तरह का एन.आर.एक्स. रिऐक्टर सन् 1947 से काम कर रहा था। इस रिऐक्टर में ईंधन के रूप में एल्युमिनियम कवच युक्त प्राकृतिक यूरेनियम धातु, विमंदक (मॉडरेटर) के रूप में गुरुजल (हेवी वॉटर) तथा रिऐक्टर शीतक (कूलेंट) के रूप में शुद्ध हल्के जल का इस्तेमाल किया गया। कनाडा का यह प्रस्ताव उसकी प्रबुद्ध शासकीय नीति का हिस्सा था, जिसका ध्येय विश्व के विकासशील देशों के साथ (अंतर्राष्ट्रीय शांति और मानवीय विकास के लिए) अपना अनुभव बाँटना था। कनाडा ने कोलंबो सहायता योजना के तहत संयंत्र की आधी से भी अधिक लागत के भार, विशेषकर रूपरेखा और अभियांत्रिकी, विशेष सामग्री का प्रदाय तथा कर्मचारी प्रशिक्षण कार्य को वहन करने का प्रस्ताव रखा। भारत ने प्रस्ताव को स्वीकार कर लिया।

कनाडा-इंडिया रिऐक्टर (सी.आई.आर.) परियोजना पर कार्य जनवरी 1956 में ट्राम्बे में प्रारंभ हुआ। 10 जुलाई 1960 को रिऐक्टर को प्रथम क्रांतिकबिंदु (क्रिटिकल) तक लाया गया, यानी शृंखला अभिक्रिया (चेन रिऐक्शन) को जारी रखने योग्य बनाया गया। 16 अक्तूबर 1963 को इसकी संपूर्ण क्षमता 40 मेगावॉट (तापीय) को प्राप्त किया गया।

ट्राम्बे स्थित इस रिऐक्टर को दोबारा नाम परिवर्तन कर साइरस रखा गया। इससे नाभिकीय ईंधन विकास एवं निर्माण, ईंधन के पुनःप्रवर्तन तथा प्लूटोनियम के निष्कर्षण व अपशिष्ट प्रबंधन कार्यक्रमों को प्रोत्साहन मिला। एल्युमिनियम कवचयुक्त यूरेनियम धातु छड़ों का विशिष्ट निर्देशों के अनुरूप ईंधन तत्त्वों के रूप में निर्माण इस परियोजना में कार्यरत भारतीय रासायनिक इंजीनियरों तथा धातुकर्मियों की एक बहुत बड़ी उपलब्धि थी।

साइरस के परिचालित होने से ट्राम्बे में न्यूट्रॉन भौतिकी, सॉलिड स्टेट भौतिकी, नाभिकीय भौतिकी, रिऐक्टर भौतिकी, अभियांत्रिकी पदार्थ विज्ञान, आइसोटोप्स (समस्थानिक) उत्पादन, रेडियो केमेस्ट्री तथा जीव विज्ञान के व्यापक क्षेत्र में अनुसंधान एवं विकास कार्यक्रमों के लिए बहुत बड़ी प्रयोगात्मक सुविधा उपलब्ध हो गई। रिऐक्टर परिचालन तथा रख-रखाव के लिए भी यह एक उपयोगी प्रशिक्षण सुविधा हो गई तथा परमाणु शक्ति कार्यक्रमों के लिए योग्य कार्मिक भी उपलब्ध होने लगे।

दूसरे विश्व युद्ध के दौरान 2 दिसंबर, 1942 को अमेरिका के शिकागो विश्वविद्यालय में निर्मित एक रिऐक्टर प्रणाली में एनरिको फ मीं के नेतृत्व में वैज्ञानिकों के एक दल ने सबसे पहले यूरेनियम के नाभिकों के विखंडन के कारण होने वाली श्रृंखला अभिक्रियाओं (चेन रिऐक्शन) से ऊर्जा उत्पन्न करने की संभावना को प्रदर्शित किया था। इसके पहले सन् 1938 में जर्मनी में ओट्टो हान, फ्रिट्ज स्ट्रासमैन तथा लीस माइटनर ने यूरेनियम के नाभिकों की न्यूट्रॉन से प्रतिक्रिया के परिणामस्वरूप हुए विखंडन को खोजा था। इस विखंडन के कारण दो भिन्न रासायनिक तत्त्वों वाले छोटे नाभिक बने थे, साथ में काफ ी ऊर्जा, गामा विकिरण तथा दो या अधिक स्वतंत्र न्यूट्रॉनों का उत्सर्जन हुआ था। यह जल्द ही पता चल गया था कि यूरेनियम का विखंडन ऊर्जा के नए स्रोत उपलब्ध कराने का व्यावहारिक आधार बन सकता है, इसे ही अब परमाणु अथवा नाभिकीय ऊर्जा कहा गया। विश्व में पहली अमेरिकाने हिरोशिमा और नागासिकी में परमाणु विस्फोट कर पूरे विश्व को परमाणु शक्ति का ज्ञान करवाया। इसके बाद से ही विभिन्न देशों में परमाणु बिजली और परमाणु हथियार बनाने के कार्यक्रम बनने लगे। परमाणु बिजली आज विश्व के कुल बिजली उत्पादन का 17 प्रतिशत है। इसके साथ ही अंतर्राष्ट्रीय समुदाय द्वारा परमाणु हथियारों के विस्तार के प्रति चिंता व्यक्त की गई है और इनके प्रसार को सीमित करने के प्रयासों को प्रोत्साहन दिया जा रहा है।

प्रकृति में उपलब्ध यूरेनियम में (ऑक्साइड खनिज के रूप में) दो आइसोटोप्स (समस्थानिक) यूरेनियम 238 (जो 99.3 प्रतिशत तक पाया जाता है) तथा

यूरेनियम 235 (शेष भाग) होते हैं। ये दोनों आइसोटोप रासायनिक जबकि इनके नाभिकीय गुणों में भिन्नता होती है। यूरेनियम 235 प्राकृतिक यूरेनियम है, जो मुख्यतः विखंडन ऊर्जा उत्सर्जित करता है तथा प्रथम पीढ़ी के रिऐक्टरों में परमाणु ईंधन के रूप में इस्तेमाल किया जाता है। दूसरी ओर, यूरेनियम 238, न्यूट्रॉनों को सोखकर एक नए तत्त्व प्लूटोनियम में बदल जाता है। प्लूटोनियम रासायनिक दृष्टि से यूरेनियम से भिन्न होता है तथा प्लूटोनियम 239 का उपयोग परमाणु ईंधन के रूप में ठीक यूरेनियम 235 की तरह हो सकता है। उपयोग हो जाने के बाद जब प्राकृतिक यूरेनियम ईंधन रिऐक्टर से बाहर आता है, तो रासायनिक क्रियाओं द्वारा रेडियोधर्मी विखंडन पदार्थ उससे अलग कर लिए जाते हैं, ताकि शुद्ध प्लूटोनियम को पृथक् करने के साथ ही बचे हुए ईंधन में मौजूद यूरेनियम 238 को भी अलग किया जा सके। पर्याप्त मात्रा में मौजूद प्लूटोनियम 239 को यूरेनियम 238 के साथ पुनः संघटित कर ईंधन के रूप में उन्नत कि स्म के रिऐक्टरों में उपयोग किया जाता है, जिन्हें ब्रीडर रिऐक्टर कहा जाता है। ब्रीडर रिऐक्टर में किसी भी मंदक (ऐसा पदार्थ, जो परमाणु रिऐक्टर में न्यूट्रॉन को मंद करता है, जैसे, ग्रेफ इट) का उपयोग नहीं किया जाता है। इस त्वरित न्यूट्रॉन विखंडन रिऐक्टर (फ ास्ट न्यूट्रॉन फि शन रिऐक्टर) में न्यूट्रॉन का संतुलन यूरेनियम 238 को रिऐक्टर की खपत से भी ज यादा मात्रा में प्लूटोनियम में तब्दील करने में सहायक होता है और इसी तरह अगले रिऐक्टर के लिए ईंधन उपलब्ध हो जाता है, जो कार्यक्रम के विस्तार को गति प्रदान करता है। इसी प्रकार रिऐक्टर में प्राकृतिक थोरियम (आइसोटोप थोरियम 232 युक्त) का प्रदीपन करके यूरेनियम 233 बनाया जा सकता है, जो विखंडीय ईंधन के रूप में पुनः उपयोग में लाया जा सकता है।

बीते पाँच दशकों में विभिन्न देशों में अनेकानेक यूरेनियम संसाधनों की खोज की गई। झारखंड स्थिति सिंहभूम पट्टी इसका एक बड़ा स्रोत है। यहाँ की जादुगुड़ा, भाटिन तथा नरवापहाड़ खदानों से प्रतिदिन 2,000 टन यूरेनियम अयस्क का खनन किया जाता है और खदान क्षेत्र में ही यूरेनियम चक्की में इस अयस्क को संसाधित करके संघनित यूरेनियम के रूप में परमाणु कार्यक्रमों की ज रूरतों के लिए प्राप्त किया जाता है।

ऐसा प्रतीत होता है कि हमारे ज्ञात यूरेनियम संसाधन प्रथम चरण में 15,000 मेगावाट (विद्युत) की साधारण क्षमता वाले जल शीतित प्राकृतिक यूरेनियम ईंधन वाले पावर रिऐक्टर की स्थापना के लिए ही पर्याप्त है। भारत की दीर्घकालिक विद्युत आवश्यकताओं की पूर्ति में परमाणु बिजली के महत्त्वपूर्ण योगदान के मद्देनज र इस

कार्यक्रम में द्वितीय चरण के फास्ट ब्रीडर रिऐक्टरों का प्रयोग करना होगा, जो प्रथम चरण के रिऐक्टरों से प्लूटोनियम का उपयोग करेंगे तथा यूरेनियम 238 की अंतर्निहित ऊर्जा का पूरा उपयोग करेंगे। दक्षिण भारत में थोरियम संसाधनों का अपार भण्डार है। अतः दीर्घ अवधि तक कार्यक्रम को चलाए रखने की दृष्टि से तीसरे चरण के कार्यक्रम में यूरेनियम 233 थोरियम का ईंधन के रूप में प्रयोग तर्कसंगत है।

अनुसंधान रिऐक्टरों से निकले किरणित यूरेनियम ईंधन तत्त्वों को पुनः संसाधित कर प्राप्त करने के लिए ट्राम्बे में सन् 1964 में पूर्णतया स्वेदशी अभिकल्पना पर आधारित प्लूटोनियम संयंत्र की स्थापना की गई, जिसका उद्घाटन जनवरी 1965 में हुआ। किरणित पदार्थों के निरीक्षण की सुविधाओं के साथ ही विभिन्न प्रकार के प्लूटोनियम ईंधन तत्त्वों (मेटेलिक व सिरेमिक) के विकास के लिए रेडियो धातुकर्म प्रयोगशाला की स्थापना भी सन् 1971 में ट्राम्बे में की गई। सन् 1970 के उत्तराद्ध से एक पावर रिऐक्टर फ्यूल रिप्रोसेसिंग प्लांट (पी.आर.ई.एफ . आर.ई.) तारापुर में काम कर रहा है। इसी स्थल पर एक वेस्ट इम्मोबिलाइजे शन प्लांट (डब्ल्यू.आई.पी.) भी लगाया गया है। जहाँ रेडियोऐक्टिव अपशिष्ट को काँच के रूप में ढाला जाता है। अब तक के सभी संयंत्रों से अर्जित अनुभवों को ध्यान में रखते हुए एक बड़े रिप्रोसेसिंग संयंत्र का निर्माण हाल ही में तमिलनाडु में चेन्नई (भूतपूर्व मद्रास) के निकट कल्पक्कम में किया गया है। संसार के कुछ प्रमुख देशों में से भारत प्लूटोनियम के निष्कर्षण एवम् इस्तेमाल करने वालो में से एक है।

कल्पक्कम में फ ास्ट ब्रीडर रिऐक्टरों की अभिकल्पना व अभियांत्रिकी के सभी पहलुओं के निमित्त एक अनुसंधान केंद्र की स्थापना की गई, जिसने सन् 1971 में कार्य प्रारंभ किया। इस स्थान पर फ ास्ट ब्रीडर परीक्षण रिऐक्टर का निर्माण एवं संचालन एक बड़ी परियोजना है। इसका रूपांकन हालाँकि फ्र ांसीसी परमाणु ऊर्जा आयोग द्वारा उपलब्ध कराया गया, लेकिन परियोजना को भारतीय वैज्ञानिकों और अभियांत्रिकों ने पूर्ण रूप से कार्यान्वित किया तथा सभी प्रमुख रिऐक्टर अवयवों का निर्माण भी भारत ने किया है। यह रिऐक्टर 18 अक्तूबर 1985 में पहली बार क्रांतिक (क्रिटिकल) बिंदु तक पहुँचा। इसकी विशेषता थी, प्लूटोनियम के कार्बाइड्स तथा प्राकृतिक यूरेनियम के मिश्रण से तैयार अनोखा ईंधन, जिसकी अभिकल्पना और उत्पादन स्वदेशी था। यह रिऐक्टर तब से 10 मेगावाट (ताप) विद्युत स्तर पर संचालित है तथा दक्षिण भारत के ग्रिड को बिजली पहुँचाता है। रिऐक्टर अनुसंधान केंद्र, जिसका नाम दिसंबर 1985 में इंदिरा गाँधी परमाणु अनुसंधान केंद्र (आई.जी.

सी.ए.आर.) रखा गया, के द्वारा फास्ट ब्रीडर रिऐक्टर के आदि-प्रारूप (प्रोटोटाइप) का अभियांत्रिक अभिकल्पन पूर्ण किया गया। एक छोटा रिऐक्टर, 'कामिनी' भी आई. जी.सी.ए.आर. में स्थापित किया गया है। इस रिऐक्टर का उपयोग न्यूट्रॉन सक्रियण विश्लेषण, न्यूट्रॉन विकिरणी चित्रण (रेडियोग्राफ ी) तथा रिऐक्टर भौतिकी की शोध सुविधाओं के रूप में किया जाता है।

बिजली उत्पादन के लिए अभिकल्पित दुनिया का सबसे पहला परमाणु बिजली रिऐक्टर सन् 1955 में रूस के आबनिंस्क में (सोवियत संघ द्वारा निर्मित) 5 मेगावाट (विद्युतीय) क्षमता वाला था। इसके बाद बड़े आकार के परमाणु बिजली रिऐक्टर, एक ही समय में संयुक्त राज्य अमेरिका, यूनाइटेड किंगडम, फ्र ांस तथा कनाडा में प्रारंभ हुए।

परमाणु शक्ति की सबसे बड़ी विशिष्टता ऊर्जा स्रोत की सघनता में अंतनिर्हित होती है। जैसे- 1 किग्रा कोयला जलने से क रीब 7 किलोवाट घंटे ऊर्जा उत्पन्न होती है, जबकि 1 किग्रा यूरेनियम के पूर्ण विखंडन से ढाई करोड़ किलोवाट घंटे ऊर्जा का उत्पादन होता है। पर्यावरण पर प्रभाव की दृष्टि से भी परमाणु बिजली का महत्त्व है। उदाहरण के लिए 1,000 मेगावाट बिजली उत्पादन क्षमता के परमाणु बिजली केंद्र को वर्ष में केवल 120 टन यूरेनियम की आवश्यकता होती है और इससे केवल 1 टन उच्चस्तरीय रेडियोधर्मी (संघटित) अपशिष्ट उत्पन्न होता है। दूसरी ओर, समान क्षमता वाले कोयले पर आधारित ताप बिजलीघरों को भारतीय परिस्थितियों में 3.8 करोड़ टन कोयले की सालाना ज रूरत होगी तथा उससे 70 लाख टन कार्बन डाईऑक्साइड, 15 लाख टन राख, 45 हज ार टन सल्फ र डाईऑक्साइड तथा 20 हज ार टन नाइट्रोजन डाईऑक्साइड का उत्सर्जन होगा।

परमाणु ऊर्जा के शांतिपूर्वक प्रयोगों के लिए सर्वप्रथम जेनेवा में (1555) सम्मेलन के बाद भाभा ने भारत की घोषित विकास आवश्यकताओं की पूर्ति के लिए परमाणु ऊर्जा के विकास की ज रूरतों और गुणों के विस्तृत अध्ययन का कार्य हाथ में लिया। 1950 के दशक के मध्य में विश्व में वार्षिक प्रति व्यक्ति ऊर्जा की खपत लगभग 1.2 टन कोयले के समकक्ष थी। पश्चिमी यूरोप में यह 2.4 टन, संयुक्त राज्य अमेरिका में काफ ी अधिक 7.6 टन तथा भारत में निराशाजनक 0.3 टन थी। भारत दक्षिणी एशिया का हिस्सा होने के कारण कोयला, तेल तथा गैस के अल्प संसाधनों वाले क्षेत्रों में आता है। विश्लेषण बताते हैं कि यदि भारत में वार्षिक ऊर्जा की खपत प्रति व्यक्ति 1.5 से 3 टन कोयले के बराबर हो जाए, तो कोयले के ज्ञात भंडार 100 वर्ष में समाप्त हो जाएँगे। भाभा ने भारत में सही समय पर परमाणु ऊर्जा के प्रवेश के लिए तार्किक विश्लेषण पर आधारित एक रिपोर्ट तैयार की।

भारत में पहली बार 1969 में मुम्बई के तारापुर में परमाणु बिजली घर की स्थापना की स्वीकृति मिली। अमेरिका के जनरल इलेक्ट्रिक का दो इकाई वाला 380 मेगावाट (विद्युतीय) ब्वॉयलिंग वॉटर रिऐक्टर निर्मित करने का प्रस्ताव स्वीकार कर लिया गया तथा अमेरिकी सरकार एक सहायता कार्यक्रम के तहत इस परियोजना हेतु आवश्यक धनराशि देने के प्रस्ताव को लेकर आगे आई। तारापुर में पश्चिम भारत के ग्रिड में 1 अप्रैल 1969 से परमाणु बिजली प्रवाहित होने लगी। इसी दौरान, राजस्थान के कोटा क्षेत्र में दूसरे बिजलीघर का निर्माण शुरू हो गया, जो कनाडा के डिज इन पर आधारित था। होमी भाभा अपने इस स्वप्न को पूरा होते नहीं देख पाए। जनवरी 1966 में स्विट्ज रलैंड में जिनेवा के पास मौंट ब्लैक में एक विमान दुर्घटना में उनकी मृत्यु हो गई।

भारत में परमाणु बिजली उत्पादन

सन् 1960 के दशक की शुरुआत में पहली बार होमी भाभा ने नाभिकीय ऊर्जा कार्यक्रम प्रारंभ किया। 1961 में भारत ने तारापुर में प्रथम परमाणु बिजलीघर में निर्माण हेतु निविदाएँ आमंत्रित कीं। इन निविदाओं का अपने इंजीनियरों द्वारा गहन अध्ययन कराए जाने के बाद परमाणु ऊर्जा विभाग (डी.ए.ई.) ने सन् 1964 में अमेरिका के जनरल इलेक्ट्रिक से दो क्वथन जल रिऐक्टरों (बी.डब्ल्यू.आर.) को तारापुर में निर्मित किए जाने की माँग की तथा इन्हें चार वर्ष की अवधि में पूरा करने का अनुबंध किया गया। यह परियोजना विकासशील देशों में परमाणु ऊर्जा की भूमिका को त्वरित रूप से प्रदर्शित करने के उद्देश्य से तैयार की गई थी। इसके अलावा अमेरिकी शासन ने परियोजना के लिए वित्तीय सहायता का प्रस्ताव भी रखा तथा इन रिऐक्टरों के लिए आजीवन समृद्ध यूरेनियम उपलब्ध कराने का आश्वासन भी दिया, जिसके निर्माण के लिए भारत में तब न तो योजना थी और न ही साधन।

तारापुर का रिऐक्टर पाँच वर्षों में बनकर तैयार हो गया। भारतीय इंजीनियरों ने इनके रूपांकन के पुनर्विवेचन, निर्माण और जाँच के निरीक्षण तथा विभिन्न प्रणालियों को चालू करने में भाग लिया। प्रारंभ में पाँच वर्षों के लिए एक अमेरिकी कंपनी ने समृद्ध यूरेनियम के संविरचित (फ ैब्रिकेटेड) ईंधन तत्त्वों की आपूर्ति भी की। इसके बाद भारत ने अमेरिका से आयातित समृद्ध यूरेनियम से स्वदेशी प्रयासों द्वारा ईंधन तैयार करना शुरू किया। भारत से प्रथम परमाणु परीक्षण (18 मई, 1974) करने के जाने के बाद अमेरिका द्वारा समृद्ध यूरेनियम तथा रिऐक्टरों के अतिरिक्त पुज ों की

आपूर्ति बंद करने से इस केंद्र को व्यापारिक प्रचालन में कई चुनौतियों का सामना करना पड़ा। अमेरिकी क ानून के मुताबिक , तारापुर रिऐक्टरों के उपस्करों के निर्माता भी मार्गदर्शन उपलब्ध नहीं करा सके। भारत ने जैसे-तैसे फ्र ांस तथा चीन से समृद्ध यूरेनियम जुटाकर इन रिऐक्टरों को चालू रखा। सन् 1969 से आज तक केंद्रों ने राष्ट्र को 54 अरब यूनिट बिजली उपलब्ध कराई है, जो देश के किसी भी परमाणु बिजलीघर से लगभग दुगुनी है। भारत ने समृद्ध यूरेनियम के स्थान पर प्लूटोनियम तथा प्राकृतिक यूरेनियम के मिश्रण से ईंधन का संविरचन व उपयोग तारापुर रिऐक्टरों में सफलतापूर्वक किया।

परमाणु ऊर्जा में आत्मनिर्भरता हासिल करने के उद्देश्य से भारत ने कब्जा के मदद से राजस्थान के रावत भाटा में (1962) में दाबित गुरुजल रिऐक्टर (पी. एच.डब्ल्यू. आर.) के निर्माण के समझौते को अंतिम रूप दिया। कनाडा उस दौरान पी.एच.डब्ल्यू.आर. का निम्न शक्ति प्रदर्शन मॉडल बना रहा था और उच्च्व शक्ति का इकाई अभिकल्पन शुरू हो चुका था। राजस्थान के रिऐक्टर के निर्माण की वास्तविक शुरुआत 1964 में हुई। अमेरिकी रूपांकन के विपरीत, जो समृद्ध यूरेनियम पर आधारित था, कनाडा द्वारा अभिकल्पित पी.एच.डब्ल्यू.आर रिऐक्टर में प्राकृतिक यूरेनियम का उपयोग किया जा सकता था। भारत में पहले ही कम मात्रा में यूरेनियम उत्पन्न हो रहा था तथा यूरेनियम की बड़ी खदान और चक्की जादुगुड़ा, बिहार (वर्तमान झारखंड के अन्तर्गत) में शुरू करने की योजना चल रही थी। पी. एच. डब्ल्यू. आर. में मंदक के रूप में इस्तेमाल करने के लिए गुरुजल एक अन्य मुख्य सामग्री था। छोटे पैमाने पर गुरुजल उत्पादन का एक स्वदेशी संयत्र 1962 में पंजाब के नांगल में लगाया गया तथा बड़े संयंत्र की रूपरेखा की तैयारी भी शुरू हो चुकी थी। भारत का कनाडा के परमाणु भट्टी का चयन करने के पीछे लाभकारी उद्देश्य थे। अन्य सभी प्रकार के रिऐक्टरों की तुलना में इनमें प्राकृतिक यूरेनियम का प्रभावी उपयोग होने के साथ-साथ प्लूटोनियम का सर्वाधिक उत्पादन पाया गया, जो द्वितीय चरण के कार्यक्रम को प्रारंभ करने के लिए आवश्यक था। प्रमुख घटकों का सुगम संविरचन (फै ब्रिकेशन) तीसरा प्रमुख कारक था। कनाडा रावतभाटा रिऐक्टर व ब्वॉलरों के लिए रूपरेखा, विस्तृत आरेखण व विनिर्देशों को उपलब्ध कराने के अलावा कुल निर्माण लागत की आधी रक म की पूर्ति के लिए ऋण देने को भी तैयार हो गया। परमाणु ऊर्जा विभाग ने टर्बाइन जेनरेटर एवं संबद्ध प्रणालियों की जि म्मेदारी अपने हाथों में ले ली। भारतीय इंजीनियरों ने कनाडा के मार्गदर्शन में रिऐक्टर का निर्माण किया। रिऐक्टर को चलाने के लिए प्रारंभ में लगने वाले गुरुजल

की समूची आपूर्ति कनाडा द्वारा की गई, लेकिन उपयोग में आने वाले ईंधन के आधे भाग को भारत में ही तैयार किया गया। तारापुर के तीन साल बाद रावतभाटा की प्रथम इकाई ने उत्तर भारत के ग्रिड को सन् 1972 में बिजली देना प्रारंभ कर दिया। प्रथम इकाई के निर्माण के दौरान ही परमाणु ऊर्जा विभाग ने कनाडा की न्यूनतम मदद से दूसरी इकाई का निर्माण करने का निर्णय लिया। सन् 1974 में जब यह योजना चल रही थी, भारत द्वारा परमाणु परीक्षण के फलस्वरूप कनाडा और अमेरिका द्वारा दी जा रही सहायता पर पूरी तरह रोक लगा दी गई। दूसरी इकाई 12 वर्षों में पूरी हुई, जिसके लिए प्रारंभ में छह वर्ष अनुमानित किए गए थे। रावतभाटा के दोनों रिऐक्टरों के प्रचालन से संचित अनुभव क   ीमती थे। गुरुजल की जरूरतों की पूर्ति के लिए भारत में निर्मित यह ईंधन अत्यन्त कारगर हुआ।

चेन्नई के निकट कल्पक्कम में तीसरे बिजली केंद्र के लिए भारतीय इंजीनियर कई सुस्पष्ट एवं नवीन परिवर्तित अभिकल्पनाओं के साथ आगे आए तथा शुरुआत में आने वाली प्रचालन संबंधी कई समस्याओं को उन्होंने दूर कर लिया तथा सुरक्षा उपायों में भी वृद्धि हुई। इससे भारतीय दाबित गुरुजल रिऐक्टर की रूपरेखा कनाडा में उसी दौरान बने रिऐक्टर से बिल्कुल अलग थी। इसमें एक दाब कम करने वाले जलाशय का समावेश रिऐक्टर भवन में ही किया गया, ताकि भीतर गुरुजल के रिसाव से उत्पन्न दबाव का तत्काल दमन किया जा सके। पर्यावरण में रेडियोधर्मिता के रिसाव को न्यूनतम करने के लिए दोहरी अंतर्वेशन संरचना बनाई गई। कल्पक्कम के रिऐक्टर में लगने वाले 85 प्रतिशत उपकरण व घटकों को भारत में ही तैयार किया गया था, जिससे आत्मनिर्भरता की इस ऊँचाई को छू पाना संभव हो सका।

उत्तर प्रदेश के नरौरा में चौथे परमाणु बिजलीघर के रिऐक्टर की रूपरेखा में और तब्दीली की गई, ताकि मानकीकरण एवं सुरक्षा के उच्चतर स्तर को प्राप्त किया जा सके। सामान्य प्रचालन के दौरान वातावरण में रेडियोधर्मी विकिरणों के रिसाव को रोकने के लिए रिऐक्टर पात्र को हवा के बजाय पानी से भरे कक्ष में रखा गया। अधिक सुरक्षा के लिए विभिन्न प्रणालियों का समावेश किया गया, जो मुख्य प्रणाली से भिन्न सिद्धांतों पर आधारित थीं, साथ ही प्रणाली के निष्पादन को स्थापित करने के लिए रूपरेखा का विश्लेषण किया गया। इससे भूकंप के समय संयंत्र की सुरक्षा से संबंधित समस्याओं का भी समाधान हो गया, क्योंकि यह स्थल हल्के तीव्रता वाले भूकंपीय क्षेत्र के अंतर्गत आता है। इन तमाम सावधानियों के फलस्वरूप परियोजना को पूरा होने में 17 साल लगे, हालाँकि इस परिश्रम के फलस्वरूप गुजरात के 'काकरापार' में अगले दो रिऐक्टर, जो मूलतः उसी रूपरेखा के थे, क   रीब आधे समय

में पूरे कर लिए गए। इससे मानक रूपरेखा वाले चार और रिऐक्टरों को, दो रावतभाटा में तथा दो कर्नाटक में कैगा में, साथ-साथ निर्मित करने की योजना बनाने में मदद मिली। इन चार इकाइयों में से एक कैगा में 20वीं शताब्दी के अंत तक शुरू हो गई तथा दूसरी रावतभाटा में हुआ। दो अतिरिक्त 500 मेगावाट विद्युत क्षमता वाली दाबित गुरुजल रिऐक्टर इकाइयाँ तारापुर में निर्माणाधीन हैं।

इसी दौरान जब दाबित गुरुजल रिऐक्टर निर्माण की ओर अग्रसर थे, इंदिरा गाँधी परमाणु अनुसंधान केंद्र में दूसरी पीढ़ी के फास्ट ब्रीडर रिऐक्टरों का विकास भी जारी था। फास्ट ब्रीडर रिऐक्टरों को उच्च सांद्रता वाली विखंडनीय सामग्री वाले ईंधन तथा शीतलक के रूप में पिघले हुए सोडियम की आवश्यकता थी। इस प्रकार के रिऐक्टर के घटकों के संविरचन (फैब्रिकेशन) के लिए विशेष प्रकार के इस्पात की आवश्यकता थी। कई वर्षों के प्रयासों के बाद भारत ने इस दिशा में भी वांछित दक्षता प्राप्त कर ली और कल्पक्कम में निर्मित फ ास्ट ब्रीडर रिऐक्टर इस बात की पुष्टि कर रहे हैं। इंदिरा गाँधी परमाणु अनुसंधान केंद्र अब कल्पक्कम में 500 मेगावाट विद्युत क्षमता के फास्ट ब्रीडर रिऐक्टर के आदिप्रारूप (प्रोटोटाइप) को बनाने की तैयारी कर रहा है। देश में ही उपलब्ध इस प्रौद्योगिकी से भारत अब दाबित गुरुजल रिऐक्टर तथा फास्ट ब्रीडर रिऐक्टरों के निर्माण द्वारा अपनी बिजली उत्पादन क्षमता को बढ़ाने की स्थिति में पहुँच चुका है।

सितंबर 1987 में नाभिकीय ऊर्जा की स्थापना की गई। इसक उद्देश्य ऊर्जा से सम्बन्धित संसाधनों की व्यवस्था करना बिजली घरों का अभिकलन करना था। परमाणु ऊर्जा विभाग ने 21वीं शताब्दी के प्रथम 25 वर्षों में 20,000 मेगावॉट विद्युत उत्पादन क्षमता के निर्माण का लक्ष्य रखा है। 500 मेगावॉट विद्युत क्षमता के दाबित गुरुजल रिऐक्टरों तथा फ ास्ट ब्रीडर रिऐक्टरों के अलावा इसमें कुछ बड़े आकार के दाबित जल रिऐक्टरों को, जिनमें प्रत्येक 1,000 मेगावाट विद्युत क्षमता का होगा, बाहरी सहायता से स्थापित करने का विचार किया गया है। इस दिशा में आगे बढ़ते हुए तमिलनाडु के कुडानकुलम में दो ऐसी इकाइयाँ निर्मित करने के लिए रूस से समझौता किया गया है।

किसी भी देश के विकास के लिए समुचित बिजली आपूर्ति होनी अति आवश्यक है। इस बात पर विवाद नहीं है कि हमारे उपलब्ध परंपरागत संसाधन अपर्याप्त हैं। इसी परिप्रेक्ष्य में भाभा ने अपनी प्रसिद्ध उद्घोषणा में कहा था, “कोई ऊर्जा (ऊर्जा के अभाव के वनस्पति) महँगी नहीं है”। अर्थात् ऊर्जा के विकास के लिए किए जाने वाले ख़र्च और प्रयासों की अपेक्षा बगैर ऊर्जा वाला देश महँगा साबित होगा।

संसार भर में थोरियम का सबसे बड़ा भण्डार भारत में उपलब्ध है। सन् 1950 तथा 1960 के दशक में कई देशों ने थोरियम पर आधारित रिऐक्टरों की रूपरेखा यह ध्यान में रखते हुए तैयार की, कि परमाणु बिजली कार्यक्रम की अपेक्षित वृद्धि के लिए यूरेनियम के भंडार अपर्याप्त साबित हो सकते हैं। ये अभिकल्पनाएँ साकार नहीं हो सकीं। इस दौरान विश्व के यूरेनियम भंडारों के अनुमानों में भी वृद्धि हुई। इस बीच भारत ने अपने सीमित यूरेनियम भंडारों को देखते हुए अपने तृतीय चरण के कार्यक्रमों के लिए थोरियम को ईंधन के रूप में इस्तेमाल करने हेतु गंभीरता से विचार करना शुरू किया। भाभा परमाणु अनुसंधान केंद्र ने उन्नत कि स्म के गुरुजल रिऐक्टर को थोरियम तथा अल्पमात्रा में प्लूटोनियम या समृद्ध यूरेनियम के मिश्रण से संचालित करने की अभिकल्पना को अंतिम रूप दिया। इस रूपरेखा में सुरक्षा के उपाय भी अंतर्निहित थे। उप प्रणालियों का परीक्षण 1990 का दशक समाप्त होते ही प्रारंभ हो गई।

नाभिकीय ईंधन चक्र

'नाभिकीय ईंधन चक्र' से तात्पर्य उन संबंधित गतिविधियों से है, जिनके तहत स्रोत पदार्थ की खोज और खनन, अपरिष्कृत पदार्थों का शुद्ध पदार्थों में प्रवर्तन (नाभिकीय शुद्धता के स्तर के अनुरूप), नाभिकीय ईंधन तत्त्वों का निर्माण (विभिन्न किस्मों के रिऐक्टरों के लिए), रिऐक्टर के संरचनात्मक घटकों को जोड़ना तथा उनका संविरचन करना, नाभिकीय रिऐक्टरों का रूपांकन, निर्माण तथा परिचालन और अंत में, किरणित नाभिकीय ईंधन का पुनः प्रक्रमण, प्लूटोनियम का निष्कर्षण एवं उपयोग तथा रेडियोधर्मी अपशिष्ट का प्रबंधन आता है। विशेष सामग्री, जैसे गुरुजल, ज र्कोनियम तथा बेरिलियम का उत्पादन एवं विकास तथा रेडियोधर्मी आइसोटोप्स का उत्पादन व उपयोग भी इस समूचे कार्यक्रम का हिस्सा है।

परमाणु ऊर्जा कार्यक्रम के सभी पहलुओं से संबंधित विज्ञान एवं प्रौद्योगिकी की विभिन्न शाखाओं में शोध तथा विकास गतिविधियों को ट्रॉम्बे के भाभा परमाणु अनुसंधान केंद्र (बी.ए.आर.सी.) में आगे बढ़ाया गया है, जो भारत में एक ही परिसर में बना विज्ञान एवं प्रौद्योगिकी का सबसे बड़ा प्रतिष्ठान है। सन् 1974-1985 तक ट्रॉम्बे के रिऐक्टर अभियांत्रिक समूह ने मंदक व शीतलक के रूप में गुरुजल का तथा एल्युमिनियम कवचयुक्त प्राकृतिक यूरेनियम धातु छड़ों के समूह को ईंधन तत्त्व के रूप में उपयोग में लाकर बड़े अनुसंधान रिऐक्टरों के अभिकल्पन व निर्माण का कार्य हाथ में लिया। 8 अगस्त 1985 को पहली बार ध्रुव नाम के रिऐक्टर क्रांतिक

बिंदु तक पहुँचा तथा 17 जनवरी 1988 से यह पूर्ण क्षमता से संचालित हुआ। इन बड़े अनुसंधान रिऐक्टरों, साइरस तथा ध्रुव के अलावा केंद्र में शुद्ध यूरेनियम धातु बनाने हेतु यूरेनियम धातु संयंत्र, यूरेनियम ईंधन तत्त्वों के संविरचन के लिए परमाणु ईंधन प्रभाग, अनुसंधान रिऐक्टरों के किरणित ईंधन से प्लूटोनियम पृथक् करने के लिए प्लूटोनियम संयंत्र तथा प्लूटोनियम ईंधन विकसित करने के लिए रेडियोधातुकर्म प्रयोगशाला भी है।

सन् 1971 में आंध्रप्रदेश के हैदराबाद स्थित परमाणु ईंधन संकुल में उत्पादन संयंत्रों का निर्माण झम्बे में हुए विकास कार्यों के अनुसार किया गया था, ताकि दाबित गुरुजल शीतित पावर रिऐक्टरों की आवश्यकता की पूर्ति के लिए नाभिकीय श्रेणी का यूरेनियम ऑक्साइड, शुद्ध ज कोंनियम धातु, जर्कोनियम मिश्र धातु के उत्पाद तथा संविरचित ईंधन उपलब्ध कराये जा सकें। तारापुर परमाणु बिजली केंद्र के लिए यूरेनियम समृद्ध इ ंधन संयोजन (आयातित समृद्ध यूरेनियम हेक्साफ लोराइड से लेकर) के साथ ही साथ फास्ट रिऐक्टरों के लिए केंद्रीय संरचनात्मक स्टेनलेस स्टील घटक भी इसी संकुल (कॉम्प्लेक्स) में तैयार किए जाते हैं।

पावर रिऐक्टरों में मंदक के रूप में उपयोग किए जाने वाले गुरुजल के उत्पादन के लिए दो भिन्न विधियाँ अपनाई गई हैं। इनमें से एक विधि, द्रव अमोनिया तथा अपभंजित अमोनिया गैस के मध्य उच्च दाब पर रासायनिक आदान-प्रदान पर आधारित है। यह प्रौद्योगिकी फ्रांस से आयातित थी। इस विधि को अपनाने वाले संयंत्र बड़ौदा (वर्तमान वड़ोदरा, गुजरात), तूतीकोरिन (तमिलनाडु), थाल-वाइशेत (महाराष्ट्र) तथा हज ीरा (गुजरात) में विद्यमान उर्वरक संयंत्रों से सहायक के रूप में जुड़े हैं। दूसरी विधि ट्रॉम्बे में विकसित की गई, जो हाइड्रोजन सल्फाइड तथा पानी के बीच रासायनिक आदान-प्रदान पर आधारित है। इस विधि को अपनाने वाले दो संयंत्र कोटा (राजस्थान) तथा मनुगुरु (आंध्र प्रदेश) में स्थापित हैं। परमाणु ऊर्जा कार्यक्रमों के लिए गुरुजल प्रदान करने की पर्याप्त क्षमता विकसित कर ली गई है।

रेडियोआइसोटोप (समस्थानिकों) का उत्पादन एवं उपयोग

परमाणु ऊर्जा विभाग बिजली उत्पादन के अलावा यह कृषि, उद्योग एवम् चिकित्सा के क्षेत्र में विकिरण तथा रेडियो आइसोटोप के क्षेत्र में भी महत्वपूर्ण कार्य किया है। रेडियोआइसोटोप शब्द से तात्पर्य किसी भी प्रकार के परमाणु से है, जो समान रासायनिक तत्त्व वाले होते हैं, किंतु उनका द्रव्यमान भिन्न होता है। उनके

नाभिक अस्थिर होते हैं तथा उनसे विकिरण का स्वतः उत्सर्जन अल्फ ा, बीटा तथा गामा किरणों के रूप में होता है। प्राकृतिक रूप से उपलब्ध कुछ 50 आइसोटोप्स को छोड़कर लगभग 1,000 से भी अधिक ज्ञात रेडियोआइसोटोप कृत्रिम तरीकों से नाभिकीय अभिक्रियाओं के उत्पादों के रूप में (रिऐक्टर में या त्वरकों से) या अप्रत्यक्ष रूप में इन उत्पादों के माध्यम से निर्मित होते हैं।

इन आइसोटोप्स से उत्सर्जित होने वाले विकिरण रासायनिक तथा जैविक अनुसंधान में चिह्नक (मार्कर) या अनुज्ञापक (ट्रेसर) के रूप में उपयोगी होते हैं। जैसे, किसी पदार्थ की रेडियोग्राफी में विकिरण स्रोत के रूप में, किसी अभिक्रिया नियंत्रण में, चिकित्सा में नैदानिक साधन के रूप में तथा शक्तिशाली विकिरण स्रोत के रूप में विभिन्न प्रकार के कैंसर व ट्यूमर के उपचार के लिए।

चिकित्सा में जाँच व उपचार में महत्त्वपूर्ण भूमिका के अतिरिक्त रेडियोआइसोटोप्स का उपयोग उद्योगों में किसी सामग्री के रेडियोग्राफी से परीक्षण या गुणवत्ता नियंत्रण, अभिक्रिया नियंत्रण, तल तथा मोटाई नापने, आग का पता लगाने में तथा पाईप लाइनों में अवरोध व रिसाव को खोजने में किया जाता है। आइसोटोप हाइड्रोलॉजी तकनीक से भूजल के षुनर्भरण (रिचार्जिंग), भूजल के लवणीकरण, जलाशयों के अंतःसंबंधों, पानी के रिसाव, समुद्र तथा नदी तल पर बंदरगाह विकास के लिए अवसाद को हटाने के लिए जलाशयों में अवसादन तथा भू-क्षरण के अध्ययन में भी सहायता मिलती है।

कृषि में नई उत्परिवर्तित (म्यूटेंट) किस्मों के विकास द्वारा तथा कीट व रोग प्रतिरोधी बनाने, खाद्य पदार्थों के उपचार व लंबे समय तक खाने योग्य बनाए रखने के लिए तथा चिकित्सा उत्पादों के विसंक्रमण और शहरी मल-जल को उपचारित करने में भी विकिरण का उपयोग होता है। फसलीय पौधों में आयनीकृत विकिरण से सुधार, आणविक ऊर्जा का एक महत्त्वपूर्ण उपयोग है। फसल के पौधों में आनुवंशिक सुधार का सतत् प्रयास जारी है, जिसमें पैदावार बढ़ाना, बेहतर लक्षणों का विकास करना तथा रोग प्रतिरोधी क्षमता विकसित करना शामिल है। भाभा परमाणु अनुसंधान केंद्र (बी.ए.आर.सी.) तथा भारत की अन्य प्रयोगशालाओं में पिछले तीन दशकों से भी अधिक समय से विस्तृत अनुसंधान कार्य किया जा रहा है तथा विकिरण से खाद्यान्न संरक्षण के लाभों का बेहतर प्रदर्शन किया गया है। इनमें प्याज, आलू, मिर्च, चावल, गेहूँ के उत्पाद, मेवे, अदरक, लहसुन, हरा प्याज, मांस चिकन उत्पाद को शामिल किया गया है भारत सरकार ने राष्ट्रीय बाजार व आपूर्ति के लिए खाद्य सामग्रियों को विकिरण से उपचारित करने की मंजूरी दी है।

परमाणु चिकित्सा के क्षेत्र में रेडियो फ र्मास्युटिकल्स का उपयोग रेडियोइम्युनोऐसे अथवा आर.आई.ए. (परखनली में) तथा जाँच व विभिन्न रोगोपचार (शरीर में), दोनों में किया जाता है। कैंसर अथवा अवांछित ऊतकों तथा कोशिकाओं को नष्ट करने के लिए चिकित्सकीय उपचार में या तो बाह्य स्रोत से तीव्र गामा विकिरण का उपयोग किया जाता है (टेलिथैरेपी) या रेडियो औषधि विज्ञान (रेडियो फ र्मास्युटिकल्स) को ट्यूमर क्षेत्र में प्रवेश (ब्रेकीथेरपी) करा दिया जाता है।

मुंबई में सन् 1963 से विकिरण चिकित्सा केंद्र (रेडिएशन मेडिसिन सेंटर) क्रियाशील है, जो चिकित्सा सेवाएँ उपलब्ध कराने के साथ परमाणु चिकित्सा से संबंधित शोध एवं विकास में भी जुटा है। रेडियो औषधि विज्ञान (रेडियो फार्मास्युटिकल्स) के लिए पृथक् उत्पादन इकाई (आई.एस.ओ.फार्मा) नई मुंबई स्थित वाशी में 1984-1985 में स्थापित की गई। आइसोटोप्स (समस्थानिक) कार्यक्रम के विकास को देखते हुए विकिरण और समस्थानिक परिषद् (बोर्ड फॉर रेडिएशन ऐंड आइसोटोप टेक्नोलॉजी) ने 1 मार्च 1989 से कार्य प्रारंभ कर दिया। ब्रीट का मुख्य उद्देश्य स्वास्थ्य सुरक्षा, उद्योग, कृषि तथा अनुसंधान के लिए इसके उपयोगों को प्रोत्साहित करना तथा उनका प्रसार करना है।

नाभिकीय विस्फोटक

सन् 1964 में जिनेवा में शांतिपूर्ण जरूरतों की पूर्ति के लिए परमाणु ऊर्जा के उपयोग के लिए सन् 1964 में हुए तीसरे सम्मेलन के बाद से नाभिकीय विस्फोटकों के असैनिक उपयोगों के प्रति भारत ने रुचि लेना प्रारंभ किया। सम्मेलन में शांति के समय रचनात्मक उद्देश्यों के लिए नाभिकीय विस्फोटों पर प्रमुखता से प्रकाश डाला गया। ये विस्फोट 'शांतिपूर्ण नाभिकीय विस्फोट' (पी.एन.ई.), के नाम से जाने गए और बाद में अमेरिका में हुई एक अंतर्राष्ट्रीय प्लोशेयर संगोष्ठी के प्रमुख विषय बने। सन् 1971 में अंतर्राष्ट्रीय परमाणु ऊर्जा एजेंसी द्वारा पी.एन.ई. के उपयोगों पर चर्चा आयोजित की गई, जिसमें भारत ने भी भाग लिया। सोवियत संघ ने शांतिपूर्ण उपयोगों के लिए पी.एन.ई. के कई प्रयोग किए जाने का दावा किया, जैसे कृत्रिम जलाशयों का निर्माण, नहरों की खुदाई, गैस कुँओं की खुदाई, तेल के कुँओं को आग से बचाना आदि। भारत ने 18 मई 1974 में परमाणु परीक्षण राजस्थान के पोखरण में किया। इसका प्रतिफल 12 किलो टन तक आँका गया तथा कोई रेडियोधर्मिता नहीं पाई गई। भारत द्वारा पहले ही संकेत दिए जाने के बाद भी

दुनिया ने इस पर आश्चर्य व्यक्त किया। कनाडा, जिसके साथ भारत के घनिष्ठ संबंध थे तथा अमेरिका ने परमाणु सहायता पर रोक लगाने का निर्णय लिया, जबकि अंतर्राष्ट्रीय स्तर पर शांतिपूर्ण नाभिकीय परीक्षण के प्रति दिलचस्पी क ायम थी। 1975 में अंतर्राष्ट्रीय परमाणु ऊर्जा एजेंसी (इंटरनेशनल एटॉमिक एनर्जी एजेंसी) ने अपने सचिवालय में एक प्रकोष्ठ कायम कर दिया, ताकि सदस्य देशों द्वारा शांतिपूर्ण परमाणु परीक्षण सेवाओं तथा उसके सुरक्षात्मक व आर्थिक औचित्य के सवालों की जानकारी के लिए किए गए आग्रह पर विचार हो सके। इसके बाद अमेरिका ने अपने शांतिपूर्ण परमाणु परीक्षण कार्यक्रम को त्याग दिया तथा सोवियत संघ ने सन् 1980 के अंत में अपना ऐसा अंतिम परमाणु परीक्षण किया। एक बार अपनी क्षमताओं को दिखाने के बाद भारत ने भी अपनी अभिकल्पना को अधिक परिष्कृत करने के लिए और परीक्षण न करने का निर्णय लिया।

इस बीच, सन् 1964 में विखंडन बम के अपने प्रथम परीक्षण के समय से ही चीन ने एक परमाणु शस्त्रागार का निर्माण जारी रखा और यह सूचना भी मिली कि वह परमाणु हथियारों के उत्पादन में पाकिस्तान को भी सहायता दे रहा है। 11 तथा 13 मई 1998 को भारत ने पाँच भूमिगत परमाणु परीक्षण किए, जो अलग-अलग श्रेणी और प्रभाव के थे और विखंडन (फिशन) तथा संलयन (फ्यूज न), दोनों ही पर आधारित थे। तत्कालीन प्रधानमंत्री अटल बिहारी वाजपेयी ने संसद में यह घोषणा की कि "भारत अब एक परमाणु हथियार संपन्न देश बन गया है" और संकेत दिया कि भारत ने अंततः प्रतिरक्षा व्यवस्था में परमाणु हथियारों का समावेश कर लिया है। उन्होंने यह भी कहा कि हमारा इरादा इन हथियारों का उपयोग आक्रमण या किसी देश को धमकाने के लिए करना नहीं है, बल्कि ये हथियार आत्मरक्षा के लिए हैं। यह सुनिश्चित करने के लिए कि भारत किसी परमाणु धमकी या बल प्रयोग के आगे झुकने वाला नहीं है। 21वीं सदी की शुरुआत में भारत के परमाणु सिद्धांत के विचाराधीन मसौदे का आधार है, 'न्यूनतम विश्वसनीय परमाणु प्रतिरोधक क्षमता'।

स्वास्थ्य, सुरक्षा और पर्यावरण

प्रारंभ से ही नाभिकीय ऊर्जा कार्यक्रम में इस बात पर जोर दिया गया है कि किसी भी प्रकार के विकिरण स्रोत, चाहे वे रिऐक्टर, रेडियो आइसोटोप्स, एक्सरे मशीनें हो, त्वरक या अन्य उद्योग तथा चिकित्सा में काम आने वाले उपकरण हों,

आम जनता तथा काम करने वालों को सुरक्षित रखा जाए। 'रेडियो सामग्री तथा विकिरण स्रोतों को ट्रॉम्बे के परमाणु ऊर्जा प्रतिष्ठान में न केवल इस तरह उपयोग में लेना चाहिए कि किसी भी कर्मी या अन्य को उससे क्षति नहीं पहुँचे, बल्कि ऐसे बोधगम्य तरीके से भी कि देश के दूसरे संस्थानों को उनका अनुकरण करने के लिए कहा जा सके।' परमाणु ऊर्जा विभाग ने जो दूसरे क्रांतिकारी क दम उठाए उनमें महत्त्वपूर्ण था, परमाणु बिजली रिऐक्टरों के लिए जगह का चयन करते हुए स्थान को परिभाषित करना। वैसे तारापुर में सबसे पहले परमाणु बिजलीघर के निर्माण के समय ही इसे सुनिश्चित कर लिया गया था, जो समय की कसौटी पर खरा उतरा है। इन मापदंडों के अनुसार रिऐक्टर के 1.6 कि.मी. दूरी तक बगैर मानव बस्ती वाला अनिवार्य अपवर्जन क्षेत्र होना चाहिए। दूसरी आवश्यकता 5 कि.मी. की परिधि में जनसंख्या वृद्धि को नियमित रखने की होती है। तारापुर में पर्यावरण सर्वेक्षण प्रयोगशाला (ई.एस.एल.) की स्थापना की गई, जिससे रिऐक्टर के प्रारंभ होने के पहले पर्यावरण संबंधी आधारभूत जानकारी प्राप्त की जा सके तथा बाद में पर्यावरण पर निगरानी भी रखी जा सके। इस तरह ई.एस.एल. के माध्यम से भारत में सभी नाभिकीय शक्ति केंद्रों के पर्यावरण प्रभाव का मूल्यांकन एक सामान्य विशेषता है। हाल के वर्षों में औद्योगिक गतिविधियों के लिए पर्यावरण स्वीकृति के पूर्व पर्यावरण प्रभाव मूल्यांकन जरूरी होता है, लेकिन परमाणु प्रतिष्ठानों में ई.एस.एल. एक विशिष्ट लक्षण है।

सुरक्षा पहलुओं को देखते हुए परमाणु ऊर्जा कार्यक्रमों के लिए एक नियामक निकाय (रेग्युलेशन बॉडी) की आवश्यकता को पहचानकर 15 नवंबर 1983 को परमाणु ऊर्जा नियामक बोर्ड (ए.ई.आर.बी.) की स्थापना की गई। बोर्ड परमाणु ऊर्जा विभाग की पृथक् इकाई के रूप में कार्य करने लगा। सन् 1979 में अमेरिका के थ्री माइल द्वीप तथा सन् 1986 में यूक्रेन के चेर्नोबिल में परमाणु बिजलीघरों में हुई दुर्घटना के बाद सभी भारतीय रिऐक्टरों के सुरक्षा पहलुओं की विस्तृत समीक्षा की गई तथा उनकी रूपरेखा व प्रचालन विधियों में अतिरिक्त उपायों को शामिल किया गया। अब तक किसी भारतीय रिऐक्टर में सबसे गंभीर हादसा सन् 1993 में नरौरा की दूसरी इकाई में हुआ था, इसमें चलाते समय टर्बाइन की शाफ्ट टूट जाने के कारण इसमें आग लग गई थी, जिससे हाइड्रोजन तथा चिकनाई उत्पन्न करने वाले तेल ने आग पकड़ ली थी। यह केंद्र कई घंटे बिना बिजली के रहा। रूपरेखा में दिए गए स्वचालित नियंत्रण तंत्र (बैक-अप सिस्टम) ने रिऐक्टर को तुरंत बंद कर दिया तथा प्रशीतन की आपात व्यवस्था ने प्रभावी तरीक े से कार्य किया। इस हादसे में किसी

भी प्रकार के विकिरण का रिसाव न ही वातावरण में हुआ और न ही संयंत्र परिसर में। एहतियात के तौर पर नियामक बोर्ड ने देश में इसी तरह की अन्य रिऐक्टर इकाइयों को टबाईन परीक्षण एवं सुरक्षा उपायों को उन्नत करने की दृष्टि से बंद रखने को कहा। बोर्ड ने इस बात पर भी बल दिया कि दो इकाइयों के केवल मार्गों में भी पर्याप्त दूरी रखी जाए, ताकि किसी एक की गड़बड़ी के कारण दूसरी इकाई का कार्य प्रभावित न हो। दिसंबर 1994 तक बोर्ड द्वारा किए गए सभी संशोधनों के बाद नरौरा इकाई ने पुनः कार्य प्रारंभ कर दिया।

नाभिकीय ऊर्जा निगम (एन.पी.सी.) वर्ल्ड एसोसिएशन ऑफ न्यूक्लियर ऑपरेटर्स, वानो का सदस्य है तथा काकरापार स्थित अपने केंद्र का निरीक्षण इस एसोसिएशन के एक दल से करा चुका है। इसी तरह, भारतीय इंजीनियर भी टीम के सदस्य के रूप में विश्व के अन्य भागों में स्थित परमाणु शक्ति केंद्रों का निरीक्षण कर चुके हैं।

नाभिकीय ऊर्जा और विखंडन

विज्ञान के क्षेत्र में नाभिकीय ऊर्जा का विशेष महत्व है। इसमें धनावेशित व ऋणावेशित कक्ष होते हैं। परमाणु के नाभिक से विखण्डन द्वारा हमें जो ऊर्जा प्राप्त होती है, उसे नाभिकीय ऊर्जा कहते हैं। इन नाभिकों में विभिन्न प्रकार के तत्वों का संकुलन रहता है।

परंतु उनका कुल द्रव्यमान उनके घटक प्रोटीन और न्यूट्रॉनों के द्रव्यमानों के योगफल के बराबर हो, यह आवश्यक नहीं है। अतः जब नाभिक का कुल द्रव्यमान घटकों के द्रव्यमानों के योगफल से कम हो तो इन दोनों का अंतर ऊर्जा के रूप में विकीर्ण हो जाता है।

नाभिकों का निर्माण असम्भव होता है परन्तु इनको समान समस्थानिकों वाले नाभिकों में परिवर्तित कर सकते हैं। इन प्रक्रियाओं में यह संभावना रहती है कि प्रक्रिया में भाग लेनेवाले कणों के द्रव्यमान उत्पन्न कणों के सम्मिलित द्रव्यमान से अधिक हों। इस प्रकार ऊर्जा उपलब्ध होती है। उदाहरण के तौर पर, लिथियम पर जब क्षिप्रगामी प्रोटीनों की बमबारी की जाती है तो हीलियम के नाभिक प्राप्त होते हैं।

लिथियम का द्रव्यमान 7.01818 H^9 का 1.00813 तथा H^4 का 4.0038977 है। इस प्रकार बाईं ओर का सम्मिलित द्रव्यमान 8.02637 है तथा दाईं ओर का 8.

007981 है अतः 0.01853 इकाई द्रव्यमान का लोप होकर ऊर्जा में रूपातंरित हो जाता है। पदार्थ की इस क्षति से उत्पन्न ऊर्जा की आइंस्टाइन के निम्नलिखित ऊर्जा समीकरण से परिकलित किया जा सकता है

$E = mc^2$

जिसमें $E =$ ऊर्जा, $m =$ द्रव्यमान तथा $c =$ प्रकाश का वेग है। उपर्युक्त क्रिया के लिए

$m = 0.01853$ ग्राम

$c = 3 \times 10^{10}$ से.मी. प्रति सेकेंड

$= 0.16677 \times 10^{26}$ अर्ग

$= 0.4.63 \times 10^{5}$ KWH

ऐसा करने पर हीलियम के परमाणु आवेग से क्रियाशील हो जाते हैं तथा जिससे हम बड़ी मात्रा में अर्ज में प्राप्त कर सकते हैं। यह आइंस्टाइन के उपर्युक्त समीकरण की सत्यता को प्रमाणित करता है।

नाभिकीय ऊर्जा को प्राप्त करने की दो विधियाँ हैं जिससे ऊर्जा प्राप्त करने से संबंधित क्रियाओं को निम्नलिखित विधियों द्वारा स्पष्ट कर सकते हैं

भारी नाभिकों का विखंडन (विखंडन ऊर्जा)

परमाणु विभाजन की प्रक्रिया, नाभिकीय विखण्डन कहलाती है। ऐसा करने के लिए यदि हम बहुत भारी तत्व लें तथा उस पर न्यूट्रॉन नामक कणिकीय पदार्थ की बौछार करें तो उपर्युक्त वर्णित किले को तोड़ने जैसी स्थिति उत्पन्न हो सकती है क्योंकि भारी तत्वों के नाभिक पहले से ही कुछ अस्थिर (रेडियोएक्टिव) होते हैं। न्यूट्रॉन के अत्यंत सूक्ष्म आकार का तथा आवेशरहित होने के कारण उस पर न तो इलेक्ट्रॉन के ऋण आवेश रूपी अस्त्र और न नाभिक के प्रोटॉनों का धन आवेश रूपी अस्त्र कार्य करता है। वे अपने छोटे आकार के कारण नाभिक में आसानी से प्रवेश कर सकते हैं। इस प्रकार के कण नाभिक में प्रवेश करते ही न्यूट्रानों में मिल जाते हैं। इसके बाद उनका बाहर निकल पाना असम्भव हो जाता है। इस प्रकार विखंडन रूपी प्रक्रिया द्वारा इन्ही नाभिकों को तोड़ने का प्रयत्न किया जाता है जिनसे ऊर्जा रूपी धन मिलने की आशा होती है।

कुछ ऐसे भी परमाणु होते हैं जिनका विखंडन नहीं होता अतः ऐसे परमाणुओं पर विखंडन की प्रक्रिया नहीं की जाती। यह प्रक्रिया मात्र जैसे यूरेनियम-235, प्लूटोनियम-239 तथा यूरेनियम-233 आदि पर की जाती है। इस अभिक्रिया की

संभावना न्यूट्रॉनों की गति और परमाणु भट्टी में यूरेनियम-235 एवं अन्य पदार्थों के अनुपात पर निर्भर रहती है। सन् 1939 में ओटो हॉन ने देखा कि इस प्रकार के विखण्डन से प्राप्त ऊर्जा को आवश्यक कार्यों में लगाया जा सकता है। इसमें यूरेनियम बहुत महत्त्वपूर्ण धातु है ओर U^{235} या Pu^{239} के द्रुत विखंडन से प्रसूत शृंखलित क्रिया का परमाणु बम में उपयोग किया जाता है।

आजकल परमाणु भट्टी का प्रयोग अधिक मात्रा में प्लूटोनियम के उत्पादन हेतु करते हैं। इसमें वास्तव में नाभिकीय विखंडन की नियंत्रित शृंखला अभिक्रिया के द्वारा ऊर्जा उत्पन्न होती है, जिसे विद्युत शक्ति में परिवर्तित कर अनेक लाभदायक कार्यों में प्रयुक्त किया जाता है। एक सर्वेक्षण के अनुसार यूरेनियम, थोरियम इत्यादि का लगभग 10^8 टन भंडार पृथ्वी के गर्भ में अभी शेष है। यदि इसे पूर्ण रूप से ऊर्जा उत्पन्न करने के लिए प्रयुक्त किया जाए तो कुछ हजार वर्षों तक विश्व की ऊर्जा की आवश्यकता की पूर्ति की जा सकेगी। जहाँ पर इससे विभिन्न प्रकार का लाभ है वहीं पर इसके प्रयोग में विभिन्न प्रकार की समस्याएँ भी हैं।

प्राकृतिक यूरेनियम में यूरेनियम-235 की मात्रा मात्र 0.7 प्रतिशत होती है। शेष मात्रा यूरेनियम-238 की होती है। यूरेनियम-238 के विखण्डन में बहुत दुरूहता होती है। न्यूट्रॉनों की गति कम करने के लिए जिन पदार्थों का उपयोग किया जाता है उन्हें 'विमंदक' कहते हैं। परमाणु छोटे होने के साथ-साथ भारी भी नहीं होते। लघु तथ्य उदासीन होने के कारण न्यूट्रॉन इन पदार्थों में बहुत आसानी से प्रवास कर सकते हैं। अपने प्रवास के दौरान ये कण विमंदक के नाभिकों से टकराते हैं और उनकी कम मात्रा के कारण अपनी गति में काफी कमी का अनुभव करते हैं। न्यूट्रॉन अपने प्रवास के दौरान परमाणु भट्टी से बाहर भी निकल सकते हैं। ऐसे बाहर निकलने वाले न्यूट्रॉनों की संख्या अधिक हो तो शृंखलाबद्ध अभिक्रिया संभव नहीं होती है। इसी कारण यह अनिवार्य होता है कि परमाणु भट्टी को विशिष्ट परिमाण से बनाया जाय।

हल्के नाभिकों का संलयन (नाभिकीय संलयन ऊर्जा)

ऐसी प्रक्रिया में जब एक नाभिक दूसरे नाभिक में विलीन होते हैं तो नये नाभिक भार इन दोनों नाभिकों के संयुक्त भार से कम होता है। भार में जितनी कमी होती है उसी कमी के बराबर-बराबर ही हमें ऊर्जा की प्राप्ति होती है। इसका उपयोग कभी हाइड्रोजन बमों के निर्माण में ही व्यापक रूप से हो सका है। प्रकृति में इसका उदाहरण सूर्य में निरंतर हो रहे परमाणु संलयन के रूप में हमें मिलता है। सूर्य से

मिलने वाली अत्यधिक ताप और प्रकाश रूप में ऊर्जा इसी प्रक्रिया से उत्पन्न हो रही है। सूक्ष्मता से देखने पर स्पष्ट होता है कि सूर्य भी परमाणु ऊर्जा का ही पर्याय है। वैज्ञानिक अभी इसका विकास नियंत्रित तथा निरंतर प्राप्त हो सकने वाले ऊर्जा के रूप में नहीं कर पाए हैं।

जिस दिन यह हो जाएगा उस दिन विश्व की ऊर्जा समस्या हमेशा के लिए हल हो जाएगी; क्योंकि इसके लिए आवश्यक ईंधन (हाइड्रोजन के आइसोटोप ड्यूटेरियम) का पूर्ण भंडार समुद्रीय जल के रूप में हमें उपलब्ध है। समुद्र के पीनी में ड्यूटेरियम प्राप्त करने की लागत कोयले की उत्पादन क्षमता से कम आती है एक गैलन पानी में ड्यूटेरियम की ऊर्जा तुल्यता 265 गैलन पेट्रोल के दहन से उत्पन्न ऊर्जा के बराबर है। समुद्र में लगभग 10^{20} गैलन से अधिक पानी की मात्रा उपलब्ध है। इन अभिक्रियाओं के आधारभूत उत्पादन कण रेडियो सक्रिय नहीं होते हैं। संलयन अभिक्रियाओं की सबसे महत्त्वपूर्ण उपलब्धि सैन्य दृष्टि से है अर्थात् इससे अति विनाशकारी शक्तिशाली बम का निर्माण होता है। यह ड्यूटेरियम तथा ट्रीटियम से बनता है। ड्यूटेरियम नाभिकों के बीच संलयन से ट्रीटियम प्राप्त होता है।

यूरेनियम का ऊर्जा के क्षेत्र में महत्त्वपूर्ण स्थान है। एक पौंड यूरेनियम से तीन दिन में इतनी शक्ति निकलती है जितनी दस लाख ओंस पेट्रोल जलाने से प्राप्त होती है प्रो. अल्बर्ट आइंस्टाइन ने राष्ट्रपति फ्रैंकलिन डी. रूजवेल्ट को सन् 1941 में संकेत दिया था कि यूरेनियम विखंडन शृंखला प्रतिक्रिया एक भयँकर 'युद्ध अस्त्र' का काम दे सकती है। इसी के तहत 16 जुलाई 1945 को न्यू मैक्सिकी में अलामोगोदा रेगिस्तान के निकट ट्रिनिटी में अत्यधिक विनाशक क्षमता वाले परमाणु बम का वास्तविक परीक्षण संपन्न हुआ।

शृंखला अभिक्रिया ऐसी अभिक्रिया है जो प्रारम्भ होने पर फिर कभी भी नहीं रुकती। विखंडन शृंखला की कड़ियाँ न्यूट्रॉन हैं, जबकि संलयन शृंखला की कड़ियाँ प्रोटॉन या ड्यूट्रॉन हैं। विखंडन शृंखला अभिक्रिया को प्रारंभ कराने के लिए कम ऊर्जा वाले ऊष्मीय न्यूट्रॉन सबसे अधिक उपयोगी हैं। कार्बन चक्र और प्रोटॉन-प्रोटॉन चक्र अभिक्रियाओं की मंद गति के कारण संलयन शृंखला वाले ऊष्मीय कणों का महत्त्व बहुत कम होता है। इसी कारण हल्के नाभिकों की ओर ध्यान आकर्षित हुआ।

संलयन का नियंत्रण एक दुष्कर कार्य है। इस कार्य के लिए हाइड्रोजन के आइसोटोप ड्यूटेरियम तथा ट्रीटियम के परमाणुओं का संलयन सबसे आकर्षक है, क्योंकि इसके लिए सबसे कम तापमान एक करोड़ डिग्री (लगभग 1,00,00,000) प्रदान करना होगा। इस प्रक्रिया के लिए इन दोनों आइसोटोपों के परमाणुओं को

ऊपर बताए तापमान तक गरम करना होता है और केवल धन आवेशवाले नाभिक, जिन्हें 'प्लाज्मा' (Plasma) कहते हैं, शेष रह जाते हैं। इन नाभिकों की ऊर्जा भी इतनी अधिक हो जाती है कि इस अत्यधिक गतिज ऊर्जा भी इतनी अधिक हो जाती है कि इस अत्यधिक गति ऊर्जा के कारण उनके आपस में संलयन की संभावना बढ़ जाती है।

नाभिकीय ऊर्जा कहाँ से आती है?

सापेक्षता के सिद्धान्त के आधार पर अल्बर्ट आइंस्टीन ने स्पष्ट किया कि ऊर्जा एवं द्रव्यमान आपस में परिवर्तित हो जाते हैं। आइंस्टाइन से पहले के वैज्ञानिक द्रव्यमान संरक्षण के नियम तथा ऊर्जा संरक्षण के नियम पर विश्वास करते थे। इन नियमों के अनुसार, द्रव्यमान एवं ऊर्जा का अलग-अलग अस्तित्व था और उनको मात्र द्रव्यमान या केवल ऊर्जा के रूप में संरक्षित किया जा सकता था। जैसा कि विदित है, आइंस्टाइन ने इस तथ्य को इस प्रकार दर्शाया $E = mc^2$। इस सूत्र के अनुसार प्राप्त ऊर्जा द्रव्यमान की प्रकाश के वेग के वर्ग से गुणा करने से प्राप्त द्रव्यमान के बराबर होती है। यहाँ प्रकाश का वेग (c) 3×10^8 मी./सेकेंड है। अतः $C^2 = 9 \times 10^{10}$ द्रव्यमान की थोड़ी सी भी मात्रा से प्राप्त ऊर्जा बहुत होती है। नाभिक में प्रोटीन तथा न्यूट्रॉन को बाँधने से परमाणु बनता है जिसके चारों ओर प्रोटॉन चक्कर लगाते रहते हैं। गणनाओं द्वारा विदित हुआ है कि प्रोटीन, न्यूट्रॉन ओर इलेक्ट्रॉन के भार बढ़ा देने से तथा इसके पूर्व परमाणु के अंतिम भार से तुलना करने पर भार में जो अंतर आता है वहां परमाणु को टूटने से बचाने के लिए ऊर्जा में परिवर्तित हो जाता है।

परमाणु के टुकड़ों का भार संयुक्त भार से कम होता है जिसका प्रमुख कारण परमाणुओं का विखंडित होना है। इस छोटी सी भार हानि को 'द्रव्यमान क्षति' या 'मास डिफैक्ट' (Mass Defect) कहते हैं। यह भार हानि ऊर्जा में परिवर्तित होकर विखंडन के समय मुक्त हो जाती है। एक यूरेनियम परमाणु के विखंडन के समय द्रव्यमान क्षति 200 मिलियन इलेक्ट्रॉन वोल्ट होती है।

विखंडन प्रक्रिया

विखंडन प्रक्रिया में हम तीन विखंडनीय पदार्थों यूरेनियम-235, यूरेनियम-235 अथवा प्लूटोरियम-239 में से सर्वाधिक उपयांग में आने वाले यूरेनियम-235 को लेंगे। यूरेनियम-235 एक ऐसा विखण्डनीय पदार्थ है जो प्राकृतिक है।

अन्य दोनों मानव निर्मित हैं तथा इनमें से यूरेनियम-235 का प्रयोग व्यावहारिक रूप में नहीं किया गया है।

यदि यूरेनियम-235 पर न्यूट्रॉन नामक कणिकीय पदार्थों की बौछार की जाए तो निम्न प्रक्रिया संभव होती है

यूरेनियम-235 + न्यूट्रॉन यूरेनियम-236*

न्यूट्रॉन के अवशोषण से उत्पन्न यूरेनियम-236* अत्यंत उत्तेजित तथा अस्थायी अवस्था में होता है। उत्तेजित अवस्था को स्टार (*) चिह्न से दर्शाते हैं। यह शीघ्र ही विखंडित हो जाता है तथा इसकी प्रक्रिया निम्न होती है

यूरेनियम-236* (क) + (ख) + न्यूट्रॉन (2 से 3 तक) + ऊर्जा

(क) और (ख) दो अपेक्षाकृत हल्के परमाणु हैं। ये सदैव निश्चित तत्वों के न होकर विभिन्न तत्वों के रूप में उत्पन्न होते हैं। विखण्डन प्रक्रिया की प्रमुख विशेषताएँ निम्नवत् हैं

1. प्रत्येक विखंडन में इतनी अधिक ऊर्जा उत्पन्न होती है जो कि सामान्य रासायनिक प्रक्रिया की तुलना में हजारों गुना अधिक होती है। अतः परमाणु ऊर्जा के विखण्डन में खर्च कम आता है।

2. जोड़े के रूप में उत्पन्न दो हल्के परमाणु (क) एवं (ख) हमेशा ऐसे भार के होते हैं कि इन दोनों का तथा उत्पन्न न्यूट्रॉनों का संयुक्त भार, यूरेनियम-236 के उत्तेजित परमाणु के भार से कम होता है और यही कमी हमें आइंस्टाइन के सिद्धांत के अनुसार अत्यधिक ऊर्जा के रूप में प्राप्त होती है। यदा-कदा विखंडन में दो के स्थान पर तीन हल्के परमाणु भी उत्पन्न होते हैं; परंतु उस स्थिति में भी तीनों परमाणुओं तथा न्यूट्रॉनों का संयुक्त भार विखंडित होने वाले यूरेनियम-236 के परमाणु के भार से कम होता है।

3. विखंडन में उत्पन्न दो से तीन न्यूट्रॉनों का विशेष महत्व है। शृंखलाबद्ध प्रक्रिया की स्थापना में इसका विशेष महत्त्व है।

शृंखलाबद्ध प्रक्रिया

शृंखला प्रक्रिया में विखण्डन होने पर दो या तीन उत्पन्न न्यूट्रॉन यूरेनियम-235 के परमाणुओं को विखंडित कर सकते हैं। वह यूरेनियम-235 के अन्य परमाणुओं में विखंडन उत्पन्न कर सकते हैं। फिर इन दो या तीन विखंडनों द्वारा उत्पन्न न्यूट्रॉन और अधिक परमाणुओं का विखंडन कर सकते हैं। इस प्रकार सिद्धांत रूप में विखंडन प्रक्रिया बहुत तेजी से बढ़ सकते हैं तथा कुछ ही चरणों के बाद असीमित

ऊर्जा उत्पन्न हो सकती है। विखंडन प्रक्रिया के इस शृंखलाबद्ध रूप में प्रसार को 'शृंखलाबद्ध प्रक्रिया' कहते हैं।

यदि प्रति विखंडन द्वारा उत्पन्न दो या तीन न्यूट्रॉनों में से एक भी अगला विखंडन उत्पन्न न कर सके तो शृंखला टूट जाएगी ओर विखंडन प्रक्रिया बंद हो जाएगी। सिद्धांत रूप में इतनी सरल दिखने वाली प्रक्रिया को शृंखलाबद्ध रूप में कर पाने में अनेक समस्याएँ आती हैं; क्योंकि विखंडन द्वारा उत्पन्न न्यूट्रॉनों द्वारा ऐसा करना कठिन है। ऐसा करने की समस्याओं को समझने से पहले शृंखलाबद्ध प्रक्रिया के महत्त्व के बारे में कुछ जानकारी प्राप्त करना अच्छा रहेगा।

शृंखलाबद्ध प्रक्रिया के स्थापित करने या इसके सम्बन्ध पर विचार होने का प्रमुख कारण विखंडन में न्यूट्रॉन का उत्पन्न होना है। उस स्थिति में जितने न्यूट्रॉन हम किसी और स्रोत से उपलब्ध करा पाते उसी के अनुरूप कुछ विखंडन उत्पन्न कर सकते थे और बड़ी मात्रा में परमाणु ऊर्जा प्राप्त करना स्वप्न मात्र रह जाता। नाभिकीय स्रोत तीव्रता होने के कारण इसकी लागत भी अधिक आती है, परिणामतः नाभिकीय ऊर्जा के स्रोत में इसको सरलता से प्रयोग नहीं किया जा सकता।

यदि प्रति विखंडन एक न्यूट्रॉन ही उत्पन्न होता तो भी शृंखलाबद्ध प्रक्रिया स्थापित करना संभव न होता; क्योंकि यह सही है कि प्रत्येक प्रोट्रॉन के द्वारा नाभिकीय विखण्डन सम्भव नहीं है। औसतन एक से कम न्यूट्रॉन उत्पन्न होने पर तो ऐसा सिद्धांत रूप में भी संभव नहीं होता। यदि प्रति विखंडन औसतन दो से कम न्यूट्रॉन उत्पन्न होते तो भी विखंडन प्रक्रिया का ऊर्जा उत्पादन या रिएक्टर निर्माण में उपयोग कठिन था। इसका कारण यह है कि विखंडन दर को बढ़ाने तथा निर्धारित दर पर ऊर्जा प्राप्ति के लिए हमें प्रारम्भिक स्तर पर एक से अधिक न्यूट्रॉनों को प्रयोग में लाना पड़ेगा। यदि प्रति विखंडन दो से कम न्यूट्रॉन उत्पन्न हों तो एक से अधिक न्यूट्रॉनों द्वारा विखंडन कराना असंभव नहीं तो अत्यंत कठिन कार्य अवश्य है।

अतः न्यूट्रॉनों की संख्या अधिक होने पर हमें विभिन्न प्रकार के लाभ होते हैं परन्तु कम होने पर यदि हम इसका उपयोग न कर सकें तो हानि की संभावना भी बढ़ जाती है परंतु कम होने पर हम इस प्रक्रिया के उतने उपयोग न कर पाते जितने संभव हो सके हैं।

नाभिकीय विखंडन में जहाँ लाभ होते हैं वहीं विभिन्न प्रकार की हानियाँ भी होती हैं। न्यूट्रॉनों की गति इतनी तेज होती है कि ये अबाध गति से बाहर निकल आते हैं। यह आवश्यक नहीं है कि प्रत्येक न्यूट्रॉन का अवशोषण विखंडन ही उत्पन्न करे।

यदि हम प्राकृतिक यूरेनियम का उपयोग ईंधन के रूप में करें तो इसके अधिकांश (99.3 प्रतिशत) परमाणु यूरेनियम-238 के होते हैं। मात्र 0.7 प्रतिशत परमाणु यूरेनियम-235 के होते हैं, जिनका विखंडन होता है।

अतः इस बात की संभावना बहुत अधिक होती है कि विखंडन में उत्पन्न न्यूट्रॉन को जिन परमाणुओं का सामना करना पड़े वे यूरेनियम-238 के हों। ऐसा तभी होता है जब प्रक्रिया द्वारा जिसे न्यूट्रॉन अवशोषण प्रक्रिया कहते हैं, यूरेनियम-238 का परमाणु यूरेनियम-239 के परमाणु में बदल जाता है, जो रेडियो सक्रिय होने के कारण प्लूटोनियम-239 के परमाणु में बदल जाता है। वैसे तो प्लूटोनियम-239 भी विखंडनीय पदार्थ है और मानव निर्मित दो विखंडनीय पदार्थों प्लूटोनियम-239 तथा यूरेनियम-233 में से है अतः अत्यंत उपयोगी है। परंतु जहाँ तक शृंखलाबद्ध प्रक्रिया स्थापित करने का प्रश्न है यह एक ऐसी प्रक्रिया है कि उपयोगी न्यूट्रॉन का पूरी तरह से प्रयुक्त नहीं हो पाते। प्लूटोनियम-239 बनने की इस प्रक्रिया का उपयोग सामान्य रिएक्टरों और विशेष रूप से प्रजक रिएक्टरों में बहुत महत्वपूर्ण है।

इस प्रकार के कारणों से आभास होता है कि विखंडन में उत्पन्न न्यूट्रॉन को खो देना कितना संभाव्य है तथा शृंखलाबद्ध प्रक्रिया स्थापित करने में कितनी कठिनाइयाँ हैं, जिनका सामना इटली के वैज्ञानिक एनरिको फरमी को करना पड़ा होगा। विशेष रूप से प्राकृतिक यूरेनियम के ईंधन रूप में उपयोग करने पर, जिसमें मात्र 0.7 प्रतिशत परमाणु विखंडनीय पदार्थ यूरेनियम-235 के होते हैं, शृंखलाबद्ध प्रक्रिया स्थापित करना कितना महत्त्वपूर्ण अनुसंधान रहा होगा।

यह स्पष्ट किया जा चुका है कि प्रति विखण्डन द्वारा यदि प्रोटॉन अगला विखण्डन उत्पन्न करता है तो विखण्डन प्रक्रिया में निस्तरता आती रहती है। इस स्थिति को रिऐक्टर (Reactor) का 'क्रांतिक' (Crinical) होना कहते हैं। इसका अभिप्राय रिऐक्टर में कुछ खराबी होने से नहीं है। ऐसी स्थिति में एक निश्चित दर से विखंडन प्रक्रिया स्थापित हो जाती है और हमें ऊर्जा प्राप्त होने लगती है। यदि प्रति विखंडन से उत्पन्न न्यूट्रॉनों में से एक से अधिक न्यूट्रॉन विखंडन उत्पन्न करें तो इसे प्रक्रिया दर का 'अतिक्रांतिक' (Super Critical) होना कहते हैं। यदि अतिक्रांतिकता बहुत अधिक हो और नियंत्रण में न हो तो शीघ्र ही ऊर्जा अत्यधिक बढ़कर विस्फोट उत्पन्न कर सकती है। इस स्थिति का उपयोग परमाणु बम बनाने में किया जाता है।

परन्तु यदि प्रति विखंडन में उत्पन्न न्यूट्रॉनों में से औसतन एक से कम न्यूट्रॉन ही अगला विखंडन उत्पन्न करे तो शृंखलाबद्ध प्रक्रिया धीरे-धीरे बंद होने लगती है

तथा ऊर्जा उत्पादन दर भी घटने लगती है। इस स्थिति को 'अवक्रांतिकता' (Subcriticality) की संज्ञा देते हैं एवं रिऐक्टर को 'अवक्रांतिक' (Subcritical) कहते हैं। इस प्रकार के रिऐक्टरों को उपर्युक्त तीनों स्थितियों से गुजरना पड़ता है।

रिऐक्टर संचालन पद्धति 'फेल-सेफ' सिद्धांत पर आधारित होती है। इसका अर्थ यह है कि उसके संचालन में कोई गड़बड़ी आने पर, जिससे अतिक्रांतिकता नियंत्रण के बाहर जाने की संभावना उत्पन्न हो सके, रिऐक्टर स्वतः बिना चालक के बंद हो जाएगा तथा सुरक्षित अवस्था को प्राप्त कर लेगा। ऐसा विस्फोट होने की या पर्यावरण से होने वाली हानियों को रोका जाता है।

इस प्रकार हम सोच सकते हैं कि यदि प्राकृतिक यूरेनियम में विखंडनीय पदार्थ यूरेनियम-235 की मात्रा 0.7 प्रतिशत भी उपलब्ध नहीं होती तो नाभिकीय ऊर्जा का विकास करना शायद स्वप्न ही रह जाता, क्योंकि मानव निर्मित अन्य दोनों विखंडनीय पदार्थ प्लूटोनियम-239 एवं यूरेनियम-233 भी प्राकृतिक यूरेनियम पर आधारित रिऐक्टरों के निर्माण से ही संभव हो सके हैं। परमाणु एक हाइड्रोजन बम भी प्राकृतिक यूरेनियम में से यूरेनियम-235 को निकालने और परिष्कृत करने से ही संभव हो सके हैं। अतः प्रकृति की देन यूरेनियम-235 ही परमाणु ऊर्जा अथवा नाभिकीय ऊर्जा का आधार है। अतः सारांशतः हम यह कह सकते हैं कि इस क्षेत्र में वैज्ञानिकों ने मानव को ऊर्जा के क्षेत्र में विभिन्न प्रकार के स्रोत प्रदान किया।

5

पेट्रोलियम

पेट्रोलियम या भूतैल एक अत्यधिक उपयोगी पदार्थ है, जिसका उपयोग दैनिक जीवन में बहुत अधिक होता है। पेट्रोलियम वास्तव में हाईड्रोकार्बनों का मिश्रण होता है। इसका निर्माण भी कोयले की तरह वनस्पतियों के पृथ्वी के नीचे दबने तथा कालांतर में उनके ऊपर उच्च दाब तथा ताप के आपतन के कारण हुआ। प्राकृतिक रूप से पाए जाने वाले पेट्रोलियम को अपरिष्कृत तेल कहते हैं जो काले रंग का गाढ़ा द्रव होता है। इसके प्रभाजी आसवन से केरोसिन, पेट्रोल, डीजल, प्राकृतिक गैस, वेसलीन, ल्यूब्रिकेंट तेल इत्यादि प्राप्त होते हैं।

दरअसल जब तेल के भंडार पृथ्वी पर कहीं ढूंढे जाते हैं, तब यह गाढ़े काले रंग का होता है, जिसे क्रूड ऑयल कहा जाता है और इसमें हाइड्रोकार्बनों की बहुलता होती है। हाइड्रोकार्बनों की खासियत यह होती है कि इनमें मौजूद हाइड्रोजन और कार्बन के अणु एक दूसरे से विभिन्न शृंखलाओं में बंधे होते हैं। ये शृंखलाएँ तरह-तरह की होती हैं। यही शृंखलाएँ विभिन्न प्रकार के तेल उत्पादों का स्रोत होती हैं। इनकी सबसे छोटी शृंखला मिथेन नामक प्रोडक्ट का आधार बनती है। इनमें लंबी शृंखलाओं वाले हाइड्रोकार्बन ठोस जैसे कि मोम या टार नामक प्रोडक्ट का निर्माण करते हैं।

जब पृथ्वी से तेल खोद कर निकाला जाता है उस वक्त क्रूड ऑयल ठोस रूप में होता है। इससे तेल के विभिन्न रूप पाने के लिए क्रूड ऑयल में मौजूद

हाइड्रोकार्बन के विभिन्न शृंखला को अलग करना पड़ता है। हाइड्रोकार्बन की विभिन्न शृंखलाओं को अलग करने की प्रक्रिया केमिकली क्रास लिंकिंग हाइड्रोकार्बन कहलाती है, जिसे हम शोधन प्रक्रिया के नाम से जानते हैं। यह शोधन प्रक्रिया रिफाइनरीज में होती है। एक तरह से यह शोधन बेहद आसान भी होता है और मुश्किल भी। यह सरल तब होता है जब क्रूड ऑयल में पाए जाने वाले हाइड्रोकार्बन के बारे में पता हो और मुश्किल तब जब इसकी जानकारी नहीं होती है। दरअसल हर प्रकार के हाइड्रोकार्बन्स का बॉइलिंग पॉइंट यानी जिस पर शोधन के लिए वह वाष्पीकृत हो सके, अलग-अलग होता है। इस तरह डिस्टिलेशन की प्रक्रिया से उन्हें आसानी से अलग किया जा सकता है। ऑयल रिफाइनरी की पूरी प्रक्रिया में यह एक महत्वपूर्ण चरण होता है।

क्रूड ऑयल को अलग-अलग तापमान पर गर्म करके वाष्प एकत्रित करके तथा उसे दोबारा संघनित करके हाइड्रोकार्बन की अलग-अलग शृंखला निकाल ली जाती है। ऑयल रिफाइनरी में शोधन का यह सबसे सामान्य और पुराना तरीका है। बॉइलिंग टेंपरेचर का उपयोग करने वाली इस विधि को फ्रैक्शन डिस्टिलेशन कहते हैं। डिस्टिलेशन का एक तरीका यह भी होता है कि हाइड्रोकार्बन की एक लंबी चेन को जैसे का तैसा निकाल लेने के बजाए उसे छोटी-छोटी शृंखलाओं में तोड़कर निकाल लिया जाता है। इस प्रक्रिया को केमिकल प्रॉसेसिंग कहते हैं। इस सारी प्रक्रिया में ऑयल रिफाइनरी की अहम् भूमिका होती है।

वर्तमान समय में पेट्रोलियम पदार्थ की उपयोगिता अत्यन्त महत्त्वपूर्ण है। सम्पूर्ण विश्व में यह एक प्रमुख संसाधन के रूप में जाना जाता है अतः इसके संचित भण्डार एवं उत्पादन के क्षेत्रों या देशों पर आर्थिक या राजनीतिक प्रभुत्व स्थापित करने के लिए अन्तर्राष्ट्रीय क्षेत्र में सदैव दाँव-पेच चलते रहे हैं। अन्तर्राष्ट्रीय व्यापार के कुल मूल्य का लगभग दशांश पेट्रोलियम तथा तज्जनित पदार्थो से प्राप्त होता है। आजकल यह न केवल प्रमुख शक्ति-संसाधन है प्रत्युत् कई उद्योगों विशेषकर पेट्रोलियम-रासायनिक उद्योगों का मुख्य कच्चा माल भी है और इससे तथा इसके उत्पादों (by-products) से हम प्रत्यक्ष-अप्रत्यक्ष रूप से जीते-खाते, वस्त्र पहनते, यात्रा करते, उद्योग-धन्धे चलाते, फसलें और रासायनिक वस्तुएँ तैयार करते एवं आपत्ति काल में देश-रक्षा भी करते हैं। मोटर-गाड़ियों, हवाई जहाज, डीजल और कुछ समुद्री जहाज आदि यातायात के साधन, खेती के विभिन्न औजारों, खदानों तथा कारखानों के यन्त्र आदि के लिए शक्ति तथा शिलक्षणक (Lubricants) के रूप में एवं प्रकाश करने के लिये शक्ति के रूप में, इसका उपयोग दिन-प्रतिदिन बढ़ रहा है। अन्य विभिन्न प्रकार के

शिलक्ष्णकों, मोटर तेल, टरबाइन तेल, संपीडित तेल (Compressed Oil) विभिन्न प्रकार के ग्रीस, कृत्रिम रबर, प्लास्टिक, नाइलान-टेरीलिन एवं अन्य कई प्रकार के धागे तथा उनसे बने कपड़ों और अनेक दवाइयों एवं खाद्य सामग्रियों में इसका उपयोग हो रहा है। वस्तुतः पेट्रोलियम तथा उत्पादों की संख्या तथा मात्रा में जिस तीव्र गति से बढ़ोत्तरी हो रही है, उतनी शायद किसी भी औद्योगिक पदार्थ में नहीं हुई है।

संचित राशि वर्ल्ड रिसोर्सेज 1994-95 के अनुसार पेट्रोलियम की सन् 1991 में ज्ञात विश्व की कुल लगभग 135 अरब इकट्ठा भण्डार है। कुल खनिज तेल का भण्डार 5.6 मिलियन पेटाजुएल के समतुल्य है। इसका 84.75% विकासशील तेल निर्यातक क्षेत्रों (मध्य-पूर्व, लैटिन अमेरिका नाइजीरिया, द॰पू॰ एशिया) में है। वस्तुतः ओपेक के सदस्यों के संघ (लगभग 6%) का स्थान है। उत्तरी अमेरिका (3. 18%) एवं पश्चिमी यूरोप में (1.37) में अल्प किन्तु अति महत्त्वपूर्ण भण्डार है।

पश्चिमी-एशिया, उत्तरी अमेरिका, रूमानिया, पूर्व सोवियत संघ विश्व की वृहत्तम पेट्रोलियम-पेटी (Oil-Belt) है। दूसरी पेटी उत्तरी अमेरिका से मेक्सिको तक और पुनः वेनेजुएला-कोलम्बिया में दक्षिणी-अमेरिका में फैली है। तीसरी महत्त्वपूर्ण पेटी असम, बर्मा, इण्डोनेशिया और बोर्निया आदि द्वीपों में फैली है।

पेट्रोलियम उत्पादों के प्रकार पेट्रोलियम उत्पादन की तीन विधियाँ है, जो निम्नलिखित हैं

1. प्रथम विधि में वेधन या कूपों द्वारा तेल निकाला जाता है। यह सर्वाधिक प्रचलित तथा सस्ती विधि है। आजकल तीस-पैंतीस हजार फुट गहराई तक वेधन किया जा सकता है। पार्श्विक सुरंगों (driectional drilling) द्वारा महाद्वीप-मग्नतटीय भागों से भी तेल निकाला जाता है।
2. इस विधि से भू-गर्भ में कुओं द्वारा पानी, हवा, गैस या वाष्प फेंक कर तेल-संचयकारी चट्टानों में दबाव बढ़ाया जाता है और तेल को अन्य विकल्प कूपों से निकाला जाता है। प्राथमिक तथा द्वितीयक विधि दोनों का उपयोग करने पर भी किसी क्षेत्र में 40-60 प्रतिशत से अधिक तेल नहीं निकल पाता।
3. यहाँ पर तीसरी विधि का उपयोग होने लगा है जिससे विलायक निस्सारण प्रक्रिया (Solvent Recovery Method) में विलायकों (solvent) तथा अन्य रूप में ऊष्मा (heat) का उपयोग करके चट्टानों से तेल निकाला जाता है। मिश्रयता-कला स्थानान्तरण विधि (Miscible Phase Displacement) में ब्यूटेन तथा प्रोपेन गैस जैसे विलायकों द्वारा तेल वाले चट्टानों एवं बालुका-कणों को धोकर (washing out) उनमें निहित तेल को समीपस्थ तेल कूप में

पहुँचाकर वहाँ से निकाला जाता है। अनुमानतः इस विधि द्वारा सस्ते गैस की प्राप्ति होने पर छोड़े हुए सभी तेल-क्षेत्रों का लगभग सारा तेल निकाला जा सकता है।

आग-लगी विधि (Fire flooding) में तेल संचायक चट्टानों में आग फैला देने से अर्न्तभूमि (underground) में स्थित तेल फैल कर पतला हो जाता है। अग्नि-लपट के पहुँचने से पहले ही समीपस्थ तेल कूप में पहुँच जाता है जहाँ से उसे निकाल लिया जाता है। कुछ विद्वानों के अनुसार नाभिकीय (nuclear alteration) तथा पराश्रव्यों (Supersonics) का उपयोग करने पर द्रवीकरण विधि द्वारा अत्यन्त सस्ते में तेल निकल जायेगा। इन प्रक्रियाओं के चलते तीसरी विधि-निकट भविष्य में ही पेट्रोलियम-उत्पादन की मुख्य विधि हो जायेगी।

पेट्रोलियम-उत्पादन का परिवर्तित प्रतिरूप पेट्रोलियम के सीमित उत्पादन तथा विविध उपयोग का इतिहास सहस्रों वर्ष पुराना है। चीन में दया, मिस्त्र में प्रलेप, भूमध्य सागरीय क्षेत्रों में पत्थरों या ईंटों से इसके लिच तक एस्फाल्ट द्वारा दिवाल उठाने के लिए प्रगाढ़ तथा विभिन्न क्षेत्रों में प्रकाश के लिए इसका उपयोग होता था। भारत में भी शायद ईरान से आयतित तेल का विविध उपयोग होता था। आधुनिक काल में सर्वप्रथम तेल का कहाँ उत्पादन हुआ, इसके विषय में कुछ मतभेद हैं। पेसिलवानिया (संयुक्त राज्य) में टिटुसविल नामक स्थान को पहला आधुनिक उत्पादन क्षेत्र (1859) माना गया है। परन्तु संयुक्त राज्य की पत्रिका (World) के अनुसार रूमानिया में बुखारेस्ट से लगभग 65 मील उत्तर प्लोएस्ती (ploest) में खुदे कुओं से सन् 1857 में 2000 बैरेल तेल निकाला गया। सन् 1860 में दोनों से 509,000 बैरेल (रूमानिया में 9 हजार बैरेल तथा पेनसिलवानिया में 500 हजार बैरेल) तेल निकाला गया।

इस प्रकार सन् 1880 तक रूस, जर्मनी, पोलैण्ड, जापान एवं कनाडा में भी तेल उत्पादन शुरू हो गया था। सन् 1920 में संसार का कुल उत्पादन 68.8 करोड़ बैरेल और सन् 1927 तक 126.3 करोड़ बैरेल हो गया जिसमें संयुक्त राज्य प्रथम (90.1 करोड़ बै॰ विश्व का 71%), रूस द्वितीय (7.7 करोड़ बै॰-7%) मैक्सिको तृतीय (64 करोड़ बै॰-5%), तथा वेनेजुएला (6.3 करोड़ बै॰-5%), चतुर्थ थे।

ईरान के उत्पादन में भी तीव्र वृद्धि हुई तथा इराक और कोलम्बिया में भी उत्पादन शुरू हो गया। 1940 तक विश्व-उत्पादन 215 करोड़ बै॰ पहुँच गया, जिसमें संयुक्त राज्य का 63 प्रतिशत और पूर्व सो॰ संघ का 10 प्रतिशत भाग था। 1927-40 की अवधि में पश्चिमी एशिया तथा इण्डोनेशिया के उत्पादन में ढाई गुनी वृद्धि हुई।

उधर यूरोप में रूमानिया तथा जर्मनी में भी उत्पादन बढ़ा। उस अवधि में आस्ट्रिया एवं सऊदी अरब में भी उत्पादन शुरू हो गया। 1940-48 अवधि की सबसे बड़ी विशेषता पश्चिमी एशिया के उत्पादन में तीव्र प्रगति थी। सऊदी अरब ने इस अवधि में 50 लाख बै॰ से अपना उत्पादन लगभग 16 करोड़ बैरेल कर लिया, और उधर कुवैत में जहाँ सर्वप्रथम सन् 1946 में उत्पादन शुरू हुआ, सन् 1948 में लगभग 4. 3 बै॰ उत्पादन हुआ। प्रथम और द्वितीय विश्व युद्ध के भीषण नरसंहार के परिणाम स्वरूप इण्डोनेशिया के उत्पादन (9.9 करोड़ बैरेल) में प्रचुर ह्रास हुआ। 1948-1978 की अवधि में विश्व उत्पादन साढे छः गुना बढ़ गया, साथ ही प्रादेशिक उत्पादनअधिक संतुलित हो गया। अब पूर्व सोवियत संघ का वृहत् उत्पादन (18 प्रतिशत) हो गया साथ ही संयुक्त राज्य का भाग 60 प्रतिशत की जगह केवल 14 प्रतिशत रह गया। इधर सन् 1971 एवं सन् 1991 के दशकों में विभिन्न राजनीतिक और सामाजिक नीतियों के कारण कई बड़े उत्पादक-निर्यातक राष्ट्रों ने अपने उत्पादन पर रोक लगा दी है। ईरान-इराक युद्ध के कारण इनके उत्पादन पर विपरीत प्रभाव पड़ा है। इसलिए विश्व उत्पादन सन् 1971 ई॰ की अपेक्षा सन् 1991 में मात्र 9% बढ़ा। इराक पर राष्ट्र संघीय आर्थिक नाकेबन्दी के बाद उत्पादन कम हो गया।

पेट्रोलियम वितरण प्रतिरूप एशिया महाद्वीप सन् 1960 के पश्चात् संसार का वृहतम पेट्रोलियम उत्पादक महाद्वीप हो गया है, और संचित राशि भी अन्य सभी महाद्वीपों के सम्मिलित भण्डार से अधिक है। राष्ट्रसंघीय प्रकाशनों के अनुसार विश्व के लगभग 76 देशों में पेट्रोलियम का उल्लेखनीय उत्पादन होने लगा है। इनमें 25 देश एक हजार टन से अधिक उत्पादन करते हैं। विश्व का अधिकांश उत्पादन एशिया (36%) उत्तरी एवं मध्य-पूर्व अमेरिका (22%) एवं पूर्व सोवियत संघ (16%) में होता है। शेष महादेश एक चौथाई से कम भागीदार हैं।

दक्षिण पश्चिम एशिया इसके अन्तर्गत सऊदी अरब, ईरान, इराक, कुवैत स॰ अ॰ अमीरात, न्यूट्रल जोन, ओमान, कतर, बहरीन द्वीप, आबूधाबी, टर्की, इजरायल, तथा सीरिया में विश्व के कुल संचित भण्डार का 57% मिलता है। सम्पूर्ण प्रदेश में अनुकूल भू गर्भिक परिस्थिति (लगभग समूचा तेल अपनत संरचना की चट्टानों में भूमिगत है), सस्ते श्रम, हर देश में केवल एक या दो कम्पनियों के उत्पादन-अधिकार, वृहत् संचित भण्डार, वृहत् (विदेशी, अधिकाशंतः अमेरिका तथा ब्रिटिश) पूँजी तथा आधुनिकतम उत्पादन-प्राविधिकी के उपयोग, कुओं की न्यूनतम संख्या (जिससे संचित तेल इधर-उधर कमोबेश दबाव के कारण चलायमान नहीं रहता, परिणामतः प्रत्येक कुएँ से संसार में अधिकतम उपलब्धि

होती है), आदि कारणों से उत्पादन-लागत भी संसार में न्यूनतम है। इधर इन राष्ट्रों ने पेट्रोलियम-निर्यातक संघ (OPEC) के नियमानुसार अपने उत्पादनों में प्रचुर कटौती की है। सऊदी अरब ने सन् 1980-87 में भी अपना उत्पादन ढाई गुना कम किया है। कुवैत आदि देशों में भी उत्पादन कम हुआ है। इराक द्वारा कुवैत पर आक्रमण एवं खाड़ी युद्ध में हार के फलस्वरूप आर्थिक नाकेबंदी के कारण उत्पादन लगभग रुक गया था।

टर्की, इजरायल एवं उत्तरी इराक को छोड़कर लगभग सम्पूर्ण तेल-उत्पादक क्षेत्र फारस की खाड़ी के समीपस्थ भू-क्षेत्र एवं तटस्थ तलमग्न क्षेत्र में स्थित है। अरब के प्राचीन पठार तथा उत्तर के जाग्रोस पर्वतमाला के बीच स्थित क्षेत्र को समेटते हुए एक त्रिभुजाकार क्षेत्र है, जो फारस की खाड़ी से कुवैत, बहरीन, पूर्वी सऊदी अरब, ईरान एवं इराक के दक्षिणी क्षेत्र होते हुए एक त्रिभुजाकार क्षेत्र है जो फारस की खाड़ी से कुवैत, बहरीन, पूर्वी सऊदी अरब, ईरान एवं इराक के दक्षिणी क्षेत्र होते हुए उत्तरी इराक तथा टर्की तक क्रमशः पतला होता चला गया है। इस प्रदेश के प्रमुख उत्पादक क्षेत्र सऊदी अरब में धहरान, दम्मान, अबाकिक, कातिफ और थावर; कुवैत में बरगन (विश्व के वृहतम संचित भंडार का एकाकी क्षेत्र), ईरान में मस्जिद-ए-सुलेमान, हफ्त केल, आगाजारी, गचसरन, नफ्त सफेद, करमनशाह एवं कुमक्षेत्र; इराक में उत्तरी क्षेत्र (किरकुक एवं मोसुल के समीप) तथा दक्षिणी क्षेत्र (जुबेर, बसरा) एवं टर्की में रमन तथा बरजन क्षेत्र संसार के मुख्य क्षेत्रों में आते हैं।

इधर फारस की खाड़ी को मग्न तट भूमि में संसार का वृहतम मग्न-तट भूमि तेल भण्डार प्राप्त हुआ है। यह विशाल भूमि 10 से 15 मीटर पानी के नीचे है और कुवैत से लेकर दक्षिण में ट्रूसियल कोस्ट (Trucial Coast) तक लगभग एक हजार किलोमीटर लम्बाई में फैली हुई है। इस प्रदेश का अधिकांश तेल निर्यात होता है अतः मरुभूमि में तेल नलिकाओं का सघन जाल बिछा है।

दक्षिण-पूर्वी एशिया में इण्डोनेशिया (विश्व का 3%) वृहत्त पेट्रोलियम-उत्पादक देश है। यहाँ सुमात्रा (दक्षिण में पालेम्बाग तथा जाम्बल एवं उत्तर में मैदान क्षेत्र), बोनियों (बालिकयापान एवं ताराकान क्षेत्र), जावा (पूर्वोत्तरी छोर पर कावेनगान तथा सुराबांया) एवं न्यूगिनी (उत्तरी-पश्चिमी छोर कियामोनों क्षेत्र में) तथा सेरामू द्वीपों में तेल उत्पादन होता है पापुआ-न्यूगिनी में भी अधिक बड़े भण्डार प्राप्त होने का अनुमान लगाया जाता है। बोर्नियो द्वीप के ब्रूने क्षेत्र (सेरिया तथा मिरी क्षेत्र), म्यांमार (रंगून से उत्तर-पश्चिम चौक तथा येनांग एवं उर्ग क्षेत्रों में) एवं मलेशिया में संसार का लगभग 1% उत्पादन होता है।

भारतीय प्रदेश दक्षिण एशिया में केवल भारत तथा पाकिस्तान में तेल मिलता है। यद्यपि विश्व स्तर पर भारत पेट्रोलियम का अत्यन्त छोटा उत्पादक है, उसके उत्पादन में पिछले पचास वर्षों से तीव्र गति से वृद्धि हुई है। वस्तुतः भारत के पश्चिमी तथा उत्तरी भागों में विशाल खण्ड पर परतदार चट्टानों की घाटियाँ हैं, जिनमें तेल मिलने का अनुमान किया जाता है। सन् 1980 के एक करोड़ टन से उत्पादन बढ़कर अब लगभग तीन करोड़ टन हो गया है। 1971-91 अवधि में उत्पादन में 110 प्रतिशत की बढ़ोत्तरी होने के फलस्वरूप अब हमारा देश उत्पादन का लगभग 1% संसार के सकल उत्पादन का लगभग 1 प्रतिशत उत्पादन हो रहा है। भारत में सन् 1890 में ही असम में तेल मिला और सन् 1899 से क्रमशः असम आयल कम्पनी ने उत्पादन शुरू किया। सन् 1956 (द्वितीय पंचवर्षीय योजना के आरम्भ) तक असम का डिग्बोई क्षेत्र (लखीमपुर जिला) ही मुख्य उत्पादक था। उस समय तक भारत में 70 लाख टन तेल की खपत थी, परन्तु 4 लाख टन उत्पादन होता था। इधर कई नये क्षेत्रों में तेल के लिए सर्वेक्षण हुआ है जिसके फलस्वरूप असम में डिग्बोई के समीप माकुम पथरिया, लकवा एवं गुजरात के अंकलेश्वर, काम्बे गांधार तथा कलोल क्षेत्रों में व राजस्थान के बाड़मेर जिले में तेल के बड़े स्रोत मिले हैं। इसके अलावा गुजरात के अन्य क्षेत्रों में, पंजाब (जहाँ ज्वालामुखी तथा होशियारपुर क्षेत्रों में तेल-स्रोत मिले हैं), उत्तर प्रदेश एवं बिहार के तराई क्षेत्रों, तमिलनाडु तथा पश्चिमी बंगाल में सर्वेक्षण चल रहा है। मग्नतट भूमि में अलियावेट क्षेत्र तथा बाम्बे-हाई (Bombay High) से तेल निकालने में सफलता प्राप्त हो गयी है। कोरोमण्डल तट पर कृष्णा-गोदावरी एवं कावेरी थाला में उत्पादन, प्रारम्भ हो गया है। काम्बे की खाड़ी और कच्छ क्षेत्र में तेल मिलने की आशा है। अमेरिकी कम्पनियों से उत्पादन के लिये सहयोग हो गया है।

पूर्वी एशिया पूर्वी एशिया में चीन का उत्पादन 6281 पेटाजुएल हो गया है जो संसार के उत्पादन का 4.5 प्रतिशत है। सन् 1991 ई॰ में उत्पादन 1314 पेटाजुएल था। चीन में जेचवान तथा उत्तर पश्चिम में साइडम एवं यूमेन, शेंसी तथा सुदूर उत्तर-पश्चिम में रूसी सीमान्त पर कारामई में उत्पादन होता है। सिक्यांग, शेंसी तथा जेचवान क्षेत्र में और बड़ा भण्डार मिलने का अनुमान है। तेल उत्पादक क्षेत्र ह्वांगहो के ऊपरी बेसिन में लांग्चाऊ, जेचांग तथा ह्वांगहो डेल्टा क्षेत्र में, मंचूरिया, रेड बेसिन एवं दक्षिण-पूर्वी तट माओमिंग क्षेत्र में बिखरे मिलते हैं।

उत्तरी अमेरिका संयुक्त राज्य अमेरिका पेट्रोलियम उद्योग के शुरू से अब तक संसार का न केवल वृहतम उत्पादक एवं उपभोक्ता ही रहा है, प्रत्युत् संसार के

पेट्रोलियम उद्योग का वृहतम नियन्त्रक भी है। इसकी सीमा के अन्तर्गत निम्नलिखित उत्पादक प्रदेश हैं

1. मध्यवर्ती या महाद्वीपीय प्रदेश-मध्य एवं पूर्वी टेक्सास, ओक्लाहोमा एवं कंसास तथा उत्तरी लुसियाना-दक्षिणी अरकंसास के विशाल भू-खण्ड पर फैला है। बन्दरगाहों तथा उत्तरी-पूर्वी औद्योगिक प्रदेश के बाजारों तक पहुँचाने के लिये लाखों मील पाईपों का जाल बिछा है।
2. मेक्सिको खाड़ी-तटीय प्रदेश में दक्षिण एवं दक्षिण-पूर्वी टेक्सास तथा लुसियाना के दक्षिणी भाग से लेकर खाड़ी के मग्नतटीय भागों में 16 किमी॰ दूर तक पेट्रोलियम के भण्डार हैं।
3. रॉकी पर्वतीय प्रदेश, वृहत् मैदान (Great plains) तथा अन्तर्वर्ती भागों में छिटपुट तेल उत्पादन के क्षेत्र वायोमिंग, मोंटाना, उत्तरी डकोटा तथा ऊटा राज्यों में स्थित हैं। इस प्रदेश में शिला-तेल (Oils Shale) तथा तार सैंड्स (Tar Sands) के वृहत् संचय भण्डार हैं जिनके आर्थिक स्तर पर उत्पादन के लिये अनुसन्धान कार्य हो रहा है।
4. कैलिफोर्निया प्रदेश में अधिकतर उत्पादन सान घाटी तथा लॉस एंजेल्स क्षेत्र में होता है, किन्तु पेट्रोलियम पदार्थो का वृहत् भंडार समुद्री क्षेत्र में ही उपलब्ध है।
5. अलास्का में कोयले की तरह ही पेट्रोलियम का भण्डार भी अधिक है और परिवहन के साधनों के विकास से उत्पादन बढ़ रहा है।
6. अपलेशियन प्रदेश में न्यूमार्क राज्य से लेकर केंटकी तक।
7. वृहत् झील-समीपवर्ती प्रदेश में इलिनायज, एण्डियाना, ओहायो तथा मिशिगन राज्य।

कनाडा (संसार का लगभग 3% उत्पादन) का लगभग 95% पेट्रोलियम अल्बर्टा प्रान्त (लेड्यूक क्षेत्र) से प्राप्त होता है किन्तु समकैचेवा, मैनीटोबा तथा ब्रिटिश कोलम्बिया में भी तेल प्राप्त होता है।

रूसी फेडरेशन विश्व का 9.2% उत्पादन होता है। 1. बोल्गा-यूराल प्रदेश, मास्को से लगभग 1600 किलोमीटर पश्चिम उत्तर में किरोब तथा दक्षिण में सारातोब नामक नगरों से घिरा विशाल चतुर्भुजाकार प्रदेश है। यहाँ 75% तेल पर्म, ऊफा तथा कुइबीशेव क्षेत्रों में प्राप्त होता है, 2. काकेशस प्रदेशः (क) बाकू क्षेत्र जो कास्पियन सागर से पश्चिम स्थित है, (ख) ग्रोझनी एवं (ग) मैकप जो काकशेस पर्वत के क्रमशः उत्तर दक्षिण में स्थित है। कास्पियन सागर की मग्न-तट भूमि में भी अब उत्पादन

किया जा रहा है। 3. कास्पियन सागर के इर्द-गिर्द जैसे उत्तर में एम्बा क्षेत्र मैगिश्लक अन्तरीप (जहाँ 1961 में तेल प्राप्त हुआ) दक्षिण-पूर्व में टकंमेन (Tukmen) क्षेत्र, ताशकंद के दक्षिण-पूर्व फरगना घाटी क्षेत्र 4. दूसरे जो छिटफुट विभिन्न भागों में स्थित है, जैसे सुदूर उत्तर में उख्ता क्षेत्र, पश्चिमी यूक्रेन का बोरिस्लाव क्षेत्र तथा; 5. सुदूर पूर्व का सखालीन द्वीप जहाँ प्रतिवर्ष बीस लाख टन तेल निकल रहा है यहाँ अधिकांश तेल-क्षेत्र 40 उत्तरी अक्षांश के उत्तर में स्थित है।

रूस में वोल्गा से बैकाल झील तक 3700 किमी॰ तेल-पाईप है, और दूसरा पाईप जाल पूर्वी यूरोप के देशों को निर्यात के लिए पूर्ण हो चुका है।

दक्षिणी अमेरिका उत्पादन-क्रम से वेनेजुएला (विश्व का 4.6 प्रतिशत), ब्राजील, अर्जेन्टाइना, कोलम्बिया, प्रमुख उत्पादक हैं। 1985-95 से वेनेजुएला के उत्पादन में 96% है। निर्यात के लिए यातायात के साधनों के साधनों का अच्छा विकास हुआ है।

वेनेजुएला का लगभग 70 प्रतिशत उत्पादन माराकाइयो झील एवं समीपवर्ती प्रदेश तथा पूर्वी लॉनोज में ओरीनिको नदी-घाटी के छिटपुट क्षेत्रों तथा दक्षिण-पश्चिम आपुरे नदी घाटी में होता है। पास ही बहिर्तटीय कुराकाओं तथा आरूबा द्वीपों में वृहत् तेल-शोधनशालायें है। यहाँ का लगभग 90 प्रतिशत तेल निर्यात हो जाता है। ब्राजील में बहिया क्षेत्र मुख्य है 1. ऊपरी, 2. मध्य एवं 3. निचली मेग्डालेना घाटी के क्षेत्र तथा 4. मारकाइबो बेसिन का धुर दक्षिणी क्षेत्र।

अर्जेन्टाइना में पाटागोनिया मरु भाग (चुबुट क्षेत्र) तथा एण्डीज पर्वत के पूर्वी छोर (मेंडोजा, निउक्वेन एवं कोमोडोरो रिवादेविया) में स्थित है। ब्युनसआयर्स क्षेत्र में शोधशाला है। पीरू का 90 प्रतिशत तेल उत्तरी मरुभाग के पिउरा प्रदेश के 6 क्षेत्रों में तथा शेष 10 प्रतिशत एन्डीज पर्वत के पूर्व स्थित क्षेत्र में उत्पन्न होता है। चीली (मैगेलन स्ट्रट क्षेत्र), बोलीविया (एन्डीज पर्वतीय भाग) एवं इक्वेडोर (सांता एलेना प्रायद्वीपीय क्षेत्र) में भी अल्प मात्रा में तेल प्राप्त होता है।

यूरोप यद्यपि यूरोप संसार का लगभग 21 प्रतिशत खनिज तेल उपभोग करता है। इसका उत्पादन केवल 19 प्रतिशत है। संचित भण्डार भी केवल 1.5% है जिसका लगभग एक-तिहाई केवल रूमानिया में संचित है। प्रादेशिक वितरण की दृष्टि से पश्चिमी यूरोप अधिक तेल-विहीन है। यू॰ के॰ यूरोप के कुल उत्पादन का 60 प्रतिशत तेल उत्पादन करता है। यहाँ उत्तरी सागर से अधिक तेल निकाला जाता है। विद्यमान उत्पादन दर से प॰ यूरोप का खनिज तेल मात्र 10 वर्षों तक चल सकता है।

अफ्रीका उत्तरी अफ्रीका (लीबिया, अल्जीरिया मिस्र) तथा नाइजीरिया के तेल क्षेत्रों के विकास से विश्व के पेट्रोलियम-मानचित्र पर सन् 1960 के बाद क्रांतिकारी परिवर्तन हुआ है। सहारा के बीस लाख वर्गमील से अधिक के भू-भाग में तेल के वृहत् भण्डार फैले हैं। यहाँ व्यापारिक दृष्टि से कई अनुकूल दशाएँ उपलब्ध हैं। भूमध्यसागरीय यूरोपीय संघ के देशों के लिए यह सबसे समीप है यहाँ न तो स्वेज नहर का भारी टैक्स, न राजनीतिक बाधाएँ हैं; भूमध्य सागरीय बन्दरगाहों मौपिलिये, जेनोवा तथा ट्रिएस्ट (इटली) एवं लैवेरा (फ्रांस) से लम्बे तेल-पाईपों द्वारा इटली, फ्रांस, स्विट्जरलैंड, जर्मनी, आस्ट्रिया आदि को जोड़ दिया गया है। लीबिया में सन् 1959 में लगभग एक दर्जन क्षेत्रों में तेल उत्पादन का विकास हुआ है, सन् 1970 के 17 करोड़ उत्पादन के साथ लिबिया विश्व का पाँचवाँ बड़ा उत्पादक था। किन्तु बाद के वर्षों में ऊर्जा-संकट से इसने उत्पादन घटा दिया है। अब यह विश्व का 2 प्रतिशत से कुछ अधिक उत्पादन करता है। जेल्टेन (Zelten) क्षेत्र यहाँ का प्रमुख उत्पादन क्षेत्र है जो भूमध्य सागर में स्थित सिटें खाड़ी से केवल 160 किमी॰ दूर है और तेल-पाईप द्वारा सम्बद्ध है। नाइजीरिया अफ्रीका (विश्व का 3%) हो गया है। मिस्र (1.5 प्रतिशत) एवं अल्जीरिया (1.9%) (8000 वर्गमील विस्तीर्ण हासीमसूद क्षेत्र) अपेक्षाकृत छोटे उत्पादक हैं। मिस्र का ब्लायन मरु मुख्य उत्पादक क्षेत्र है।

तेल तथा तज्जनित पदार्थों का परिवहन महत्त्व एवं सस्तेपन की दृष्टि से निन्नलिखित साधन प्रमुख हैं

1. समुद्र या जल मार्गी तेल-पोत (Oil tankers)
2. तेल-नल (Oil pipelines)
3. बजरा या तेल-नौकायें
4. रेल मार्ग,
5. तेलवाही ट्रक।

6

प्राकृतिक गैस

प्राकृतिक गैस कई गैसों का मिश्रण है जिसमें मुख्यतः मिथेन होती है तथा 0-20 प्रतिशत तक अन्य उच्च हाइड्रोकार्बन (जैसे इथेन) गैसें होती हैं। प्राकृतिक गैस ईंधन का प्रमुख स्रोत है। यह अन्य जीवाश्म ईंधनों के साथ पायी जाती है।

प्राकृतिक गैस का महत्त्व विगत 25 वर्षों में उत्पादन एवं उपभोग के क्षेत्र में व्यापक तौर पर बढ़ा है। इसके मुख्य कारण हैं

1. कोयला तथा पेट्रोलियम की अपेक्षा इसका उत्पादन और वितरण सुगम और कम खर्चीला होता है, तथा संचय के लिए अधिक स्थान की जरूरत नहीं होती।
2. यह पूर्णतया ज्वलनशील और गंध एवं कालिख रहित स्वच्छ ईंधन है।
3. इसमें विनिर्मित गैस (Manufactured Gas) की अपेक्षा दूनी ऊष्मा प्राप्त होती है।
4. उसे जलाने में कठिनाई नहीं होती, और समान रूप से बराबर ऊष्मा के साथ जलती रहती है। बिजली की तरह गैस-उपकरण भी क्षमता के अनुसार ऊष्मा ले सकते हैं। इसी ताप स्थैतिक नियन्त्रण (Thermo static Control) गुण के कारण घरों को गर्म करने तथा कई धातुकर्मी कार्यों (Metallurgical Operations) में इसका इस्तेमाल बढ़ रहा है।
5. यह अपेक्षाकृत सस्ती है।

उत्पादन प्रतिरूप विगत् तीन दशकों से प्राकृतिक गैस का उत्पादन बड़ी तेजी से बढ़ोत्तरी किया है। सन् 1960-70 दशक में उत्पादन दुगुने से अधिक हो गया और इधर पुनः सन् 1971-91 में 39 प्रतिशत वृद्धि हुई है। संसार के कुल उत्पादन का अधिकांश पूर्व सोवियत संघ (37 प्रतिशत), उत्तरी अमेरिका (33 प्रतिशत), यूरोप (21 प्रतिशत) और एशिया में (27 प्रतिशत) होता है। मात्र दो देश रूस (26 प्रतिशत) और अमेरिका मिलकर 61 प्रतिशत उत्पादन करते हैं। दूसरे राष्ट्र छोटे उत्पादक हैं। कनाडा, नीदरलैंड्स, यूनाइटेड किंगडम, इण्डोनेशिया एवं अल्जीरिया भी महत्त्वपूर्ण हैं।

यूरोप पूर्वी यूरोप में रूमानिया (ट्रांससिल्वानिया बेसिन), पौलेण्ड और हंगरी तथा पश्चिमी यूरोप में नीदरलैंड्स, फ्रांस, जर्मनी एवं आस्ट्रिया महत्त्वपूर्ण उत्पादक है। फ्रांस (पिरेनीज पर्वत-पदीय भाग), नीदरलैण्ड् (ग्रोइनिंगेन क्षेत्र) तथा ब्रिटेन (उत्तर सागर) में बड़े गैस-क्षेत्र प्राप्त हुए हैं। नीदरलैण्ड्स का गैस-क्षेत्र कनाडा के संचित भण्डार से बड़ा है। ब्रिटेन उत्तर सागर से गैस उत्पादन करके सन् 1975 के बाद बड़ा उत्पादक हो गया है।

पूर्व सोवियत संघ इसके अन्तर्गत संसार का एक-तिहाई से ज्यादा संचित राशि पाई जाती है तथा उत्पादन में इसका स्थान प्रथम है। यहाँ अधिकांश गैस यूक्रेन, वोल्गा बेसिन, पश्चिमी तथा पूर्वी साइबेरिया एवं मध्य एशिया से प्राप्त होती है। बुखारा-खीवा बेसिन में वृहत्तम संचित भण्डार है। जनसंख्या के वितरण तथा बाजार के अनुसार यहाँ अपेक्षाकृत सन्तुलित वितरण है यद्यपि औद्योगिक प्रदेश में यूराल तथा मास्को प्रदेश में गैस का पारेषण करना आवश्यक होता है। रूस से गैस का निर्यात एक पाईप द्वारा यूरोपीय देशों को करने की योजना है।

संयुक्त राज्य की लगभग 90 प्रतिशत संचित राशि टैक्सास-लुसियाना-कंसास-न्यूमेक्सिको राज्यों तथा कैलिफोर्निया में प्रायः 67% संचित राशि तथा 69% उत्पादन टेक्साइन तथा लुसियाना में होता है और शेष का अधिकांश ओक्लाहोमा न्यूमेक्सिको, कंसास, कैलिफोर्निया में होता है, अधिकांश गैस आज के प्रमुख बाजारों उत्तर-पूर्वी औद्योगिक प्रदेश तथा पश्चिमी प्रदेश से दूर के प्रदेशों में स्थित है। सन् 1960 के बाद लगभग सभी बड़े बाजार पाईपों द्वारा उत्पादक प्रदेशों से जुड़ गये हैं। जनवरी 1960 में लगभग 10.644 किलोमीटर केवल गैस पाईप थे। कुल राष्ट्रीय ऊर्जा-उपयोग की तिहाई में अधिक मात्रा गैस से मिलती है।

कनाडा कनाडा की लगभग 75 प्रतिशत गैस 'शुष्क' गैस है। अधिकांश भण्डार दक्षिणी अल्बट्रा ब्रिटिश कोलम्बिया के सीमान्त प्रदेश में पीस नदी घाटी में

संचित है। महाद्वीपीय वृहत् नलों (Trunk Pipe Line) के द्वारा न केवल पश्चिम में बैंकोवर तथा पूर्व में टोरंटो-मॉन्ट्रियल क्षेत्र तत्व प्रत्युत् संयुक्त राज्य में कैलिफोर्निया तक गैस को पारेषित किया जाता है।

लैटिन अमेरिका में मेक्सिको, वेनेजुएला तथा अर्जेन्टीना मुख्य गैस उत्पादक राष्ट्र हैं। मेक्सिको में पोजारिका, सिडडाड, पेमेक्स (ग्वाटेमाला की सीमा के समीप), रेनोजा एवं ताबास्कों गैस क्षेत्र प्रमुख हैं और सारे देश को गैस-पाईप द्वारा सम्बद्ध किया जा रहा है। वेनेजुएला का अधिकांश गैस माराकाइबो बेसिन (प्रमुख पेट्रोलियम प्रदेश) में संचित है। अर्जेन्टीना में भी पश्चिमी भाग में प्राप्त गैस को पाईप द्वारा उत्तर तथा दक्षिणी भागों से सम्बद्ध किया जा रहा है। ट्रिनिडाड-टुबैगो से भी अधिक तीव्र गति से चिली, कोलम्बिया तथा ब्राजील का उत्पादन बढ़ रहा है।

एशिया ईरान, इण्डोनेशिया, कुवैत, अफगानिस्तान, इराक, ब्रूनेई, पाकिस्तान, भारत और जापान प्रमुख गैस उत्पादक देश हैं। पाकिस्तान में बलूचिस्तान के सुइ (Sui) तथा अन्य क्षेत्रों में इसका उत्पादन तेजी से बढ़ा है। जापान में घरेलू उत्पादन के अतिरिक्त काफी गैस द्रवीभूत रूप में दक्षिण-पश्चिमी एशिया से आती है। भारत में असम के पेट्रोलियम-क्षेत्रों से प्राप्त गैस का वितरण तेजी से बढ़ रहा है।

तेल एवं प्राकृतिक गैस निगम लिमिटेड

तेल और प्राकृतिक गैस निगम लिमिटेड (ओएनजीसी) 23 जून 1993 से प्रारंभ हुई एक भारतीय सार्वजनिक क्षेत्र की पेट्रोलियम कंपनी है। इसे फॉर्च्यून ग्लोबल 500 द्वारा 335वें स्थान पर रखा गया है। यह भारत में कच्चे तेल के कुल उत्पादन में 77 प्रतिशत और गैस के उत्पादन में 81 प्रतिशत का योगदान करती है। यह सार्वजनिक क्षेत्र की सबसे अधिक लाभ अर्जित करने वाली कंपनी है। इसे 14 अगस्त, 1956 को एक आयोग के रूप में स्थापित किया गया था। इस कंपनी में भारत सरकार की कुल इक्विटी हिस्सेदारी 74.14 प्रतिशत है।

ओएनजीसी कच्चे तेल के अन्वेषण और उत्पादन गतिविधियों में संलिप्त है। इसकी हाइड्रोकार्बन के अन्वेषण और उत्पादन गतिविधियाँ भारत के 26 तलछटी बेसिनों में चल रही हैं। यह भारत के कच्चे तेल की कुल आवश्यकता का लगभग 30 प्रतिशत उत्पादन करती है। इसके स्वामित्व में एक 11,000 किलोमीटर लम्बी पाईपलाइन है जिसका परिचालन यह स्वयं करती है। मार्च 2007 तक यह मार्केट कैप के संदर्भ में यह भारत की सबसे बड़ी कंपनी थी।

7

कोयला

कोयला एक ठोस कार्बनिक पदार्थ है जिसको ईंधन के रूप में प्रयोग में लाया जाता है। ऊर्जा के प्रमुख स्रोत के रूप में कोयला अत्यंत महत्वपूर्ण है। कुल प्रयुक्त ऊर्जा का 35 प्रतिशत से 40 प्रतिशत भाग कोयले से प्राप्त होता है। विभिन्न प्रकार के कोयले में कार्बन की मात्र अलग-अलग होती है। कोयले से अन्य दहनशील तथा उपयोगी पदार्थ भी प्राप्त किये जाते हैं। ऊर्जा के अन्य स्रोतों में पेट्रोलियम तथा उसके उत्पाद का नाम सर्वोपरि है।

कोयला और कोयल दोनों संस्कृत के कोकिल शब्द से निकले हैं। साधारणतया लकड़ी के अंगारों को बुझाने से बच रहे जले हुए अंश को कोयला कहा जाता है। उस खनिज पदार्थ को भी कोयला कहते हैं जो संसार के अनेक स्थलों पर खानों से निकाला जाता है। पहले प्रकार के कोयले को लकड़ी का कोयला या काष्ठ कोयला, और दूसरे प्रकार के कोयले को पत्थर का कोयला या केवल कोयला कहते हैं। एक तीसरे प्रकार का भी कोयला होता है जो हड्डियों को जलाने से प्राप्त होता है। इसे हड्डी का कोयला या अस्थि कोयला कहते हैं।

तीनों प्रकार के कोयले महत्व के हैं और अनेक घरेलू कामों, रासायनिक क्रियाओं और उद्योग-धंधों में प्रयुक्त होते हैं। कोयले का विशेष उपयोग ईंधन के रूप में होता है। कोयले के जलने से धुआँ कम या बिल्कुल नहीं होता। कोयले की आँच

तेज और लौ साफ होती है तथा कालिख या कजली बहुत कम बनती है। कोयले में गंधक बहुत कम होता है और वह आग जल्दी पकड़ लेता है। कोयले में राख कम होती है और उसका परिवहन सरल होता है। ईंधन के अतिरिक्त कोयले का उपयोग रबर के सामानों, विशेषतः टायर, ट्यूब और जूते के निर्माण में तथा पेंट और एनैमल पालिश, ग्रामोफोन और फोनोग्राफ के रेकार्ड, कार्बन, कागज, टाइपराइटर के रिबन, चमड़े, जिल्द बाँधने की दफ्ती, मुद्रण की स्याही और पेंसिल के निर्माण में होता है। कोयले से अनेक रसायन भी प्राप्त या तैयार होते हैं। कोयले से कोयला गैस भी तैयार होती है, जो प्रकाश और ऊष्मा प्राप्त करने में आजकल व्यापक रूप से प्रयुक्त होती है।

कोयले की एक विशेषता रंगों और गैसों का अवशोषण है, जिससे इसका उपयोग अनेक पदार्थों, जैसे मदिरा, तेलों, रसायनकों, युद्ध और अश्रुगैसों आदि के परिष्कार के लिये तथा अवांछित गैसों के प्रभाव को कम या दूर करने के लिये मुखौटों में होता है। इस काम के लिये एक विशेष प्रकार का सक्रियकृत कोयला तैयार होता है जिसकी अवशोषण क्षमता बहुत अधिक होती है। कोयला बारूद का भी एक आवश्यक अवयव है।

कोयले के विविध रूप

लकड़ी से कोयला बनाने तक की प्रक्रिया में पाँच प्रमुख अवस्थाओं के पदार्थ मिलते हैं लकड़ी, पीट लिग्नाइट (भूरा कोयला), बिटुमिनस कोयला तथा ऐंथ्रासाइट कोयला। उपर्युक्त पदार्थों की अलग-अलग विशेषतायें हैं जिनमें सर्वप्रमुख अन्तर कार्बन की सम्पन्नता का है, जिससे ऊष्मा परिमाण निर्धारित होता है। लकड़ी में केवल 0.3% परन्तु, ऐन्थ्रासाइट में 91-96 प्रतिशत तक कार्बन मिलता है। इसीलिए ऐन्थ्रासाइट में लकड़ी तथा पीट से साढ़े तीन गुना तथा लिग्नाइट से ढाई गुना अधिक ताप मिलता है।

वस्तुतः पीट कोयला नहीं है। उसकी बनावट लकड़ीनुमा होती है। कोयला-रूप लिग्नाइट से प्रारम्भ होता है जिसमें अपेक्षाकृत कार्बन (29 प्रतिशत) कम होने के कारण इसे भूरा कोयला भी कहते हैं। यह धुआँ अधिक और ताप कम देता है और खुली हवा में रहने पर शीघ्र ही चूरा हो जाता है। इसकी बनावट लकड़ी की तरह रेशेदार होती है। बिटुमिनस कोयले को कार्बन सम्पन्नता, वाष्प-शील द्रव्यों, एवं नमी आदि की दृष्टि से तीन प्रमुख भागों में बाँटते हैं

बिटुमिनस बिटुमिनस कोयला संसार का सर्वाधिक उत्पादित, प्रयुक्त तथा सर्वप्रमुख औद्योगिक कोयला है। इसमें अपेक्षाकृम कम नमी (3-11%) परन्तु वाष्पशील द्रव्य (30-42%) अधिक रहने से इसका रंग अधिकतर काला व चमकदार होता है। कड़ा रहने के कारण चूरा बहुत कम बनता है। ऐंथ्रासाइट कड़ा, घनीभूत आबनूस की तरह काला एवं चमकीला होता है जिसमें नमी नहीं के बराबर और कार्बन-सम्पन्नता अत्यधिक (91-96 प्रतिशत) होती है। बिना धुआँ तथा राख के यह नीली लौ के साथ जलता है और मकानों को गर्म रखने के लिए यह आदर्श कोयला होता है।

कोयले का उपयोग ऊष्मा-उत्पादन तथा यांत्रिक ऊर्जा के लिये कई विधियों से कोयले का उपयोग होता है। कोयले की ऊष्मा-उत्पादकता बढ़ाने के लिये उसे साफ करना, विशिष्ट आकार में तोड़ना और चालना आदि क्रियाएँ बढ़ रही हैं। लिग्नाइट अथवा अन्य घटिया कोयले का चूरा बनाकर पुनः उन्हें दबाकर वृष्टिकायें तैयार की जा रही हैं। ऊर्जा के अतिरिक्त धातुकर्मी तथा रासायनिक कारखानों की कई प्रक्रियाओं में कोयले का कच्चे माल के रूप में उपयोग होता है। कोक तैयार करने में कोयले का लगभग 30 प्रतिशत वजन कई प्रकार के गैसों तथा कोलतार आदि के रूप में निकल जाता है जिनसे कई गौण वस्तुएँ तैयार होती हैं। कोयले से तेल तथा गैस भी निकाली जा रही है।

विश्व उत्पादन-प्रतिरूप व्यापारिक उत्पादन ब्रिटेन तथा कुछ अन्य पश्चिमी यूरोपीय देशों में तेरहवीं सदी में प्रारम्भ हुआ। 1600 ई॰ में ब्रिटेन में 10 लाख टन कोयला निकाला गया। वस्तुतः कोयला औद्योगिक क्रान्ति का अग्रदूत तथा पोषक रहा है और आज भी विश्व के अधिकांश औद्योगिक तथा विकासशील देशों में यह सर्वप्रमुख शक्ति-संसाधन है। लगभग 1800 के बाद उत्पादन में लगातार वृद्धि होती गई है।

तालिका : 1

वर्ष	खपत (करोड़ टन में)
1860	20
1870	23
1900	84
1920	262

वर्ष	खपत (करोड़ टन में)
1930	141
1972	300
1976	331
1987	455

कोयले का उत्पादन 1860 में 20 करोड़ टन से बढकर 1920 में 262, 1976 में 331 और 1987 में 455 करोड़ टन हो गया। 1960-1987 की समयावधि में तीव्र वृद्धि हुई (तालिका 1)। 1980 के बाद एशिया अफ्रीका और ओसेनिया में अत्यधिक वृद्धि हुई है।

सामान्यतः विश्व में 11 ऐसे देश हैं जो 1% से अधिक कोयले का उत्पादन करते हैं। उत्पादन की दृष्टि से (क्रमशः चीन, सं॰ रा॰ अमेरिका, भारत (6.5%), आस्ट्रेलिया, द॰ अफ्रीका, सोवियत संघ, जर्मनी, पालेण्ड (4%), कनाडा, इण्डोनेशिया, कजाखिस्तान, यूनाइटेड किंगडम, चैक गणराज्य विश्व का 91% से अधिक कोयला ऊर्जा उत्पादित करते हैं। चीन, भारत, उत्तर कोरिया जैसे विकासशील देशों में उत्पादन 1971-91 की अवधि में 135 से 191% (भारत) बढ़ा है। विकसित पश्चिमी देशों में संयुक्त राज्य को छोड़कर उत्पादन स्थिर या ह्रासोन्मुख है। पश्चिमी विकसित विश्व के चार वृहत्तम उत्पादक देश क्रमशः संयुक्त राज्य अमेरिका, जर्मनी, आस्ट्रेलिया और यूनाइटेड किंगडम विश्व का केवल 35% उत्पादन करते हैं। आणविक ऊर्जा तथा कोयले के प्रयोग से विभिन्न प्रकार के प्रदूषण फैल गये।

रूसी फैडरेशन रूसी फेडरेशन में कोयला संसाधन अत्यन्त वृहत् है परन्तु, संयुक्त राज्य की अपेक्षा प्रादेशिक वितरण असंतुलित है। 90% से अधिक संचित भण्डार यूरोपीय तथा यूराल प्रदेशों में हैं। प्रमुख उत्पादक प्रदेशों में डोनेत्ज बेसिन, कुजनेत्सक बेसिन, मास्को तथा कारागन्डा बेसिन से हैं, जो परस्पर 1000 से लेकर 1600 किमी॰ की दूरी पर स्थित हैं।

1. डोन्त्ज बेसिन (डोनबास) यूक्रेन में स्थित वृहत् उत्पादन प्रदेश है। यहाँ कुल क्षेत्रीय भण्डार का केवल 5% कोयला संचित है। उत्पादन लागत अपेक्षाकृत अधिक है।
2. कुजनेत्स्क बेसिन (कुजबास) संचित भण्डार की दृष्टि से वृहत्तम तथा उत्पादन की दृष्टि से द्वितीय वृहत्तम प्रदेश (15-20%) है। इनकी धरातलीय समीपता तथा 30 मीटर से भी अधिक मोटाई के कारण उत्पादन पर लागत कम आती

है। बिटुमिनस कोयला वह कोयला है जिसमें गन्धक और राख कम होने से इससे उत्तम कोटि का कोक तैयार होता है लेकिन यह प्रदेश लौह-इस्पात केन्द्रों से दूर पड़ता है। इस प्रदेश का कोयला दक्षिणी यूरॉल-कुजनेत्स्क सहयोग (Combined) के अन्दर यूराल क्षेत्र में जाता था और वहाँ से खनिज लौह आता था। अब कारागंडा बेसिन 1000 किमी॰ से यूराल की कोयला-पूर्ति तथा कुजवास के समीप लौह प्राप्ति के फलस्वरूप उक्त सहयोग कम हो गया।

3. कारागंडा बेसिन (कजाखिस्तान) तृतीय वृहत्तम उत्पादक (बिटुमिनस 5000 करोड़ टन संचित राशि) है। 1932 के उपरांत इसका विकास सम्भव हो सका। यहाँ कोयले में गंधक तथा राख की मात्रा अधिक होने से कुजबास के उत्तम कोयले के साथ मिश्रण करके कोक बनाया जाता है। यूराल औद्योगिक प्रदेश से केवल 1000 किमी॰ दूर पड़ता है। अतः रेल परिवहन में खर्च कम पड़ता है।
4. मास्को-तुला-प्रदेश रूस के मध्य औद्योगिक प्रदेश में बिजली उत्पादन तथा रासयनिक उद्योगों के लिये कच्चे माल के रूप में अधिक माँग होने से उत्पादन (संचित राशि 1240 करोड़ टन) में वृद्धि हुई है।
5. यूराल प्रदेश में भी प्रचुर मात्रा (अनुमानतः 800 करोड़ टन, अधिकांश लिग्नाइट) में कोयला प्राप्य है और कुजबास तथा कारागंडा प्रदेशों से दूर होने के कारण प्रादेशिक माँग की सम्पूर्ति के लिए इसका विकास हो रहा है। पश्चिमी ढाल पर किजेल बेसिन तथा स्वेर्डलोव्स्क क्षेत्र में उत्पादन बढ़ाया जा रहा है पर यह कोक के लिये उत्तम नहीं है।

इन क्षेत्रों के अतिरिक्त, इर्कुट्स्क बेसिन, पेकोरा बेसिन, मध्य साइबेरिया क्षेत्र विशेषकर कैस्नोयास्र्ककांस्क- आचित्स्क क्षेत्र (लिग्नाइट), पूर्वी साइबेरिया, आमूर घाटी तथा अन्य प्रशान्त महासागर तटीय भाग में छिटफुट क्षेत्रीय-स्थानीय आवश्यकताओं की पूर्ति के लिए कोयले का उत्पादन प्रारम्भ किया जा रहा है।

यूरोप-यूरोप में तेजी से उत्पादन में कमी होने से अब विश्व का मात्र 18% कोयला ऊर्जा का अंशदान है।

जर्मनी-1971-91 के दौरान कोयला उत्पादन में 35% कमी आई है क्योंकि महँगा श्रम एवं अधिक गहरी खानों के कारण उत्पादन लागत अधिक पड़ती है। फिर भी जर्मनी विश्व में सातवाँ बड़ा कोयला उत्पादक है। रूर (वेस्टफलिया), सार बेसिन (जो कई बार जर्मनी तथा फ्रांस के आधिपत्य में बारी-बारी से रहा है), रूर कोयला क्षेत्र राइन की सहायक नदियों रूर तथा लिप्प (Lippr) के दोआब तथा घाटियों में

स्थित है और यहाँ देश का 3/4 कोयला निकलता है। अनुकूल भू-गर्भिक दशा, उच्च कोक कोटि, आर्थिक एवं मोटी परतें, पश्चिमी यूरोप के विशाल औद्योगिक प्रदेश में केन्द्रीय स्थिति, बड़ी खदानें और राइन, रूर राइन-हर्न, डॉमुंड-एम्स नहर (उत्तर सागर से सम्बन्धित), मिट्टेल्लैंड नहर (एल्व तथा ओडर से सम्बन्धित) तथा नहरीकृत मोजेल नदी जो फ्रांस को जोड़ती है। बेल्जियम-नीदरलैंड्स की नहरों द्वारा सस्ते तथा सुलभ परिवहन के विकास से इस क्षेत्र का महत्व अधिक है प्रति खदान उत्पादन भी अधिक होता है परन्तु गहराई अधिक बढ़ने एवं श्रम की अधिक लागत के कारण उत्पादन घट रहा है। यहाँ से फ्रांस, बेल्जियम, नीदरलैंड्स और स्वीडन आदि से कोयला निर्यात होता है। पूर्वी भाग में बिटुमिनस कोयला नहीं के बराबर है परन्तु यहाँ भूरा कोयला एवं लिग्नाइट का विश्व में वृहत्तम राष्ट्र उत्पादन है।

पोलैण्ड विश्व का आठवाँ वृहत्तम कोयला उत्पादक राष्ट्र है। कोक कोयला के लिए सबसे प्रमुख है वाल्डेनवर्ग क्षेत्र में ऐन्थ्रासाइट तथा ओडर नदी के उत्तर-पूर्व एवं उत्तर-पश्चिम तथा अन्य छिट-फुिट क्षेत्रों में लिग्नाइट के संचित भंडार हैं।

पूर्व चेकोस्लोवाकिया- ऊपरी साइलेशिया घाटी में इसे पोलैंड के साथ हिस्सा मिला है। कई अन्य भागों में भी छिट-फुिट जमाव है। यहाँ विश्व का 1.2% कोयला ऊर्जा उत्पादन है।

पूर्वी यूरोप में पूर्व यूगोस्लाविया, हंगरी, बुल्गारिया तथा रूमानिया अन्य उत्पादक हैं जहाँ उत्पादन बढ़ रहा है। यूनाइटेड किंगडम में अब विश्व का केवल 1.3% कोयला ऊर्जा उत्पादन है। युद्धोत्तर काल में पूँजी की कमी, श्रमिकों की हड़तालें और अधिक पारिश्रमिक की माँग, खदानों में गहरी एवं परतों के पतली तथा भ्रंशित होने से प्रति व्यक्ति कम तथा अधिक खर्चीला उत्पादन और अन्य शक्ति स्रोतों से प्रतिस्पर्द्धा आदि के कारण कोयला उद्योग विकट परिस्थितियों से गुजर रहा है। 1957 में उद्योग का राष्ट्रीयकरण कर लिया गया, पुनः **श्रीमती थैचर** के प्रधान मंत्रित्व काल में यह निजी स्वामित्व में हो गया। फिर भी कुल उत्पादन में ह्रास होता जा रहा है। कोयले की प्रमुख प्रतिस्पर्धा आणविक ऊर्जा एवं पेट्रोलियम में है।

ब्रिटेन के कोयला प्रदेश मुख्यतः समुद्रतटीय हैं जहाँ से आसानी से समुद्र-यातायात द्वारा निर्यात सम्भव है। उच्चकोटि का कोक प्राप्त होने तथा खानों के लौह भंडारों के पास होने से लौह-इस्पात के विकास में काफी सुविधा मिलती है। लन्दन को छोड़कर ब्रिटेन के लगभग सभी औद्योगिक नगर कोयला क्षेत्र में हैं, और जल-यातायात तथा 240 किमी॰ रेल परिवहन द्वारा लन्दन को भी कोयले की सस्ती सम्पूर्ति हो जाती

है, वस्तुतः प्रादेशिक रूप से कोयला क्षेत्रों का इतना घना वितरण अन्यत्र कहीं नहीं मिलता। इसके अन्तर्गत कुछ कोयले क्षेत्रों का विकास निम्नलिखित है

ब्रिटेन के प्रमुख कोयला क्षेत्र

1. यार्कशायर-डर्बीशायर-नाटिंघमशायर यह क्षेत्र ब्रिटेन का सर्वप्रमुख कोयला प्रदेश है और लगभग 200 वर्गमील में फैला है। हल तथा हम्बर इस्चुरी के बन्दरगाहों से निर्यात होता है।
2. उत्तर-पूर्वी (नार्दम्बर-डर्हम) क्षेत्र में भी सभी प्रकार के कोयले मिलते हैं। न्यूकैसिल से इसका निर्यात होता है। समुद्र-तल के अन्दर भी खुदाई होती है परन्तु अधिकांश मोटी परतें समाप्तप्राय हैं।
3. दक्षिण वेल्स संचित भंडार की दृष्टि से राष्ट्र में द्वितीय और उत्पादन में तृतीय है। इसका विस्तार लगभग 1000 वर्ग मील है, और अधिकांश कोयला समुद्रमुखी अनुदैर्घ्य घाटियों में संचित है। भ्रंशन एवं अन्य प्रतिकूल भूगर्भिक दशाओं तथा खदानों के गहरी होते जाने से प्रति व्यक्ति उत्पादन बहुत कम होता है। आजकल यहाँ कुल राष्ट्रीय उत्पादन के दशांश से भी कम उत्पादन होता है। यहाँ विविध प्रकार की भूगर्भिक दशायें मिलती हैं।
4. ग्लासगो क्षेत्र के औद्योगीकरण में इस क्षेत्र का विशेष महत्त्व रहा है। उपर्युक्त क्षेत्रों के अतिरिक्त दस अन्य उत्पादक परन्तु अपेक्षाकृत छोटे क्षेत्र हैं।
5. मध्य क्षेत्र में जो पेनाइन्स के दक्षिणी छोर पर है और जिसका केन्द्र-स्थल बर्मिंघम औद्योगिक क्षेत्र में है, विविध भूगर्भिक परिस्थितियाँ मिलती हैं किन्तु, इस प्रदेश के वारविकशायर, लिसेस्टर तथा दक्षिणी डर्बीशायर में सरल उत्खनन, अधिक, माँग एवं यन्त्रों के उपयोग से उत्पादन बढ़ा है। मध्य क्षेत्र के अन्य खदानों में पतली परतों, खदानों आदि कारक कठिनाई बढ़ती जा रही है।
6. लंकाशायर (पेनाइन्स का पश्चिमी ढाल) क्षेत्र में उत्खनन परिस्थितियाँ कठिन हैं। यहाँ कोक व कोयला नहीं मिलता लेकिन मैनचेस्टर (नहर के कारण) तथा लिवरपूल बन्दरगाहों के उद्योगों एवं निर्यात के कारण उत्पादन है।

इनके अतिरिक्त, उत्तरी वेल्स, दक्षिणी स्टैफोर्डशायर, कम्बरलैण्ड, फारेस्टर आफ डीन तथा ईस्ट केंट क्षेत्रों में छोटी खदानें हैं।

फ्रांस-बेल्जियम-नीदरलैंड्स वैश्विक स्तर पर फ्रांस में कोयला उत्पादन घट रहा है। फ्रांस में अधिकाश कोयला उत्तरी क्षेत्र में स्थित है।, नोर्द, पा-द-कैले प्रदेश

एवं तथा लोरेन की नई खदानों से प्राप्त होता है। खदान-क्षेत्रों में भूगर्भिक परिस्थितियाँ कठिन हैं। 4. मध्य पठारी भाग (Central Massif) में छिटफुट कोयला बेसिन है। बेल्जियम के उत्तरी तथा दक्षिणी दोनों भागों में कोयले की खदानें हैं परन्तु दोनों क्षेत्रों में भूगर्भिक परिस्थितियाँ कठिन हैं। फलतः सम्पूर्ण पश्चिमी यूरोप में प्रति व्यक्ति उत्पादन यहाँ न्यूनतम है। बेल्जियम कोयला-प्रदेश का भाग बेल्जियम के दक्षिणी क्षेत्र में साम्बम्यूज घाटी में लगभग 130 किमी॰ लम्बे क्षेत्र में फैला है। उत्पादन में इधर तेजी से पराभव हो रहा है और कोयला प्रदेश अधिक दृष्टि से मन्द पड़ गया है। उत्तर स्थित कैम्पाइन क्षेत्र अपेक्षाकृत (130 किमी॰ लम्बा, 20 किमी॰ चौड़ा) नया और अधिक उत्पादक है। उक्त क्षेत्र नीदरलैंड्स में दो क्षेत्रों बेसिन लिम्बर्ग तथा पील बेसिन में कोयला उत्पन्न होता था।

उत्तरी अमेरिका कोयले के क्षेत्र के संयुक्त राज्य अमेरिका का वर्तमान समय में द्वितीय स्थान है। वृहत् संचित राशि संतुलित प्रादेशिक वितरण से संतुलित प्रादेशिक विकास में सुविधा प्राप्त हुई है। इसके अन्तर्गत निम्नलिखित कोयला क्षेत्र हैं

1. आन्तरिक प्रदेश उत्तर में मिशिगन, दक्षिण में टेक्सास पूर्व में केंटकी तथा पश्चिम में ओक्लाहोमा तक यह प्रदेश अरकंसास फैला है। इसमें चार उत्तरी, दक्षिणी-पश्चिमी, पूर्वी एवं पश्चिमी चार क्षेत्र हैं। इस प्रदेश में अधिकांश कोयला बिटुमिनस है किन्तु अपेलेशियन कोयले की अपेक्षा घटिया कोटि का है। राज्य के लगभग 70 प्रतिशत भूमि के नीचे कोयला पड़ा है। पश्चिमी क्षेत्र प्रमुखतः मिस्सौरी तथा आयवा में तथा अंशतः कंसास एवं ओक्लाहोमा में फैली है। यहाँ के कोयले में कोई विशेष गुणवत्ता नहीं है। उत्तरी क्षेत्र मिशिगन में है लेकिन अभी इसका विकास नहीं हो पाया है। इस क्षेत्र में मिशिगन एवं इण्डियाना-इलिनायज के पेट्रोलियम तथा गैस क्षेत्रों में काफी प्रतिस्पर्द्धा है। दक्षिण-पश्चिमी आन्तरिक क्षेत्र टेक्सास के दक्षिणांचल तथा लुइजियाना अलबामा में फैला है।

2. अपेलेशियन तथा अन्य पूर्वी प्रदेश उत्तर-पूर्वी पेंसिलवानिया ऐंथ्रासाइट क्षेत्र तथा अटलांटिक कृमि क्षेत्र है। अपेलेशियम प्रदेश संचित राशि, को-प्राप्ति तथा उत्पादन में विश्व के वृहत्तम कोयला प्रदेशों में से एक है। उत्तर पेंसिलवानिया से लेकर दक्षिण-पश्चिम में मध्य प्रदेश में मध्य तक लगभग 960 किमी॰ लम्बाई में फैला है। इस प्रदेश के विकसित उत्खनन-क्षेत्रों के तीन भाग हैं उत्तरी अपेलेशियन क्षेत्र, दक्षिणी अपेलेशियन क्षेत्र, एवं दक्षिणी-पश्चिमी क्षेत्र। उत्तरी अपेलेशियन क्षेत्र में मुख्यतः पश्चिमी पेंसिलवानिया, पूर्वी ओहायो तथा पश्चिमी वर्जीनिया के निकटवर्ती छोटे क्षेत्र

सम्मिलित हैं। यहाँ विश्व-विश्रुत पिट्सबर्ग परतों का जमाव है। दक्षिणी अपेलेशियन क्षेत्र में पश्चिमी वर्जीनिया का शेष पूर्वी केंटकी तथा वर्जीनिया एवं टेन्नेसी के थोड़े भाग सम्मिलित हैं। दक्षिणी-पश्चिमी अपलेशियन क्षेत्र अलबामा राज्य के उत्तरी हिस्से में स्थित है। उत्पादन का कार्य खर्चीला है।

एन्थ्रासाइट क्षेत्र पेंसिलवानिया के उत्तर-पूर्वी क्षेत्र में स्थित स्क्रैंटन तथा आस-पास के क्षेत्र में देश का कुल 98 प्रतिशत एन्थासाइट कोयला उत्पादन होता है। यहाँ परतें अत्यन्त पतली, टूटी एवं भ्रशित है और उत्पादन काफी घट गया है। अतः स्क्रेटन क्षेत्र देश का समस्या क्षेत्र हो गया है। अतलांटिक तटीय क्षेत्र में प्रमुखतः वर्जीनिया तथा कुछ उत्तरी कैरोला इन राज्य में छोटी खानें हैं लेकिन ये केवल स्थानीय महत्त्व के ही रह गये हैं।

3. प्रशांततटीय प्रदेश इसका अधिकांश वाशिंगटन राज्य में तथा छिटपुट रूप से ऑरिगन तथा कैलीफोर्निया में है। कैलीफोर्निया में जल विद्युत, पेट्रोलियम एवं गैस से अधिक प्रतिस्पर्द्धा है।

4. वृहत् मैदान प्रदेश इसका कुछ भाग कनाडा में भी चला गया है। यहाँ मौंटाना, वायोमिंग तथा कोलोरेडो के वृहत् मैदानी भागों में सब-बिटुमिनस तथा उत्तरी डाकेटा राज्य में लिग्नाइट के वृहत्तम भण्डार हैं।

5. रॉकी पर्वत मौंटाना राज्य से लेकर दक्षिण में न्यू मेक्सिको तक फैले विशाल प्रदेश में कोयले का बड़ा भंडार है लेकिन अधिकांश क्षेत्र काफी बिखरे हैं और कई क्षेत्र पर्वत संकुल दुर्गम घाटियों तथा क्षेत्रीय बाजारों से दूर हैं।

कनाडा यहाँ उत्तम एवं निम्न दोनों कोटि के संचित भण्डार विश्व के 1 प्रतिशत से कम हैं। लगभग 63 प्रतिशत कोयला बिटुमिनस और 28 प्रतिशत लिग्नाइट है, जिसमें 31 प्रतिशत कोयला कोक योग्य है। इस क्षेत्र का अल्बर्टा सस्केचवान एवं ब्रिटिश कोलम्बिया में स्थित होने के कारण माँग के क्षेत्रों से काफी दूर है। नोवास्कोशिया का कोयला भी माँग क्षेत्रों में जाड़े में सेंट लारेन्स के जम जाने से नहीं पहुँच पाता। अतः कनाडा मात्र 1600 पेटाजुल ऊर्जा, कोयला उत्पादन से प्राप्त करता है और संयुक्त राज्य बड़ी मात्रा में कोयला खरीदता है।

एशिया एशिया में वृहत्, विश्व का 24% कोयला भण्डार है और इधर कुछ वर्षों से उत्पादन में भी तीव्र वृद्धि हो रही है। चीन और भारत में विशाल कोयला भण्डार हैं।

चीन कोयला उत्पादन के क्षेत्र में चीन का विश्व के तृतीय देशों में प्रथम स्थान है। 1985-95 में उत्पादन में 56% वृद्धि हुई है। यहाँ भारत से लगभग पाँच

गुना अधिक कोयला ऊर्जा उत्पादित हो रहा है। प्रादेशिक वितरण की दृष्टि से यहाँ तीस से अधिक बड़े तथा लगभग बीस छोटे क्षेत्र हैं। सर्वाधिक संचित भण्डार, उत्तर-पश्चिम में शाँसी-शेंसी-कांसू-होनान प्रदेश में पड़ता है। सम्भवतः यहाँ एन्थ्रासाइट भण्डार भी विश्व में वृहत्तम है। शेष का अधिकांश, मंचूरिया, हुपे (Hupei), शँतुगं एवं अन्हवीं प्रान्तों में स्थित है परन्तु आधे से अधिक उत्पादन हुपे (Hupei) तथा दक्षिण मंचूरिया में एवं शेष शांसी-शेंसी, ग्वेचो, यूनान तथा जेचवान प्रदेशों में उत्पन्न होता है। मंचूरिया में उच्च कोटि का बिटुमिनस कोयला मिलता है। परन्तु दशांश ही कोक के लिए उपयुक्त है। यहाँ परतें मोटी तथा धरातल के समीप हैं, अतः उत्पादन लागत कम है। यहाँ फुशुनु तथा फुहशिन प्रमुख भण्डार तथा खदान क्षेत्र हैं। फुशुन (मुकडने से 36 किमी॰ पूर्व) में विश्व की सर्वाधिक ज्ञात मोटी परत (120 मीटर) मिलती है। पेंसिहु सर्वश्रेष्ठ कोक कोयला क्षेत्र है। यांग्टिसि-क्यांग के दक्षिण में निम्न आबादी वाले क्षेत्रों में सर्वाधिक कोयला छोटी खदानों से प्राप्त होता है परन्तु उत्तरी क्षेत्रों में यन्त्रों का अधिक उपयोग होने लगा है और वहाँ बड़ी खदानें हैं।

भारत भारत में यद्यपि चीन, रूस एवं संयुक्त राज्य की तरह अत्यधिक विशाल संचित भण्डार (विश्व का केवल 11.6 प्रतिशत) नहीं है, तथापि ये समुचित औद्योगिक विकास के लिए पर्याप्त हैं। भारत के सरकारी आकलन के अनुसार 6114 करोड़ टन राशि उत्तम कोटि तथा 210 करोड़ टन लिग्नाइट का संचित भण्डार है। 1985-99 के दौरान उत्पादन में 80% वृद्धि हुई है और लगभग 25.8 (1995) करोड़ टन उत्पादन होने लगा है। कोयला उत्पादन के स्थान पर भारत का विश्व में चतुर्थ स्थान है।

निचला गोण्डवाना युगीन कोयला अधिकतर पाँच धाटियों में स्थित है। **दामोदर घाटी** रानीगंज, झरिया, बोकारो, रामगढ़, गिरिडीह, उत्तरी एवं दक्षिणी कर्णपुरा (पश्चिमी बंगाल-बिहार); सोन नदी घाटी एवं छतीसगढ़ (मध्य प्रदेश तथा बिहार); महानदी घाटी (उड़ीसा-मध्य प्रदेश); वार्धा तथा गोदावरी घाटी (उड़ीसा-मध्य प्रदेश); ज्ञातव्य है कि भारत में कोक कोयले का सीमित भण्डार है और लगभग सम्पूर्ण दामोदार घाटी में ही संचित है। अतः लौह इस्पात उद्योग के स्थानीयकरण पर इसका प्रचुर प्रभाव पड़ता है। उत्पादन की दृष्टि से लगभग 75-80 प्रतिशत कोयला दामोदर घाटी से निकलता है और कुछ वर्ष पहले यह अंश 90% था। उत्पादन लगभग आधा रानीगंज, झरिया दो ही क्षेत्रों से प्राप्त होता है। इन क्षेत्रों में कोयले की परतें 40-60 फुट और कुछ 80-100 फुट तक मोटी हैं। रेल-मार्गों से कोलकाता तथा देश के अन्य औद्योगिक एवं उपभोग केन्द्रों से जुड़े रहने के कारण इन क्षेत्रों का महत्त्व अधिक है।

आसाम में अच्छी कोटि का सब बिटुमिनस कोयला मिलता है परन्तु, इसमें गंधक अधिक रहता है। कश्मीर के रियासी क्षेत्र में प्रमुखतः ऐन्थ्रासाइट कोयला है, जिसकी संचित राशि एक हजार लाख टन से अधिक आंकी जाती है। इसकी परतें अधिक दबाव एवं भ्रंशन के कारण विदीर्ण तथा पतली हैं। इधर क्षेत्रीय या प्रादेशिक स्तर पर कोयले की कमी वाले क्षेत्रों में विद्युत उत्पादन तथा घरेलू कार्यों के लिए लिग्नाइट का उत्पादन बढ़ रहा है जिसे अच्छे प्रकार के कोयले औद्योगिक उपयोगों के लिए बचेंगे। नइबेली लिग्नाइट योजना ने चेन्नई, कर्नाटक, केरल तथा आंध्र प्रदेश की विद्युत आपूर्ति में प्रचुर सहयोग दिया है।

तालिका 2.
(भारत कोयला-उत्पादन प्रगति 1868-1995)

(करोड़ टनों में)

वर्ष	उत्पादन	वर्ष	उत्पादन
1868	.05	1961	5.6
1880	.19	1966	7.1
1900	.61	1971	7.4
1930	2.3	1976	10.0
1940	2.5	1980	10.8
1947	3.0	1987	18.8
1956	3.5	1993	23.8
1957	8.9	1995	25.3

भारत के कोयला उद्योग में विभिन्न कठिनाइयाँ हैं जिनके कारण प्रति श्रमिक उत्पादन बहुत कम होता है। यहाँ कुल आठ सौ अधिक खदानें हैं जिनमें अधिकांश अत्यन्त छोटे पैमाने की अनार्थिक इकाइया हैं और केवल 25 प्रतिशत ही एक हजार टन वार्षिक से अधिक तथा केवल दशांश ही दज हजार टन से अधिक उत्पादन करती है। श्रमिकों के अधिवास, कुशलता, मशीनों की कमी आदि की कठिनाइयाँ भी कम उत्पादन का कारण हैं। काफी मात्रा में कोयला खम्भों तथा छतों के रूप में खदानों में छोड़ दिया जाता है तथा आग लगने पर बालू आदि पर्याप्त मात्रा में झोंक कर खदानें बन्द नहीं की जातीं। साथ ही अधिकांश खदानें निजी हाथों में थीं जिन्हें संरक्षण में रुचि रंचमात्र भी नहीं थी। 1972 में अनार्थिक इकाइयों को मिलाने, मशीनें प्रदान

करके संरक्षण के लिये कोयला उद्योग का राष्ट्रीयकरण कर लिया गया और खदानों का आधुनिकीकरण का कार्य चल रहा है।

आस्ट्रेलिया यहाँ विश्व के उत्तम एवं निम्न कोटि के कोयले का क्रमशः 8.7 एवं 8.8% संचित भण्डार है। अब 4353 (1995) पेटाजुएल ऊर्जा कोयला से प्राप्त होने के साथ इसका विश्व में यह कोयला उत्पादन के क्षेत्र में पाँचवाँ स्थान है। यहाँ लगभग हर राज्य में कुछ न कुछ कोयला संचित है। न्यूसाउथ वेल्स तथा क्वींसलैंड में मुख्यतः बिटुमिनस तथा विक्टोरिया प्रान्त में लिग्नाइट मिलता है इन्हीं प्रान्तों में अधिकांश आबादी तथा औद्योगिक क्षेत्र भी है।

आस्ट्रेलिया की प्रमुख कोयला खदानें इसकी प्रमुख खदानें निम्नलिखित हैं

1. न्यूकैसंल के पास उत्तरी, खदान,
2. लिथगो के पास 'पश्चिमी' खदान, तथा
3. कम्बा बन्दरगाह के पास 'दक्षिणी' खदानें हैं।

उत्तरी तथा दक्षिणी खदानों से कोक कोयला प्राप्त होता है। मध्य क्वीसलैण्ड की ब्लेयर एथॉल खदानों में 30 मीटर मोटी परतों में कोयला मिलता है। दक्षिणी महाद्वीपों में यह वृहत्तम भंडार है। विक्टोरिया में लैक्रोबें घाटी में लिग्नाइट मिलता है।

लैटिन अमेरिका यहाँ के औद्योगिक विकास में समुचित प्रगति न होने का एक प्रमुख कारण कोयले का अभाव रहा है। यहाँ केवल विश्व का 1% कोयला भण्डार है। यहाँ सीमित क्षेत्रों में ही साधारण जमाव मिलते हैं। मेक्सिको में रियो प्रान्त के किनारे पिएट्राज नेग्रास में स्थित एक छोटा क्षेत्र है। दक्षिणी अमेरिका में अधिकांश कोयला, कोलम्बिया, पेरू तथा चिली में मिलता है। ब्राजील तथा अर्जेण्टाइना में बहुत कम और अधिकांशतः टूटी-फूटी स्तरों में तथा अधिकतर अकोक कोयला मिलता है। चिली में कन्सेप्शियन के पास एण्डीज पठार पर लोटा तथा स्वागोर क्षेत्रों में, ब्राजील में पोटों अनेग्रे क्षेत्र तथा अर्जेन्टाइना में पुंता आरेनांज क्षेत्र से कोयला प्राप्त होता है। दक्षिणी अमेरिका में कोलम्बिया में सर्वाधिक संचित भण्डार हैं और अधिकांश बगोटा के उत्तर-पूर्व तथा काउका घाटी में प्राप्त हैं।

दक्षिण अफ्रीका दक्षिण अफ्रीका में प्रचुर कोयला-संसाधन हैं जहाँ विश्व का 10.65% उत्तम कोटिके संचित भण्डार हैं। केवल दक्षिणी अफ्रीका संघ ही विश्व स्तर पर (4%) महत्त्वपूर्ण कोयला-उत्पादक है। यहाँ अधिकांश कोयला नेटाल तथा ट्राँसवाल क्षेत्रों में तथा कुछ ऑरेज फ्री स्टेट में मिलता है। मिडिलवर्ग एवं विटबैक

(प्रिटोरिया से 112 किमी॰ पूर्व) तथा जोहाँसबर्ग से दक्षिण बेंरीनिगिंग क्षेत्रों में कोक कोयला प्राप्त होता है। जिम्बाब्वे (जाम्बेजीवॉकी प्रदेश), माजाम्बिक (लिम्पोपो-जिम्बाब्वे प्रदेश) आदि में भी थौड़ा कोयला संचित है।

स्वच्छ कोयला प्रौद्योगिकी

कोयला एक जीवाश्म ईंधन है जो मुख्य रूप से कार्बनों तथा हाइड्रोकार्बनों से बना है। बिजली उद्योग में इसका बड़ी मात्रा में उपयोग किया जाता है। इसे जलाकर वाष्प बनाई जाती है जो टर्बाइनों को घुमाकर बिजली तैयार करती है। जब इसको जलाया जाता है तो इससे उत्सर्जन होता है जो प्रदूषण और वैश्विक तापन को बढ़ाता है। भारत सहित कई देशों में बिजली का उत्पादन मुख्य रूप से कोयले पर निर्भर है इसलिए सरकार स्वच्छ कोयला प्रौद्योगिकी पर जोर दे रही है। इस प्रौद्योगिकी के माध्यम से कोयले को स्वच्छ बनाकर और उसके उत्सर्जन को नियंत्रित करके पर्यावरण पर पड़ने वाले कुप्रभावों को कम किया जा सकता है।

स्वच्छ कोयला प्रौद्यांगिकी में कोयले की धुलाई, कोल बेड मीथेनध्कोल माइन मीथेन निष्कर्षण, भूमिगत कोयले को गैस उपचारित करना एवं कोयले का द्रवीकरण करना आदि शामिल है।

कोयला प्रक्षालन

पर्यावरण एवं वन मंत्रलय के दिशा-निर्देशों के अनुसार 34 प्रतिशत से अधिक राख वाले कोयले का उपयोग उन थर्मल पावर स्टेशनों में मना किया गया है जो लदान केन्द्रों से दूर तथा अत्यधिक प्रदूषित क्षेत्रों में हैं। ऐसे में प्रक्षालित कोयले का इस्तेमाल करना महत्वपूर्ण हो गया है। इससे ऐसे पावर स्टेशनों के संचालन से संबंधित खर्च में भी कमी आती है। धुले कोयले की आपूर्ति 10वीं पंचवर्षीय योजना के आरंभ में 170 लाख टन थी जो इस योजना के अंत में बढ़कर 550 लाख टन हो गई। 11वीं पंचवर्षीय योजना के अंत तक इसके 2500 लाख टन होने की संभावना है।

थर्मल पावर स्टेशनों के लिए कोयला धुलाई केंद्रों की मौजूदा क्षमता 1080 लाख टन है जिसे इस अवधि में बढ़ाकर 2500 लाख टन करने की कोशिश की जा रही है। इसमें से अधिकतर निजी क्षेत्र से संबंधित हैं। इसके अलावा कोल इंडिया लिमिटेड कंपनी ने भी अपनी खदानों से धुले कोयले की आपूर्ति करने का फैसला किया है। इसके लिए वह 20 कोयला धुलाई केंद्रों का निर्माण करेगी जिनकी क्षमता

1110 लाख टन होगी। 12वीं पंचवर्षीय योजना के अंत तक इन केंद्रों के शुरू होने की संभावना है।

सीबीएम तथा सीएमएम

जो मिथेन गैस कोयले की अनछुई परतों से निकाली जाती है, उसे कोल बेड मीथेन (सीबीएम) कहते हैं और जो चालू खदानों से निकाली जाती है, उसे कोल माइन मीथेन (सीएमएम) कहते हैं। कोल बेड मीथेनरूकोल माइन मीथेन के विकास को भारत सरकार ने 1997 में एक नीति के जरिए बढ़ावा दिया था। इस नीति के अनुसार कोयला मंत्रालय तथा पेट्रोलियम एवं प्राकृतिक गैस मंत्रालय दोनों मिलकर कार्य कर रहे हैं। सरकार ने वैश्विक बोली के तीन दौरों के जरिए कोल बेड मीथेन के लिए 26 ब्लॉकों की बोली लगाई थी। इनका कुल क्षेत्र 13,600 वर्ग किलोमीटर है और इसमें 1374 अरब घनमीटर गैस भंडार होने की संभावना है। वर्ष 2007 में रानीगंज कोयला क्षेत्र के एक ब्लॉक में वाणिज्यिक उत्पादन आरंभ कर दिया गया था और दो केंद्रों में भी उत्पादन जल्द ही आरंभ हो जाएगा। पेट्रोलियम एवं प्राकृतिक गैस मंत्रालय के तहत हाइड्रोकार्बन महानिदेशक (डीजीएच) कोल बेड मिथेन संबंधी गतिविधियों के लिए विनियामक की भूमिका निभाता है। डीजीएच ने सीबीएम-4 के तहत 10 नये ब्लॉकों की पेशकश की है।

भारत कोकिंग कोल लिमिटेड में भूमिगत बोरहोल के जरिए यूएनडीपीरूग्लोबल एन्वायरमेंटल फेसिलिटी के साथ मिलकर भारत कोकिंग कोल लिमिटेड में भूमिगत बोरहालों के माध्यम से सीएमएम की एक प्रदर्शनात्मक परियोजना को लागू किया गया है। इस परियोजना में कोल बेड मीथेन को एक ऊर्ध्वाधर बोर के जरिए प्राप्त किया गया है जहाँ 500 कि.वा.. बिजली पैदा होती है और उसे बीसीसीएल को आपूर्ति की जाती है।

हाल ही में संयुक्त राज्य पर्यावरण संरक्षण अभिकरण के सहयोग से सीएमपीडीआईएल, रांची में सीबीएमसीएमएम निपटारा केन्द्र स्थापित किया गया है जो भारत में कोल बेड मीथेनकोल माइन मीथेन के विकास के लिए आवश्यक जानकारियाँ उपलब्ध कराएगा ।

भूमिगत कोयला गैसीकरण (यूसीजी)

भूमिगत कोयला गैसीकरण अप्रयुक्त कोयले को दहनशील गैस में बदलने की प्रक्रिया है। यह गैस उद्योगों, विद्युत उत्पादन तथा हाइड्रोजन सिंथेटिक प्राकृतिक गैस

एवं डीजल ईंधन के निर्माण में इस्तेमाल की जा सकती है। भूमिगत गैसीकरण में उन कोयला भंडारों का दोहन करने की क्षमता है जिनका निष्कर्षण आर्थिक दृष्टि से मँहगा है या जो गहराई प्रतिकूल भूगर्भीय स्थिति सुरक्षा की दृष्टि से निष्कर्षण के लायक नहीं है।

भूमिगत कोयला गैसीकरण की महत्ता तथा योजना आयोग की समेकित ऊर्जा समिति एवं कोयला क्षेत्र में सुधार के लिए रोडमेप पर टीएल शंकर समिति की सिफारिशों को ध्यान में रखते हुए सरकार ने कोयला गैसीकरण अधिसूचना जारी की है जिसमें खनन नीति के तहत भू एवं भूमिगत गैसीकरण को भी शामिल किया गया है।

कोल इंडिया लिमिटेड ने अपनी साझीदार कंपनियों के साथ मिलकर सीसीएल कमांड एरिया में रामगढ़ कोलफील्ड के कैथा ब्लॉक तथा पश्चिमी कोल फील्ड लिमिटेड कमांड एरिया में पेंच कोलफील्ड के थेसगोड़ा ब्लॉक में यूसीजी के विकास के लिये दो स्थल चिह्नित किए हैं। साझीदार कंपनियों के चयन के संबंध में शीघ्र ही आशय पत्र जारी किए जाएँगे।

इसके अतिरिक्त 5 लिग्नाइट और 2 कोयला खंड भी यूसीजी के विकास के वास्ते भावी उद्यमियों को दिये जाने के लिए चिह्नित किए गए हैं।

कोयला के लिए एस एंड टी कार्यक्रम के तहत सरकार ने राजस्थान के लिए एक यूसीजी परियोजना मंजूर की है जिसका क्रियान्वयन एनएलसी करेगा। एनएलसी ने इस परियोजना के लिए अभी सलाहकार अंतिम रूप से तय नहीं किए हैं।

कोयला द्रवीकरण

ऊर्जा सुरक्षा के दृष्टिकोण से देश में कोयला द्रवीकरण को बढ़ावा देने के लिए नीतिगत निर्णय लिया गया है। गजट अधिसूचना जारी की गई है जिसमें कैप्टिव कोयला लिग्नाइट ब्लॉकों के उन उद्यमियों को कोयला द्रवीकरण के बारे में जानकारी दी गई है जिन्हें इसे आबंटित किया जाना है। कोयला मंत्रालय के अंतर-मंत्रालयी समूह की सिफारिशों के आधार पर कोयला मंत्रालय ने तलचर कोल फील्ड के दो कोयला ब्लॉकों क्रमशः मैसर्स स्ट्रैटेजिक एनर्जी टेक्नोलॉजी सिस्टम लिमिटेड (एसईटीएल) तथा मैसर्स जिंदल स्टील एंड पावर लिमिटेड (जेएसपीएल) को आवंटित किए हैं।

8

जल विद्युत शक्ति

विश्व परिदृश्य

जल विद्युत ऊर्जा एक प्राकृतिक तथा सतत पूर्व संसाधन ऊर्जा है। लेकिन इसके उत्पादन के लिए निर्माण कार्य में बहुत अधिक लागत लगती है। जल-विद्युत के विकास के लिए निम्न प्राकृतिक तथा मानवीय दशाओं का होना आवश्यक है।

प्राकृतिक दशाएँ जल शक्ति जल के आयतन (Volume) तथा वेग (Velocity) के गुणांक का प्रतिफल (शक्ति = आयतन X वेग) होती है अतः उसके विकास के लिए पर्याप्त जल, निरन्तर प्रवाह और तीव्र वेग की अपेक्षा होती है। इन तीनों दशओं का सम्बन्ध अनेक प्राकृतिक परिस्थितियों पर निर्भर करता है। जैसे पर्याप्त जल और निरन्तर प्रवाह के लिए नदी बड़ी हो अर्थात् उसका प्रवाह क्षेत्र बड़ा हो जिससे मुख्य नदी तथा उसकी सहायक नदियों के द्वारा अधिक से अधिक क्षेत्र का जल प्राप्त हो सके। प्रवाह क्षेत्र में पर्याप्त वृष्टि होती हो अर्थात् यदि वृष्टि वर्षा के रूप में न होकर जाड़े की ऋतु में बर्फ के रूप में हो तो उसे अथवा हिममंडित पर्वतों में हिम पिघलने के लिए बाद में समुचित तापमान प्राप्त हो।

साल भर प्रत्येक ऋतु में पर्याप्त वर्षा हो, अथवा वर्षा-हीन ऋतु में हिम के पिघलने से पर्याप्त जल मिलता रहे। विद्युत विकास के लिए प्रवाहित यह ऊँचाई

से गिरता जल-प्रवाह आवश्यक है। अतः इसके लिए यदि ऊँचे जल-प्रपात हों तो आदर्श स्थिति हो जाती है। ऐसे क्षेत्र पर्वतीय या पठारी प्रदेशों में ही सुलभ हैं जहाँ प्रवाह में वेग के लिए तीव्र ढाल मिलता है।

अतः असमान या अपर्याप्त जल-प्रवाह को नियमित ढंग से तथा पर्याप्त मात्रा में विद्युत घरों को सुलभ करने के लिए नदियों के मार्ग में उचित स्थान पर बड़े बाँध बनाकर विशाल जलागार तैयार किये जाते हैं जिनमें वर्षाकालीन अधिक जल को इकट्ठा कर लिया जाता है। इसी उद्देश्य से आजकल कई देशों में महती बहुउद्देशीय योजनायें बनाई गयी हैं जिनमें बाढ़ से रक्षा, सिंचाई, जल विद्युत उत्पादन, मनोरंजन, मत्स्य-उत्पादन आदि उद्देश्य निहित रहते हैं। सीमेंट तथा लोहे का उपयोग करके आजकल सैकड़ों फुट ऊँचे बाँध तैयार किये जाते हैं परन्तु नदी मार्गों में ऐसे स्थानों की खोज होती हैं जहाँ कम ऊँचा तथा कम चौड़ा बाँध बनाने की आवश्यकता हो तथा उसके ऊपर के बेसिन में विशाल जलागार तैयार हो सकें।

समुचित प्रवाह तथा जल-वेग पर्वतीय या पठारी क्षेत्रों में ही प्राप्य है परन्तु अधिकांश क्षेत्रों में बाँध बनाने के लिए आदर्श स्थान नहीं मिलते जिससे खर्च और अधिक बढ़ जाता है। जलागारों के नीचे तल में यदि अप्रवेश्य चट्टानें हों तो जल-संचय के लिए आदर्श होती है क्योंकि जल अन्तभूमि में स्रावित होकर विनष्ट नहीं होता परन्तु अधिकांश क्षेत्रों में ऐसी चट्टानें नहीं मिलतीं। फलतः विशाल जलागार क्षेत्र में सीमेण्ट तथा अन्य पदार्थ देकर स्राव को बन्द करना पड़ता है। बाँध एवं जलागार वाले पूरे प्रदेश का भूकम्प सर्वेक्षण (Seismic prospecting) करना पड़ता है ताकि सम्भावित भूकम्प से बाँध विनष्ट न हो जाये। आज कल लगभग सभी बाँध भूकम्पारोधी बनाये जाते हैं।

बाँध स्थान तथा प्रवाह वेग के अतिरिक्त धरातल का प्रभाव जल विद्युत संयंत्रों की स्थिति पर पड़ता है। कितने ऊँचे शीर्ष-बिन्दु से जल का टर्बाइन तक अवपतन होता है, यह बात धरातल द्वारा कृत्रिम बाँध की ऊँचाई द्वारा प्रभावित होती है। किसी निश्चित मात्रा के जल से जो एक हजार फुट की ऊँचाई से गिरता है, उसी मात्रा के सौ फुट ऊँचाई से गिरने की अपेक्षा दस गुनी अधिक शक्ति प्राप्त होती है।

आर्थिक एवं मानवीय परिस्थिति सामुच्चयिक मानवीय कारक हैं। पर्याप्त माँग या वृहत् बाजार तथा कोयला आदि अन्य शक्ति स्रोतों से प्रतिस्पर्द्धा की सम्भावना; पर्याप्त पूँजी, एवं समुन्नत प्राविधिकी तथा इंजीनियरी इत्यादि हैं।

निम्नतम जल-प्रवाह पर आधारित विश्व की कुल सम्भाव्य शक्ति 49-0 करोड़ तथा मध्यमान प्रवाह के आधार पर उससे तिगुनी से अधिक 150.0 करोड़ किलोवाट

है। मध्यमान प्रवाह की सम्भाव्य निधि का लगभग 39% विकसित देशों में तथा 61% से कम अविकसित देशों में प्राप्य है। प्रादेशिक रूप से कुल का लगभग एक तिहाई केवल अफ्रीका महाद्वीप में, चौथाई यूरोप तथा रूस में, पाँचवाँ भाग एशिया में तथा अष्टांश एवं दशांश भाग क्रमशः लैटिन अमेरिका तथा उत्तरी अमेरिका में पाया जाता है। स्पष्टतः मध्य एवं पश्चिमी आस्ट्रेलिया, सहारा प्रदेश, दक्षिणी-पश्चिमी एशिया तथा गोबी, संयुक्त राज्य का दक्षिणी-पश्चिमी भाग आदि गर्म मरुक्षेत्रों एवं उत्तरी ध्रुव प्रदेश के क्षेत्रों में क्रमशः अल्प वृष्टि तथा अधिक ठंडक के कारण जल शक्ति का अभाव है। जहाँ पठार एवं पर्वतीय क्षेत्रों के कारण ढाल तीव्र है और साथ-साथ समुचित वृष्टि तथा ऊँचे ऋत्विक ताप के कारण हिम-पिघलाव होता है, उन क्षेत्रों में अधिक जल-शक्ति पाई जाती है।

सहारा के दक्षिण में स्थित अफ्रीका लगभग पूर्णतया पठारी है और अधिकांश क्षेत्रों में काफी वर्षा होती है।

विश्व जल स्रोत के प्रमुख क्षेत्र

1. अफ्रीका में काँगो बेसिन भूमध्यरेखीय जलवायु में पड़ने से यहाँ साल भर वर्षा होती है और कांगो की सहायक नदियाँ भूमध्यरेखा के दोनों ओर से काफी मात्रा में जल लाती हैं। पानी अटलांटिक महासागर तट से कुछ दूरी पर कई ऊँचे प्रपातों से गिरता है। अतः इस क्षेत्र में अफ्रीका की अधिकांश सम्भाव्य जल शक्ति पाई जाती है।
2. उत्तरी-पूर्वी हिमालय तथा समीपवर्ती प्रदेश में तिब्बत, चीन तथा भारत के हिस्से हैं यहाँ यूरोप की सम्भाव्य शक्ति से काफी अधिक जल-शक्ति प्राप्य है।
3. उत्तरी अमेरिका के उत्तरी-पश्चिमी प्रदेश, विशेषकर कोलम्बिया बेसिन में महाद्वीप की लगभग 50% सम्भाव्य तल-शक्ति प्राप्य है।
4. दक्षिणी अमेरिका का उत्तरी-पश्चिमी प्रदेश विशेषकर ऐंडीज भाग में अमेजन तथा ओरीनिको के ऊपरी बेसिन भाग यद्यपि विकसित देशों में कुल सम्भाव्य जल शक्ति (मध्य प्रवाह) का लगभग 39% ही प्राप्य है, आर्थिक-औद्योगिक विकास तथा तीव्र मार्ग के कारण विश्व की कुल विकसित क्षमता का 82% इन्हीं देशों से मिलता है। कम विकसित देशों में 61% से अधिक प्राप्त रहते हुए भी विकसित क्षमता मात्र 18% है।

अतः स्पष्ट है कि जल-विद्युत विकास में प्राकृतिक दशाओं की अपेक्षा मानवीय-आर्थिक दशाओं का प्रमुख हाथ रहता है। विश्व के कुल विकसित क्षमता के संदर्भ में पश्चिमी यूरोप (34%), उत्तरी अमेरिका (29%), पूर्वी यूरोप तथा पूर्व सोवियत संघ (12.5%) एवं गैर कम्युनिट पूर्वी, दक्षिण तथा दक्षिण-पूर्वी एशिया (12%) सर्वप्रमुख हैं। उत्तरी अमेरिका तथा पश्चिमी यूरोप में प्रादेशिक सम्भाव्य शक्ति का 40% से अधिक विकास हुआ है जबकि अफ्रीका में एक प्रतिशत से कम हुआ है।

उत्तरी अमेरिका कनाडा में संयुक्त राज्य से अधिक प्राप्त जल-शक्ति है। तीन प्रदेशों में देश की अधिकांश जल-शक्ति मिलती है

1. सुदूर पश्चिमी प्रदेश जिसमें कैस्केड सियरेवादा तथा अन्य पर्वतीय भागों की वर्षा तथा हिम पिघलाव से कोलम्बिया, उसकी सहायक स्नेक तथा कैलिफोर्निया की सैक्रामेटो तथा साँन ज्वेनिक की घाटियों में कुल का लगभग 40% मिलता है।
2. रॉकी पर्वतीय प्रदेश में अधिक वर्षा, हिमस्राव तथा पर्वतीय ढालों के कारण कुल का लगभग पंचमांश प्राप्य है।
3. पूर्व में अपलेशियन, न्यू इंग्लैंड प्रदेश तथा समीपवर्ती सेंटलारेंस एवं बड़े झीलों के प्रदेश में पंचमाश से अधिक है। यहाँ बड़ी झीलों में उत्तरी भाग में हिमानियों द्वारा प्रभावित क्षेत्रों में झीलों के स्राव तथा समुचित ढाल के कारण विकास के लिए समुचित दशा मिलती है।
4. शेष का अधिकांश दक्षिणी भाग में है, जहाँ पर्याप्त वर्षा तथा ढाल मिलता है। इसी प्रदेश में विश्व-विद्युत टेन्नेसी घाटी (1993) का बहुउद्देशीय विकास हुआ है जो विश्व के अनेक बहुउद्देशीय नदी घाटी विकास परियोजनाओं का प्रेरक बन गया है।
5. विस्तृत मिसिसिपी बेसिन तथा शेष मध्य भाग में समतल भूमि होने तथा पश्चिमी भाग से कम वर्षा होने के कारण कुल का केवल दशांश प्राप्त है;
6. अलास्का में भी काफी जल शक्ति प्राप्त है। कनाडा में पश्चिम में रॉकी पर्वतीय क्षेत्र में अधिकांश प्रयोज्य क्षमता है। संयुक्त राज्य ने अपनी क्षमता का 24% तथा कनाडा ने 9.66 प्रतिशत विकसित किया है।

दक्षिणी अमेरिका इसमें प्रमुख दो भाग हैं प्रथम, उत्तर-पश्चिम में ऐंडीज, पर्वतीय प्रदेश में अमेजन तथा ओरीनिको की ऊपरी बेसिन जहाँ आर्थिक विकास न होने के कारण प्रादेशिक माँग नहीं है और अपेक्षाकृत घने आबाद क्षेत्र काफी दूर पड़ते हैं;

द्वितीय ब्राजील पठार के आर्थिक विकास के साथ इसकी माँग बढ़ने की सम्भावना है क्योंकि ब्राजील में कोयला और पेट्रोलियम दोनों का अभाव है। ब्राजील ने अपनी क्षमता का 4.10 प्रतिशत विकसित किया है जबकि उरुग्वे ने सर्वाधिक 14.5 प्रतिशत विकसित किया है।

यूरोप एवं सो॰ राष्ट्रकुल इस क्षेत्र में तीन भाग प्रमुख हैं

1. आल्पस तथा पार्श्ववर्ती भाग जहाँ वर्षा तथा हिमस्राव से पर्याप्त जल मिलता है, ढाल अधिक होने से कहीं-कहीं जल अवपतन के लिए मील तक ऊँचे शीर्ष मिलते हैं जिनके कारण कम जल से भी अत्यधिक विद्युत प्राप्त होती है। इस प्रदेश के देशों इटली, स्विट्जरलैंड, आस्ट्रिया आदि में कोयला तथा पेट्रोलियम का अभाव होने के कारण न्यूनतम प्रवाह पर आधारित संभाव्य निधि से अधिक विकास हो गया है।
2. स्कैडिनेविया प्रदेश में हिमानियों के पिघलाव से अनेक दलदलों, झीलों, तथा वन-खण्डों से साल भर जलस्राव होता रहता है तथा सुमिचत ढाल मिलता है। अन्य शक्ति-संसाधनों का भी अभाव है। फलतः नार्वे तथा स्वीडन में इटली की तरह ही निम्नतम प्रवाह की जल-शक्ति से अधिक विकास हुआ है।
3. पूर्व सोवियत संघ में यूक्रेन, कॉकेशस तथा यूराल प्रदेशों में अधिक प्राप्यता है और इन्हीं क्षेत्रों में अधिकांश विकास भी हुआ है। जर्मनी का दक्षिणी पर्वतीय क्षेत्र तथा फ्रांस आल्रय तथा मध्य भाग काफी विकसित है। नार्वे, स्वीडन, स्विट्जरलैंड, फिनलैंड तथा इटली के औद्योगिक विकास में जल-विद्युत का महत्त्वपूर्ण हाथ है। यूरोपीयन समुदाय (E.E.C) में शक्ति की ऋत्विक कमी बेशी को प्रादेशिक स्तर पर संतुलित करने के लिए वृहत् ग्रिड प्रणाली का विकास हुआ है जिसमें ब्रिटेन भी सम्मिलित है। पूर्वी यूरोप के देशों के साथ पूर्व सोवियत संघ ने भी अपने को सम्बद्ध कर लिया था। यूरोप में नार्वे के अतिरिक्त सभी देशों में संभाव्य क्षमता अति सीमित है जबकि उसका अधिकतम उपयोग किया जा रहा है। पुर्तगाल में संभाव्य क्षमता के 11% से लेकर यू॰के॰ में 75% तक सीमित जल विद्युत क्षमता है। बेल्जियम ने 280% स्थापित क्षमता बढ़ा ली है।

एशिया एशिया में विशाल पर्वतीय भाग है जहाँ जल-विद्युत के लिए पर्याप्त अनुकूल प्राकृतिक परिस्थितियाँ मिलती हैं किन्तु अभी तक माँग की कमी के कारण अधिक विकास नहीं हो सका है। भारत (9.2%), टर्की (3.13%), एवं चीन (1.4%) ने कुछ सफलता प्राप्त की है।

(1) भारत भारत में केरल, हिमाचल प्रदेश तथा मेघालय राज्यों में संपूर्ण शक्ति जल-विद्युत से; बिहार, पश्चिमी बंगाल, गुजरात तथा राजस्थान में अधिकांशतः कोयले तथा पेट्रोलियम आदि तापीय स्रोतों से प्राप्त होती है। वस्तुतः भारत में तापीय शक्ति एवं जल-विद्युत संस्थानों को विभिन्न प्रादेशिक ग्रिडों (प्रणालियों) तथा पुनः राष्ट्रीय ग्रिड में अन्तर्सम्बद्ध करने की योजना रही है। देशों में पिछले दो दशकों में उसके विकास की ओर ध्यान गया है। परन्तु बाँध निर्माण की भारी लागत एवं सम्बन्धित पर्यावरणीय समस्याओं के चलते जापान के अतिरिक्त अन्यत्र यह क्षमता स्थापित क्षमता में परिणत नहीं हो सकी है। मात्र जापान (28%), थाइलैंड (जिसकी संभाव्य क्षमता अल्प है), सामान्य यूरोपीय देशों के समकक्ष स्थापित क्षमता सृजन कर सके हैं। जापान, इण्डोनेशिया, भारत, म्यांमार, नेपाल में संभाव्य क्षमता 1 लाख मेगावाट से अधिक है।

जापान विश्व का तृतीय वृहत्तम जल-विद्युत उत्पादक देश है। फासिल ऊर्जा-स्रोतों की अपर्याप्ता तथा वृहत् माँग की पूर्ति के लिए कुल संभाव्य जल-शक्ति का एक-चौथाई अधिक विकसित हो चुका है। होंश में टोहकू तथा चिबू वृहत्तम जल-विद्युत केन्द्र हैं जिनके अतिरिक्त लगभग चौदह सौ छोटे-छोटे जल-विद्युत संस्थान हैं।

भारत ने इधर स्वतन्त्रता के बाद जल-विद्युत के विकास में तीव्र प्रगति की है। 1963-64 में कुल विद्युत उत्पादन क्षमता का 50% से अधिक जल विद्युत संस्थानों से प्राप्य था। साथ ही जहाँ 1947-64 अवधि में वाष्प चालित विद्युत शक्ति की क्षमता से साढ़े तीन गुनी वृद्धि हुई। कुल 29% जल विद्युत था जबकि आदर्श रूप में कुल विद्युत क्षमता में जल विद्युत का प्रतिशत 40 होना चाहिए। 1974 के पश्चात् जब कुल स्थापित क्षमता में जल-विद्युत का अंश 42% था, इसके अनुपात में लगातार ह्रास होता गया है क्योंकि पाँचवीं से आठवीं योजना तक ताप विद्युत क्षमता में अधिक वृद्धि हुई।

प्रत्येक राज्य में बहुद्देशीय घाटी योजनायें विकसित हुईं एवं हो रही हैं। कुछ प्रमुख जल-विद्युत योजनायें निम्नलिखित हैं

कर्नाटक शरावथी, तुंगभद्रा, भद्रा, शिवसमुद्रम, शिम्सा योजनाएँ, केरल इद्दिकी योजना, महाराष्ट्र ताता वर्क्स तथा कोयला योजनाएँ, आन्ध्र प्रदेश मचकुंद नागार्जुन सागर, श्रीशैलम योजनाएँ; तमिलनाडु पाइकारा, मेट्टूर योजनाएँ, पंजाब भाखरा नांगल योजना, जमुना जल विद्युत योजना मनेरी-भालि एवं टिहरी; बिहार-पश्चिमी बंगाल-दामोदर घाटी योजना; बिहार (नेपाल) कोशी योजना। उड़ीसा-हीराकुण्ड

योजना। कई अन्य योजनाओं में शक्ति उत्पादन का विकास हो रहा है। मध्य प्रदेश-गुजरात में नर्मदा घाटी योजना में नर्मदा सागर एवं सरदार सरोवर अति महत्त्वपूर्ण परन्तु विवादग्रस्त हैं।

(2) चीन चीन अधिकाशंतः पर्वतीय है और पश्चिमी शुष्क भागों को छोड़कर अन्य भागों में पर्याप्त वृष्टि भी होती है। साथ ही जैसा ऊपर स्पष्ट किया गया है, कोयले का प्रादेशिक वितरण संतुलित नहीं है, और पेट्रोलियम संसाधन अत्यन्त सीमित हैं, अतः चीन सरकार ने जल-विद्युत के उत्पादन पर 1949 के बाद अधिक ध्यान दिया है। उत्तरी चीन में सुंगरी बेसिन (कैगमैन जल-विद्युत केन्द्र) तथा बाद में ह्वांगहो तथा यॉग्टिसीक्यांग बेसिन (सहायक नदियों के साथ) में कई सम्बद्ध बहुउद्देशीय योजनायें पूरी की गई हैं। पूँजी की कमी के कारण चीन सैकड़ों की संख्या में छोटी योजनाओं द्वारा भी जल-शक्ति का विकास कर रहा है। तथापि, अभी सम्भाव्य क्षमता का मात्र 1.4% ही स्थापित क्षमता में परिणत हुआ है।

एशिया के अन्य देशों में पाकिस्तान, टर्की, थाईलैंड देश प्रमुख हैं, जहाँ जल-विद्युत योजना का उल्लेखनीय विकास हुआ है।

अफ्रीका उत्तरी शुष्क है, अतः अधिकांश जल-शक्ति सहारा के दक्षिण स्थित अफ्रीका भाग में प्राप्य है। वस्तुतः इस भाग में निम्नतम प्रवाह पर आधारित विश्व जल-शक्ति 41% तथा मध्यमान प्रवाह 33% पर अधिक है, किन्तु विश्व की कुल शक्ति क्षमता का केवल एक प्रतिशत विकसित हो पाया है। अफ्रीका का अधिकांश भाग पठारी है, और भूमध्य रेखीय भागों (विशेषकर कांगो तथा जाम्बेजी बेसिन) में पर्याप्त वर्षा होती है। भूमध्यरेखीय क्षेत्र में स्थित अंगोला, कैमरून तथा जैरे में विशाल सम्भाव्य जल-शक्ति है। परन्तु आर्थिक विकास न होने के कारण माँग अधिक नहीं है, न ही पूँजी तथा प्राविधिकी प्राप्त है। अधिकांश स्थापित क्षमता जाम्बेजी बेसिन (जाम्बिया तथा जिम्बाब्वे में विक्टोरिया जल-प्रपात), दक्षिण अफ्रीका संघ तथा मिस्र में विकसित हुआ है और पश्चिमी अफ्रीका देशों में भी उल्लेखनीय विकास हो रहा है। मिस्र में नील नदी पर असवान तथा घाना की ऊपरी वोल्टा योजना से काफी विद्युत की आपूर्ति बढ़ गई है।

(3) ओसेनिया आस्ट्रेलिया-न्यूजीलैंड में निम्नतम तथा मध्यमान प्रवाह पर आधारित विश्व की कुल संभाव्य जल-शक्ति का क्रमशः 1.8 तथा 1.6 प्रतिशत मात्र प्राप्त है परन्तु उसका प्रचुर विकास हुआ है। आस्ट्रेलिया का अधिकांश जल संसाधन अधिक वर्षा वाले पूर्वी पर्वतीय अंचलों में प्राप्य है। न्यूजीलैंड पर्वतीय क्षेत्र है और पर्याप्त वर्षा भी होती है, अतः यद्यपि छोटी नदियाँ हैं, जल-विद्युत का प्रचुर विकास

हुआ है। आस्ट्रेलिया में सम्भाव्य क्षमता में प्रतिशत तथा न्यूजीलैंड में 47% स्थापित क्षमता में परिणत हो चुका है। ऊपर के विवेचन से स्पष्ट है कि जल विद्युत की सम्भाव्य क्षमता एवं स्थापित क्षमता में प्रतिलोम अनुपात मिलता है क्योंकि प्रायः विशाल सम्भाव्य क्षमता अफ्रीका लैटिन अमेरिका एवं एशिया के प्रचुर वर्षा एवं उच्चावचीय विषमता युक्त विकासशील देशों में केन्द्रित है जबकि स्थापित क्षमता पूँजी एवं प्राविधिकी सम्पन्न तथा ऊर्जा की असीम माँगयुक्त, यूरोप, आंग्ल अमेरिका, जापान तथा आस्ट्रेलिया-न्यूजीलैंड में विकसित हुई है।

जल विद्युत शक्ति का भारतीय परिदृश्य

भारत में जल विद्युत उत्पादन में विगत कुछ वर्षों में आशानुकूल बढ़ोत्तरी हुई है। भारत में कई ऐसी नदियाँ हैं जिसमें पर्याप्त मात्रा में सालों भर पानी रहता है। ऐसी नदियों के जल का उपयोग जल विद्युत उत्पादित करने में किया जा सकता है। लेकिन इसमें काफी लागत लगती है। यहाँ हम भारत की बहुउद्देशीय परियोजनाओं का विवरण प्रस्तुत कर रहे हैं जिनका निर्माण जल-विद्युत के उत्पादन को ध्यान में रख कर किया गया है।

भाखड़ा-नांगल परियोजना

यह परियोजना देश की सबसे बड़ी बहुउद्देशीय योजना है, जिसके निर्माण कार्य पर कुल 236 करोड़ रुपये का परिव्यय हुआ है। इस परियोजना की शुरुआत 1948 में की गयी थी, जो अब पूर्ण हो चुकी है। यह परियोजना पंजाब, हरियाणा तथा राजस्थान सरकारों का एक संयुक्त प्रयास है। इस परियोजना के निम्नलिखित प्रमुख उद्देश्य हैं

1. पंजाब व 'हरियाणा राज्यों में सतलज व यमुना नदियों के मध्यवर्ती भाग में सिंचाई सुविधाएँ उपलब्ध कराना।
2. इन्दिरा नहर द्वारा राजस्थान में सिंचाई हेतु आवश्यक जल की आपूर्ति करना।
3. सरहिन्द नहर में जल-प्रवाह की मात्रा को बढ़ाकर सिंचाई क्षेत्र में वृद्धि करना।

विद्युत गृहों की पूर्ति हेतु इस योजना के अन्तर्गत निम्नलिखित निर्माण कार्य किये गये हैं

1. भाखड़ा बाँध इस परियोजना के अन्तर्गत पंजाब राज्य के रोपड़ जिले में रोपड़ से 80 किमी॰ ऊपर भाखड़ा नामक स्थान के निकट जहाँ सतलज दी

शिवालिक पहाड़ियों की नैना देवी श्रेणी को काटकर ग्रेनाइट चट्टानों की एक संकरी घाटी से होकर गुजरती है, वहाँ नदी के आर-पार भाखड़ा नामक बाँध बनाया गया है। सीमेंट तथा कंकरीट से निर्मित यह बाँध 235 मीटर ऊँचा है तथा संसार में अपनी किस्म के सीधे बाँधों में सबसे बड़ा है। इसकी लम्बाई नदी तल पर 338 मीटर तथा ऊपर चोटी पर 518 मीटर है। इस बाँध के कारण नदी का जल एक 85 किमी॰ लम्बे तथा 8 किमी॰ चौड़े जलाशय के रूप में परिवर्तित हो गया है कि जिसे गोविन्द सागर के नाम से पुकारा जाता है। इस कृत्रिम जलाशय में लगभग 2 लाख घन मीटर जल एकत्र किया जा सकता है। बाँध के निर्माण हेतु नदी प्रवाह वेग को कम करने के लिए इसके जल की प्रवाह दिशा को परिवर्तित कर दिया गया है। अतः इस हेतु बाँध के दोनों ओर नदी के दाहिने एवं बाएँ किनारों से लगभग 1 किमी॰ लम्बी तथा 15 मीटर व्यास की 2 सुरंगें बनायी गयी हैं, जिनसे होकर नदी का जल पुनः नदी में आकर गिरता है। इस बाँध के निर्माण में 8 लाख टन सीमेंट, 7 लाख टन कंकरीट, करीब 1 लाख टन लोहा लगा है। यह सन् 1963 में बनकर तैयार हुआ था।

2. नांगल बाँध सतलज नदी पर भाखड़ा बाँध से 12 किमी॰ दूर जहाँ यह नदी मैदानी क्षेत्र में प्रवेश करती है, नांगल नामक स्थान पर एक अवरोधक बाँध बनाया गया है। इसे नांगल बाँध के नाम से जाना जाता है। यह 315 मीटर लम्बा, 29 मीटर ऊँचा तथा 121 मीटर चौड़ा है। यह भाखड़ा का सहायक बाँध है जो कि भाखड़ा के जल का सन्तुलन एवं नियन्त्रण करता है। इस बाँध में 3.3 मीटर के चौड़ाई वाले 28 जल निकास द्वार हैं जिन पर लोहे के दरवाजे हैं। इनकी सहायता से नदी के जल तल को 15 मीटर ऊँचा उठाया जा सकता है। सभी जल निकासों के खुलने पर यहाँ 30 से 50 हजार क्यूसेक जल प्रवाहित हो सकता है।

3. नांगल जल विद्युत नहर यह नहर नांगल बाँध के बाएँ किनारे से निकाली गयी है। नांगल बाँध द्वारा नदी का जल प्रवाहित किया जाता है। यह नहर 64 किमी॰ लम्बी है, 42 मीटर चौड़ी, 8 मीटर गहरी है। यह नहर पूरी तरह से सीमेंट, कंकरीट से पक्की बनी है तथा नदी के समानान्तर बहती है तथा रोपड़ के निकट यह भाखड़ा नहर से मिल जाती है। यह संसार की पक्की लम्बी नहरों में गिनी जाती है। इस नहर का ढाल काफी तेज है। अनुमानतः लगभग 64 किमी॰ लम्बाई में इसमें 70 मीटर का उतार आ जाता है।

4. विद्युत शक्ति गृह नांगल विद्युत नहर पर तीन जल विद्युत शक्ति गृह बनाये गये हैं। इनमें पहला नांगल बाँध से 19 किमी॰ दक्षिण में गंगुवाल में तथा दूसरा 20 किमी॰ की दूरी पर कोटला में बनाया गया है। इन विद्युत गृहों में से प्रत्येक

की कुल विद्युत उत्पादन क्षमता 77,000 किलोवाट है। तीसरा शक्ति गृह रोपड़ नामक स्थान पर बनाया गया है। इन तीनों जल विद्युत शक्ति गृहों में उत्पन्न होने वाली जल विद्युत 4000 किमी॰ लम्बे तारों के ग्रिड द्वारा पंजाब से होशियारपुर, जालन्धर, कपूरथला, लुधियाना, पटियाला, संगरूर, अमृतसर, फिरोजपुर आदि जिलों, हरियाणा के अम्बाला, यमुनानगर, हिसार, रोहतक, भिवानी, गुड़गाँव आदि जिलों, हिमाचल प्रदेश के शिमला एवं उसके निकटस्थ क्षेत्र, राजस्थान के रतनगढ़ जिला तथा दिल्ली संघ राज्य के अनेक नगरों एवं गाँवों में उपयोग हेतु विद्युत भेजी जाती है।

सिंचाई नहर व्यवस्था पंजाब, हरियाणा एवं राजस्थान के कुछ क्षेत्रों में सिंचाई हेतु नहरों का विकास करना इस परियोजना का एक महत्वपूर्ण उद्देश्य है। इस उद्देश्य की पूर्ति हेतु भाखड़ा जलाशय से लगभग 1110 किमी॰ लम्बी प्रमुख नहरे तथा लगभग 3500 किमी॰ लम्बी उसकी उपशाखाएँ निकाली गयी हैं। इनमें निम्नलिखित नहरें प्रमुख हैं

1. भाखड़ा नहर यह नहर सन् 1954 में बनायी गयी थी। इसकी लम्बाई 173 किमी॰ है। यह संसार की सबसे लम्बी पलस्तरयुक्त नहर है। यह रोपड़ नामक स्थान से आरम्भ होकर पूर्वी पंजाब के क्षेत्रों से गुजरती हुई हरियाणा के हिसार जिले की सीमा तक जाती है। यह दो शाखाओं-एक पलस्तर युक्त (भाखड़ा मुख्य शाखा) तथा दूसरी बिना पलस्तर युक्त (फतेहाबाद) में विभाजित हो जाती है।

2. बिस्त-दोआब नहर यह नहर सतलज नदी के दाहिने किनारे पर रोपड़ नामक स्थान से निकाली गयी है। इसके द्वारा पंजाब के जालन्धर, होशियारपुर एवं कुछ अन्य जिलों की लगभग 4 लाख हैक्टेयर भूमि की सिंचाई की जाती है। इस नहर की प्रमुख शाखाओं की लम्बाई 1090 किमी॰ तथा उपशाखाओं की लम्बाई 6500 किमी॰ है।

3. सरहिन्द नहर इस नहर में पानी की प्रवाह क्षमता को 9000 क्यूसेक प्रति सेकण्ड से बढ़ाकर 12,000 क्यूसेक प्रति सेकण्ड किया गया है। इसी नहर से आगे चलकर सिंधवा शाखा निकाली गयी है। इससे पूर्वी पंजाब के अनेक नये क्षेत्रों को सिंचाई की सुविधायें प्राप्त हुई हैं।

4. नरवाना शाखा नहर यह भाखड़ा मुख्य नहर से 15 किमी॰ नीचे निकाली गयी है। यह नहर 104 किमी॰ लम्बी है तथा पलस्तर युक्त है। यह नहर कई स्थानों पर नदियों के ऊपर से होकर गुजरती है। इस नहर का प्रमुख उद्देश्य सिरसा शाखा को जल प्रदान करना है तथा हरियाणा के करनाल, पानीपत जिलों में सिंचाई सुविधायें प्रदान करना है।

परियोजना के लाभ भाखड़ा नांगल परियोजना पंजाब, हरियाणा व राजस्थान राज्यों की सम्मिलित योजना है। इसके क्रियान्वयन से निम्नलिखित लाभ प्राप्त हुए हैं

1. इस परियोजना द्वारा लगभग 15 लाख हैक्टेयर भूमि को सिंचाई की सुविधाएँ उपलब्ध हुई हैं। परियोजना द्वारा सिंचित कुल भूमि के अन्तर्गत 38% पंजाब का, 46% क्षेत्र हरियाणा का तथा 16% क्षेत्र राजस्थान का है।
2. इस परियोजना के अन्तर्गत स्थापित किये गये विद्युत गृहों से लगभग 6 लाख किलोवाट विद्युत शक्ति प्राप्त होती है, जिसका उपयोग पंजाब, हरियाणा, हिमाचल प्रदेश तथा दिल्ली आदि राज्यों में प्रकाश करने एवं उद्योग-धन्धों को चलाने के लिये किया जाता है।
3. सिंचाई की पर्याप्त सुविधाएँ उपलब्ध होने के कारण पंजाब, हरियाणा तथा राजस्थान राज्यों में गेहूँ, चावल, गन्ना, कपास, दालें व तिलहन के उत्पादन में अभूतपूर्व वृद्धि हुई है।
4. सस्ती दर पर जल विद्युत प्राप्ति के कारण नलकूपों की संख्याओं में भी काफी वृद्धि हुई है।
5. परियोजना के क्रियान्वित होने से सम्बन्धित क्षेत्र में बाढ़ एवं सूखा की गम्भीर समस्याओं से छुटकरा प्राप्त हो सका है।

रिहन्द परियोजना

रिहन्द या रेनुकूट सोन की सहायक नदी है जो मध्य प्रदेश में ऊदलपुर की पहाड़ियों से निकलकर उत्तर की ओर प्रवाहित होकर सिन्धुरिया नामक स्थान पर पहुँचकर सोन नदी में मिल जाती है। इस नदी की लम्बाई 193 किमी॰ है। वर्षा ऋतु में इस नदी में भयँकर बाढ़ें आती हैं जबकि ग्रीष्म ऋतु में यह नदी एक पतली एवं अमहत्वपूर्ण जलधारा के रूप में सिमट जाती है तथा इसके निकटवर्ती प्रदेश सूखे या अकाल की चपेट में रहते हैं। अतः इस नदी की वर्षाकालीन जलराशि का समुचित उपयोग करने तथा इसके निकटवर्ती उत्तर प्रदेश, बिहार एवं मध्य प्रदेश के आर्थिक दृष्टि से पिछड़े अंचलों के बहुमुखी विकास हेतु इस नदी पर एक योजना क्रियान्वित करने के लिए सर्वप्रथम सन् 1936-37 में एक ब्रिटिश इंजीनियर जी.एम. बारलो द्वारा पिपरी नामक स्थान पर बाँध बनाने का प्रस्ताव रखा गया था, परन्तु द्वितीय विश्व युद्ध के कारण इस प्रस्ताव पर कोई कार्य नहीं किया जा सका। सन् 1945 में इस योजना पर कुछ आरम्भिक कार्य शुरू कर दिये गये थे परन्तु नदी

घाटी परियोजना के रूप में इसका वास्तविक निर्माण कार्य सन् 1952 से ही प्रारम्भ हो सका।

(1) रिहन्द बाँध यह परियोजना उत्तर प्रदेश की सबसे बड़ी बहुउद्देशीय योजना है, जो सन् 1966 में पूर्ण हो चुकी है। इस परियोजना के अन्तर्गत रिहन्द नदी पर उत्तर प्रदेश के मिर्जापुर जिले में सोन नदी के संगम से लगभग 45 किमी॰ दक्षिण में पिपरी नामक गाँव के निकट जहाँ यह नदी ग्रेनाइट चट्टानों के क्षेत्र से एक अत्यन्त संकरी कंकरा से होकर गुजरती है, नदी के आर-पार एक बाँध बनाया गया है। सीमेंट, कंकरीट तथा लोहे से निर्मित यह बाँध 936 मीटर लम्बा तथा 91 मीटर ऊँचा है। नदी तल पर इसकी चौड़ाई लगभग 70 मीटर तथा ऊपर 7 मीटर है। इस बाँध से निर्मित जलाशय को गोविन्द बल्लभ पन्त सागर के नाम से पुकारा जाता है। जलाशय 466 वर्ग किमी॰ क्षेत्र में विस्तृत है तथा इसमें 106008 लाख घन मीटर जल एकत्र किया जा सकता है। इस प्रकार क्षेत्रफल के दृष्टिकोण से हिन्द का जलाशय भाखड़ा के जालशय की तुलना में काफी बड़ा है तथा महत्वपूर्ण विशेषता यह है कि इसके भी अन्दर विभिन्न भागों के निरीक्षण एवं सफाई हेतु 4 सुरंगें बनायी गयी हैं। बाढ़ के जल की निकासी हेतु बाँध में 8,12 मीटर के आकार के 13 फाटक बनाये गये हैं जिनसे न्यूनतम 17,273 घन मीटर प्रति सेकण्ड तथा अधिकतम 23,815 घन मीटर प्रति सेकण्ड जल का प्रवाह अनुमानित है।

रिहन्द योजना द्वारा केवल 5.7 लाख हैक्टेयर भूमि की सिंचाई की जाती है जबकि भाखड़ा परियोजना से लगभग 15 लाख हैक्टेयर भूमि की सिंचाई की जाती है। इसके अतिरिक्त विन्ध्याचल में स्थिर होने के कारण इस परियोजना द्वारा और अधिक क्षेत्र में सिंचाई करना सम्भव भी नहीं है।

2. ओबरा बाँध रिहन्द बाँध से लगभग 25 किमी॰ उत्तर में ओबरा नामक स्थान पर इस नदी पर एक दूसरा बाँध बनाया गया है जिसका मुख्य उद्देश्य रिहन्द के जलाशय का सन्तुलन करना है। अतः इसे रिहन्द का सन्तुलन बाँध कहा जा सकता है।

3. विद्युत-शक्ति गृह मुख्य बाँध के निकट ही इसके दाहिने किनारे पर 3,00,000 किलोवाट विद्युत उत्पादन क्षमता वाला एक शक्ति-गृह बनाया गया हैं इस शक्ति गृह में 6 विद्युत इकाइयाँ स्थापित की गयी हैं जिनमें से प्रत्येक की उत्पादन क्षमता 50,000 किलोवाट है। यहाँ उत्पन्न होने वाली जल-विद्युत को उपभोग हेतु लगभग 5,000 किमी॰ लम्बी तार लाइनों द्वारा उत्तर में बहराइच, पश्चिम में कानपुर तथा पूरब में बलिया एक पहुँचाया जाता है। रिहन्द के विद्युत-गृह को

मऊ तथा गोरखपुर के तापीय विद्युत-गृहों से जोड़ दिया गया है जिनमें प्रत्येक की क्षमता 15,000 किलोवाट है। इसके अतिरिक्त इसे ओबरा के विद्युत गृह से जोड़ दिया गया है जहाँ 6 जल विद्युत उत्पादन इकाईयाँ 50 मेगावाट क्षमता प्रति इकाई स्थापित हैं। इसके साथ इसी ओबरा के 25,000 किलोवाट क्षमता वाले तापीय विद्युत-गृह से भी जोड़ दिया गया है।

परियोजना से लाभ उत्तर प्रदेश की इस प्रमुख बहुउद्देशीय योजना पर लगभग 46 करोड़ रुपया व्यय हुआ है। इस योजना के क्रियान्वित होने से निम्नलिखित लाभ प्राप्त हुए हैं

1. इस परियोजना के अन्तर्गत स्थापित किये गये विद्युत-गृहों से कुल 50,000 मेगावाट विद्युत-शक्ति का उत्पादन होता है। जल-विद्युत की पर्याप्त मात्रा में उपलब्धि के कारण पूर्वी उत्तर प्रदेश के गोरखपुर, देवरिया, बलिया, गाजीपुर, वाराणसी, आजमगढ़, इलाहाबाद, फैजाबाद, गोंडा, बस्ती तथा प्रतापगढ़ आदि 16 जिलों में जहाँ सिंचाई की कोई उचित व्यवस्था नहीं है लगभग 4,000 नलकूल लगाये गये हैं जिनसे लगभग 6 लाख हैक्टेयर भूमि की सिंचाई होती है। इसके अलावा इस परियोजना से बिहार, छत्तीसगढ़ एवं मध्य प्रदेश के कुछ भागों को सिंचाई की सुविधाएँ प्राप्त हुई हैं।
2. पूर्वी उत्तर प्रदेश तथा उसके निकटवर्ती क्षेत्र जहाँ यह परियोजना क्रियान्वित की गयी है, चूना पत्थर, लोहा, अभ्रक, बॉक्साइट, ताँबा, सीसा, सोडा आदि अनेक खनिज पदार्थों की दृष्टि से काफी धनी क्षेत्र है। रिहन्द परियोजना से सस्ती जल-विद्युत की उपलब्धि के कारण जहाँ एक ओर इन खनिजों का उचित ढंग से दोहन आरम्भ हुआ है, वहीं दूसरी ओर इस परियोजना ने इस क्षेत्र के औद्योगिक विकास में विशेष प्रोत्साहनर दिया है। रेनुकूट का 'हिन्डालको' एल्यूमीनियम कारखाना तथा कानोडिया कैमिकल्स, चुर्क के राजकीय सीमेंट कारखाने, मिर्जापुर का कॉस्टिक सोडा का कारखाना तथा प्लास्टिक, अभ्रक आदि अन्य उद्योग इस क्षेत्र में केन्द्रित रिहन्द की सस्ती जल-विद्युत की ही देन हैं।
3. यहाँ से प्राप्त होने वाली विद्युत का उपयोग उत्तर, उत्तर-मध्य व पूर्वी रेलवे की रेलगाड़ियाँ चलाने में भी किया जा रहा है।
4. इस परियोजना के अन्तर्गत निकाली गयी नहरों से सोन घाटी तथा गंगा घाटी के मध्य जल सम्पर्क स्थापित हो सका है जिससे आन्तरिक जलमार्गों का विकास हुआ है।

5. रिहन्द बाँध के कारण सोन नदी की घाटी में जल प्रवाह को नियन्त्रित किया जा सका जिसके फलस्वरूप मिट्टी के कटाव में कमी आयी है।
6. इस परियोजना के क्रियान्वयन से इस क्षेत्र में मछली पालन तथा मनोरंजन एवं पर्यटन उद्योग को विशेष प्रोत्साहन मिला है। संक्षेप में यह कहा जा सकता है कि इस बहुधन्धी योजना के क्रियान्वित होने से पूर्वी उत्तर प्रदेश के फैजाबाद, गोंडा, बस्ती, मिर्जापुर, गोरखपुर, देवरिया, बलिया, गाजीपुर, वाराणसी, आजमगढ़, जौनपुर, सुल्तानपुर, इलाहाबाद, रायबरेली, प्रतापगढ़ तथा बहराइच जिलों में एवं इन जिलों के अलावा बिहार एवं मध्य प्रदेश राज्यों के निकटवर्ती क्षेत्रों में आर्थिक विकास की एक नवीन किरण प्रस्फुटिक हुई है।

दामोदर घाटी परियोजना

दामोदर नदी झारखण्ड राज्य की एक महत्वपूर्ण नदी है जो इसके पलामू जिले में छोटा नागपुर पठार की 610 मीटर ऊँची पहाड़ियों से निकलकर इस राज्य में 290 किमी॰ की लम्बाई में प्रवाहित होने के उपरान्त पश्चिम बंगाल की सीमा में प्रवेश कर जाती है, जहाँ यह 240 किमी॰ की यात्रा तय करके कोलकाता से 50 किमी॰ नीचे हुगली नदी में मिल जाती है। यह नदी अपनी भयँकर बाढ़ों के लिये प्रसिद्ध है और इसलिये इसे झारखण्ड व पश्चिम बंगाल में शोक नदी कहा जाता है। जमुनिया, बाराकर, कोनार तथा बोकारो इसकी प्रमुख सहायक नदियाँ हैं। इसकी ऊपरी घाटी झारखण्ड के पलामू, हजारीबाग, राँची, सिंहभूम, तथा संथाल परगना के जिलों में तथा निचली घाटी पश्चिम बंगाल के बाकुँड़ा, बर्दवान, मिदनापुर तथा हावड़ा जिलों में फैली हुई है। अपनी ऊपरी घाटी में वर्षा ऋतु में अत्यधिक वर्षा होने कारण यह नदी अत्यन्त तीव्र वेग के साथ प्रवाहित होती है तथा अपने किनारे की मिट्टी को काटकर अपने साथ-साथ बहा ले जाकर अपनी निचली घाटी में निक्षेपित करती रहती है जिसके फलस्वरूप अपने किनारों के ऊपर से होकर बहती है तथा जंगलों, फसलों, मकानों, यातायात तथा दूरसंचार के साधनों को नष्ट करती हुई अपने साथ मनुष्यों तथा पशुओं को बहा ले जाकर अपार धन-जन की हानि करती है। इस प्रकार यह नदी अपनी घाटी के लगभग 20,000 वर्ग किमी॰ क्षेत्र के निवासियों के आर्थिक जनजीवन को पूरी तरह अस्त-व्यस्त कर देती है। बाढ़ के विकराल रूप एवं गम्भीरता का अनुमान इस बात से लगाया जा सकता है कि सामान्य बाढ़ के समय बर्दवान जिले में रोहन्दिया नामक स्थान के समीप इस नदी का जल-प्रवाह 2,50,000 क्यूसेक रहता है।

सन् 1923 से 1943 के बीच इस नदी में 16 बार भीषण बाढ़ें आयीं जिनमें 1913, 1919, 1935 तथा 1943 की बाढ़ें अत्यन्त भयानक थीं। उस समय बाढ़ के जल का प्रवाह 6,50,000 क्यूसेक अनुमानित किया गया है। नदी की विध्वंसात्मक कार्यवाही से होने वाले आपार जन-धन की हानि को ध्यान में रखते हुये सन् 1948 में भारत सरकार द्वारा दामोदर घाटी निगम की स्थापना की गयी। इस निगम का मुख्य उद्देश्य झारखण्ड एवं पश्चिम बंगाल के घाटीवर्ती क्षेत्र का आर्थिक विकास करना एवं यहाँ के निवासियों के जीवन स्तर को ऊँचा करने के लिए निम्नलिखित उद्देश्यों की आपूर्ति हेतु आवश्यक कार्यवाही तथा विभिन्य प्रणालियाँ लागू करना था

1. बाढ़ पर नियन्त्रण।
2. सिंचाई हेतु नहरों का निर्माण करना तथा आवश्यक जल की आपूर्ति।
3. जल-विद्युत उत्पन्न करके उद्योगों के लिए शक्ति उपलब्ध कराना तथा नहरों एवं ग्रामीण क्षेत्रों में प्रकाश हेतु विद्युत आपूर्ति करना।
4. जल परिवहन तथा नौकारोहण की सुविधाएँ विकसित करना।
5. वन क्षेत्रों में वृद्धि करना।
6. भूमि-क्षरण को नियन्त्रित करना।

खनिज सम्पदा की दृष्टि से दामोदर घाटी क्षेत्र देश का सबसे धनी क्षेत्र है। देश के कुल लोहे के 10%, कोयले के 90%, अभ्रक के 70% तथा मैगनीज के 10% भण्डार इसी क्षेत्र में हैं। इसके अतिरिक्त उपरोक्त संसाधनों के उचित दोहन-हेतु दामोदर घाटी परियोजना को क्रियान्वित किया गया तथा इस बात का ध्यान रखा गया है कि इस परियोजना को संयुक्त राज्य अमेरिका की टैनेसी घाटी परियोजना के आधार पर विकसित किया जाये।

परियोजना का प्रारूप सम्पूर्ण परियोजना के अन्तर्गत 8 बाँध, एक अवरोधक बाँध, बाँधों के निकट जल-विद्युत उत्पादन केन्द्रों के अतिरिक्त बोकारो, चन्द्रपुरा तथा दुर्गापुर में तीन तापीय विद्युत-गृह तथा लगभग 2500 किमी॰ नहरों का निर्माण किया गया है। साथ ही विभिन्न आर्थिक एवं तकनीकी कारणों की वजह से परियोजना के दो चरणों में पूर्ण किया गया है। प्रथम चरण के अन्तर्गत 4 बाँध, तिलैया, कोनार, मैथन और पंचेत पहाड़ी, दुर्गापुर के अवरोधक बाँध बोकारो, चन्द्रपुरा और दुर्गापुरा में तापीय विद्युत-ग्रहों का निर्माण तथा लगभग 1300 किमी॰ लम्बी विद्युत वितरण करने वाली तार लाइनें खींचने का कार्य किया गया। इसका संक्षिप्त विवरण नीचे दिया गया है

1. तिलैया बाँध यह बाँध बिहार राज्य के हजारीबाग जिले में दामोदर की सहायक बाराकर नदी पर पूर्वी रेलवे लाइन के कोडरमा स्टेशन से 22 किमी॰ दक्षिण में बनाया गया है। यह 320 मीटर लम्बा तथा 33 मीटर ऊँचा है। बाँध द्वारा निर्मित जलाशय में 395 लाख टन घन मीटर जल एकत्र किया जा सकता है। इसके निकट ही एक जल-विद्युत शक्ति-गृह की स्थापना की गयी है, जिसकी तीन इकाइयों की कुल क्षमता 60,000 किलोवाट है। इस बाँध के निर्माण में 37 लाख रुपया व्यय हुआ।

2. कोनार बाँध इस बाँध का निर्माण सन 1955 में हजारीबाग जिले में कोनार नदी पर दामोदर के संगम से 25 किमी॰ उत्तर-पश्चिम में किया गया है। 3.5 किमी॰ लम्बे तथा 49 मी॰ ऊँचे इस बाँध द्वारा निर्मित जलाशय में 337 लाख घन मीटर जल एकत्र किया जा सकता है। यहाँ 40,000 किलोवाट क्षमता वाला एक भूमि जल-विद्युत गृह भी स्थापित किया गया है। इस बाँध के निर्माण पर 97 लाख रुपये का परिव्यय हुआ है।

3. मैथान बाँध यह बाँध धनबाद जिले में बाराकर नदी पर आसनसोल से 25 किमी॰ उत्तर में दामोदर के संगम से कुछ ही ऊपर बनाया गया है। इस बाँध की लम्बाई 4.4 किमी॰ तथा ऊँचाई 56 मीटर है तथा इसके द्वारा निर्मित जलाशय की जल संग्रहण क्षमता 1357 लाख घन मीटर है। यह बाँध प्रमुख रूप से बाढ़ नियन्त्रण हेतु बनाया गया। बाँध के निकट ही 60,000 किलोवाट क्षमता वाले जल-विद्युत गृह का निर्माण किया गया है। केन्द्रीय स्थिति में होने के कारण सिन्द्री, चितरंजन तथा अन्य औद्योगिक क्षेत्रों को यहीं से विद्युत प्रदान की जाती है।

4. पंचेत पहाड़ी बाँध यह बाँध उपरोक्त तीनों बाँधों से बड़ा है तथाा इसका प्रमुख उद्देश्य बाढ़ की रोकथाम करना है। यह बाँध बिहार के धनबाद तथा पश्चिम बंगाल के पुरुलिया जिलों की सीमा पर दामोदर तथा बाराकर नदियों के संगम से 50 किमी॰ ऊपर दामोदर पर बनाया गया है। यह 2.5 किमी॰ लम्बा व 45 मीटर ऊँचा है तथ इसके निर्मित जलाशय की जल संग्रहण क्षमता 1497 लाख घन मीटर है। बाँध के निकट एक 40,000 किलोवाट क्षमता वाला जल-विद्युत गृह भी स्थापित किया गया है। 191 लाख रुपये के परिव्यय से निर्मित यह बाँध सन् 1959 में बनकर तैयार हो चुका था।

5. दुर्गापुर अवरोधक बाँध सन् 1955 में दुर्गापुर के निकट दामोदर नदी पर एक अवरोध बाँध बनाया गया है, जो लगभग 1 किमी॰ लम्बा तथा 12 मीटर ऊँचा है। इस बाँध के दाहिने एवं बायीं ओर क्रमशः 64 किमी॰ तथा 137 किमी॰ लम्बी दो नहरें निकाली गयी हैं, जिनसे बर्दवान, बागुड़ा, हावड़ा तथा हुगली जिलों में लगभग 4 लाख 17 हजार हैक्टेयर भूमि की सिंचाई की जाती है। इसके बाएँ किनारे से निकाली गयी नहर आन्तरिक जल परिवहन के लिये प्रयोग में लायी जाती है।

6. बोकारो तापीय विद्युत-गृह सन् 1955 में हजारीबाग जिले में बोकारो नामक स्थान पर 150 मेगावाट क्षमता (तीन इकाइयों 50 मैगावाट प्रति इकाई) वाला एक तापीय विद्युत-गृह स्थापित किया गया है। सन् 1967 में यहाँ 75 मैगावाट विद्युत क्षमता की एक और इकाई की स्थापना की गयी। इनमे निर्माण पर 200 लाख रुपया व्यय हुआ है।

7. चन्द्रपुरा तापीय विद्युत-गृह यह विद्युत-गृह हजारीबाग जिले में कलकत्ता में 306 किमी॰ की दूरी पर चन्द्रपुरा नामक स्थान पर स्थापित किया गया है। यहाँ 104 मेगावाट प्रति इकाई की क्षमता वाली तीन इकाइयाँ लगायी गयी हैं।

8. दुर्गापुर तापीय विद्युत-गुह दुर्गापुर तापीय विद्युत-गृह बर्दवान जिले में कोलकाता से 161 किमी॰ की दूरी पर ओंगरिया रेलवे स्टेशन के निकट दुर्गापुर नामक स्थान पर स्थपित किया गया है। यहाँ सन् 1961 में 150 मेगावाट विद्युत शक्तिगृह (75 मेगावाट प्रति इकाई) स्थापित किया गया है।

द्वितीय चरण के अन्तर्गत निम्नलिखित बाँधों का निर्माण कार्य किया गया है।

9. अप्यर बाँध यह बाँध दामोदर नदी पर बनाया गया है। बाँध के निकट ही 45,000 किलोवाट विद्युत क्षमता वाला एक विद्युत शक्ति गृह स्थापित किया है, उसके निकट ही 45,000 किलोवाट विद्युत क्षमता वाला एक विद्युत शक्ति गृह स्थापित किया गया है।

10. बर्मो बाँध यह बाँध भी दामोदर नदी पर बनाया गया है। इस पर क्रमशः 28,000 किलोवाट जल विद्युत शक्ति वाला तथा 1 लाख किलोवाट तापीय विद्युत शक्ति उत्पन्न करने वाली विद्युत उत्पादन इकाइयाँ स्थापित की गई हैं।

11. बाल पहाड़ी बाँध यह बाँध बाराकर नदी पर गिरिडीह के दक्षिण-पूर्व में बनाया गया है तथा इस पर 20,000 किलोवाट क्षमता का एक विद्युत-गृह भी स्थापित किया गया है।

12. बोकारो बाँध यह बाँध बोकारो नदी पर बनाया गया है तथा इसके निकट ही एक विद्युत-गृह भी स्थापित किया गया है।

परियोजना के लाभ इस नदी घाटी की परियोजना के क्रियान्वयन से घाटीवर्ती तथा उसके निकटवर्ती क्षेत्रों में निम्नलिखित लाभ प्राप्त हुए हैं

1. दामोदर एवं उसकी सहायक नदियों में आने वाली बाढ़ों को बड़ी सीमा तक नियन्त्रित कर लिया गया है।
2. नदियों पर बनाये गये बाँधों से निर्मित कृत्रिम जलाशयों में संगृहीत जल से लगभग 4.2 लाख हैक्टेयर भूमि को सिंचाई की सुविधायें उपलब्ध हो सकी हैं जिससे फसलों के उत्पादन में पर्याप्त वृद्धि सम्भव हो सकी है।

3. दामोदर नदी की निचली घाटी में लगभग 2000 वर्ग किमी॰ क्षेत्र की जल निकास व्यवस्था में सुधार सम्भव हो सका है।
4. जल निष्कासन से यहाँ के निवासियों को मलेरिया आदि रोगों से छुटकारा प्राप्त हो सका है।
5. कोलकाता तथा पश्चिम बंगाल के कोयला क्षेत्रों के मध्य नौगम्य नहर का निर्माण होने से आन्तरिक जल परिवहन की सुविधायें प्राप्त हुई हैं। जिससे रानीगंज, झरिया, बोकारो तथा कर्णपुरा आदि में स्थित कोयला क्षेत्रों का विकास सम्भव हो सका है।
6. इस परियोजना के अन्तर्गत स्थापित किये गये विद्युत-गृहों से देश की लगभग 10% विद्युत शक्ति का उत्पादन होता है।
7. बाँधों से निर्मित जलाशयों में मछली पालन उद्योग का विकास किया गया है।
8. पर्यटन एवं मनोरंजन की सुविधायें भी प्राप्त हुई हैं।

हीराकुण्ड परियोजना

महानदी प्रायद्वीपीय भारत की एक महत्वपूर्ण नदी है जो छत्तीसगढ़ राज्य के रायपुर जिले में बस्तर की पहाड़ियों से निकलकर अपनी कुल लम्बाई 885 किमी॰ का 860 किमी॰ लम्बा मार्ग ओडिशा राज्य में तय करती। इसका प्रवाह क्षेत्र लगभग 1. 42 लाख वर्ग किमी॰ क्षेत्र में फैला हुआ है। दामोदार नदी की भाँति यह नदी भी अपनी बाढ़ों के लिए प्रसिद्ध है। विगत 100 वर्षों में इस नदी की निचली घाटी विशेष रूप से कटक के आगे का डेल्टाई प्रदेश 30 बार बाढ़ से पीड़ित रहा है। इसके परिणामस्वरूप समय-समय पर इस प्रदेश की काफी जन-धन की हानि हुई है। वर्षा ऋतु के अतिरिक्त वर्ष के शेष महीनों में नदी में पानी की काफी अल्प-मात्रा के कारण इसके अपवाह क्षेत्र में सूखा एवं अकाल की दशायें उपस्थित होती रही हैं। अतः इस नदी के घाटीवर्ती क्षेत्र के निवासियों को बाढ़, सूखा एवं अकाल से उत्पन्न भीषण समस्याओं से छुटकारा दिलाने तथा इस क्षेत्र का चहुँमुखी विकास करने के लिए सन् 1948 में महानदी पर एक बहुउद्देशीय परियोजना आरम्भ की गयी, जिसे हीराकुण्ड परियोजना के नाम से जाना जाता है। इस परियोजना के निम्नलिखित प्रमुख उद्देश्य हैं

1. महानदी तथा उसकी सहायक नदियों पर बाँध बनाकर प्रायः प्रतिवर्ष आने वाली बाढ़ों पर नियन्त्रण करना।
2. बाँधों द्वारा निर्मित जलाशयों से सिंचाई एवं आन्तरिक जल परिवहन हेतु नहरें निकालना।

3. राऊरकेला के लोहा-इस्पात कारखाने के लिए जल एवं जल-विद्युत की आपूर्ति करना।
4. बाँधों के निकट विद्युत-गृह स्थापित कर जल विद्युत का उत्पादन करना।
5. मत्स्य उद्योग का विकास करना।

उपरोक्त उद्देश्यों के अतिरिक्त मिट्टी के कटाव पर अंकुश लगाना, डेल्टाई भाग में चावल तथा जूट की खेती को प्रोत्साहन देना, वन लगाना तथा घाटीवर्ती क्षेत्र के खनिज संसाधनों का समुचित रूप से दोहन करना आदि।

परियोजना का प्रारूप

1. हीराकुण्ड बाँध प्रथम चरण में इस प्ररियोजना पर 68 करोड़ रुपया व्यय किया गया। इस चरण के अन्तर्गत महानदी पर वर्तमान ओडिशा के सम्भलपुर जिले में सम्भलपुर रेलवे स्टेशन से लगभग 10 किमी॰ पश्चिम की ओर हीराकुण्ड नामक स्थान पर प्रमुख बाँध बनाया गया है, जो कि 4.8 किमी॰ लम्बा तथा 61 मीटर ऊँचा है। बाँध को सुरक्षा प्रदान करने हेतु इसके बायीं और दाहिनी ओर क्रमशः 10 किमी॰ लम्बे मिट्टी के पुश्ते या बाँध बनाये गये हैं। इस प्रकार सम्मिलित रूप से इन तीनों बाँधों की कुल लम्बाई 25 किमी॰ है। इस बाँध द्वारा निर्मित जलाशय का क्षेत्रफल लगभग 750 किमी॰ है तथा इसमें 8100 लाख घन मीटर जल एकत्र किया जा सकता है। इसके द्वारा 25,000 घन मीटर प्रति सेकण्ड की गति से आने वाली बाढ़ों को नियन्त्रित किया जा सकता है। इस बाँध पर निर्माण कार्य 1948 में आरम्भ किया गया था जो 1957 में बनकर पूर्ण हो गया।

2. नहरें बाँध के जलाशय से तीन प्रमुख नहरें निकाली गयी हैं। इनमें वरगढ़ नहर बाँध के दाहिने किनारे से तथा सम्भलपुर एवं सेसब नहरें इसके बायें किनारे से निकाली गयी हैं। मुख्य नहरों की कुल लम्बाई 147 किमी॰ तथा इनकी उपशाखाओं की लम्बाई 740 किमी॰ है। इन नहरों से ओडिशा के सम्भलपुर तथा बालनगीर जिलों की लगभग 2.5 लाख हैक्टेयर भूमि की सिंचाई सुविधा प्राप्त हुई है।

3. विद्युत शक्ति-गृह बाँधों के निकट ही एक 123 मेगावाट क्षमता वाले विद्युत गृह की स्थापना की गयी है, जिस पर 4 विद्युत उत्पादक इकाइयाँ लगाई गयी हैं। यहाँ से उत्पन्न होने वाले जल विद्युत का राऊरकेला के लोहा-इस्पात उद्योग, हीराकुण्ड के एल्युमीनियम कारखाने, राजगंगपुर के सीमेंट उद्योग, बृजराजपुर के कागज तथा सूती वस्त्र उद्योग आदि में उपयोग किया जाता है। इसके साथ यहाँ से

जल-विद्युत कटक, पुरी, सम्भलपुर, जमशेदपुर, सुन्दरगढ़ आदि स्थानों को पहुँचायी जाती है।

द्वितीय चरण के अन्तर्गत इस परियोजना पर 15 करोड़ रुपये व्यय किये गये तथा निम्नलिखित निर्माण कार्य किये गये।

महानदी के निचले भाग में सिंचाई सुविधाएँ उपलब्ध कराने तथा हीराकुण्ड के जलाशय को सन्तुलित करने हेतु इस नदी पर टीकापारा तथा नराज नामक स्थानों पर दो अन्य बाँध बनाये गये हैं तथा इनसे नहरें निकालकर कटक एवं पुरी जिलों की लगभग 1.5 लाख हैक्टेयर भूमि को सिंचाई सुविधाएँ प्रदान की गयी हैं।

हीराकुण्ड से लगभग 27 किमी॰ दूर दक्षिण में चिपलीमा में 72 मेगावाट क्षमता वाले एक दूसरे शक्ति गृह की स्थापना की गयी है, जिसमें 25 मेगावाट उत्पादन क्षमता वाली प्रति इकाई वाली 3 इकाइयाँ लगायी गयी हैं। इसी चरण के अन्तर्गत हीराकुण्ड के शक्ति गृह की उत्पादन क्षमता बढ़ाने हेतु उसमें 37.5 मेगावाट क्षमता की प्रति इकाई वाली दो इकाइयाँ और स्थापित की गयीं और इस प्रकार द्वितीय चरण की समाप्ति के उपरान्त इस परियोजना की कुल विद्युत उत्पादन क्षमता 270 मैगावाट हो गयी है। इस परियोजना के पूर्ण हो जाने से निम्नलिखित लाभ प्राप्त हुये हैं

1. महानदी की बाढ़ पर नियन्त्रण पा लिया गया है।
2. हीराकुण्ड, टीकापारा तथा नराज बाँधों के जलाशयों से निकाली गयी नहरों से सम्भलपुर, बालनगीर, कटक तथा पुरी आदि जिलों की लगभग 4 लाख हैक्टेयर भूमि को सिंचाई सुविधाएँ प्राप्त हुई हैं।
3. परियोजना से 270 मेगावाट विद्युत की प्राप्ति हो रही है, जिससे यहाँ सीमेंट, लोहा, इस्पात, एल्यूमीनियम, कागज, कपड़ा उद्योगों को विशेष प्रोत्साहन मिला है।
4. उप परियोजना से मछली पालन, मनोरंजन तथा जल यातायात की सुविधाएँ प्राप्त हुई हैं।

चम्बल परियोजना

यह परियोजना मध्य प्रदेश तथा राजस्थान राज्यों की सम्मिलित योजना है, जिसे चम्बल नदी के ऊपर विकसित किया गया है। चम्बल नदी राजस्थान एवं उत्तरी मध्य प्रदेश की एक महत्वपूर्ण नदी है, जो मध्य प्रदेश में विन्ध्याचल श्रेणी के उत्तरी ढालों से 854 मीटर की ऊँचाई से निकलकर लगभग 320 किमी॰ उत्तर दिशा में बहकर, इन्दौर व सीतामऊ के निकट से होती हुई, मध्य प्रदेश में कुल 362 किमी॰ की यात्रा करने के उपरान्त राजस्थान में प्रवेश कर

जाती है तथा कोटा के निकट पठारी प्रदेश को छोड़कर मैदानी प्रदेश में प्रविष्ट हो जाती है। यहाँ से यह उत्तर-पूर्वी दिशा में मुड़कर राजस्थान में 306 किमी॰ प्रवाहित होकर उत्तर प्रदेश में प्रवेश करके इटावा जिले में पहुँचकर यमुना में मिल जाती है। 1045 किमी॰ की लम्बाई में विस्तृत इस नदी में 1.4 लाख वर्ग किमी॰ क्षेत्र का जल बहकर आता है। वर्षा ऋतु में यह नदी पूर्ण जल प्लावित होकर अपनी घाटी के निचले भागों में बाढ़ तथा वर्ष के शेष महीनों में सूखा एवं अकाल की दशाएँ प्रस्तुत करती है।

अतः नदी की वर्षाकालीन अपार जल राशि का उचित उपयोग करने तथा घाटीवर्ती क्षेत्र के निवासियों को सूखा एवं अकाल की दशाओं से छुटकारा दिलाने हेतु सिंचाई की सुविधाएँ उपलब्ध कराने हेतु सर्वप्रथम सन् 1943 में चम्बल नदी पर एक परियोजना क्रियान्वित करने का प्रस्ताव रखा गया परन्तु इस परियोजना की वास्तविक शुरूआत सन् 1953 से ही सम्भव हो सकी।

परियोजना का प्रारूप सम्पूर्ण परियोजना तीन चरणों के अन्तर्गत पूर्ण की गयी है। प्रथम चरण के अन्तर्गत गाँधी सागर बाँध, कोटा अवरोधक (बैराज), विद्युत गृह, विद्युत सम्प्रेषण लाइनें तथा सिंचाई हेतु नहरों का निर्माण किया गया है। द्वितीय चरण के अन्तर्गत राणा प्रताप बाँध तथा इस बाँध पर एक विद्युत गृह का निर्माण किया गया है।

प्रथम चरण

(i) गाँधी सागर बाँध यह बाँध सन् 1959 में चम्बल नदी पर मध्य प्रदेश के मन्दसौर जिले में प्रसिद्ध चौरासीगढ़ किले से 8 किमी॰ नीचे मध्य प्रदेश एवं राजस्थान राज्यों की सीमा पर बनाया गया है। यह बाँध 514 मीटर लम्बा तथा 62 मीटर ऊँचा है। जल निकासी हेतु इस बाँध में 9 दरवाजे लगाये गये हैं। इस बाँध के दोनों किनारों से दो नहरें निकाली गयी हैं, जिनसे लगभग 5 लाख हैक्टेयर भूमि की सिंचाई की जाती है। इस बाँध के निर्माण पर 1,400 करोड़ रुपये का परिव्यय हुआ है। बाँध के निकट ही 5 करोड़ रुपये की लागत से एक जल-विद्युत शक्ति गृह स्थापित किया गया है जिसमें 23,000 किलोवाट प्रति इकाई की क्षमता वाली 5 इकाइयाँ लगायी गयी हैं।

(ii) कोटा अवरोधक (बैराज) यह बाँध चम्बल नदी पर कोटा शहर से लगभग 1 किमी॰ उत्तर की ओर बनाया गया है। इसका प्रमुख उद्देश्य नदी के दाहिने एवं बाएँ किनारे से निकाली गयी नहरों की जल आपूर्ति करना है। इसके जलाशय में 11 लाख घन मीटर जल एकत्र किया जा सकता है। बाढ़ के जल की निकासी हेतु इस बाँध में 16 फाटक लगाये गये हैं। यह सन् 1960 में बनकर तैयार हुआ है।

(iii) नहरें कोटा अवरोधक बाँध के निकट से नदी के दोनों किनारों से नहरें निकाली गयी हैं जिनसे राजस्थान एवं मध्य प्रदेश में सिंचाई की जाती है। बाएँ किनारे से निकाली गयी नहर लगभग 20 किमी॰ बहने के पश्चात् बूँदी तथा रुपेन दो शाखाओं में बँट जाती है जिसकी कुल लम्बाई 169 किमी॰ है। इन नहरों से राजस्थान के बूँदी, कोटा, टोंक तथा सवाई माधोपुर जिलों में सिंचाई की जाती है। दाहिने किनारे से निकाली गयी नहर 364 किमी॰ की है तथा इससे राजस्थान एवं मध्य प्रदेश दोनों ही राज्यों को सिंचाई की सुविधा उपलब्ध होती है। अपने आरम्भिक स्थान से निकलकर यह नहर राजस्थान में 127 किमी॰ की लम्बाई में बहने के पश्चात् पार्वती नदी को पार करके मध्य प्रदेश में मुरैना जिले के श्योपुर तहसील के राधापुर गाँव में पहुँचती है जहा यह चम्बल नदी के समानान्तर बहती है तथा भिण्ड व मुरैना जिलों को सिंचाई की सुविधा प्रदान करती है। इस परियोजना के अन्तर्गत निर्मित नहरों से कुल 5 हैक्टेयर भूमि को सिंचाई प्राप्त हो रही है।

द्वितीय तथा तृतीय चरण

(i) राणाप्रताप सागर बाँध परियोजना के द्वितीय चरण के अन्तर्गत राजस्थान राज्य में बूँदी एवं कोटा जिलों की सीमा पर गाँधी सागर बाँध से लगभग 56 किमी॰ उत्तर की ओर रावतभाटा नामक स्थान पर जहाँ चम्बल नदी पर्याप्त संकरी घाटी से होकर बहती है, 1.2 किमी॰ लम्बा, 54 मीटर ऊँचा राणा सागर बाँध बनाया गया है। बाँध द्वारा निर्मित जलाशय में 2900 लाख घन मीटर जल एकत्र किया जा सकता है। इससे 1.2 लाख हैक्टेयर भूमि की सिंचाई सुविधाएँ प्राप्त हुई हैं।

विद्युत उत्पादन हेतु मुख्य बाँध से 2.5 किमी॰ ऊपर एक मिट्टी का बाँध बनाया गया है जो 5 किमी॰ लम्बा तथा 53 मीटर ऊँचा है। मुख्य बाँध के निकट एक विद्युत गृह स्थापित किया गया है जिसमें 43,000 किलोवाट प्रति इकाई की क्षमता वाली चार विद्युत उत्पादन इकाइयाँ लगायी गयी हैं।

(ii) कोटा या जवाहर सागर बाँध परियोजना के तृतीय या अन्तिम चरण के अन्तर्गत कोटा एवं बूँदी जिलों की सीमा पर राणा प्रताप सागर बाँध से 32 किमी॰ उत्तर-पूर्व की ओर कोटा शहर से 20 किमी॰ ऊपर चम्बल पर जवाहर सागर बाँध बनाया गया है जो 540 मीटर लम्बा तथा 25 मीटर ऊँचा है। इस बाँध का प्रमुख उद्देश्य जल-विद्युत उत्पन्न करना है। बाँध के समीप सन् 1971 में एक विद्युत शक्ति गृह का निर्माण किया गया है जिसमें 33,000 किलोवाट प्रति इकाई की

क्षमता वाली 3 इकाइयाँ लगायी गयी हैं। तृतीय चरण के अन्तर्गत 16 करोड़ रुपये के परिव्यय का प्रावधान रखा गया था।

परियोजना के लाभ इस परियोजना के क्रियान्वयन से चम्बल घाटी क्षेत्र को निम्नलिखित लाभ प्राप्त हो रहे हैं

1. इस परियोजना से राजस्थान के कोटा, बूँदी, भरतपुर, सवाई माधोपुर जिलों एवं मध्य प्रदेश के भिण्ड, मुरैना आदि जिलों की कुल 56 लाख हैक्टेयर भूमि को सिंचाई की सुविधाएँ प्राप्त हुई हैं।
2. परियोजना के अन्तर्गत स्थापित किये गये शक्ति गृहों से 386 मेगावाट विद्युत शक्ति का उत्पादन हो रहा है जिससे राजस्थान में कोटा, बूँदी, भरतपुर, सवाई माधोपुर, टोंक, अजमेर, पाली, भीलवाड़ा, सिरोही तथा उदयपुर जिलों तथा मध्य प्रदेश के मन्दसौर, इन्दौर, उज्जैन, ग्वालियर, नीमच तथा रतलाम जिलों में भी विभिन्न उद्योगों एवं प्रकाश के लिए उपयोग में लाया जाता है। विद्युत की उपलब्धता के कारण सांभर झील के नमक, मकराना के संगमरमर, जयपुर और भीलवाड़ा के घीया पत्थर, उदयपुर की जस्ता खानों से हिन्दुस्तान जिंक स्मैल्टर लाखेरी तथा सवाई माधोपुर व निम्बाहेड़ा के सीमेंट उद्योग की विशेष प्रगति सम्भव हो सकी है।

उपरोक्त सुविधाओं के अतिरिक्त बाँधों द्वारा निर्मित विशाल जलाशयों में मछली पालन, जल-परिवहन, पर्यटन तथा मनोरंजन एवं आमोद-प्रमोद की सुविधाएँ भी प्राप्त हुई हैं।

कोसी परियोजना

कोसी नदी अपने मार्ग परिवर्तन तथा विनाशकारी बाढ़ों के लिए कुख्यात कही जाती है। विगत दो सर्ा वर्षों में यह नदी लगभग 125 किमी॰ पश्चिम की ओर हट चुकी है। इस नदी का उद्गम बिहार के उत्तर में लगभग 40 किमी॰ दूर तिब्बत् के पठार से 5500 मीटर की ऊँचाई से होता है जहाँ से निकलकर यह बृहत् हिमालय क्षेत्र में कई तंग घाटियों से होकर तिब्बत तथा नेपाल में प्रवाहित होती हुई बिहार राज्य में प्रवेश करती है तथा इस राज्य में 260 किमी॰ की यात्रा तय करके गंगा नदी में मिल जाती है। वर्षा ऋतु में तो इस नदी का जल कहीं-कहीं 32 किमी॰ की चौड़ाई में फैल जाता है जिससे बिहार राज्य में प्रतिवर्ष लगभग 3000 से 5000 वर्ग किमी॰ क्षेत्र जलप्लावित हो जाता है, जिसके फलस्वरूप यह क्षेत्र मलेरिया आदि

बीमारियों के प्रकोप से ग्रस्त हो जाते हैं। इस नदी का पानी कभी-कभी चौबीस घण्टे में 1 मीटर बढ़ जाता है, जिससे गाँव के गाँव जलमग्न हो जाते हैं।

अतः इस विनाशकारी प्रक्रिया को रोकने के लिए कोसी नदी पर एक परियोजना का निर्माण किया गया है। इस परियोजना के निम्नलिखित उद्देश्य हैं

1. कोसी नदी की बाढ़ को नियन्त्रित करना,
2. नहरों का निर्माण कर नदी के अतिरिक्त जल को सिंचाई हेतु प्रयोग में लाना,
3. जल विद्युत का उत्पादन करना,
4. भूमि कटाव पर रोक लगाना,
5. मत्स्य उद्योग व जल मार्गों का विकास करना,
6. मलेरिया तथा अन्य बीमारियों पर नियन्त्रण करना।

परियोजना का प्रारूप इस परियोजना के अन्तर्गत 86 करोड़ रुपये की लागत से निम्नलिखित निर्माण कार्य किये गये हैं

(1) हनुमान नगर अवरोधक बाँध यह बाँध कोसी नदी के आर-पार नेपाल में हनुमान नगर से लगभग 5 किमी॰ ऊपर बनाया गया है। सीमेंट तथा कंकरीट से बना हुआ यह बाँध 1.2 किमी॰ लम्बा तथा 72 मीटर ऊँचा है। इससे निर्मित जलाशय में 3.1 लाख घन मीटर जल एकत्र किया जा सकता है। इस बाँध के पूर्वी किनारे से पूर्वी कोसी नहर निकाली गयी है।

(2) पुश्ते बाँध हनुमान नगर बाँध के दाहिने एवं बायीं ओर बाढ़ रोकने हेतु क्रमशः 2.32 किमी॰ तथा 2.00 किमी॰ लम्बे दो मिट्टी के बाँध बनाये गये हैं जिनसे नेपाल एवं बिहार की लगभग 3 लाख हैक्टेयर भूमि जलमग्न होने से बच सकी है। बिहार के मैदानी भाग में नदी के प्रवाह मार्ग को स्थिर करने के लिए नदी के दोनों ओर मिट्टी के तटबन्ध बनाये गये हैं।

(3) नहरें परियोजना के अन्तर्गत अग्रलिखित नहरों का निर्माण किया गया है

(i) पूर्वी कोसी नहर यह नहर हनुमान जलाशय के बाएँ किनारे से निकाली गयी है। इस नहर की प्रधान शाखा की लम्बाई 44 किमी॰ है। मुरलीगंज (64 किमी॰), बान की नगर (82 किमी॰), पूर्णिया (64 किमी॰) तथा अररिया (58 किमी॰) इसकी चार शाखायें हैं जिनसे लगभग 2725 किमी॰ शाखाओं एवं उपशाखाओं सहित इस नहर की कुल लम्बाई 3040 किमी॰ है। इसके द्वारा नेपाल के सप्तारी तथा बिहार के पूर्णिया एवं सहरसा जिलों की लगभग 6 लाख हैक्टेयर भूमि की सिंचाई की जाती है जिससे इन जिलों में धान, गन्ना तथा जूट आदि फसलों के उत्पादन में पर्याप्त वृद्धि हुई है।

(ii) **पश्चिमी कोसी नहर** यह नहर हनुमान नगर अवरोधक बाँध के दाहिने किनारे से निकाली गयी है। यह लगभग 115 किमी॰ लम्बी है तथा इससे बिहार के दरभंगा जिले की 3 लाख हैक्टेयर तथा नेपाल के सप्तारी जिले की लगभग 12 हजार हैक्टेयर भूमि की सिंचाई सम्भव हो सकती है। इस नहर के निर्माण पर 20 करोड़ रुपये व्यय होने का अनुमान है।

(iii) **राजपुर नहर** पूर्वी कोसी नहर के और अधिक विस्तृत किया गया है। राजपुर नहर के रूप में शाखाओं सहित कुल लम्बाई 366 किमी॰ है। इससे मुंगेर तथा सहरसा जिलों की लगभग 1.6 लाख हैक्टेयर भूमि को सिंचाई प्राप्त होती है। इसके निर्माण पर 7 करोड़ रुपये के व्यय होने का अनुमान है।

(iv) **विद्युत शक्ति गृह** पूर्वी कोसी नहर पर कटेया नामक स्थान पर 6 कारोड़ रुपये की लागत से एक जल विद्युत गृह स्थापित किया गया है जिसकी उत्पादन क्षमता 20 मेगावाट है। यहाँ से उत्पन्न होने वाली जल-विद्युत का आधा भाग बिहार एवं नेपाल को उपलब्ध होता है। विद्युत शक्ति का उपयोग चीनी, आटा पिसाई, जूट, चावल, दाल आदि उद्योगों में किया जाता है।

इस योजना के पूर्ण हो जाने पर कोसी नदी की भयँकर बाढ़ों पर काबू पा लिया जायेगा जिसके फलस्वरूप 20,000 वर्ग किलोमीटर क्षेत्र की बाढ़ की विभीषिका से छुटकारा मिल सकेगा। मिट्टी के कटाव तथा मलेरिया के प्रकोप को शनैः-शनैः कम करके पूरी तरह रोका जा सकेगा। पर्यटन, आमोद-प्रमोद, मछली पालन तथा जल-परिवहन आदि के विकास हेतु अनेक सुविधाएँ प्राप्त हो सकेंगी, तथा 20 लाख किलोवाट विद्युत शक्ति प्राप्त हो सकेगी। इस प्रकार इस परियोजना के क्रियान्वयन से उत्तरी बिहार के सूखा एवं बाढ़ पीड़ित अँचलों में आर्थिक विकास के नये आयाम दृष्टिगोचर होंगे तथा यहाँ के निवासियों को नया जीवन मिल सकेगा।

नागार्जुन-सागर परियोजना

प्रायद्वीपीय भारत की यह एक अन्यन्त महत्वपूर्ण नदी घाटी परियोजना है जो कृष्णा नदी के ऊपर क्रियान्वित की गयी है। कृष्णा नदी महाराष्ट्र राज्य में सह्याद्री की पहाड़ियों के पूर्वी ढालों से महाबलेश्वर के उत्तर से निकलकर महाराष्ट्र, कर्नाटक तथा आन्ध्र प्रदेश राज्यों में प्रवाहित होती हुई बंगाल की खाड़ी में जा गिरती है। इसका प्रवाह क्षेत्र लगभग 26 लाख वर्ग किमी॰ क्षेत्र में फैला हुआ है। वर्षा ऋतु में यह नदी अपनी सहायक भीमा, सीर, घटप्रभा, भलप्रभा, तुंगभद्रा आदि नदियों के जल

से पूर्ण प्लावित होकर बहती है जिसके फलस्वरूप इसका निचला प्रवाह क्षेत्र विशेष रूप से इसका डेल्टाई क्षेत्र बाढ़ पीड़ित रहा है, जबकि वर्ष की अन्य ऋतुओं में इसकी मध्यवर्ती घाटी वाला क्षेत्र अपर्याप्त वर्षा नदियों में जल की मात्रा की कमी के कारण सूखा एवं अकाल से उत्पीड़ित रहा है। इन समस्याओं को ध्यान में रखते हुए सन् 1955-56 में इस नदी पर उपरोक्त परियोजना क्रियान्वित की गयी। इस परियोजना के निम्नलिखित उद्देश्य हैं

1. कृष्णा नदी पर नागार्जुन सागर बाँध बनाकर इसकी बाढ़ पर नियन्त्रण करना।
2. सिंचाई हेतु सुविधाएँ विकसित करना।
3. जल विद्युत का उत्पादन करना।
4. आन्तरिक जल परिवहन के साधन विकसित करना।
5. मछली पालन उद्योग एवं पर्यटन क्षेत्रों का विकास करना।

परियोजना का प्रारूप

(1) नागार्जुन सागर बाँध इस परियोजना के अन्तर्गत कृष्णा नदी पर आन्ध्र प्रदेश के नलगोंडा जिले में हैदराबाद से लगभग 144 किमी. दक्षिण-पूर्व में नन्दीकोड़ा गाँव के निकट 15 किमी. लम्बा तथा 10 मीटर ऊँचा नागार्जुन सागर बाँध बनाया गया है। बाँध द्वारा निर्मित जलाशय में 808 करोड़ घन मीटर जल एकत्र किया जा सकता है। बाँध के दोनों ओर लगभग 3.5 किमी. लम्बे मिट्टी के पुश्तीवान भी बनाये गये हैं।

(2) नहरें बाँध के दोनों किनारों से दो नहरें निकाली गयी हैं। दाहिने किनारे से निकाली गयी जवाहर नहर की लम्बाई 22.5 किमी. है तथा इसमें 1500 घन मीटर जल प्रति सेकण्ड की गति से प्रभावित होता है। इस नहर द्वारा गुन्टूर, प्रकासम तथा नेल्लूर जिलों की लगभग 4 लाख हैक्टेयर भूमि की सिंचाई की जाती है। बाँध के बाएँ किनारे से 178 किमी. लम्बी लालबहादुर शास्त्री नहर निकाली गयी जिससे नलगोण्डा, खम्मम, कृष्णा और पश्चिम कावेरी जिलों की लगभग 3 लाख हैक्टेयर भूमि की सिंचाई सम्भव हो सकी है। वैसे इस परियोजना के अन्तर्गत निकाली जाने वाली नहरों से कुल 8.3 लाख हैक्टेयर भूमि की सिंचाई सुविधाएँ उपलब्ध कराने का प्रावधान रखा गया है।

(3) विद्युत शक्ति गृह परियोजना के अन्तर्गत तीन विद्युत गृहों की स्थापना की गयी है। पहला विद्युत गृह बाँध के निकट उसकी बायीं ओर मुनीराबाद में स्थापित किया गया है। इसमें 9000 किलोवाट प्रति इकाई की क्षमता वाली 4 इकाइयाँ लगायी

गयी हैं। दूसरा शक्ति गृह 22.5 किमी॰ लम्बी विद्युत नहर के किनारे पर हम्पी में स्थापित किया गया है। इस विद्युत गृह में भी 9000 किलोवाट प्रति इकाई की क्षमता वाली 4 विद्युत उत्पादक इकाइयाँ लगायी गयी हैं। तीसरा विद्युत गृह हास्पेट के निकट निर्मित किया गया है तथा इसमें भी कुल 36,000 किलोवाट उत्पादन क्षमता की 4 इकाइयाँ स्थापित की गयी हैं। इस प्रकार इस परियोजना के अन्तर्गत कुल 1,08,000 किलोवाट विद्युत शक्ति का उत्पादन होता है जिसे निकटवर्ती क्षेत्रों के सिचाई एवं उद्योगों में उपयोग किया जाता है। इस परियोजना के क्रियान्वयन से कर्नाटक तथा आन्ध्र प्रदेश राज्यों में आर्थिक समृद्धि के नये आयाम विकसित हुए हैं। इससे प्राप्त होने वाले प्रमुख लाभ निम्नलिखित हैं

1. इस परियोजना के क्रियान्वयन होने से आन्ध्र प्रदेश व कर्नाटक राज्यों में सिंचाई क्षेत्र में वृद्धि हुई है। इस परियोजना के अन्तर्गत निकाली गयी नहरों से इन राज्यों की लगभग 5 लाख हैक्टेयर भूमि को सिंचाई सुविधाएँ प्राप्त हुई हैं।
2. सिंचित क्षेत्र में वृद्धि होने के उपरान्त उपरोक्त राज्यों के कृषि उत्पादन में पर्याप्त वृद्धि हुई है। अनुमानतः यहाँ 1.5 लाख टन खाद्यान्न तथा 1 लाख टन व्यावसांयिक फसलों का अतिरिक्त उत्पादन सम्भव हो सका है।
3. परियोजना के अन्तर्गत स्थापित किये गये उत्पादन गृहों से वस्त्र, कागज, चीनी व सीमेंट आदि उद्योगों के लिए विद्युत शक्ति की आपूर्ति सम्भव हो सकी है। परियोजना से सस्ती एवं पर्याप्त विद्युत प्राप्त होने के कारण यहाँ ग्रामीण क्षेत्रों में कुटीर एवं लघु उद्योगों का विकास भी हुआ है।

इसके अतिरिक्त बाढ़ नियन्त्रण, मछली पालन तथा मनोरंजन एवं पर्यटन की सुविधाएँ भी प्राप्त हुई हैं। संक्षेप में इस परियोजना ने आन्ध्र प्रदेश तथा कर्नाटक राज्यों के घाटीवर्ती क्षेत्रों के आर्थिक एवं सामाजिक उत्थान में महत्वपूर्ण भूमिका निभाई है।

मयूराक्षी परियोजना

यह पश्चिम बंगाल की एक बृहत् परियोजना है जिसमें झारखण्ड तथा पश्चिम बंगाल के समीपवर्ती क्षेत्र में मयूराक्षी नदी पर दो बाँध बनाये गये हैं। पहला बाँध झारखण्ड में सन्थाल परगना जिले के मेसनजोर पहाड़ी क्षेत्र में पश्चिम बंगाल के सूर नामक नगर से 35 किमी॰ उत्तर में बनाया गया है जो 640 मीटर लम्बा तथा 47 मीटर ऊँचा है। इसे मेसरजोर अथवा कनाडा बाँध के नाम से जाना जाता है। यह

सन् 1955 में बनकर तैयार हो चुका था। इस बाँध द्वारा निर्मित जलाशय में 70 हजार हैक्टेयर मीटर जल एकत्र किया जा सकता है। दूसरा बाँध (अवरोधक) इसी नदी पर कनाडा बाँध से लगभग 35 किमी॰ नीचे पश्चिम बंगाल राज्य के बीरभूम जिले में सूरी नामक स्थान पर बनाया गया है जो 310 मीटर लम्बा है। बाँध के दोनों किनारों से दो नहरें निकाली गयी हैं जिनमें से प्रत्येक की लम्बाई 120 किमी॰ है। इनके द्वारा बीरभूम, मुर्शिदाबाद, बर्दवान जिलों की लगभग 25 लाख हैक्टेयर भूमि की सिंचाई की जाती है। इसके अतिरिक्त इस परियोजना के अन्तर्गत निकाली गयी नहरों से बिहार राज्य की लगभग 10,000 हैक्टेयर भूमि को सिंचाई की सुविधाएँ प्राप्त हुई हैं। सिंचाई सुविधाओं के साथ-साथ इस परियोजना से 400 किलोवाट जल विद्युत शक्ति भी प्राप्त होती है जिसका उपयोग झारखण्ड के संथाल परगना तथा पश्चिम बंगाल के बीरभूम व मुर्शिदाबाद जिलों में किया जाता है।

टिहरी बाँध परियोजना

इस परियोजना का निर्माण उत्तराखंड राज्य में टिहरी नगर (पुराना) के समीप भागीरथी नदी पर किया गया है। इस बृहद् परियोजना की रूपरेखा 1972 में तैयार की गयी थी। 11 जनवरी 1987 को भारत और रूस के मध्य एक समझौता हुआ, जिसके अनुसार इस परियोजना का निर्माण कार्य रूसी इंजीनियरों को देख-रेख में सम्पन्न हो रहा है। इस परियोजना में टिहरी के निकट भागीरथी और मिलंगना नदियों के संगम से लगभग 1.5 किमी॰ नीचे की ओर भागीरथी नदी पर 260.5 मीटर ऊँचा चट्टान निर्मित बाँध बनाया जा रहा है। इस परियोजना का प्रमुख उद्देश्य पेय जल, मत्स्य पालन, पर्यटन विकास, बाढ़ नियन्त्रण, भू-क्षरण नियन्त्रण, सिंचाई एवं जल विद्युत उत्पादन करना है। इस निर्माणाधीन बाँध में 260.5 करोड़ घन मीटर जल एकत्रित रहेगा, जिसके द्वारा पश्चिमी उत्तर प्रदेश में 2.70 लाख हैक्टेयर अतिरिक्त भूमि की सिंचाई और 3567×10^6 किलोवाट प्रति घण्टा जल विद्युत उत्पन्न होगी।

बाँध की विशेषताएँ इसका बाँध अत्यन्त विशाल होगा। नदी तल पर चौड़ाई 1125 मीटर व लम्बाई 70 मीटर होती। बाँध का शीर्ष 20 मीटर चौड़ा व 575 मीटर लम्बा होगा। इस बाँध के किनारे मिट्टी-पत्थर से निर्मित होंगे। इस बाँध के ऊपरी पार्श्वों का ढाल 1:5 व निचले पार्श्वों का ढाल 1:2 होगा। इस बाँध के जलाशय में 7511 वर्ग किमी॰ जल संग्रहण क्षेत्र का जल एकत्रित होगा। इसमें जल का स्तर अधिकतम 835 मीटर और न्यूनतम 740 मीटर होगा। जलाशय का क्षेत्रफल

42 वर्ग किमी॰ होगा। इसकी लम्बाई भागीरथी नदी पर 44 किमी॰ और मिलंगना नदी पर 25 किमी॰ होगी। इस जलाशय के अतिरिक्त पानी की निकासी के लिए एक खुली नहर मुख्य बाँध स्थल की दायीं पहाड़ी पर बनायी गयी है। इसके द्वारा अतिरिक्त पानी की निकासी के लिये एक खुली नहर मुख्य बाँध स्थल की दायीं पहाड़ी पर बनायी गयी है। इसके द्वारा अतिरिक्त जल को चार टेटेर गेट द्वारा निकाला जा सकेगा।

इस बाँध के निर्माण में भागीरथी नदी के जल की दिशा में परिवर्तन भी किया गया है। इस दिशा परिवर्तन के लिए 11 मीटर व्यास एवं घोड़े के नाल आकार की सुरंगें, दो भागीरथी के दाएँ और दो बाएँ तट पर बनायी गयी हैं। यह चारों सुरंगें अपना जल भागीरथी में विसर्जित करती हैं। इस दिशा परिवर्तन के लिये दो काफर बाँध बनाये गये हैं।

इस परियोजना का प्रमुख उद्देश्य जल विद्युत उत्पादन करना है। प्रथम चरण में भूमिगत विद्युत गृह बनाये जायेंगे, इस विद्युत केन्द्र की लम्बाई 135 मीटर, चौड़ाई 22.5 मीटर व ऊँचाई 50 मीटर होगी। यहाँ पर चार मशीलें लगेंगी। प्रत्येक की क्षमता 250 मेगावाट होगी। इन मशीलों को 8.5 मीटर व्यास की दो सुरंगों द्वारा जल मिलेगा। प्रथम चरण के विद्युत केन्द्र एवं जल वहन प्रणाली की तरह ही द्वितीय चरण का विद्युत केन्द्र होगा। दोनों विद्युत केन्द्र एवं जल वहन प्रणाली की तरह ही द्वितीय चरण का विद्युत केन्द्र होगा। दोनों विद्युत केन्द्र एक 50 मीटर गैलरी द्वारा जुड़ेंगे और कुल मिलकार 2400 मेगावाट विद्युत का उत्पादन करेंगे।

टिहरी बाँध परियोजना का यह विशालकाय रूप पर्यावरण को पूरी तरह प्रभावित कर रहा है। इससे टिहरी नगर और 23 गाँव पूर्ण रूप से एवं 72 गाँव आंशिक रूप से डूब रहे हैं। इससे लगभग एक लाख जनसंख्या विस्थापित हुई है। यह बाँध भूकम्प प्रभावित क्षेत्र में स्थित है। यदि कभी भूकम्प का प्रभाव पड़ता है, तो टिहरी बाँध के टूटने से 22 मिनट के अन्दर ऋषिकेश, हरिद्वार और अन्य समीवर्ती नगर 260 मीटर गहरे पानी में डूब जायेंगे, पश्चिमी उत्तर प्रदेश के नगरों में 12 घण्टों के भींतर 15 मीटर की ऊँचाई तक जल भर जायेगा।

नर्मदा घाटी परियोजना

नर्मदा नदी पर स्थापित नर्मदा घाटी परियोजना भारत की पाँचवीं सबसे बड़ी नदी घाटी परियोजना है। इसका प्रमुख उद्देश्य, सिंचाई, जल विद्युत उत्पादन व विभिन्न कार्यों के लिए जल की आपूर्ति करना है। यह गुजरात, मध्य प्रदेश और

महराष्ट्र की संयुक्त परियोजना है। नर्मदा नदी का उद्गम सतपुड़ा पर्वतमाला की अमरकंटक चोटी से हुआ है। इसकी लम्बाई 1312 किमी॰ है। इस परियोजना के अन्तर्गत नर्मदा व उसकी सहायक नदियों पर 30 बड़े बाँध, 135 मध्यम श्रेणी व 3000 छोटे बाँधों का निर्माण किया जायेगा। इनमें से दो बाँध सबसे बड़े बाँध होंगे, जिनका विस्तार वर्तमान में विवादास्पद विषय बन गया है। ये बाँध इस प्रकार हैं

(i) **नर्मदा (इन्दिरा) सागर बाँध** इसका निर्माण मध्य प्रदेश के खण्डवा जिले में किया जा रहा है। इस बाँध के निर्माण से 1.25 लाख हैक्टेयर भूमि की सिंचाई होगी, 1000 मेगावाट विद्युत का उत्पादन हो सकेगा। इस बाँध के निर्माण की लागत 600 करोड़ रुपये आने की सम्भावना है।

(ii) **सरदार सरोवर बाँध** इसका निर्माण गुजरात के भड़ौच जिले में किया जा रहा है। इसकी ऊँचाई में 138.72 मीटर और लम्बाई 1210 मीटर होगी। इस बाँध की ऊँचाई एक विवाद का विषय बन गयी है। इसकी ऊँचाई बढ़ाने की अनुमति दे दी थी। यह भी निश्चित किया गया कि बाँध की ऊँचाई को सम्बद्ध प्राधिकरणों से उचित अनुमति मिलने के बाद चरणबद्ध तरीके से 138 मीटर तक बढ़ाया जा सकता है।

सरदार सरोवर बाँध परियोजना गुजरात की जीवन रेखा है। इसका निर्माण पूर्ण हो जाने पर 15 लाख हैक्टेयर भूमि की सिंचाई हो सकेगी। इसके साथ दो विद्युत केन्द्रों के निर्माण से 14,500 मेगावाट विद्युत का उत्पादन होगा, जिसका वितरण एक निश्चित अनुपात में गुजरात, महाराष्ट्र और मध्य प्रदेश राज्यों में किया जायेगा।

इस बाँध के निर्माण का अत्यन्त विरोध हो रहा है। विशेष रूप से पर्यावरण-विदों का कहना है कि इसके निर्माण का पर्यावरण पर विपरीत प्रभाव पड़ेगा। कृषि भूमि, वन क्षेत्र, व अनेक गाँव जलमग्न हो जायेंगे। वन्य जीवन को भी नुकसान पहुँचेगा। बाँध में अत्यधिक जल जमाव से भूकम्प की सम्भावनाएँ भी बढ़ जायेंगी। इन दुष्परिणामों को लेकर नर्मदा बचाओ आन्दोलन की तरह इस परियोजना का विरोध हो रहा है।

9

पवन ऊर्जा

पवन ऊर्जा का आशय वायु से गतिज ऊर्जा को लेकर उसे उपयोगी यांत्रिकी अथवा विद्युत ऊर्जा के रूप में परिवर्तित करना है। पवन ऊर्जा बहती वायु से उत्पन्न की गई उर्जा को कहते हैं। वायु एक नवीकरणीय ऊर्जा स्रोत है। पवन ऊर्जा बनाने के लिये हवादार जगहों पर पवन चक्कियों को लगाया जाता है, जिनके द्वारा वायु की गतिज ऊर्जा यान्त्रिक ऊर्जा में परिवर्तित हो जाती है। इस यन्त्रिक ऊर्जा को जनरेटर की मदद से विद्युत ऊर्जा में परिवर्तित किया जा सकता है।

पवन ऊर्जा का मूल सिद्धांत

सूर्य प्रति सेकण्ड पचास लाख टन पदार्थ को ऊर्जा में परिवर्तित करता है। इस ऊर्जा का जो थोड़ा सा अंश पृथ्वी पर पहुँचता है, वह यहाँ कई रूपों में प्राप्त होता है। सौर विकिरण सर्वप्रथम पृथ्वी की सतह या भूपृष्ठ द्वारा अवशोषित होता है, और तत्पश्चात् विभिन्न रूपों में आसपास के वायुमंडल में स्थानांतरित हो जाता है। चूँकि पृथ्वी की सतह एक सामान या समतल नहीं है, अतः अवशोषित ऊर्जा की मात्रा भी स्थान व समय के अनुसार भिन्न-भिन्न होती है। इसके परिणामस्वरूप तापक्रम, घनत्व तथा दबाव संबंधी विभिन्नताएँ उत्पन्न होती हैं जो फिर ऐसे बलों को उत्पन्न करती है जो वायु को एक स्थान से दूसरे स्थान पर प्रवाहित होने के लिए विवश कर

देते हैं। गर्म होने से विस्तारित वायु जो कि गर्म होने से हल्की हो जाती है, ऊपर को उठती है तथा ऊपर की ठंडी वायु नीचे आकर उसका स्थान ले लेती है। इसके फलस्वरूप वायुमंडल में अर्ध-स्थायी पैटर्न उत्पन्न हो जाते हैं। वायु का चलन सतह के असमान गर्म होने के कारण होता है।

पवन ऊर्जा के उपयोग के लाभ

वायु का ऊर्जा उत्पादन करने हेतु उपयोग करने में न तो किसी भी प्रकार के प्रदूषण की समस्या, या अम्लीय वर्षा की समस्या, या खानों के अपवाह या विषाक्त प्रदूषक पदार्थों जैसी कोई समस्या है, और ना ही इसके कारण हैक्टेयरों तक फैली भूमि क्षतिग्रस्त होती है। वास्तव में मानव की पर्यावरणीय आवश्यकताओं की पूर्ण आपूर्ति पवन ऊर्जा रूपांतरण तंत्रों द्वारा हो जाती है। कार्बन-डाईऑक्साइड के उत्सर्जन को कम करने के लिए उपलब्ध कुछेक तकनीकी विकल्पों में पवन ऊर्जा भी एक है। चूँकि इसमें गैसीय प्रदूषकों के उत्सर्जन जैसी कोई समस्या नहीं है जो कि ग्रीन हाउस प्रभाव को उत्पन्न करके पर्यावरणीय समस्याओं को बढ़ाए। अतः विद्युत उत्पादन हेतु पवन ऊर्जा ही सबसे अधिक स्वीकृत स्रोतों में से एक है। यह नवीकरण योग्य ऊर्जा ही विश्वव्यापी उष्णता तथा अम्लीय वर्षा से संघर्ष कर सकती है।

पवन अथवा वायु सुगमता से उपलब्ध है तथा न समाप्त होने वाली है, जब कि जीवाश्मीय ईंधन सीमित है। हालाँकि और अधिक जीवाश्मीय ईंधनों की खोज की दिशा में सतत गवेषकी कार्य चल रहा है, परन्तु विश्व के औद्योगिक तथा विकासशील देशों की निरंतर बढ़ती ईंधन की आवश्यकता निश्चित रूप से आने वाले भविष्य में इन उच्च श्रेणी के ईंधन स्रोतों को समाप्त कर ही देगी। इस समस्या से निपटने के लिए, पवन ऊर्जा ही एकमात्र संभावित विकल्प है, जो कि नवीकृत भी होता रहता है। सूर्य की विकिरित ऊर्जा से पवन ऊर्जा सतत रूप से नवीकृत होती रहती है और इसका दोहन सरलतापूर्वक किया जा सकता है।

पवन निःशुल्क तथा प्रचुरता में उपलब्ध है, सरलता से प्राप्य है, समाप्त होने वाली नहीं है तथा इसकी आपूर्ति भी निर्बाध है। पवन अथवा वायु पर किसी भी देश या वाणिज्यिक प्रतिष्ठान का एकाधिकार नहीं है, जैसा कि जीवाश्मीय ईंधनों, यथा तेल, गैस, या नाभिक ईंधनों, जैसे यूरेनियम आदि, के साथ है। चूँकि ऊर्जा की माँग सतत रूप से बढ़ती ही जायेगी, इसलिए कच्चे तेल के बढ़ते हुए मूल्यों के साथ निश्चित रूप से पवन ऊर्जा ही एकमात्र आकर्षक विकल्प प्रस्तुत करती है।

पवन ऊर्जा संयंत्रों का परिचालन सुरक्षित है। आधुनिक व उन्नत माइक्रोप्रोसेसर्स

के प्रयोग से समस्त संयंत्र पूर्णतः स्वचालित हो गए हैं तथा संयंत्र के परिचालन के लिए अधिक श्रमिकों की आवश्यकता नहीं रह गई है। निर्माण तथा रखरखाव की दृष्टि से भी यह पूर्णतः सुरक्षित है। यह बात तापीय ऊर्जा संयंत्रों अथवा नाभकीय ऊर्जा संयंत्रों पर लागू नहीं होती। आधुनिक पवन संयंत्रों में प्रयुक्त प्रभावी सुरक्षा यांत्रिकी से यहाँ तक संभव हो गया है कि इन्हें सार्वजनिक स्थलों पर भी थोड़ी सी क्षति अथवा बिना किसी क्षति के स्थापित किया जा सकता है।

पवन चालित प्रणाली के लिए तुलनात्मक रूप से कम स्थान की आवश्यकता होती है, और इसे हर उस स्थान पर, जहाँ वायु की स्थिति अनुकूल हो, लगाया जा सकता है। उदाहरण के लिए इसे पहाड़ी के शिखर पर, समतल सपाट भू-प्रदेश, वनों तथा मरुस्थलों तक में लगाया जा सकता है। संयंत्र को अपतटीय क्षेत्रों तथा छिछले पानी में भी लगाया जा सकता है। यदि पवन संयंत्रों को कृषि भूमि में भी लगाया जाता है तो मीनार के आधार स्थान तक खेती की जा सकती है।

पवन चक्की श्रृंखलाओं में अनेकों अपेक्षाकृत छोटी-छोटी इकाइयाँ होती हैं। इन्हें सरलता व शीघ्रता से समूहों में बनाया जा सकता है, जिसके परिणामस्वरूप इनकी योजना बनाने में लचीलापन आ जाता है। किसी भी पवन चक्की फार्म के पूरा होने के पहले ही निवेशित पूँजी शीघ्रता से वापस मिलने लगती है। माँग के बढ़ने के साथ-साथ, जब भी आवश्यकता अनुभव हो, नयी इकाइयाँ जोड़ी जा सकती हैं। इन्हें एक ही स्थान पर, समूह के रूप में या सम्पूर्ण देश के क्षेत्रों में बिखराकर लगाया जा सकता है।

चूँकि यह पवन चालित संयंत्र सरल व परिचालन में आसान होते हैं, अतः अन्य विकल्पों की तुलना में इनके रखरखाव की आवश्यकता कम होती है। वायु बिना मूल्य उपलब्ध है, इसलिए इसमें ईंधन के मूल्यों में वृद्धि के साथ मुद्रास्फीति का कोई भी जोखिम नहीं है। इस प्रकार पवन ऊर्जा धन तथा ईंधन दोनों ही रूपों में बचत करती है। अतः पवन ऊर्जा मूल्य प्रभावी है। आज विश्व के कई क्षेत्रों में, जहाँ वायु के स्रोत केन्द्रित हैं, वहाँ पवन ऊर्जा तेल चालित तथा नाभिकीय-शक्ति से उत्पादित विद्युत को कड़ी चुनौती दे रही है, क्योंकि परम्परागत ऊर्जा स्रोतों के विकास की लागत जहाँ दिन-प्रतिदिन बढ़ रही है, वहीं पवन ऊर्जा की लागत तीव्रता से गिर रही है। वायु चालित टरबाइनों की दिनों-दिन बढ़ती हुई विश्वसनीयता से यह सिद्ध हो रहा है कि निकट भविष्य में अधिक से अधिक क्षेत्र ऊर्जा के अन्य रूपों की अपेक्षा पवन ऊर्जा को सबसे कम व्यय वाले आकर्षक विकल्प के रूप में अपनाएँगे।

पवन ऊर्जा के उपयोग की सीमाएँ

पवन चालित संयंत्र महँगे हैं और केवल वहाँ लगाए जा सकते हैं जहाँ आवश्यकतानुरूप वायु उपलब्ध हो। उच्च पवन गति वाले क्षेत्र पहुँच से बाहर हो सकते हैं अथवा उच्च वोल्ट क्षमता वाली पारेषण लाइनों से दूर स्थित हो सकते हैं, जिससे पवन ऊर्जा के संचार में समस्या हो सकती है। साथ ही, विद्युत् की आवश्यकता समय के अनुसार घटती-बढ़ती रहती है तथा विद्युत उत्पादन को माँग चक्र के अनुसार समायोजित करना होता है। चूँकि पवन शक्ति की मात्रा या गति में अचानक परिवर्तन हो सकते हैं, अतः यह भी संभव है कि माँग या आवश्यकता के समय यह उपलब्ध ही ना हो। अतः सतत एक ही मात्रा में उपलब्ध न होने तथा अविश्वसनीय आपूर्ति के कारण पवन ऊर्जा की व्यावहारिक असुविधा ने इसके उपयोग को, उन्हीं क्षेत्रों तक सीमित कर दिया है जहाँ या तो विद्युत की सतत आपूर्ति की आवश्यकता नहीं है, या आवश्यकतानुरूप आपूर्ति हेतु एक अन्य स्थायी ऊर्जा विकल्प उपलब्ध है। विद्युत ऊर्जा का भंडारण कठिन एवं महँगा भी है, इसलिए पवन ऊर्जा का उपयोग किसी अन्य प्रकार की ऊर्जा के साथ-साथ अथवा गैर-वैद्युत भंडारण के साथ किया जा सकता है। पवन ऊर्जा का उपयोग जलविद्युत ऊर्जा जनित्रों के साथ करना अधिक लाभप्रद है क्योंकि जल का उपयोग ऊर्जा भंडारण के स्रोत के रूप में प्रयुक्त किया जा सकता है, और भूमिगत संपीडित वायु के भंडारण का उपयोग एक अन्य विकल्प है।

पवन ऊर्जा के उपयोग से संबंधित पर्यावरणीय समस्याएँ

विद्युत चुम्बकीय व्यवधान

पवन उत्पादक संयंत्र विद्युत चुंबकीय संकेत वातावरण में प्रसारित करेंगे। क्षैतिज अक्ष वाले पवन चालित टरबाइनों के घूमते हुए फलक दूरदर्शन संकेतों के दृश्य अंश विरूपित करके निकटवर्ती क्षेत्रों में व्यवधान उत्पन्न कर सकते हैं। संयंत्रों से दूरी बढ़ने के साथ-साथ यह व्यतिकरण कम हो सकता है, फिर भी यह परा-उच्च आवृत्ति चैनलों को कई किलोमीटर की दूरी पर भी प्रभावित कर सकता है। अगर ब्लेड स्थिर भी हो, तो भी वायु में प्रसारित संकेत 'छद्म बिम्ब' उत्पन्न कर सकते हैं। इस समस्या को समुचित स्थल-चयन तथा सूक्ष्म तरंग (माइक्रोवेव) संपर्क के बीच 'दृष्टि रेखा' को बदल कर तथा प्रसारण केन्द्रों की निकटता को घटाकर दूर किया जा सकता है।

शोर

अनेक विकसित देशों में 'शोर' की समस्या को पवन ऊर्जा विकास के विरुद्ध हथियार के रूप में प्रस्तुत किया जाता है। पवन चालित संयंत्र से शोर उत्पन्न होने के दो प्रमुख स्रोत हैं यांत्रिकी शोर जो कि घूमते हुए यांत्रिक एवं वैद्युतिक घटकों से उत्पन्न होता है, और जिसे उचित गियर-प्रणाली या ध्वनि-रोधक आच्छादन लगाकर कम किया जा सकता है। दूसरा कारण है सीटी जैसी वह आवाज जो फलकों के ऊपर वायु के प्रवाहित होने से उत्पन्न वायुगतिकीय शोर है जिसकी अलग-अलग आवृत्ति होती है।

वन्य जीव

अनेकों प्रकृति प्रेमी व्यक्तियों या क्लबों को यह आशंका है कि पवन चालित संयंत्रों की उपस्थिति प्रवासी पक्षियों तथा सामान्य पक्षियों को भयभीत करती है। परन्तु आँकड़ों से यह अब सिद्ध हो चुका है कि पक्षी के टकराने की घटनाएँ निचली उड़ान के स्तर पर ही होती हैं, और इन पक्षियों की संख्या बहुत ही कम होती है।

सौंदर्य बोध

निस्संदेह वायु चालित टरबाइनों का प्राकृतिक दृश्यावली पर निश्चित रूप से कुछ दुष्प्रभाव पड़ता है और यह दृश्य प्रदूषण को जन्म देता है। जब बड़ी-बड़ी ऊँची मीनारें खड़ी की जाती हैं तो वे निश्चित रूप से दृश्यावली की सुरम्यता को प्रभावित करती हैं। इन सबके अतिरिक्त, कम ऊँचाई पर वायुयान संचालन, राडार प्रसारणों तथा संचार के अन्य माध्यमों पर भी इसके दुष्प्रभाव पड़ सकते हैं।

भारत में पवन ऊर्जा

भारत में पवन ऊर्जा का विकास 1990 के दशक में शुरू हुआ, और पिछले कुछ वर्षों में इसमें काफी वृद्धि हुई है। हालाँकि डेनमार्क, या अमेरिका की तुलना में अपेक्षाकृत नवागंतुक के रूप में भारत में पवन ऊर्जा की स्थापित क्षमता दुनिया में पाँचवें स्थान पर है।

31 अक्टूबर 2009 तक भारत में स्थापित पवन ऊर्जा की क्षमता 11806.69 मेगावाट थी, जो मुख्य रूप से तमिलनाडु (4900.765 मेगावाट), महाराष्ट्र (1945.25 मेगावाट), गुजरात (1580.61 मेगावाट), कर्नाटक (1350.23 मेगावाट), राजस्थान (745.5 मेगावाट), मध्य प्रदेश (212.8 मेगावाट), आन्ध्र प्रदेश (132.45 मेगावाट),

केरल (46.5 मेगावाट), ओडिशा (2), पश्चिम बंगाल (1.1 मेगावाट) और अन्य राज्यों (3.20 मेगावाट) में फैली हुई थी। ऐसा अनुमान है कि 6,000 मेगावाट की अतिरिक्त पवन ऊर्जा को वर्ष 2012 तक भारत में स्थापित किया जाएगा। भारत में स्थापित कुल ऊर्जा क्षमता का 6 प्रतिशत पवन ऊर्जा से प्राप्त होता है, और देश की ऊर्जा का 1 प्रतिशत इससे उत्पन्न होता है। भारत पवन एटलस तैयार कर रहा है।

दुनिया भर में स्थापित पवन ऊर्जा क्षमता 2009 के अंत तक 157,899 मेगावाट पहुँच गई। संयुक्त राज्य अमेरिका (35,159 मेगावाट), जर्मनी (25,777 मेगावाट), स्पेन (19,149 मेगावाट) और चीन (25,104 मेगावाट) भारत के पाँचवें स्थान से आगे हैं। पवन टरबाइनों को स्थापित करने की लघु अवधि, और पवन ऊर्जा मशीनों पर बढ़ती निर्भरता और उनके प्रदर्शन ने पवन ऊर्जा को भारत की क्षमता वृद्धि के लिए अनुकूल बना दिया है।

भारतीय स्वामित्व वाली कंपनी के रूप में सुजलॉन, पिछले दशक में वैश्विक परिदृश्य पर उभरी, और 2006 तक इसने वैश्विक टरबाइन विक्रय बाजार के 7.7 प्रतिशत के शेयर बाजार पर कब्जा कर लिया था। सुजलॉन वर्तमान में भारतीय बाजार के लिए पवन टरबाइन की अग्रणी निर्माता कंपनी है, जिसका भारत के बाजार में करीब 52 प्रतिशत पर कब्जा है। सुजलॉन की सफलता ने भारत को उन्नत पवन टरबाइन प्रौद्योगिकी में विकासशील देश का नेता बना दिया है।

पवनचक्की

पवनचक्की वह मशीन है जो हवा के बहाव की ऊर्जा लेकर विद्युत उर्जा उत्पन्न करती है। यह हवा के रैखिक गति को पंखों की घूर्णीय गति में बदल देती है। इससे पवन टरबाइन चलाकर विद्युत पैदा की जा सकती है या सीधे पीसने, पल्प बनाने एवं अन्य यांत्रिक कार्य किये जा सकते हैं।

धरती की सतह पर वायु का प्रत्यक्ष प्रभाव भूमिक्षरण, वनस्पति की विशेषता, विभिन्न संरचनाओं में क्षति तथा जल के स्तर पर तरंग उत्पादन के रूप में परिलक्षित होता है। पृथ्वी के उच्च स्तरों पर हवाई यातायात, रॉकेट तथा अनेक अन्य कारकों पर वायु का प्रत्यक्ष प्रभाव उत्पन्न होता है। प्रत्यक्ष अथवा अप्रत्यक्ष रूप से वायु की गति से बादल का निर्माण एवं परिवहन, वर्षा और ताप इत्यादि पर स्पष्ट प्रभाव उत्पन्न होता है। वायु के वेग से प्राप्त बल को पवनशक्ति कहा जाता है तथा इस शक्ति का प्रयोग यांत्रिक शक्ति के रूप में किया जाता है। संसार के अनेक भागों में

पवनशक्ति का प्रयोग बिजली उत्पादन में, आटे की चक्की चलाने में, पानी खींचने में तथा अनेक अन्य उद्योगों में होता है।

पवनशक्ति की ऊर्जा गतिज ऊर्जा होती है। वायु के वेग से बहुत परिवर्तन होता रहता है। अतः कभी तो वायु की गति अत्यंत मंद होती है और कभी वायु के वेग में तीव्रता आ जाती है। अतः जिस हवा चक्की को वायु के अपेक्षाकृत कम वेग की शक्ति से कार्य के लिए बनाया जाता है वह अधिक वायु वेग की व्यवस्था में ठीक ढंग से कार्य नहीं करता है। इसी प्रकार तीव्र वेग के वायु को कार्य में परिणत करने वाली हवा चक्की को वायु के मंद वेग से काम में नहीं लाया जा सकता है। सामान्यतः यदि वायु की गति 320 किमी प्रति घंटा से कम होती है तो इस वायुशक्ति को सुविधापूर्वक हवा चक्की में कार्य में परिणत करना अव्यावहारिक होता है। इसी प्रकार यदि वायु की गति 48 किमी प्रति घंटा से अधिक होती है तो इस वायु शक्ति के ऊर्जा को हवा चक्की में कार्य रूप में परिणत करना अत्यंत कठिन होता है। परंतु वायु की गति सभी ऋतुओं में तथा सभी समय इस सीमा के भीतर नहीं रहती है इसलिए इसके प्रयोग पर न तो निर्भर रहा जा सकता है और न इसका अधिक प्रचार ही हो सकता है। उपर्युक्त कठिनाइयों के होते हुए भी अनेक देशों में पवनशक्ति के व्यावसायिक विकास पर बहुत ध्यान दिया गया है।

पवन ऊर्जा के उपयोग की अवधारणा का विकास ई. पू. 4000 तक पुराना है, जब प्राचीन मिस्र निवासी नील नदी में अपनी नावों को चलाने के लिए पाल का प्रयोग करते थे। पवन चक्कियों तथा पनचक्कियों ने सबसे पहले शक्ति के स्रोत के रूप में पशु शक्ति का स्थान लिया। 7वीं शताब्दी के अरब लेखकों ने ई. 644 में फारस में किलों का सन्दर्भ दिया है। ये मिलें साइन्स्ता में स्थित थीं, जो फारस व अफगानिस्तान की सीमा पर है।

10

प्राकृतिक ऊर्जा संकट : समस्या-समाधान

आर्थिक विकास एवं उच्च जीवन-स्तर हेतु ऊर्जा का अभीष्ट उपयोग अपरिहार्य है। ऊर्जा की खपत और माँग में दिनानुदिन अभिवृद्धि होती जा रही है। यह भी बताया जा चुका है कि बड़े-पैमाने पर उत्पादन हेतु व्यापारिक स्तर पर कोयला, पेट्रोल, प्राकृतिक गैस, आणुविक खनिज जैसे समापनीय ऊर्जा स्रोतों का उपयोग एवं माँग 1960 के पश्चात् बहुत बढ़ गयी है। अगले 20-25 वर्षों में विश्व की ऊर्जा खपत लगभग दुगुनी हो जाने का अनुमान है। आने वाले वर्षों की माँग की दर विकासशील देशों में ही तीव्र होगी। इसके निम्न कारण हैं

1. तीव्र गति से बढ़ती जनसंख्या के भरण-पोषण हेतु खाद्यान्न उत्पादन में वृद्धि के लिये अधिक मात्रा में उर्वरकों एवं उपकरणों के साथ सिंचाई के साधन विकसित करना। इनमें से प्रत्येक अधिक ऊर्जा के उपयोग से ही सम्भव होगा।
2. नगरीकरण में वृद्धि के साथ-साथ अधिक ऊर्जा की माँग।
3. कच्ची सामग्री की कमी के साथ नई कच्ची सामग्री के परिष्करण अथवा अधिक गहरी खानों से खनिज प्राप्ति हेतु अपेक्षाकृत अधिक ऊर्जा का उपयोग।

1973 में ऊर्जा उपलब्धता की दृष्टि से एक बहुत गहरा संकट तब उत्पन्न हो गया, जब पेट्रोल निर्यातक देशों के संगठन ने पेट्रोल का उत्पादन कम करने तथा पेट्रोल की कीमतें बढ़ाने का निर्णय किया। 1960 के पश्चात् विश्व की पेट्रोल पर निर्भरता बहुत बढ़ गई है। 1982 में विश्व की कुल ऊर्जा खपत (12 अरब टन कोयला तुल्यांक) का लगभग आधा पेट्रोल से पूरा हुआ। 1966 से 1972 तक पेट्रोल की कीमत लगभग 3 डालर प्रति बैरल हो गई। पुनः 99-00 में OPEC के 11 सदस्यों ने उत्पादन घटाने का निर्णय किया। इसके चलते पेट्रोल की कीमत 37 डॉलर प्रति बैरल कीमत 25-28 के मध्य रखने की इच्छा प्रकट करते हैं, भविष्य में आपूर्ति में कमी की आशंका से व्यापारी जमाखोरी करने लगते हैं एवं कीमतें अनुमान से कहीं अधिक बढ़ जाती हैं। 1998 के निम्नतम स्तर से खनिज तेल की कीमत तीन गुनी बढ़ गई है। इससे पेट्रोल आयातक देशों का अर्थतंत्र पुनः चरमराने लगा है तथा विश्व में औद्योगिक मन्दी की आशंका प्रबल हो गई है। यद्यपि इसके चलते रूसी फेडरेशन, इण्डोनेशिया, नाइजीरिया तथा मेक्सिको जैसे तेल निर्यातकों को लाभ हुआ है। भारत में बढ़ी कीमतों के कारण 26400 करोड़ रु॰ अधिक तेल आयात पर व्यय होगा। 1973 से ही यह जागरूकता उत्पन्न हुई कि फासिल स्रोतों से उपलब्ध ऊर्जा सहज प्राप्त नहीं की जा सकती। पेट्रोल की कीमत आसमान छूने लगी है तथा इसकी संचित राशि के भी 1981 के उपयोग स्तर पर 30 वर्षों-से समाप्त हो जाने की आंशका उत्पन्न हो गई। प्राकृतिक गैस भी 50 वर्षों तक ही विश्व की माँग-पूर्ति करने भर को पर्याप्त है। जहाँ तक कोयले का प्रश्न है; कुल एक दर्जन देशों में ही कोयले की संचित राशि है। पेट्रोल की भाँति कोयले का अन्तर्राष्ट्रीय स्तर पर परिवहन आसान नहीं है क्योंकि अधिक जगह घेरने के कारण यह अत्यधिक व्यय-साध्य है। आणविक ऊर्जा के विकिरण से जन-जीवन के खतरे में पड़ने की प्रबल आशंकाएँ रहती हैं। विकसित देशों में जहाँ आणविक ऊर्जा का पर्याप्त विकास हो चुका है, इसके प्रति प्रबल विरोध भी प्रकट हुए हैं। संयुक्त राज्य में ब्राउन्सबेरी, अलबामा तथा थ्रामाइल्स आइलैंड, पेंसिलवानिया आणविक ऊर्जा केन्द्रों की दो बड़ी दुघर्टनाओं ने इस विरोध को इतना प्रबल कर दिया कि यूरोप के कुछ देशों जैसे आस्ट्रिया एवं स्वीडन ने आणविक ऊर्जा उत्पादन पर प्रतिबन्ध लगा दिया। 1986 की चेरनोबिल परमाणु ऊर्जा के रिसाव से रेडियोधर्मी तत्वों के प्रभाव के बारे में सम्पूर्ण यूरोप में आतंक व्याप्त है।

इस ऊर्जा संकट का सबसे अधिक प्रभाव उन विकासशील देशों पर ही पड़ा है जो पेट्रोल का आयात करते हैं, प्रत्यक्षतया अब इनकी विदेशी मुद्रा, जो प्रायः

अन्तर्राष्ट्रीय स्रोतों से भारी कर्ज लेने से उपलब्ध होती है, का अधिकांश पेट्रोल की कीमत चुकाने में ही लग जाता है। उदाहरणार्थ, भारत में 1976-80 में कुल आयात का लगभग एक-तिहाई सिर्फ पेट्रोलियम आयात पर खर्च हुआ। 1992-93 में कुल आयात 63 हजार करोड़ रुपये का था, जिसमें से 17 हजार करोड़ रुपये पेट्रोल के खाते में गया। इसके अतिरिक्त विकासशील देश जिन निर्मित वस्तुओं का (उर्वरक, रासायनिक पदार्थ, मशीनें आदि) विकसित देशों से आयात करते हैं, ऊर्जा की बढ़ी हुई कीमत को अपनी वस्तुओं की कीमत में वृद्धि करके आयातक देशों (जिनमें पेट्रोल निर्यातक देश शामिल हैं) से वसूल कर लेते हैं। इस प्रकार ऊर्जा संकट वस्तुतः ऊर्जा के पारम्परिक स्रोतों की कीमत में अत्यधिक वृद्धि की उपज है।

तालिका 1. पेट्रोल आयातक देशों में प्राथमिक-व्यापारिक ऊर्जा बजट

(प्रतिदिन करोड़ बैरेल पेट्रोल तुल्यांक में)

1980	1990	उत्पादन	उपभोग	उपभोग
पेट्रोल	0.20	0.65	0.36	1.14
गैस	0.15	0.14	0.26	0.26
कोयला	0.24	0.25	0.33	0.34
जल-विद्युत	0.15	0.15	0.32	0.32
आणविक	0.01	0.01	0.10	0.19
अन्य	0.03	0.04	0.15	0.12
कुल	**0.78**	**1.24**	**1.52**	**2.23**

द्वितीय ऊर्जा संकट विकासशील देशों में, जिनकी अधिकांश जनसंख्या देहातों में निवास करती है, देहातों में व्यापारिक ऊर्जा की अपेक्षा जैविक ऊर्जा, विशेषकर लकड़ी का ही, ईंधन हेतु अधिक उपयोग होता रहा है। उदाहरणार्थ, अफ्रीका में कुल ऊर्जा उपभोग का 59% सिर्फ जलावन की लकड़ी से ही प्राप्त होता है। नेपाल में 86% ऊर्जा जलावन की लकड़ी से ही सुलभ होती है। बढ़ती जनसंख्या एवं अन्य कारणों से लकड़ी की माँग वृद्धि के कारण इन देशों में बड़े पैमाने पर वनों का कटाव हुआ है जिससे वह ऊर्जा स्रोत भी अति क्षीण हो गया है। इसे द्वितीय ऊर्जा संकट से सम्बोधित किया गया है। तालिका 2 में आवश्यक जलावन की लकड़ी प्राप्त करने हेतु वनीकरण पर प्रकाश डाला गया है। इससे स्पष्ट है कि 2000 ई॰ तक अपनी

जलावन की आवश्यकता पूर्ति हेतु अपने वनाच्छादित क्षेत्र में अफगानिस्तान एवं इथियोपिया जैसे देशों को 50 गुना; नेपाल, भारत एवं नाइजीरिया को 10 गुना तथा पीरू को चार गुना वृद्धि करनी पड़ेगी। इससे खाद्य उत्पादन हेतु भूमि की बड़ी कमी पड़ जायेगी।

ऊपर वर्णित ऊर्जा संकट से उबरने के लिये ऊर्जा संरक्षण अपरिहार्य हो गया है। पेट्रोल आयातक विकासशील देशों में ऊर्जा का संरक्षण जीवन-मरण का प्रश्न बन गया है क्योंकि इनका ऊर्जा बजट असंतुलित है तथा वैकल्पिक व्यापारिक ऊर्जा स्रोत सीमित हैं जो निम्न तालिका में स्पष्ट है।

तालिका 2. विकासशील देशों में जलावन आपूर्ति हेतु वनीकरण की आवश्यकता

2000 ई. में वन क्षेत्रफल (हजार हेक्टेयर में)

देश	आवश्यकता	उपलब्धता
भारत	4000	400
नाइजीरिया	2000	200
थाईलैण्ड	1500	200
नेपाल	1000	100
इथियोपिया	1000	20
अफगानिस्तान	1000	20
पीरू	400	100
तंजानिया	400	50
मलावी	260	50
इक्वेडोर	260	40

ऊर्जा संरक्षण

ऊर्जा संरक्षण का सर्वाधिक महत्त्वपूर्ण पक्ष है नव्यकरणीय (भूताप, सौर, वायु, जल, ज्वारीय, तरंग तथा एवं अनव्यकरणीय स्रोतों से प्राप्त ऊर्जा का अनुकूलतम उपयोग-समिश्र पाना जिससे ऊर्जा आवश्यकताओं की पूर्ति साथ ही साथ वातावरण प्रदूषण को भी सीमित किया जा सके। फॉसिल स्रोतों से प्राप्त ऊर्जा न सिर्फ सीमित एवं प्रत्युत् इसका उपयोग बड़े पैमाने पर केन्द्रीकृत उद्योगों में होने के कारण इनसे

वायुमण्डल में कार्बन एवं अन्य अवांछित तत्वों का अंश बढ़ जाने का खतरा उत्पन्न होता है। इससे प्रदूषित वायु के परिणामस्वरूप मानव स्वास्थ्य पर संकट बढ़ता है, दूरगामी जलवायु परिवर्तन के कुपरिणाम की भी आशंका है। पेट्रोल तथा आणविक ऊर्जा की अपेक्षा अधिकाधिक सम्भव नव्यकरणीय ऊर्जा स्रोतों का उपयोग करना चाहिए। वैकल्पिक समिश्र में कितना अंश किस ऊर्जा स्रोत का हो, यह देश-प्रदेश विशेष की ऊर्जा संसाधन सम्पन्नता, विकास, भूविन्यासिक संगठन तथा प्रविधिगत दशाओं के आधार पर ही किया जा सकता है। चीन तथा भारत अथवा पूर्वी यूरोप के उन देशों में जहाँ कोयले का पर्याप्त संचित भण्डार है, परन्तु पेट्रोल की उपलब्धता अपेक्षाकृत सीमित है; कोयले के अधिक उपयोग पर बल देना चाहिए। जर्मनी एवं पूर्वी यूरोप के अन्य देशों में भूरे कोयले के विशाल भण्डार का अब नये सिरे से व्यापक उपयोग करने की योजनायें बनाई गई हैं। कोयले का सीधा उपयोग न करके, इसे द्रव कार्बन (Hydrocarbon) में परिणत करके पेट्रोल के विकल्प-स्वरूप उपयोग करने की प्रविधि भी विकसित हो गई है। इसके साथ ही यथा-सम्भव, जल-विद्युत तथा अन्य नव्यकरणीय स्रोतों से व्यापारिक ऊर्जा प्राप्त करने पर बल दिया जा रहा है। विकासशील देशों में जहाँ अधिकांश जनसंख्या देहाती क्षेत्रों में बिखरी पड़ी है एवं अनुकूल प्राकृतिक दशायें विद्यमान हैं, छोटी जल-विद्युत परियोजनाओं (जिनके लिए बाँध एवं जलाशय निर्माण करने की आवश्यकता नहीं है।) का कार्यान्वयन श्रेयस्कर है। इसके निम्न विशिष्ट लाभ हैं

1. जल-विद्युत उत्पादन की प्राविधिकी पूर्णतया विकसित, तकनीकी दृष्टि से सक्षम तथा सीखने में सरल है।
2. जल से विद्युत उत्पन्न करने की कार्य-दक्षता उच्च-स्तर की है।
3. परिवहन में कोई भारी व्यय नहीं करना पड़ता।
4. इसमें ताप-विद्युत की तुलना में मशीनें बहुत कम गरम होती हैं, अतएव मशीनें अधिक अवधि तक कार्यरत रहती हैं तथा उत्पादन ठप्प होने की सम्भावना कम रहती है।
5. इनकी मशीनों के रख-रखाव पर कम व्यय होता है। इनके संचालन के लिए भी अधिक लोगों की आवश्यकता नहीं पड़ती।
6. दीर्घकालीन परिप्रेक्ष्य में जल-विद्युत सबसे सस्ता पड़ता है, क्योंकि उत्पादन व्यय दीर्घकाल तक स्थिर रहता है।
7. जल-विद्युत उत्पादन के साथ-साथ उपलब्ध जल के अन्य विविध उपयोग किये जा सकते हैं।

8. इससे वातावरण प्रदूषण की समस्या नहीं उत्पन्न होती प्रत्युत् छोटी जल-विद्युत इकाइयों से वातावरण में गुणात्मक समृद्धि होती है। उदाहरणार्थ, जल-प्रवाह की गति मन्द पड़ जाती है, भूमिगत जल में अभिवृद्धि होती है और नदी के जल में ऑक्सीजन की मात्रा बढ़ जाती है जिससे मछलियों आदि का अधिक विकास होता है।

चीन में इस प्रकार के छोटे जल-विद्युत उत्पादन केन्द्रों का व्यापक उपयोग हो रहा है, जिसमें नदी की धारा से ही संयंत्र से विद्युत उत्पादन किया जाता है, उसके लिए किसी बाँध बनाने की आवश्यकता नहीं पड़ती। जिन देशों में जैसे दक्षिण-पूर्वी एशिया तथा अफ्रीका एवं पश्चिमी एशिया के देश, वर्ष-पर्यन्त पर्याप्त मात्रा में सूर्य की किरणें उपलब्धता होती हैं, उनमें सौर ऊर्जा के विकास की अच्छी सम्भावनायें हैं। इजरायल में सौर-सरोवरों का निर्माण किया गया है जिससे सौर ऊर्जा का उपयोग होता है। अब सौर-ऊर्जा का उपयोग विविध प्रकार के घरों को गर्म रखने, विविध पदार्थों को सुखाने पानी गर्म करने, भोजन बनाने तथा विद्युत उत्पादन हेतु निर्मित उपकरणों के सहारे होने लगा है।

विकासशील देशों में सबसे अच्छे आसार जैव-पदार्थों से प्राप्त ऊर्जा के उपयोग के हैं। विभिन्न पौधों से एथनोल का उत्पादन करके उनका उपयोग डीजल, नेप्था तथा गैसोलीन के विकल्प के रूप में किया जा सकता है। इससे देहाती क्षेत्रों में स्थित मध्यम पैमाने के उद्योगों का संचालन किया जा सकता है। गैसोलीन (मोटरगाड़ी वाला पेट्रोल) में 20% के अनुपात में एथनोल मिलाकर उसकी खपत में कमी की जा सकती है। विभिन्न पौधों से प्राप्त होने वाले एथनोल की मात्रा उपर्युक्त में दी गई है। विभिन्न विकासशील देशों में उनकी कृषिगत दशाओं एवं ऊर्जा सुलभता के संदर्भ में इस प्रकार की जैविक ऊर्जा की सम्भावना का आँकलन किया जा सकता है। इससे स्पष्ट है कि एथनोल या एल्कोहल के उत्पादन के लिए अभीष्ट दशायें कृषिगत आधिक्य तथा ऊर्जा-विपन्न देशों जैसे ब्राजील, थाइलैण्ड फिलीपिन्स, सूडान, पीरू, संयुक्त राज्य तथा भारत में उपलब्ध है। इस प्रकार ऊर्जा की खेती द्वारा भी ऊर्जा संकट के समाधान में मदद मिल सकती है इसी तरह जिन देशों में पर्याप्त पशुधन उपलब्ध है, उनमें अवशिष्ट कृषिगत पदार्थ, गोबर तथा कूड़ा-कचरा से मिथेन गैस प्राप्त करके देहातों में भोजन बनाने में खर्च होने वाली ऊर्जा प्राप्त करने के साथ ही कृषि हेतु उर्वरकों के सम्पूरक के रूप में खाद की आपूर्ति की जा सकती है। इस प्रकार उर्वरकों के उत्पादन में होने वाली पेट्रोल के खर्च को कम किया जा सकता है। भारत जैसे देश में इस प्रकार के ऊर्जा विकल्प की असीम सम्भावनायें हैं।

तालिका 3

प्रतिदिन प्राप्त एथनोल (हेक्टेयर प्रतिवर्ष)

एथनोल उत्पादन पौधा	हेक्टेयर एथनोल की (लीटर में)	उपलब्धि (लीटर में)	
गन्ना	70	50	3500
लकड़ी	160	20	3200
शकरकन्द	86	35	3010
मक्का	370	06	2200
कसावा	180	12	2160

पेट्रोलियम और गैस संरक्षण

पेट्रोलियम के संरक्षण के मुख्य रूप से दो उपाय हैं। एक उपाय यह है कि कुओं से अधिक से अधिक तेल निकाला जाए और दूसरा उपाय यह है कि तेल की बर्बादी कम से कम की जाए।

(1) कुओं में अन्तर जब किसी नए तेल-क्षेत्र की खोज होती है, तो प्रायः यह प्रवृत्ति देखी जाती है कि एक सीमित क्षेत्र में आवश्यकता से अधिक कुएँ पास-पास चालू कर दिए जाते हैं। कहीं-कहीं तो इतने नजदीक कुएँ खोद दिए जाते हैं कि एक कुएँ का ढाँचा दूसरे कुएँ के ढाँचे को स्पर्श करता है। दूसरे, इतनी अधिक मात्रा में तेल निकलने लगता है कि बाजार में प्रतियोगिता बढ़ जाती है और इसका प्रभाव पेट्रोलियम के बाजार पर बहुत बुरा पड़ता है। अमेरिका के बाजार में इस प्रकार की घटना अनेक बार हो चुकी है। अतः इस बात का पूरा ध्यान रखना चाहिए कि जिस क्षेत्र में तेल पाया जाए, वहाँ कुओं के बीच में अन्तर पर्याप्त हो। इससे तेल निकालने में जो पूँजी लगाई जाएगी, उसको पर्याप्त लाभ प्राप्त हो सकेगा तथा तेल-भण्डार का जीवन काफी लम्बा हो सकेगा।

(2) उत्पादन पर नियन्त्रणः जिस क्षेत्र में तेल प्राप्त होता है, वहाँ कई कम्पनियाँ तेल निकालने का काम प्रारम्भ करती हैं। यदि इन कम्पनियों में कोई आपसी समझौता नहीं होता है, तो प्रत्येक कम्पनी भूमि और कुओं का मनमाना उपयोग करना प्रारम्भ करती हैं और एक प्रकार की घातक प्रतियोगिता प्रारम्भ हो जाती है। प्रतियोगिता का अन्त होना आवश्यक है, जिसके लिए विभिन्न कम्पनियों

में इकाई उत्पादन (Unit Production) का समझौता होना चाहिए। इस नियम के अनुसार जितना तेल कुल विभिन्न कम्पनियाँ निकालती हैं, उसे एक निश्चित भाव में बेचा जाता है और कुल मूल्य को विभिन्न कम्पनियों में भूमि के अनुपात में वितरित कर दिया जाता है। दूसरा नियम प्रोरेशन का है। इसके अनुसार उस बिन्दु तक उत्पादन को नीचे रखना, जहाँ तक उपभोक्ता की आवश्यकताओं की पूर्ति हो सके और आवश्यकता से अधिक तेल न निकाला जाए। इस नियम के अनुसार देश में काम करने वाली विभिन्न कम्पनियों को प्रतिवर्ष तेल उत्पादन की मात्रा निर्धारित कर दी जाती है। वे इस निर्धारित मात्रा से अधिक तेल नहीं निकालते हैं। यदि तेल कम्पनियाँ इस नियम को स्वेच्छा से स्वीकार न करें, तो उन्हें कानून के द्वारा बाध्य करना चाहिए। ऐसा करने से तेल के स्रोतों का दुरुपयोग नहीं होगा।

(3) कुओं का परित्यागः- जिन देशों में तेल कम मात्रा में पाया जाता है, वहाँ पर तो कुओं से निरन्तर तेल निकाला जाता है लेकिन जहाँ पर तेल अधिक है, वहाँ कभी-कभी तेल उत्पादन को कुछ समय के लिए बन्द भी करना पड़ता है। ऐसी स्थिति में उनके तेल निकालने के पाईप और ड्रिल-होल आदि कुओं से निकाल लिए जाते हैं। छोटे कुओं में जहाँ ऐसा किया जाता है, उनका तेल नीचे चट्टानों में विलुप्त हो जाता है, वास्तव में जब एक कुआँ थोड़े समय के लिए बन्द कर दिया जाता है, तो अनेक कारणों से फिर उससे तेल निकालना सम्भव नहीं होता। इस तेल को अच्छे यन्त्रों को उपकरणों से अवश्य बचाया जा सकता है। बहुत-सी कम्पनियाँ अच्छे उपकरणों में धन नहीं व्यय करती हैं, जिसके कारण तेल के भण्डारों को प्रायः बहुत क्षति होती है।

(4) गैस का संचयनः- प्रत्येक तेल के भण्डार में बहुमूल्य प्राकृतिक गैस होती है जिसे यदि किसी प्रकार नियन्त्रित कर लिया जाए, तो उसका बहुत उपयोग हो सकता है। प्रारम्भ में जब तेल के कुएँ खोदे गए तो उनसे अनन्त गैस निकल कर हवा में विलीन हो गई। बाद में जब इसकी उपयोगिता समझ में आई, तो इसे नियन्त्रित करने के लिए प्रयत्न होने लगे। संयुक्त राज्य अमेरिका में राज्यों की सरकारों ने इस सम्बन्ध में कानून बनाया कि तेल कम्पनियाँ गैस को नष्ट न होने दें। जहाँ सन् 1930 तक 40 प्रतिशत गैस व्यर्थ चली जाती थी, वहाँ सन् 1935 में केवल 6 प्रतिशत ही नष्ट हुई। संयुक्त राज्य अमेरिका में टेक्सासपेनहेंडल क्षेत्र दुनिया का सबसे बड़ा गैस क्षेत्र है। यहाँ से सेंटपाल, मिनियापोलिस, इण्डियानापोलिस तथा शिकागो नगरों में पाईपों द्वारा गैस पहुँचाई जाती है। पहले इस क्षेत्र में बहुत अधिक गैस नष्ट हो जाती थी। ऐसा अनुमान है, कि जितनी गैस यहाँ नष्ट हो गई

है, यदि उसका सदुपयोग किया गया होता और उसे सुरक्षित रखा गया होता, तो लगभग 50 वर्ष तक नगरों को गैस प्राप्त हो सकती थी।

गैस का उपयोग केवल ईंधन आदि के लिए ही नहीं किया जाता है, यह कुओं से तेल निकालने के काम भी आती है। पहले इसे कुओं से संचित कर लिया जाता है। जब कुओं से काफी तेल निकाला लिया जाता है, तो कुओं में पुनः गैस को पहुँचाया जाता है और नीचे के तेल पर दबाव बढ़ाया जाता है, जिससे नीचे का तेल ऊपर आने लगता है।

(5) कुएँ से तेल निकालने के बाद की हानिः- तेल कुएँ से निकालने के बाद स्टोरेज टैंक में आता है, फिर इसे पाईप लाइनों के द्वारा रिफाइनरी में पहुँचाया जाता है और अन्त में उसे बिक्री केन्द्रों में पहुँचाया जाता है। इस लम्बी प्रक्रिया में किसी भी स्थान में तेल नष्ट हो सकता है। तेल को कितनी लम्बी यात्रा करनी है, इसका अनुमान इस तथ्य से लगाया जा सकता है, संयुक्त राज्य अमेरिका में तेल की लाइन 3 लाख 60 हजार मील लम्बी है। इन पाईप लाइनों से होकर गैस या तेल बिक्री के स्थान में पहुँच पाता है। इस लम्बे रास्ते में कहीं भी पाईप लाइन क्षतिग्रस्त हो सकती है, जिसका पता सहज ही में नहीं लग सकता है और तेल का काफी नुकसान हो सकता है। यदि लाइनें बहुत सुदृढ़ हों और उनकी यथासमय देख-रेख होती रहे, तो इस प्रकार की क्षति को बहुत कम किया जा सकता है। अमेरिका में अच्छी लाइनों के द्वारा इस प्रकार की बर्बादी को 65 प्रतिशत कम कर दिया गया है।

(6) अन्य स्रोतों से तेल प्राप्त करनाः- तेल कोयले और आयल शेल (Oil Shale) से भी प्राप्त किया जा सकता है। दोनों ही स्रोत पेट्रोलियम से अधिक मात्रा में मिलते हैं। अमेरिका में अनुसंधान के द्वारा यह निष्कर्ष निकाला गया है कि यदि इन स्रोतों से तेल निकाला जाए, तो उसकी लागत पेट्रोलियम से अधिक नहीं होगी। यद्यपि इन दोनों स्रोतों से वहाँ पर तेल नहीं निकाला गया है; क्योंकि पेट्रोलियम आवश्यकता से अधिक उपलब्ध है। किन्तु यह विधि उन देशों के लिए विशेष उपयुक्त है, जहाँ पर पेट्रोलियम कम मिलता है और आवश्यकता के लिए बाहर से मंगाना पड़ता है।

(7) पूरी क्षमता का प्रयोगः- अधिकांश कुओं का पूरा तेल नहीं निकाला जाता है। जितना तेल कम खर्चे से निकल आता है, उसे निकाल कर बाकी को छोड़ दिया जाता है; क्योंकि अवशेष तेल निकालने में अधिक समय और शक्ति नष्ट होती है। इस प्रणाली को भी रोकना चाहिए और कुओं की अधिक से अधिक क्षमता का प्रयोग करना चाहिए।

(8) नए क्षेत्रों की खोजः- तेल के अच्छे स्रोत अब भी पृथ्वी के गर्भ में छिपे हुए हैं। इनकी सतत् खोज होती रहनी चाहिए। स्वतन्त्रता के बाद भारतवर्ष में तेल के अनेक नये क्षेत्रों की खोज हुई है और ऐसी सम्भावना है कि प्रचुर मात्रा में तेल प्राप्त हो सकेगा। कुछ नए क्षेत्रों में तो उत्पादन कार्य भी प्रारम्भ हो गया है, जैसे गुजरात, राजस्थान तथा विभिन्न समुद्र तटीय और नदी घाटी क्षेत्र।

ऊर्जा संरक्षण : भारतीय परिदृश्य

भारत में बहुत से ऐसे परिवार हैं जिनका भोजन गैस के चूल्हे पर नहीं लकड़ी या ईंधन से पकाया जाता है। इसके लिए बागानों को अधिक संख्या में लगाना चाहिए जिससे प्राकृतिक संतुलन भी बना रहेगा व लोगों की आवश्यकताओं की पूर्ति भी होती रहेगी। ऊर्जा के पारंपरिक स्रोत प्रकृति और मानव समाज पर अनेक प्रकार के प्रभाव डालते हैं। भारत के लिए ऊर्जा की आवश्यकता घटाने की नीति अपनाना और ऊर्जा पैदा करने वाली प्रौद्योगिकी को अपनाना आवश्यक है। ऊर्जा के वैकल्पिक उपयोग करना और नवीकरणीय स्रोतों को अपनाना, ताकि उनका विवेकपूर्ण और समतापूर्ण ढंग से उपयोग किया जा सके, पर्यावरण-स्नेही और निर्वहनीय जीवनशैलियों को बढ़ावा देगा। भारत को आयातित तेल पर अपनी निर्भरता घटानी होगी। ऐसे समय में हम अपने प्राकृतिक गैस संसाधनों का उपयोग कम कर रहे हैं। हम बिजली पैदा करने के लिए हज ारों छोटे बाँध तैयार कर सकते हैं। भारत बिजली संप्रेषण के दौरान भी बिजली की भारी बरबादी करता है। सभी लोग जिस गति से अपने स्वार्थ की पूर्ति के लिए ऊर्जा का उपयोग करते हैं उस गति से उसका संरक्षण नहीं करते हैं। अगर नियंत्रण नहीं किया गया तो आने वाले समय में काफी परेशानी का सामना करना पड़ सकता है।

ऊर्जा-सक्षम चूल्हे वायु के प्रवाह को नियंत्रित करते हैं ताकि लकड़ी और अच्छी तरह से जले। इस चूल्हे में एक चिमनी लगी होती है जिससे वायु प्रदूषण न हो। इस तरह वे श्वास संबंधी समस्याएँ कम करते हैं। हालाँकि देश भर में दो लाख से अधिक ऐसे सुधरे हुए चूल्हे बेचे जा चुके हैं, पर वास्तव में प्रयुक्त चूल्हों की संख्या ज्ञात नहीं क्योंकि बहुत से ग्रामीण अनेक कारणों से उन्हें उपयोग के योग्य नहीं पाते। 1995 में टाटा एनर्जी रिसर्च इंस्टीट्यूट ने अनुमान लगाया था कि भारत में 95 प्रतिशत ग्रामीण तथा नगरों के 60 प्रतिशत लोग अभी भी खाना पकाने और दूसरे घरेलू कामों के लिए लकड़ी, गोबर और खरपतवार पर निर्भर हैं।

जैवभार को जैवगैस में या एथेनॉल और मेथेनॉल जैसे द्रव ईंधन में बदला जा सकता है। जैव-गैस संयंत्र खमीरीकरण की प्रक्रिया द्वारा पशुओं के गोबर आदि और खरपतवार को गैस में बदलते हैं। यह 60 प्रतिशत मिथेन और 40 प्रतिशत कार्बन-डाईऑक्साइड होती है। आमतौर पर प्रयुक्त होने वाले कृषि अपशिष्टों में पालतू पशुओं के गोबर, धान की भूसी, नारियल के खोपरे, खरपतवार या घास-फूस शामिल हैं। गैस का निर्माण हो जाने के बाद जो शेष पदार्थ बच जाता है उसको भी खाद के रूप में प्रयोग कर लिया जाता है। जल विद्युत की छोटी इकाइयाँ पर्यावरण-स्नेही होती हैं। ये लोगों को विस्थापित नहीं करतीं, जंगलों या वन्य जीवन के आवासों को नष्ट नहीं करतीं एवं जलीय और स्थलीय जैव-विविधता का नाश नहीं करतीं। इन्हें विभिन्न पहाड़ी नालों, नहरों या नदियों पर बनाया जा सकता है। विद्युत उत्पादन गुरुत्वाकर्षण के कारण नीचे बहते जल पर निर्भर होता है, लेकिन अगर जल का प्रवाह मौसमी हो तो विद्युत उत्पादन सफलतापूर्वक नहीं किया जा सकता।

ऊर्जा बरबाद करना आसान है, पर उनका संरक्षण करना कठिन होता है। हम ऊर्जा की बरबादी को कम करके तथा संसाधनों का अधिक सक्षम उपयोग करके ऊर्जा का संरक्षण कर सकते हैं। सरकार द्वारा सतत अनुदान मिलने के कारण लोग बिजली की बचत के प्रति लापरवाह होते हैं परन्तु यदि इस विद्युत उत्पादन पर आने वाली लागत को वसूला जाय तो इसकी अदायगी कर पाने में कम लोग सक्षम होंगे, जिसके परिणामस्वरूप वे अतिरिक्त विद्युत व्यय पर नियंत्रण रखने का प्रयास करेंगे।

नई प्रौद्योगिकियाँ

वर्तमान युग को वैज्ञानिक एवं प्रौद्योगिकी युग कहा जाता है। पहले की अपेक्षा अब हर कार्य वैज्ञानिक तकनीकी के माध्यम से किया जा रहा है। इससे समय तथा धन दोनों की बचत होती है।

हाइड्रोजन ऊर्जा जिस गति से संसाधनों का उपभोग हो रहा है उसको देखते हुए वैकल्पिक ईंधन के रूप में हाइड्रोजन ऊर्जा का प्रयोग किया जा रहा है। इसको भविष्य के लिए संचित करने के लिए विविध क्षेत्रों पर अनुसंधान कार्य किए जा रहे हैं। हाइड्रोजन ऊर्जा रोड मैप बनाने तथा हाइड्रोजन ऊर्जा पर एक राष्ट्रीय कार्यक्रम के माध्यम से इसके कार्यान्वयन पर नजर रखने एवं नीतियों के निर्माण के लिए एक राष्ट्रीय हाइड्रोजन ऊर्जा बोर्ड का गठन किया गया है। बोर्ड ने राष्ट्रीय हाइड्रोजन ऊर्जा रोड मैप तैयार करने के लिए एक संचालन समूह गठित किया है। संचालन समूह द्वारा तैयार रोडमैप को राष्ट्रीय हाइड्रोजन ऊर्जा बोर्ड ने जनवरी 2006 में हुई अपनी

बैठक में मंजूरी दी। रोड मैप में हाइड्रोजन ऊर्जा प्रौद्योगिकी के विभिन्न क्षेत्रों में अनुसंधान, विकास और प्रदर्शन गतिविधियों को हाथ में लेने पर विचार किया जा रहा है। इसमें देश में 2020 तक हाइड्रोजन ईंधन वाले 10 लाख वाहनों और 1000 मेगावाट क्षमता की हाइड्रोजन आधारित ऊर्जा उत्पादन की कल्पना की गई है। परिवहन (यातायात) में उपयोग तथा विकेंद्रित ऊर्जा उत्पादन के लिए आंतरिक दहन इंजनों में हाइड्रोजन के सीधे इस्तेमाल के साथ ही फ्यूल सेल में हाइड्रोजन के इस्तेमाल को प्रदर्शित किया गया है। हाइड्रोजन पर आधारित छोटे जनरेटर, दुपहिया वाहन और केटालिटिक बर्नरों को विकसित और प्रदर्शित किया गया है जिससे आने वाले समय में इसका वैकल्पिक ऊर्जा के रूप में प्रयोग किया जा सके।

भूतापीय ऊर्जा वैज्ञानिकों के सर्वेक्षण से भूतापीय ऊर्जा के क्षेत्रों का पता चला है। राष्ट्रीय भूगर्भीय अनुसंधान संस्थान हैदराबाद, द्वारा किए गए अध्ययनों में झारखंड के सूरजखंड तथा उत्तराखंड के तपोवन में भूतापीय ऊर्जा की मौजूदगी का पता चला है। लद्दाख में पुगा भूतापीय क्षेत्र में ऊर्जा उत्पादन की क्षमताओं का पता लगाने तथा यहाँ एक विद्युत संयंत्र की स्थापना के लिए सदस्य (योजना) सी ई ए की अध्यक्षता में सितंबर, 2007 में एक विशेषज्ञ समूह का गठन किया गया था। भ्रमण के दौरान इस समूह ने अपनी जाँच रिपोर्ट भारत सरकार को सुपुर्द कर दी।

फ्यूल सेल्स विभिन्न प्रकार के फ्यूल सेलों प्रोटॉन एक्सचेंज मेंब्रेन फ्यूल सेल्स (पी.ई.एम.एफ.सी.), फॉस्फोरिक एसिड फ्यूल सेल्स (पी.ए.एफ.सी.), सॉलिड ऑक्साइड फ्यूल सेल्स (एस.ओ.एफ.सी.), डायरेक्ट मेथनॉल फ्यूल सेल्स (डी.एम.एफ.सी.), डायरेक्ट एथनॉल फ्यूल सेल्स (डी.ई.एफ.सी.) तथा मोल्टेन कार्बोनेट फ्यूल सेल्स (एन.सी.एफ.सी.) के क्षेत्र में अनुसंधान और विकास करने के लिए फ्यूल सेल पावर पैक विकसित कर इसका प्रदर्शन किया।

एक परियोजना के अन्तर्गत भारतीय रासायनिक प्रौद्योगिकी संस्थान, हैदराबाद ने पहले से विकसित 10 किलोवॉट मेथेनॉल रिफार्मर को 10 किलोवॉट के फ्यूल सेल से समन्वित कर 1000 घंटे तक चलाया। संस्थान ने 50 किलोवॉट मेथेनॉल रिफार्मर का विकास कार्य भी पूरा कर लिया है। प्रत्यक्ष अल्कोहल फ्यूल सेल तथा ठोस ऑक्साइड फ्यूल सेल, जो सीधे हाइड्रोकार्बन फीडस्टाक से संचालित होता है, के विकास एवं परीक्षण का काम आईआईटी, दिल्ली को सौंपा गया है। कम लागत वाली सिरेमिक प्रोसेसिंग तकनीक द्वारा उच्च कार्यक्षमता वाले मध्यवर्ती तापमान ठोस ऑक्साइड फ्यूल सेल के विकास की परियोजना इंस्टीट्यूट ऑफ मिनरल्स एंड मैटेरियल्स टेक्नोलॉजी भुवनेश्वर, को सौंपी गई है।

समुद्री ऊर्जा प्रकृति प्रदत्त क्रियाकलापों के अन्तर्गत बहुत सी घटनाएँ घटित होती हैं जैसे ज्वार भाटा, भूकम्प एवं ज्वालामुखी आदि। इन क्रियाओं से भी समुद्री ऊर्जा का उत्पादन होता है। समुद्री ऊर्जा के विभिन्न रूपों में समुद्री लहरें, समुद्री ताप ऊर्जा परिवर्तन, ज्वार और भाटा शामिल हैं। इनमें से ज्वार ऊर्जा को ही मध्यावधि तौर पर विकसित किया जा सकता है। फरवरी, 2008 में पश्चिम बंगाल पुनरोपयोगी ऊर्जा विकास एजेंसी ने पश्चिम बंगाल के सुंदरवन में दुर्गादुआनी क्रीक में 3.75 मेगावाट क्षमता वाली ज्वारीय विद्युत परियोजना स्थापित करने की मंजूरी दे दी है। परियोजना की कुल लागत 48 करोड़ रुपये है। परियोजना लागत का 90 फीसदी खर्च ऊर्जा मंत्रालय तथा 10 फीसदी खर्च राज्य सरकार वहन करेगी। परियोजना 33 महीने में पूरी कर ली जाएगी। परियोजना का मुख्य उद्देश्य पश्चिम बंगाल के दक्षिण 24 परगना जिले में स्थित गोसावा तथा बाली विजयनगर के 11 दूरस्थ गाँवों को जो पिछड़े क्षेत्र हैं एवं जहाँ विद्युत की आपूर्ति नहीं है वहाँ विद्युत आपूर्ति करना है। इस लक्ष्य की पूर्ति के लिए एनएचपीसी को इसकी जिम्मेदारी सौंपी गयी है।

जैव ईंधन विभिन्न अखाद्य वनस्पति तेलों को जैव डीजल में परिवर्तित करने की टेक्नोलॉजी का विकास करने के लिए सरकार इस क्षेत्र में विभिन्न प्रकार के अनुसंधान करके परियोजनाओं के क्रियान्वयन का प्रयास कर रही है। परिवहन क्षेत्र में इन जैव ईंधनों के उपयोग के बारे में संचालनात्मक कार्यक्रम शुरू करने के प्रयास किए जा रहे हैं। मंत्रालय की आर्थिक सहायता से अनेक परियोजनाओं के अन्तर्गत देश में पेट्रोल और डीजल में एथेनॉल मिलाकर उसके परीक्षण की कई योजनाएँ शुरू की गई हैं।

बैटरी चालित वाहन बैटरी चालित वाहनों के लिए उच्चतम क्षमता वाली बैटरियों जैसे, निकिल धातु के हाइड्राइड, लीथियम आयन और लीथियम पोलीमर, इलेक्ट्रोलाइट बैटरियों तथा सुपर कैपिसिटर्स से सम्बन्धित अनुसंधान और विकास परियोजनाओं को सहायता प्रदान की जा रही है। बिजली से चलने वाले स्कूटर को चलाने के लिए विकसित की गई निकिल धातु हाइड्राइड बैटरियों का प्रयोग किया गया। यह प्रयोग दुपहिया वाहन स्कूटर पर किया गया। इससे पेट्रोल की बचत होगी परन्तु बैटरी से ही इसको गति दी जा सकेगी।

विशेष तकनीकी संस्थान

मंत्रालय ने अनुसंधान और विकास सम्बन्धित क्षेत्रों के लिए निम्नलिखित संस्थान खोले हैं

सौर ऊर्जा केंद्र सौर ऊर्जा केंद्र की स्थापना 1982 में सौर ऊर्जा टेक्नॉलाजी के विकास और उसको बढ़ावा देने के लिए गैर-परंपरागत ऊर्जा स्रोत मंत्रालय के अभिन्न अंग के रूप में की गई। केंद्र के मुख्य उद्देश्य निम्नवत् हैं

1. सौर ऊर्जा सामग्रियों, उपकरणों और प्रणालियों के लिए राष्ट्रीय परीक्षण और मानकीकरण केंद्र के रूप में कार्य करना, नई प्रौद्योगिकी का मूल्यांकन, उद्योग और शैक्षिक जगत में अनुसंधान और विकास, सलाहकार और परामर्शदात्री सेवाएँ प्रदान करना, तथा मानव संसाधन विकास पर कार्य और सूचना का प्रसार।
2. अपने अस्तित्व में आने के समय से ही केंद्र सरकार देश में सौर ऊर्जा प्रौद्योगिकी को बढ़ाने में महत्त्वपूर्ण भूमिका निभा रही है। केंद्र तकनीकी समर्थन प्रदान करने, अनुसंधान, विकास, परीक्षण और प्रदर्शन सहित विभिन्न गतिविधियाँ चलाने, प्रशिक्षण तथा सूचना प्रसार के कार्य में मंत्रालय के सौर ऊर्जा समूह के साथ मिलकर काम कर रहा है। केंद्र ने सौर प्रौद्योगिकी पर अनेक राष्ट्रीय मानक तय करने में महत्त्वपूर्ण योगदान दिया है।
3. बड़े आकार (200 सेमी.×200 सेमी.) के सौर फोटोवोल्टीय मॉड्यूल्स (600 मेगावाट क्षमता) के परीक्षण और मूल्यांकन के लिए एसईसी में बड़े क्षेत्र वाले सूर्य उद्दीपक लगाए गए हैं। मैसर्स मोजर बीयर फोटोवोल्टीय लिमिटेड के सहयोग से 1.2 किलोवॉट क्षमता की पीवी कंसंट्रेटर मॉड्यूल टेस्ट बेड सुविधा स्थापित की गई है। भारतीय मौसम विभाग के सहयोग से देश के लिए सौर रेडिएशन आँकड़े तैयार करने के लिए परियोजना चलाई जा रही है। केंद्र के परिसर में स्वचालित 'मौसम स्टेशन' स्थापित करने का काम चल रहा है। आईआईटी, मुंबई के सहयोग से ऊर्जा सचेतन वास्तुशिल्प पर एक हैंडबुक तैयार की गई है।
4. सौर ऊर्जा केन्द्र की अनुसंधान एवं विकास परिसर की स्थापना हरियाणा के गुड़गाँव-फरीदाबाद मार्ग पर की गयी है। परिसर में सौर ताप, सौर फोटोवोल्टीय प्रणाली, उपकरण सिस्टम डिजाइन, इंजीनियरिंग के लिए प्रयोगशाला, सौर बिजली उत्पादन प्रणाली के दीर्घकालीन कामकाज मूल्यांकन की प्रमाणन इकाइयाँ, प्रशिक्षण के लिए सेमिनार हाल, ऑडिटोरियम और कार्यशालाएँ एवं पुनःउपयोग ऊर्जा विषयों के संदर्भ के लिए पुस्तकालय और आगंतुकों के लिए छोटे अतिथि गृह हैं। ये सरकार, संस्थानों, उद्योगों और उपयोगकर्ता संगठनों के प्रभावकारी अंतरापृष्ठ के रूप में कार्य करते हैं।

पवन ऊर्जा प्रौद्योगिकी केंद्र ऊर्जा के विभिन्न स्रोतों में से पवन ऊर्जा भी एक महत्त्वपूर्ण ऊर्जा का स्रोत है। चेन्नई में एक पवन ऊर्जा प्रौद्योगिकी केंद्र (सी-वेट) की स्थापना की गई है। इसका पवन टरबाइन परीक्षण स्टेशन थुथुकुडी, तमिलनाडु के कयाथर जिले में है। सी-वेट का लक्ष्य स्वदेशी पवन उद्योगों को उत्पादों और सेवाओं के निरूपण और व्यावसायीकरण के जरिए अंतर्राष्ट्रीय स्तर पर प्रतिस्पर्धा के योग्य बनाना है ताकि इसे अंतर्राष्ट्रीय मानकों, विनिर्देशन और निष्पादन पैरामीटरों के बराबर लाया जा सके। सी-वेट की पाँच इकाइयाँ इस प्रकार हैं अनुसंधान और विकास, पवन संसाधनों का आकलन, पवन टरबाइन परीक्षण, मानक प्रमाणीकरण और सूचना एवं प्रशिक्षण और व्यावसायिक सेवाएँ।

ये इकाइयाँ पवन बिजली जनरेटरों (डब्ल्यूईजी) की तैनाती के लिए उपयुक्त क्षेत्रों का पता लगाकर समुद्र तट से दूर और तट का उपयोग करते हुए पवन बिजली जनरेटरों के विकास, प्रदर्शन और व्यावसायीकरण के अपने लक्ष्य को ध्यान में रखते हुए समन्वित समाधान की पेशकश करती है। पवन मैपिंग कराने के लिए देश में पवन ऊर्जा के इस्तेमाल की गति को तेज करने और इस क्षेत्र के विस्तार को समर्थन देने के लिए अंतर्राष्ट्रीय मानकों के अनुसार टाइप अनुमोदन परीक्षण करा कर डब्ल्यूईजी का निर्माण और तैनाती सुनिश्चित की जाती है। मैपिंग के क्षेत्र में पवन ऊर्जा का महत्त्वपूर्ण स्थान है। अन्तर्राष्ट्रीय स्तर पर इसका विकास किया जा रहा है।

आईईसी अनुबंधों के अनुसार परीक्षण प्रक्रिया के विकास हेतु छोटे पवन टरबाइन परीक्षण शुरू किए गए हैं। प्रायोगिक सह प्रदर्शन संयंत्र के रूप में सी-वेट परिसर में माइक्रोप्रोसेसर नियंत्रण तथा जीपी आरएस/इंटरनेट के जरिये रिमोट निगरानी के साथ 5 किलोवॉट क्षमता की पवन-सौर-बैटरी-डीजल हाइब्रिड प्रणाली स्थापित की है। भारतीय पवन मानचित्र का कार्य प्रगति पर है। दक्षिणी, मध्य तथा पश्चिमी क्षेत्र (प्रत्येक से पाँच) से 15 स्थानों का अध्ययन कर रिपोर्ट मीजोस्केल मॉडल के मानकीकरण के लिए राइजो नेशनल लेबोरेट्री, डेनमार्क भेजी गई है।

सरदार स्वर्ण सिंह राष्ट्रीय पुनरोपयोगी ऊर्जा संस्थान इस ऊर्जा संस्थान की स्थापना मंत्रालय ने पंजाब के कपूरथला जिले के वडालाकला में सरदार स्वर्ण सिंह राष्ट्रीय पुनरोपयोगी संस्थान के नाम से किया। यह एक स्वायत्तशासी संस्था है। संस्थान जैव ऊर्जा, जैव ईंधन, सिंथेटिक ईंधन के क्षेत्र में अनुसंधान, विकास तथा कार्य प्रदर्शन के कार्य कर रहा है।

प्रचार और जागरूकता पैदा करना नई और पुनरोपयोगी ऊर्जा के बारे में अधिक जागरूकता पैदा करने की पहल की गई है ताकि ग्रामीण और शहरी क्षेत्रों, औद्योगिक और व्यावसायिक क्षेत्रों में इसे अधिक लोग अपना सकें।

राजीव गाँधी अक्षय ऊर्जा दिवस अक्षय ऊर्जा का क्रियान्वयन 20 अगस्त को पूर्व प्रधानमन्त्री राजीव गाँधी के जन्म दिवस के रूप में मनाया जाता है। इसी दिन राष्ट्रीय, राज्यीय, जनपद, विकासखण्ड एवं ग्रामीण स्तर पर जन जागरूकता कार्यक्रम आयोजन किए जाते हैं। इनमें विशाल रैलियों, मानव शृंखला बनाना, निबंध लेखन, क्विज, स्लोगन लेखन, चित्रकला प्रतियोगिता, वाद-विवाद एवं संगोष्ठियों का आयोजन किया जाता है। देशभर में 50 लाख से ज्यादा बच्चे इन कार्यक्रमों में भाग लेते हैं। इस कार्यक्रम के क्रियान्वयन से लोगों को ज्ञान मिलेगा तथा जागरूकता बढ़ेगी।

वर्ष 2007 में राजीव गाँधी अक्षय ऊर्जा दिवस का राष्ट्रीय समारोह हैदराबाद में आयोजित किया गया। आंध्र प्रदेश के मुख्यमंत्री डॉ. वाई.एस. राजशेखर रेड्डी ने लगभग नौ हजार विद्यार्थियों को तथा अन्य भागीदारों को नवीकरण ऊर्जा की शपथ दिलाई। इस अवसर पर मैराथन, निबंध प्रतियोगिता, पेंटिंग तथा अन्य प्रतियोगिताओं का भी आयोजन किया गया और डॉ. रेड्डी ने स्वयं अपने हाथों से विजेताओं को पुरस्कृत किया। पूरे देश में राजीव गाँधी राष्ट्रीय अक्षय ऊर्जा दिवस कार्यक्रम 2008 का आयोजन पंचकुला, हरियाणा में किया गया। हरियाणा के मुख्यमंत्री ने चंडीगढ़, मोहाली तथा पंचकुला के 18,000 विद्यार्थियों को नवीकरण ऊर्जा शपथ दिलाई। इस अवसर पर अक्षय ऊर्जा अर्द्ध मैराथन (21 किमी.), नवीकरण ऊर्जा रैली, बैटरी चालित वाहनों की रैली तथा नवीकरण ऊर्जा संदेश के पैराटापर्स द्वारा स्काईडाइविंग प्रदर्शन का आयोजन किया गया।

इस अवसर पर एक प्रदर्शनी का भी आयोजन किया गया, जिसमें नवीकरणीय ऊर्जा प्रणाली तथा उपकरणों के 30 निर्माताओं ने भाग लिया और नवीकरणीय प्रणालियों तथा उपकरणों का प्रदर्शन किया गया। नवीकरणीय ऊर्जा पर विद्यालयों में स्लोगन लेख तथा पेंटिंग प्रतियोगिता का भी आयोजन किया गया। दिल्ली में राष्ट्रीय बाल भवन में राज्य स्तरीय सम्मेलन का आयोजन किया गया। इसमें 3000 विद्यार्थियों, अनेक विद्यालयों तथा सैकड़ों कॉलेज विद्यार्थियों ने भाग लिया। अन्य राज्यों तथा केंद्रशासित प्रदेशों में भी राज्य स्तरीय सम्मेलन का आयोजन किया गया। भारत के सभी जिलों में हिन्दी, अंग्रेजी तथा अखिल भारतीय प्रश्नोत्तरी का विशेष दिवस के रूप में संचार हो रहा है। ग्यारहवीं तथा बारहवीं के विद्यार्थियों के लिए क्षेत्रीय भाषाओं (कन्नड़, तमिल, मराठी तथा बंगाली) में राज्य स्तरीय प्रश्नोत्तरी प्रतियोगिताओं का शुभारंभ किया गया।

जिला सलाहकार समितियाँ अक्षय ऊर्जा को प्रभावी बनाने के लिए प्रत्येक जिले में जिला सलाहकार समितियाँ (डीएसी) गठित की गई हैं। जिला स्तर पर

पुनरोपयोगी ऊर्जा के प्रति जागरूकता पैदा करने के लिए गठित इन समितियों का अध्यक्ष कलेक्टर/उपायुक्त होता है। देश में अब तक 540 समितियाँ गठित की जा चुकी हैं। इन्होंने पुनरोपयोगी ऊर्जा के इस्तेमाल को बढ़ावा दिया है। अन्य लोगों के अलावा जिला अधिकारी, सांसदों के प्रतिनिधि, डॉक्टर, इंजीनियर, वकील, गैर सरकारी संगठनों के प्रतिनिधि, रोटरी/लायन्स क्लब डीएसी के सदस्य होते हैं, इनमें से 6 महिलाएँ होनी चाहिएँ। इन समितियों की हर तिमाही में बैठक होनी चाहिए। इन समितियों से निचले स्तर पर प्रभावकारी पुनरोपयोगी ऊर्जा संवर्धन नेटवर्क का गठन होता है। अक्षय ऊर्जा को सभी क्षेत्रों में पहुँचाने के लिए सरकार प्रयासरत है, जिससे पिछड़े क्षेत्रों के लोग इसका लाभ उठा सकें।

विशेष क्षेत्र प्रदर्शन कार्यक्रम विशेष क्षेत्र प्रदर्शन कार्यक्रम का उद्देश्य देश के सभी भागों में अक्षय ऊर्जा/गैर-परंपरागत ऊर्जा व्यवस्था और तंत्रों का प्रदर्शन करना है, ताकि लोगों में इस विषय की चेतना फैले और छात्रों, अध्यापकों एवं जनता में इसका प्रचार हो। 31 मार्च 2008 तक 27 राज्य स्तर के तथा 477 जिला स्तर के ऊर्जा पार्क स्थापित किए जा चुके थे।

अक्षय ऊर्जा दुकानें सरकार इसको प्रभावशाली बनाने के लिए दूर-दराज के क्षेत्रों में जगह-जगह दुकानें स्थापित कर रही है, जिससे सभी लोग इससे लाभान्वित हों। इससे ये व्यवस्थाएँ/उपकरण सर्वत्र आसानी से उपलब्ध होंगे और उनकी मरम्मत, रख-रखाव संबंधी समस्याओं का भी समाधान हो सकेगा। आशा है कि इन दुकानों की स्थापना और अन्य संबंधित पहलों के बाद जनता भोजन पकाने, रोशनी करने और चालन शक्ति की ऊर्जा संबंधी जरूरतों के लिए बड़े पैमाने पर अक्षय ऊर्जा टेक्नोलॉजी को अपनाने लगेगी। इन दुकानों पर सौर फोटोवोल्टीय सिस्टम/उपकरण यानी सड़क की बत्तियों की नियंत्रण व्यवस्था, सड़कों/सार्वजनिक बगीचों की रोशनी, रोशनीकृत होर्डिंग, रोड स्टैंड, ब्लिंकर, ट्रैफिक सिग्नल, वीआईपीवी सिस्टम और पावर पैक आदि इन दुकानों पर उपलब्ध कराए गए हैं। अक्षय ऊर्जा के यंत्रों व उपकरणों को बढ़ावा देने के अलावा ये दुकानें इन यंत्रों/उपकरणों के इस्तेमाल से होने वाले लाभ की चेतना फैलाती हैं। ग्रामीण क्षेत्रों तथा नगरों में इस ऊर्जा का प्रचार-प्रसार किया जा रहा है। सरकार के अथक प्रयास के बाद अभी तक मात्र 269 अक्षय ऊर्जा की दुकानें प्रारम्भ की जा सकी हैं।

जन जागरूकता से संबंधित कार्यक्रम निम्नलिखित हैं

1. विभिन्न एआईसीईटीई द्वारा अनुमोदित इंजीनियरिंग कॉलेजों तथा अन्य तकनीकी संस्थानों में 521 नवीकरणीय ऊर्जा क्लबों की स्थापना की गई।

2. टीईआरआई के सहयोग से डी डी न्यूज पर नवीकरणीय ऊर्जा पर दस एपिसोड के कार्यक्रम 'टीराव्यू' का प्रसारण किया गया।
3. नवीकरणीय ऊर्जा प्रणाली और उपकरणों के प्रदर्शन के लिए सौ प्रदर्शनियों तथा 150 चल प्रदर्शनियों का आयोजन किया गया।
4. असम, गुजरात, आंध्र प्रदेश तथा केरल में नवीकरणीय ऊर्जा प्रश्नोत्तरी प्रतियोगिता का आयोजन किया गया।
5. अक्षय ऊर्जा की स्थापना के 25 वर्ष उपरान्त मंत्रालय ने 22 नवंबर 2007 को इसके उपलक्ष में रजत जयंती सभा प्रारम्भ की। इस अवसर पर राष्ट्रपति श्रीमती प्रतिभा देवीसिंह पाटिल ने नवीकरणीय ऊर्जा पर चार स्मारक डाक टिकट जारी किए, मंत्रालय की नई वेबसाइट का शुभारंभ किया, 'भारत में नवीकरणीय ऊर्जा के 25 वर्ष' शीर्षक से एक सार-संग्रह जारी किया तथा राज्य नोडल एजेंसियों, बैंकों और निर्माताओं को इस क्षेत्र में अच्छे कार्य करने के लिए एक पुरस्कार का सृजन किया गया जिसका नाम नवीकरणीय ऊर्जा पुरस्कार रखा गया।
6. नवीकरणीय ऊर्जा पर दो रेडियो कार्यक्रमों 'नई दिशाएँ नई आशाएँ' तथा 'रोशन रहे जमाना' का प्रसारण आकाशवाणी तथा हिंदी सहित 17 क्षेत्रीय भाषाओं में एफएम के 16 स्टेशनों द्वारा किया गया।
7. मीडिया के लोगों को नवीकरणीय ऊर्जा के क्षेत्र में हुई प्रगति से अवगत कराने के लिए गुड़गाँव में राज्य स्तरीय ऊर्जा पार्क तथा सौर ऊर्जा केंद्र में मीडिया दौरे का आयोजन किया गया।
8. लखनऊ, भुवनेश्वर, जयपुर तथा हैदराबाद में जिला परामर्श समिति के सदस्यों के लिए चार प्रशिक्षण कार्यक्रम का आयोजन किया गया।
9. 14-27 नवंबर, 2007 को प्रगति मैदान में आयोजित अंतर्राष्ट्रीय व्यापार मेला, 2007 के दौरान एक प्रदर्शनी लगाई गई। इसमें देशभर के निर्माताओं द्वारा नवीकरणीय ऊर्जा उपकरणों जैसे, सौर कुकर, सौर वाटर हीटर, सौर लालटेन, सौर इनवर्टर, सौर वाटर पंप, सौर गार्डन लाइट, सौर टार्च, सौर ऊर्जा से जलने वाली स्ट्रीट तथा घरेलू लाइट का प्रदर्शन किया गया।

दैनिक जीवन में ऊर्जा संरक्षण

दैनिक जीवन में ऊर्जा का अत्याधिक महत्त्व है। मानव का कोई भी कार्य पूर्णतः ऊर्जा बिना असंभव है। कोई भी देश ऊर्जा की समुचित व्यवस्था किए बिना

विकास नहीं कर सकता। इसलिए आवश्यकता इस बात की है कि ऊर्जा का समुचित संरक्षण किया जाए ताकि देश का विकास सुनिश्चित हो सके।

ऊर्जा संरक्षण के कुछ महत्त्वपूर्ण उपाय यहाँ दिये जा रहे हैं

(1) रसोईघर कुछ आसान ईंधन बचाने वाली युक्तियाँ अपनाकर 30 प्रतिशत तक खाना पकाने की गैस या कैरोसीन तेल बचाया जा सकता है। जैसे

1. भोजन पकाने से पहले योजना बनाएँ। जरूरत की सभी चीजें स्टोव या चूल्हा जलाने से पहले अपने पास रखें। इससे अनावश्यक जल रही लौ व्यर्थ नहीं जाएगी।
2. भोजन बनाने हेतु सदैव प्रेशर कूकर का प्रयोग करें। इससे भरपूर ऊर्जा की बचत होती है।
3. व्यंजन बनाते समय, व्यंजन में पानी की मात्रा आवश्यकतानुसार ही डालें। अधिक पानी के प्रयोग से ईंधन की बरबादी होती है।
4. स्टोव या चूल्हे पर रखा खाना जब उबलना शुरू हो जाय, तो आग की लौ कम कर दें।
5. चना, राजमा, दाल, चावल बनाने हेतु कुछ निर्धारित सीमा के लिए भीगो दें फिर भोजन पकायें। इससे ऊर्जा की पर्याप्त बचत होती है।
6. गैस स्टोव में एक बड़ा और एक छोटा बर्नर होता है। बड़े बर्नर की तुलना में छोटे बर्नर से 6 से 10% अधिक गैस लगती है। अतः जहाँ तक संभव हो, छोटे बर्नर का प्रयोग करें। इसी प्रकार कैरोसीन स्टोव से धीमी आँच पर पकाने से इ ंधन की बचत होती है। यद्यपि खाना पकाने में थोड़ा अधिक समय लगता है।
7. भोजन बनाते समय कड़ाही को बर्तन से ढककर पकायें, इससे भोजन जल्द ही पक जाता है।
8. खाना पकाने के बर्तन अच्छी तरह मलकर साफ करें।
9. गैस स्टोव के बर्नर नियमित रूप से साफ करें और कैरोसिन स्टोव की बत्तियाँ नियमित रूप से काटें।
10. उत्तम किस्म का गैस स्टोव या बत्तियों वाला स्टोव प्रयोग करें।
11. यदि आप लकड़ी जलाते हैं तो उन्नतशील या धुआँ रहित चूल्हे का प्रयोग करें।
12. अगर भोजन को खुले स्थानों पर पकाया जाना हो तो निर्मित चूल्हे का प्रयोग करें। इससे समुचित ऊर्जा की बचत होती है।

13. ग्रामीण किसानों के लिए बायो गैस संयंत्र ईंधन की बचत का एक उत्तम साधन है। घरेलू उपयोग के लिए 2 घनमीटर संयंत्र पर्याप्त होता है।

(2) घरेलू विद्युत संरक्षण अक्सर बिजली की खपत घरों में ज्यादा होती है, अतः हम निम्न प्रकार से घरेलू विद्युत की बचत कर सकते हैं

1. घरों में प्राकृतिक प्रकाश की पर्याप्त होनी चाहिए, जिससे दिन में विद्युत प्रकाश की आवश्यकता न हो। रसोई प्रायः खुली हो और कम से कम प्रकश की आवश्यकता हो।
2. जरूरत पड़ने पर ही पंखे, हीटर, बल्ब आदि का प्रयोग करें एवम् प्रयोग कर लेने के पश्चात् तुरंत बंद कर दें।
3. रोशनी के बल्ब के स्थान पर सी. एफ. एल. बल्ब, फ्लोरोसैंट ट्यूब प्रयोग करने से बिजली की बचत की जा सकती है।
4. बिजली को लीक होने से बचाएँ। इसके लिए उचित तार, कनैक्शन तथा फ्यूजों का प्रयोग करें।

(3) कारखानों में विद्युत संरक्षण समस्त कारखानों एवम् उद्योगों के लिए ऊर्जा अति आवश्यक है। इसके लिए ऊर्जा-विशेषज्ञ की सलाह लें। विभिन्न कार्यों के सर्वेक्षण, संरक्षण तथा पुनः निरीक्षण से 30 से 40% तक ऊर्जा की बचत की जा सकती है। कृषि पर आधारित उद्योगों में सह-उत्पादकों का प्रयोग कर ऊर्जा बचाई जा सकती है।

11

सौर ऊर्जा का सबसे बड़ा बाज़ार बनता भारत

भारत सौर ऊर्जा का सबसे बड़ा बाज़ार बन सकता है। अब भी देश के तीस करोड़ लोग बिजली से वंचित हैं। विशषज्ञों का कहना है कि अगर भारत में सौर ऊर्जा का इस्तेमाल बढ़ाया जा सके तो इससे जीडीपी दर भी बढ़ेगी और भारत सुपर पावर बनने की राह पर भी आगे बढ़ सकेगा। दूसरी ओर सरकार का दावा है कि अगले तीन साल मे देश में सौर ऊर्जा का उत्पादन बढ़ कर 20 हजार मेगावाट हो जाएगा। वर्ष 2035 तक देश में सौर ऊर्जा की मांग सात गुनी बढ़ने की संभावना है। इस क्षेत्र में अपार संभावनाओं को देखते हुए अब विदेशी कम्पनियों की निगाहें भी भारत पर हैं।

भारत में ऊर्जा के इस्तेमाल की वर्तमान स्थिति

भारत की लगभग 70 प्रतिशत आबादी ग्रामीण क्षेत्रों में निवास करती है। अब तक हमारे देश के 21 प्रतिशत गाँवो तथा 50 प्रतिशत ग्रामीण परिवारों तक बिजली नहीं पहुँच पाई है। वर्तमान विकास की गति को बरकरार रखने के लिए ग्रामीण ऊर्जा की उपलब्धता को सुनिश्चित करना हमारी सबसे महत्वपूर्ण चुनौती है।

ग्रामीण और शहरी क्षेत्रों के बीच प्रति व्यक्ति ऊर्जा की खपत में काफी अंतर है। उदाहरण के लिए 75 प्रतिशत ग्रामीण परिवार रसोई के ईंधन के लिए लकड़ी पर 10 प्रतिशत गोबर की उपालियों पर और लगभग 5 प्रतिशत रसोई गैस पर निर्भर हैं। जबकि इसके विपरीत शहरी क्षेत्रों में खाना पकाने के लिए 22 प्रतिशत परिवार लकड़ी पर अन्य 22 प्रतिशत केरोसिन पर तथा लगभग 44 प्रतिशत परिवार रसोई ग ।स पर निर्भर हैं। घर में प्रकाश के लिए 50 प्रतिशत ग्रामीण परिवार केरोसिन पर तथा अन्य 48 प्रतिशत बिजली पर निर्भर हैं। जबकि शहरी क्षेत्रों में इसी कार्य के लिए 89 प्रतिशत परिवार बिजली पर तथा अन्य 10 प्रतिशत परिवार केरोसिन पर निर्भर हैं। ग्रामीण महिलाएँ अपने उत्पादक समय में से लगभग चार घंटे का समय रसोई के लिए लकड़ी चुनने और खाना बनाने में व्यतीत करती हैं लेकिन उनके इस श्रम के आर्थिक मूल्य को मान्यता नहीं दी जाती।

देश के विकास के लिए ऊर्जा की उपलब्धता एक आवश्यक पूर्व शर्त्त है। खाना पकाने, पानी की सफाई, कृषि, शिक्षा, परिवहन, रोज़गार सृजन एंव पर्यावरण को बचाये रखने जैसे रखने जैसे दैनिक गतिविधियों में ऊर्जा महत्वपूर्ण भूमिका निभाती है।

ग्रातीण क्षेत्रों में उपयोग होने वाले लगभग 80 प्रतिशत ऊर्जा बायोमास से उत्पन्न होता है। इससे गाँव में पहले से बिगड़ रही वनस्पति की स्थिति पर और दबाव बढ़ता जा रहा है। गैर उन्नत चूल्हा, लकड़ी इकट्ठा करने वाली महिलाएँ एंव बच्चों की कठिनाई को और अधिक बढ़ा देती है। सबसे अधिक, खाना पकाते समय इन घरेलू चूल्हे से निकलने वाला धुंआँ महिलाओं और बच्चों के श्वसन तंत्र को काफी हद तक प्रभावित करता है।

कामयाबी

केंद्रीय ऊर्जा मंत्री पीयूष गोयल आंकड़ों के हवाले से बताते हैं कि बीते तीन साल में भारत में सौर ऊर्जा का उत्पादन अपनी स्थापित क्षमता से चार गुना बढ़ कर 10 हजार मेगावाट पार कर गया है। यह फिलहाल देश में बिजली उत्पादन की स्थापित क्षमता का 16 फीसदी है। गोयल कहते हैं। ''सरकार का लक्ष्य इसे बढ़ा कर स्थापित क्षमता का 60 फीसदी करना है। बीते तीन साल में ऊर्जा क्षेत्र की तस्वीर बदल गई है।'' वह कहते हैं कि देश धीरे धीरे हरित ऊर्जा के क्षेत्र में आत्मनिर्भरता की ओर बढ़ रहा है। सरकार की दलील है कि सौर ऊर्जा की लागत में कमी आने की वजह से अब यह ताप बिजली से मुकाबले की स्थिति में है।

ऊर्जा विशषज्ञ भी गोयल की बातों से सहमत हैं। मुंबई स्थित इंस्टीट्यूट ऑफ केमिकल टेक्नॉलजी के वाइस चांसलर जीडी यादव कहते हैं, "अर्थव्यवस्था मजबूत होने और जीडीपी की विकास दर 9.5 फीसदी होने पर भारत सुपर पावर बन सकता है। लेकिन इसके लिए सौर ऊर्जा के इस्तेमाल को बड़े पैमाने पर बढावा देना होगा। बेहतर भविष्य में इसका योगदान बेहद अहम है।" नेशनल एनवायरनमेंट इंजीनियरिंग रिसर्च इंस्टीट्यूट की ओर से सौर ऊर्जा पर आयोजित एक राष्ट्रीय सेमिनार में यादव ने कहा कि आबादी और आय ऊर्जा की मांग बढ़ने की अहम वजहें हैं। वह कहते हैं, "वर्ष 2040 तक भारत आबादी के मामले में चीन को पीछे छोड़ सकता है। भविष्य की इस मांग को सौर ऊर्जा से पूरा करने की दिशा में ठोस प्रयास होने चाहिए।"

सलाहकार फर्म ए टी केरनी लिमिटेड के पार्टनर अभिषेक पोद्दार कहते हैं, "सोलर मॉड्यूल की कीमत घटने से सौर ऊर्जा की दरें भी कम हुई हैं। इस वर्ष मांग के मुकाबले आपूर्ति बढ़ने की वजह से मॉड्यूल की कीमतों में औश्र गिरावट की उम्मीद है।

भारत में सौर ऊर्जा संचालित कृषि उपकरण

सौर ऊर्जा एक वैकल्पिक नवीकरणीय ऊर्जा है जो कम लागत औश्र अपनी उच्च क्षमता की वजह से तेजी से मुख्य धारा का विकल्प बनती जा रही है। सौर ऊर्जा के जरिए कार्य सीलों एंव घरों के उपयोग के लिए विधुत उत्पादन के साथ साथ सौर ऊर्जा के इस्तेमाल से हम विधुत चालित ड्रायर, कुकर, भट्टी, रेफ्रीजरेटर और एसी भी चला सकते हैं। कृषि कार्यों में भी सौर ऊर्जा के इस्तेमाल में बढ़ोतरी हो रही है जो भारत में परंपरागत तौर पर भारी मात्रा में बिजली की खपत की वजह है।

सौर ऊर्जा तकनीक कृषकीय उपकरणों के लिए एक बेहतर विकल्प हो सकता है। सोलर फोटोवोल्टीक सेल सूर्य से प्राप्त प्रकाश ऊर्जा को सीधे विधुत ऊर्जा में तब्दील करता है। संकेंद्रित सौर ऊर्जा सीएसपी प्रणाली रूपांतरण प्रक्रिया के लिए अप्रत्यक्ष विधि का प्रयोग करता है। एसपीवी और सीएसपी के अलावा डाय-सेन्सेटाइज्ड सोलर सेल, ल्युमिन्सिकेंट सोलर कंसेंट्रेटर, बायो हाइब्रिड सोलर सेल, फोटोन इनहैंस्ड थरमाइयोनिक इमिशन सिस्टम जैसी कुछ अन्य नई तकनीक भी हैं। इन सभी उपकरणों का छोटे स्तर पर भी उत्पादन किया जा सकता है। ये आकार में छोटे होते हैं जो इन्हें आसानी से कृषि कार्यों में उपयोग के लायक बनाता है।

सौर खेती

सौर खेती में कृषि या खेती के उपकरणो के लिए सौर ऊर्जा जनित विधुत का इस्तेमाल किया जाता है। यह सरल, कम लागत वाली, विश्वसनीय और लंबे समय तक इस्तेमाल किए जाने लायक होते हैं। अधिकांश कृषि उपकरण जैसे ट्रैक्टर, सिंचाई प्रणाली, रोटेटर, रोलर, प्लांटर, स्प्रेयर, ब्रॉडकास्ट सीडर आदि या तो बैटरी पर या पेट्रोलियम ईंधन पर काम करते हैं। सौर खेती में बैटरी ऊर्जा को सौर ऊर्जा से सींनांतरित कर दिया जाता है ताकि ग्रीड पावर और गैर-नवीनकरणीय स्त्रोतें से प्राप्त ऊर्जा का उपयोग कम किया जा सके। भारत में सौर ऊर्जा के जरिए इस्तेमाल किए जा रहे कृषि उपकरणों की सूची इस प्रकार है।

सोलर वॉटर प्रणाली

सोलर फोटोवोल्टेक वाटर पंप सिस्टम में एक सोलर पैनर, एक ऑन - ऑफ स्वीच, नियंत्रित और ट्रैकिंग प्रणाली और एक मोटर पंप होता है। ये प्रणाली सौर ऊर्जा को विधुत धारा में परिवर्तित करने के लिए अनिवार्य तौर पर एसपीवी सेल का इस्तेमाल करता है। एसपीवी सेल की सारणी क्षमता विभिन्न जल स्त्रोतों जैसे बोरवेल, कुआं, बांध, जलाशयों, नहरों की जरूरतों के मुताबिक दो सौ वॉट से पांच किलो वॉट तक हो सकती है। उपयुक्त सोलर पंप के चुनाव के लिए प्रतिदिन पानी की जरूरत, जल स्त्रोत और उनकी भौगोलिक अवस्थिति जैसी आवश्यकताओं को ध्यान में रखा जाना चाहिए। यद्र्यपि इसका संचालन अन्य पंप प्रणाली जैसा ही होता है तथापि सौर विकिरण की तीव्रता, स्थान, मौसम आदि के आधार पर अवधि और कितनी मात्रा में पानी खिंचा जाना है, ये भिन्न हो सकता है। एक हजार वॉट क्षमता वाली सौर पंप चालीस हजार लीटर पानी प्रति दिन के हिसाब से दो एकड़ भूमि की सिंचाई कर सकती है। पांच हार्स पॉवर की क्षमता वाली सौर पंप की कीमत तकरीबन 4,39,000 रुपये है। भारत के कुछ राज्यों में सौर ऊर्जा को बढ़ावा देने के लिए किसानों को अस्सी फीसदी तक सब्सिडी दिया जाता है। कई निर्माता मसलन किर्लोस्कर , स्नेडर इलेक्ट्रिक, टाटा सोलर आदि भारत में कई प्रकार के सोलर पंप बेचते हैं।

सौर पंप में कम बिजली की जरूरत पड़ती है और इस पर कम लागत आती है क्योंकि इसके संचालन के लिए मंहगे डीजल की आवश्यकता नहीं पड़ती है। एक हजार वॉट क्षमता की सौर पंप पर डीजल पंप की तुलना में सलाना तकरीबन

45 हजार रुपये तक की बचत होती है। पर्यावरण पर इसका असर भी तकरीबन न्युनतम है।

सोलर ड्रायर

सोलर डीहाइड्रेटर या सोलर ड्रायर का इस्तेमाल करके अनाज को मंडी में भेजने से पहले सुखाया जाता है। इन ड्रायर में आम तौर पर ऊर्जा पैदा करने के लिए निष्क्रिय सौर पैनलों का उपयोग किया जाता है। एक बड़े सोलर ड्रायर में आम तौर पर एक शेड के बने होते हैं जिसमें अनाज को सुखाने के लिए एक रैक और एक सोलर पैनल होता है। एक पंखे से जब शेड के जरिए गर्म हवा चलाया जाता है तब इस पर अनाज सूखते हैं। घरेलु इस्तेमाल के लिए छोटे सोलर ड्रायर पर सब्जी, फल, मसाले आदि जल्दी खराब होने वाले नम प्रसंस्कृत खाद्‍य सामग्री जैसे आलू चिप्स, पत्तियों वाली सब्जियां आदि बगैर गंदा किए सुखाए जा सकते हैं। मजबूत परिसंचरण सोलर ड्रायर सोलर कलेक्टर का प्रयोग करती है ताकि हवा का परिसंचरण तेज किया जा सके। इस तरह के ड्रायर में सोलर एयर हीटर, एक इलेक्ट्रीक ब्लोअर, नलिकाओं को जोड़ने वाला, सुखाने के लिए एक चैंबर, हवा के तापमान और उसके बहाव को नियंत्रित करने के लिए एक कंट्रोल प्रणाली लगे होते हैं। इस तरह के ड्रायर का इस्तेमाल उच्च क्षमता वाले उतपाद को सुखाने के लिए किया जाता है।

नेचुरल कन्वेक्शन सोलर टनल ड्रायर एक और प्रकार है जिसका इस्तेमाल उच्च नमी वाले थोक सामग्रियों को सुखाने के लिए किया जा सकता है। इस तरह के ड्रायर में एक्जोस्ट फेन टनल के अंत में उपरी सीरे पर होता है जिससे नम हवा बाहर फेंका जा सके। ड्रायर के सतह और उपरी हिस्से पर पर्याप्त इन्सुलेशन सुनिश्चि किया जाता है ताकि उष्मा के क्षय को रोका जा सके। भारत में विभिन्न कंपनियां इस तरह के ड्रायर पंद्रह हजार रुपये से बीस हजार रुपये के रेंज में उपलब्ध कराते हैं। अन्य सौर उपकरणों की तरह ड्रायर्स पर भी सब्सिडी दिया जाता है।

सौर ग्रीन हाउस

सौर ग्रीन हाउस गर्म करने और इन्सुलेशन प्रदान करने के लिए सौर ऊर्जा का अधिकतम उपयोग करती है। विशष सोलर ग्रीन हाउस बादल भरे मौसम के लिए या रात्री में उपयोग करने के लिए ऊर्जा का संचय करके रख सकती है। ठंडे मौसम में अतिरिक्त इन्सुलेशन के लिए इनमें सौर ऊर्जा के संचय के लिए एसपीवी सेल

का इस्तेमाल किया जाता है। एक अन्य समाधान के तहत सालों भर सब्जियों उत्पादन बनाए रखने के लिए ऑफ सीजन के दौरान सौर ऊर्जा के जरिए गर्म किए गए पानी के टंकी का इस्तेमाल उष्मा के संचरण के लिए किया जाता है। सोलर तकनीक के इस्तेमाल से चलाए जाने वाले इस तरह के ग्रीन हाउस लद्दाख मे तीस हजार रुपये तक की लागत से बनाए जा सकते हैं।

गर्म मौसम में सौर ग्रीन हाउस का कुछ खास फसलों के लिए आवश्यक एक कूलर जोन बनाने के लिए इस्तेमाल किया जा सकता है। एसपीवी सेल से चलने वाले कुलिंग पंप ग्रीन हाउस के उपर या दोनों किनारे में से किसी एक जगह पर लगाया जा सकता है। ग्रीन हाउस में वेंटिलेशन (संवहन) भी आवश्यक है ताकि सोखने की प्रक्रिया के दौरान आद्रता को कम करने और बाहर से ताज़ी हवा को अन्दर लाने की व्यवस्था हो। इस तरह की वेंटिलेशन (संवहन) व्यवस्था के लिए सौर ऊर्जा का इस्तेमाल किया जा सकता है। सूरज से प्राप्त प्राकृतिक संवहन और गर्मी का उपयोग करने के लिए सामान्य झरोखे भी एक विकल्प है और सौर ऊर्जा से संचालित एक्जोस्ट फैन एक दूसरा विकल्प है।

सौर बिजली की बाड़

सौर ऊर्जा से संचालित बिजली की बाड़ बड़े खेतों या पशुपालकों के बड़े फार्मो के लिए बेहद प्रभावकारी है। इस तरह के बाड़े में एसपीवी यूनिट और 12 वोल्ट की बैटरी जिसका इस्तेमाल ऊर्जा के स्त्रोत के लिए किया जाता है, एक इंनरजाइज़र जो 0.9 सेकेंड से 1.2 सेकेंड के अंतराल में उच्च वोल्टेज के आवेग (8 किलोवाट) उत्पन्न करता है, लगे होते हैं। ये आवेग 10 एम ए का करंट उत्पन्न करता है जो कुछ सेकेंडों के लिए बिजली के झटके दे सकता है। बैटरियों को रेडिमेड फेंस चार्जर की मदद से दुबारा चार्ज किया जा सकता है। बैटरी से चलने वाले सौर बाड़ की लागत प्रति एकड़ 45 हजार से 50 हजार रुपये तक आती है। देश के कुछ अन्य इलाके में स्थनीय उपकरणों के सहारे इसके सस्ते संस्करण भी बनाए जाते है जियकी कीमत दस हजार रुपये से 25 हजार रुपये तक आती है।

सौर ऊर्जा चालित दूध दुहने की मशीन

डीज़ल और बिजली से चलने वाली मशीन की जगह पर सौर ऊर्जा से संचालित गाय की दूध दुहने वाली मशीन एक और अन्वेषण है। इस मशीन को एसपीवी माड्यूल

से जुड़े बैटरियों से चलाया जाता है। बैटरी बैकअप औश्र सोलर पैनल के साथ इस तरह के मशीन की कीमत 70 हजार रुपये तक है। इस तरह के मशीनो पर कर्नाटक जैसे कुछ राज्यों में 50 फ़ीसदी तक सब्सिडी प्रदान की जाती है। ये दूध दुहने वाले मैन्युअल मशीनें हैं जिन्हें सौर ऊर्जा के जरिए या हाथों से भी चलाया जा सकता है।

घास काटने की सौर मशीन ट्रैक्टर

सौर ऊर्जा से चलने वाली घास काटने की मशीन कोर्डलैउ और रिचार्जेबल बैटरी के विकल्पों के साथ उपलब्ध है। ये मशीनें जहरीली धुऐं का उत्सर्जन नहीं करते हैं चलाने के लिए उनमें बार-बार ईंधन भरने की जरूरत नहीं है। इनको चलाने के लिए सौर ऊर्जा से संचालित बैटरी चार्जर को केवल कुछ घंटों तक चार्ज करना पड़ता है। डीजल से चलने वाले या बिजली से चलने वाले घास काटने की मशीन को भी सौर ऊर्जा से चलने वाली मशीन में तब्दील किया जा सकता है।

इसी तरह ट्रैक्टर या बुराई की मशीन भी उपलब्ध है जिसके उपर में सौर पैनल लगे होते हैं। सौर ऊर्जा से चलने वाले ट्रैक्टर बुआई और कटाई जैसे महत्वपूर्ण कार्य भी आसानी से कर सकते हैं। इस पर पारंपरिक ट्रैक्टरों के मुकाबले कम खर्च आता है। हालांकि ये तकनिक अभी भारत में नई है और कुछ ही जगहों पर पारंपरिक ट्रैक्टरों के साथ इस्तेमाल किया जा रहा है। हो सकता है आने वाले दशक में हम पूरी तरह से सौर ऊर्जा से चलने वाले कृषि उपकरण देख सकें। इलेक्ट्रानिक सेंसर की मदद से मिट्टी की नमी जांचने, वर्षा के निर्धारण और सीान विशेष के लिए मौसम के आंकड़े जुटाने को भी सौर ऊर्जा के साथ चलाया जा सकता है। इसके दूर से ऑपरेट करने के लिए भी तैयार किया जा सकता है।

सौर कृषि के फायदे

इसलिए सौर खेता न केवल पर्यापरण अनुकूल है बल्कि यह विश्वसनीय और लागत प्रभावी भी है। इनकी बनावट की वजह से इनके रखरखाव का खर्च भी कम है। भारत सरकार भी सौर ऊर्जा से चलने वाली कृषि उपकरणों पर सब्सिडी देकर और इसके लिए किसानों को ऋण उपलब्ध कराकर इसके लिए प्रोत्साहित कर रही है। कृषि विशेषज्ञ भी किसानों को सौर ऊर्जा के बारे में निर्देश देकर प्रोत्साहित कर रही हैं। ज़ाहिर है अब समय आ गया है जब भारत की खेती को सौर ऊर्जा के लिए तैयार किया जा सके।

विदेशीनिगाहें

दुनिया में अमेरिका और चीन के बाद बिजली की खपत वाले तीसरे बड़े देश भारत ने वर्ष 2022 तक 175 गीगावॉट हरित ऊर्जा के उत्पादन का लक्ष्य तय किया है। इसमें सौर ऊर्जा का हिस्सा सौ गीगावॉट होगा। यही वजह है कि अब विदेशी कम्पनियों की निगाहें भी इस क्षेत्र पर टिकी हैं।

यूरोप में तेल क्षेत्र की प्रमुख कम्पनी टोटल के मालिकाना हक वाली कम्पनी सनपावर के सीईओ टाम वर्नर मे हाल में कहा था कि इस क्षेत्र के विकास में प्रधानमंत्री नरेंद्र मोदी की दिलचस्पी की वजह से भारत सौर ऊर्जा का सबसे बड़ा बाजार बन जाएगा। सनपावर महिंद्र समूह की एक कम्पनी के साथ राजस्थान में पांच मेगावॉट क्षमता वाला एक सौर ऊर्जा सयंत्र लगाने का काम कर रही है। इससे ग्रामीण इलाके के 60 हजार घरों तक बिजली पहुंचेगी।

सनपावर अकेली ऐसी कम्पनी नहीं है। टेस्ला की निगाहें भी भारत पर हैं और वह जल्दी ही साझा उद्यम के जरिए यहाँ कदम रख सकती है। कम्पनी के सीईओ एलन मस्क ने बीती फरवरी में एक ट्वीट में यह खुलासा किया था।

कारोबारी पत्रिका ब्लूमबर्ग की एक रिपोर्ट में कहा गया है कि मोदी सरकार ने भारत की फोटोवोल्टि क्षमता को बढ़ाने के लिए सोलर पैनल निर्माण उद्योग को 210 अरब रुपये (3.1 अरब अमेरिकी डालर) की सरकारी सहायता देने की योजना बनाई है। समझा जाता है 'प्रयास' नामक इस योजना के तहत सरकार वर्ष 2030 तक कुल ऊर्जा का 40 फीसदी हरित ऊर्जा से पैदा करना चाहती है। वर्नर कहते हैं, ''सौर ऊर्जा के क्षेत्र में सरकार के कृतसंकल्प की वजह से निकट भविष्य में यहाँ इस क्षेत्र में तेजी से विकास होगा।''

फिनलैंड के एक विश्वविद्यालय के सौर ऊर्जा विशेषज्ञों ने भी भारत में सौर ऊर्जा के बेहतर भविष्य की बात करते हुए भंडारा तकनीक को मजबूत करने की सलाह दह है। मार्च महीने में 14 से 16 तारीख के बीच आयोजित 11वें इंटरनेशनल रीन्यूएबल एनर्जी स्ओरेज कांफ्रेस के दौरान प्रस्तुत हुए एक पेपर में आशीष गुलागी, दमित्री बोग्दानोव और क्रिश्चियान ब्रेयर ने यह बात कही है। इससे कहा गया है कि भारत ने हाल के वर्षों में हरित ऊर्जा की संभावनाओं के दोहन के क्षेत्र में बेहतरीन काम किया है। लेकिन इस ऊर्जा के बड़े पैमाने पर इस्तेमाल की राह में संतुलन बनाने के लिए भंडारा क्षमता मजबूत करना भी जरूरी है।

भारत में बीते एक दशक के दौरान बढ़ती आगादी आधुनीक सेवाओं तक पहुँच,

विद्युतीकरण कर दर तेज होने और सकल घरेलू आय (जीडीपी) में वृद्धि की वजह से ऊर्जा की मांग काफी बढ़ी है। विशेषज्ञों का मानना है कि मांग को सौर ऊर्जा के जरिए आसानी से पूरा किया जा सकता है।

मोदी सरकार ने किया ऊर्जा सेक्टर को रौशन

प्रधानमंत्री नरेंद्र मोदी ने ऊर्जा सेक्टर को रौशन कर दिया है। 26 मई 2014 को प्रधानमंत्री मोदी के शपथ ग्रहण के समय तक देश में बिजली की हालत बहुत ही खराब थी। मनमोहन सरकार के दौरान लाखों करोड़ के कोयला घोटाले ने अराजकता फेला रखी थी। सभी डिस्कॉम कम्पनियाँ घाटे में चल रही थीं। लेकिन प्रधानमंत्री मोदी के कुशल नेतृत्व में तीन साल पहले भयंकर बिजली संकट से गुजरने वाला देश आज बिजली निर्यात भी करने लगा है। पवन ऊर्जा की दर रिकार्ड निचले स्तर पर पहुँच गई है।

पवन ऊर्जा की दर रिकार्ड निचले स्तर पर

देश में पवन ऊर्जा की दर घटकर 2.64 रु यूनिट के रिकार्ड निचले स्तर पर पहुँच गई है। नवीन और नवीकरण ऊर्जा मंत्रालय की ओर से भारतीय सौर ऊर्जा निगम लिमिटेड (एसईसीआइ) द्वारा दूसरी पवन ऊर्जा बोली में यह दर लगाई गई है। इस वर्ष फरवरी में पहली पवन ऊर्जा बोली में लगाई गई 3.64 प्रति यूनिट की दर से काफी कम है। एक हजार मेगावॉट की क्षमता के मुकाबले एसईसीआई को 2892 मेगावॉट क्षमता के लिए कुल 12 बोली मिली। कुल एक हजार मेगावॉट क्षमता के सौर ऊर्जा परियोजनाओं के लिए 5 विजेताओं का चयन किया गया। 250 मेगावॉट के लिए रिन्यू पावर ने 2.65 रु, 200 मेगावॉट के लिए औरेंज सिरोंज ने 2.64 रु, 250 मेगावॉट के लिए ग्रीन इन्फ्रा ने 2.65 रु और 50 मेगावॉट के लिए अडानी ग्रीन ने 2.65 रु की बोली लगाई। इन परियोजनाओं पर कार्य एसईसीआई द्वारा सफल बोली धारकों को कार्यपत्र देने की तिथि के 18 महीनों के अन्दर पूरा करना होगा।

पहली बार बिजली निर्यातक बना देश

तीन साल पहले देश अभूतपूर्व बिजली संकट झेल रहा था। लेकिन ऐसा पहली बार हुआ है कि अब देश में खपत से अधिक बिजली उत्पाद होने लगा है। केंद्रीय

विधुत प्राधिकरण के अनुसार भारत ने पहली बार वर्ष 2016-17 (फरवरी 2017 तक) के दौरान नेपाल, बांग्लादेश और म्यांमार को 579.8 करोड़ यूनिट बिजली निर्यात की जो भूटान से आयात की जाने वाली करीब 558.5 करोड़ यूनिटों की तुलना में 21.3 करोड़ यूनिट अधिक है। 2016 में 400 केवी लाइन क्षमता (132 केवी क्षमता के साथ संचालित) मुजफ्फररपुर - धालखेबर, नेपाल, के चालू हो जाने के बाद नेपाल को बिजली निर्यात में करीब 145 मेगावॉट की बढ़ोत्तरी हुई है।

बदल गई पॉवर सेक्टर की तस्वीर

मोदी सरकार की नीतियों के चलते तीन साल से कम समय में भी आज पारंपरिक और गैर पारंपरिक ऊर्जा का भी भरपूर उत्पादन होने लगा है। सबसे बड़ी बात भारत इस क्षेत्र में आत्मनिर्भर ही नहीं बना है, सौर ऊर्जा के क्षेत्र में एक बहुत बड़ा बाज़ार उभर कर सामने आया है ऊर्जा क्षेत्र में इस कायापलट के पीछे उन योजनाओं के क्रियान्यवन में बेहतर तालमेल रहा है जिस पिछले तीन सालों में सरकार ने लागू किया है। ऊर्जा क्षेत्र की छोटी छोटी समस्याओं को दूर करने के लिए लागू की गई इन योजनाओं से बहुत बड़े पीरणाम सामने आए हैं। देश के हर घर को 24 घंटे बिजली देने का लक्ष्य 2022 है। लेकिन जिस गति से काम चल रहा है उससे अब यह प्राप्त कर लेना आसान लगने लगा है। पहले यह कल्पना भी नहीं की जा सकती थी कि देश में ऐसा भी हो सकता है।

2018 तक हर गांव होगा रोशन

मोदी सरकार अगले साल अक्टूबर तक देश के सभी गांवो में बिजली पहुंचा देने का वादा किया है। दीन दयाल उपाध्याय ग्राम ज्योति योजना के तहत जिस गति से ग्राकीण विदुयुतीकरण का काम हो रहा है उससे यह असंभव सा लगने वाला काम संभव लग रहा है। तीन साल पहले मोदी सरकार के गठन के समय देश के 18,452 गांव बिजली से वंचित थे। प्रधानमंत्री नरेंद्र मोदी ने एक हजार दिन के भीतर इन गांव के हर घर तक बिजली पहुंचाने का वायदा किया था। योजना की गति का अंदाजा इसी से लगाया जा सकता है कि यूपी में सिर्फ छह गांव बचे हैं, जहां बिजली नहीं पहुंची है और बिहार के 319 गांवो का रोशन होना बाकी है।

बिजली उत्पादन बढ़ा, बर्बादी रूकी

मोदी सरकार द्वारा उठाये गये कदमों ा असर है कि देश में लगातार बिजली उत्पादन में बढ़ोत्तरी हो रही है। इसकी दो बड़ी वजह हैं। एक तरफ वितरण में होने वाला नुकसान कम हुआ है। दूसरी ओर सफल कोयला एंव उदय नीति से उत्पादन बढ़ा है। जैसे 2013-14 में बिजली उत्पादन 96,700 करोड़ यूनिट हुआ था, जो 2014-15 में बढ़कर 1,04,800 करोड़ यूनिट हो गया। ये दौर आगे भी जारी रहा और 2015-16 में बिजली उत्पादन 1,10,700 करोड़ यूनिट हो गया, जिसकी वजह ऊर्जा नुकसान में 2.1 प्रतिशत कमी रही। ऊर्जा नुकसान 2015-16 में जहां 2.1 प्रतिशत थी जो अब घटकर 0.7 प्रतिशत अप्रैल-अक्टूबर, 2016 रह गई है। 2015-16 की तुलना में अब राष्ट्रीय पीक पावर डिफिसिट घटकर आधा यानि 1. 6 प्रतिशत रह गया है।

छज्च्छ ने किया सबसे अधिक उत्पादन

इस वर्ष छज्च्छ ने अब तक का सबसे अधिक 263.95 अरब यूनिट बिजली का उत्पादन किया है जो पिछले वर्ष के सर्वश्रेष्ठ उत्पादन 263.42 अरब यूनिट से अधि ाक है। इस तरह इस वर्ष छज्च्छ ने पिछले वर्ष की तुलना में 4.71 प्रतिशत वृद्धि दर्ज की। छज्च्छ की कुल सीापित क्षमता 48,188 मेगावॉट है, जिसमे 19 कोयला आधारित, 7 गैस आधरित, 10 सौर ऊर्जा आधारित और 1 जल बिजली संयंत्र शामिल हैं। इनके अलावा 9 सहायक संयूक्त उपर्कम वाले बिजली घर भी मौजूद हैं।

नई कोयला निति

नरेंद्र मोदी सरकार की कोयला नीति काम करने लगी है। इसके चलते देश अब ऊर्जा संकट से लगभग उबर चुका है। पिछली यूपीए सरकार की गलती कोयला नीति की वजह से अधर में फंसे दर्जनों ताप बिजली घ्रों में फिर से काम शुरू होने की उम्मीद बढ़ गई है। हाल ही में शक्ति नाम से एक नई कोल लिंकेज पॉलिसी को मंजूरी दी गई है जो नए ताप बिजली घरों को आसानी से कोयला ब्लॉक उपलब्ध ा कराएगा। साथ ही पुराने एंव अटके पड़े बिजला घरों को भी कोयला उपलब्ध हो सकेगा। इससे कम से कम 30 हजार मेगावॉट क्षमता का अतिरिक्त उत्पादन शुरू हो सकेगा। यानि अगर उत्पादन में बढ़ोत्तरी होगी तो बिजली की दरों में भी कटौती की संभावना रहेगी। यूपीए सरकार ने वर्ष 2007 में कोल लिंकेज नीति लाई थी

जिसके तहत 1,08,000 मेगावॉट क्षमता की बिजली परियोजनाओं को कोयला देने का समझोता किया गया था। लेकिन उस दौरान कोयला उत्पादन नहीं बढ़ पाने की वजह से इनमें से अधिकांश परियोजनाएं अटकी हुई थी। इसके बाद कई परियोजनाओं को कोयला आयात करने की अनुमति भी दी गई, लेकिन घोटाले और मुकदमों के कारण वो लागू न हो सकीं। अब जब देश में कोयला उत्पादन की स्थिति सुधरी है तो इन परियोजनाओं को भी नए सिरे से कोयला आवंटित करने की तैयारी की गई है।

परमाणु बिजली उतपदन में भी आत्मनिर्भरता

मोदी सरकार मे 10 नए च्तमेनतप्रमक भ्मंअल॑.जमत त्मंबजपवद ;चभ्ॅत्द्ध के निर्माण का फेसला किया है। सबसे बड़ी बात ये है कि ये काम अपने वैज्ञानिक करेंगे और कोई भी विदेशी मदद नहीं ली जाएगी। इन दस नए स्वदेशी न्यूक्लियर पावर प्लांट से 7,000 मेगावॉट बिजली पैदा की जा सकेगी। इस निर्णय का सबसे बड़ा प्रभाव यह होगा कि भारत भी विश्व के अन्य देशों को च्तमेनतप्रमक भ्मंअल॑.जमत त्मंबजपवद की तकनीक देने वाला देश बन जाएगा। जो मेक इन इंडिया योजना को बहुत बधिक सशक्त करेगा। इसके अतिरिक्त 2021-22 तक 6,700 मेगावॉट परमाणु ऊर्जा पैदा करने के लिए अन्य न्यूक्लियर पावर प्लांट के निर्माण का भी काम चल रहा है। इस समय देश में कुल 22 न्यूक्लियर पावर प्लांट बिजली पैदा कर रहे हैं जिनसे कुल 6,780 मेगावॉट बिजली पैदा हो रही है।

सौभाग्य योजनाः देश का हर घर होगा रोशन

प्रधानमंत्री नरेन्द्र मोदी ने 25 सितंबर को प्रधानमंत्री सहज बिजली हर घर योजना 'सौभाग्य' की शुरूआत की। इसके तहत मार्च 2019 तक सभी घरों को बिजली उपलब्ध कराने का लक्ष्य रखा गया है। इस योजना का फायदा उन लोगों को मिलेगा जो पैसों की कमी के चलते अभी तक बिजली कनेक्शन हासिल नहीं कर पाए हैं। उन्होंने कहा कि इस योजना के तहत हर घर को रोशनी में समेट का प्रगति के पथ पर ले जाना है। इस योजना पर 16 हजार करोड़ रुपये से ज्यादा का खर्च आएगा। यह उन चार करोड़ परिवारों के घर मे नयी रोशनी लाने के लिए है जिनके घरों में आजादी के 70 साल के बाद भी अंधेरा है।

न्क ।ल से देश का भाग्योदय

देश की बिजली वितरण कम्पनियों की खराब वित्तीय स्थिति में सुधार करके उनको पटरी पर लाने के लिए न्रूंस क्ष्ब्ब्ड ेनतंदबम ल्वरंदं ;न्क ।ल्द्ध लागू किया गया। सभी घरों को 24 घंटे किफायती एंव सुविधाजनक बिजली की उपलग्धता सुनिश्चित करना ही इस योजना का मूल उद्देश्य है। यह योजना 20 नवंबर, 2015 से शुरू की गई इससे विरासत में मिली 4.3 लाख करोड़ रुपये के कर्ज की समस्या का मोदी सरकार ने स्थायी समाधान निकाल लिया। आज देश के सभी राज्य इस योजना से जुड़ चुके हैं।

उत्तर प्रदेश अंतिम राज्य था जो 14 अप्रैल 2017 को इस योजना में शामिल हुआ है। इसी साल जनवरी से न्क ।ल वेब पोर्टल और मोबाइल एप्लिकेशन की शुरूआत भी की गई है। इसे विभिन्न राज्यों के क्ष्ब्ब्ड में हो रहे कार्यो और वित्तीय स्थिति पर निगरानी रखने के लिए तैयार किया ्या है। इसका काम डाटा को राज्य स्तर और राष्ट्रीय स्तर में एकीकृत करके रखना है। इससे केन्द्रीय मंत्रालय स्तर पर क्ष्ब्ब्ड के काम पर निगरानी रखना आसान हो गया है। जिससे स्वस्थ प्रतिस्पर्धा को बढ़ावा मिला है और गुणवत्ता में भी सुधार हुआ है।

सड़कें हो रही 'उजाला'

प्रधानमंत्री मोदी ने 5 जनवरी 2015 को 100 शहरों में पारंपरिक स्ट्रीट और घरेलू लाइट के सीान पर स्म्क लाइट लगाने के कार्यक्रम की शुरूआत की थी। इस राष्ट्रीय कार्यक्रम ;छैस्च्द्ध का उद्देश्य 1.34 करोड़ स्ट्रीट लाइट के स्थान पर स्म्क लाइट लगाना है। अब तक देशभर में पुरानी लाइट्स बदलकर 21 लाख नए स्म्क लाइट लगाई जा चुकी हैं। इससे 29.5 करोड़ इकाई ङ्ठ बिजली की बचत हुई है। यही नहीं इसके चलते 2.3 लाख टन कार्बन डाई ऑक्साइड के उत्सर्जन में मकी आई है। यह परियोजना 23 राज्यों और केंद्र शासित प्रदेशों में चलाई जा रही है। सबसे बड़ी बात है कि इसके चलते खर्च और बिजली की तो बचत हो रही है प्रकाश भी पहले से काफी बढ़ गया है। यही नहीं भारी मात्रा में स्म्क बल्बों की खरीद होने के चलते उसकी कीमत भी 135 रुपये के बजाय 80 रुपये प्रति बल्ब बैठ रही है।

रीयल टाइम मिलेगी पॉवरकट की सूचना

केंद्र सरकार ने 24ग7 किफायती और बिना बाधा के देश को बिजलीइ देने के लिए 'ऊर्जा मित्र एप' लांच किया है। ऐसी सुविधा बिजली उपभोक्ताओं को पहली बार मुहैया कराई जा रही है। लोग ूण्नतरंउपजतंण्बवउ तथा 'ऊर्जा मित्र एप' पर देश के शहरी/ग्रामीण क्षेत्रों में बिजली कटने की सूचना पा सकते हैं। ये जानकारी उपभोक्ताओं तक रीयल टाइम में पहुंच जाती है और वो इससे जुड़ी शिकायत भी दर्ज करा सकते हैं।

2030 तक सौर 'ऊजा से बदल जाएगी देश की तकदीर

मनुष्य की आवेश्यकताओं की पूर्ति के लिए प्राकृतिक संसाधनों के दोहन से उत्पन्न हुई जलवायू परिवर्तन की समस्या से निपटने के लिए भी मोदी सरकार कदम उठा रही है। ताकि ऊर्जा की जरूरतें भी पूरी हों और प्रकृति का संरक्षण भी साथ साथ जारी रहे। माना जा रहा है स्म्क बल्ब का इस्तेमाल इस दिशा में अपने आप में बहुत बड़ा कदम है। इसके प्रयोग से सालाना 8 करोड़ टन कार्बन उत्सर्जन को रोका जा सकता है। इसके साथ साथ 4 हजार करोड़ रुपये की सालाना बिजली की बचत भी होगी। इसके साथ साथ केंद्र सरकार नवीकरणीय ऊर्जा पर भी जोर देरही है। इसके तहत सौर ऊर्जा का उत्पादन मौजूदा 20 गीगावॉट से बढ़ाकर साल 2022 तक 100 गीगावॉट करने का लक्ष्य है। सबसे बड़ी बात है कि पर्यावरण की रक्षा के लिए सरकार 2030 तक देश के सभी वाहनों को इलेक्ट्रिक वाहनों में बदल देने का लक्ष्य लेकर काम में जुटी है। इससे सालाना 10 हजार करोड़ रुपये से अधिक थ्वेपस थ्नमसे ;जीवाश्म ईंध ानद्ध की बचत होगी। सरकार की ओर से कराए गए एक रिसर्च के अनुसार 2030 तक रातस्थान की केवल एक प्रतिशत भूमि से पैदा हुई सौर्य ऊर्जा से देशभर के सभी वाहनों के लिए पर्याप्त ईंधन का इंतजाम हो सकता है।

पी एम नरेंद्र मोदी ने देश के पहले सौर ऊर्जा चालित कोर्ट का किया उद्घाटन

पर्यावरण एंव ऊर्जा संरक्षण की पुरजोर वकालत करते हुए प्रधानमंत्री नरेन्द्र मोदी ने शुक्रवार को कहा कि आज पूरी दुनिया के समक्ष जलवायू परिवर्तन बड़ी चुनौती और मुसीबत के रूप में उभरा है और भारत दुनिया के पर्यावण को ठीक करने के प्रयासों में सहभागिता करने को तैयार है। उन्होंने इस पहल को महात्मा गांधी के गरीबों को न्याय प्रदान करने की प्रतिद्धता से जोड़ा।